Italian design 1
Collana diretta da Silvio San Pietro

Mobili italiani contemporanei

Contemporary Italian furniture

EDIZIONI
L'ARCHIVOLTO

Cristina Morozzi
Silvio San Pietro

Ideazione e cura del progetto editoriale
Publishing program coordination
Silvio San Pietro

Concept e selezione prodotti
Concept and product selection
Cristina Morozzi

Testi
Texts
Cristina Morozzi

Relazioni con le aziende
Relations with manufacturers
Max Ramaciotti
Daniela Salmeri
Giorgio Testa

Redazione
Editorial staff
Viki Borsieri
(Schede prodotto
Product profiles)
Giugi Barbieri
Cristina Morozzi
Carlotta Sembenelli
Giorgio Testa

Progetto e realizzazione grafica
Graphic design and layout
Studio Julia Binfield

Traduzioni
Translations
Steve Piccolo
Studio Traduzioni Vecchia

© Copyright 1996
EDIZIONI L'ARCHIVOLTO
Via Marsala, 3 - 20121 Milano
Tel. 02/2901.0424 - 02/2901.0444
Fax 02/2900.1942 - 02/659.5552
e-mail archivolto@homegate.it
I edizione novembre 1996
I ristampa maggio 1997
II ristampa gennaio 1999

Si ringraziano
Acknowledgements
Le aziende, i progettisti, gli studi di pubbliche relazioni e i fotografi per aver
fornito i materiali e le fotografie dei prodotti. Si ringraziano inoltre tutti coloro che
hanno reso possibile la realizzazione di questo volume e, in particolare, Alessandro
Mendini.
The companies, designers, public relations studios and photographers for
material and images on products. Thanks to see those who have made this book possible
and, in particular, to Alessandro Mendini.

Le informazioni riportate nelle didascalie relative a ciascun prodotto vogliono
solo fornire un'indicazione di massima e pertanto non costituiscono un riferimento
ufficiale. Decliniamo ogni responsabilità circa eventuali imprecisioni o manomissioni
che sono involontarie ed eventualmente dovute a una carenza della documentazione
pervenutaci da aziende e progettisti.
The information contained in the captions on each product is only intended to
offer general indications and therefore does not constitute an official reference source.
We decline any and all responsibility for any errors or omissions, which would be
involuntary and the result of a lack of documentation from suppliers and designers.

[ISBN 88-7685-087-2]

Indice generale / Contents

Alessandro Mendini

Comincio spesso a pormi questa domanda: quali dei miei progetti hanno il diritto morale di entrare nel prossimo millennio? Quali architetture, quali arredamenti, quali oggetti di design, quali oggetti in genere possono varcare con dignità la soglia della nuova era? Come è fatto l'elenco di quegli oggetti che sono in armonia con la dignità umana? La risposta è questa: nel 2000 possono entrare solo quelle architetture, quegli oggetti che hanno un'anima, che sono progettati per avere un'anima, che sono capaci di rapportarsi con gli uomini in una maniera profonda e dilatata.

Il breve e troppo spesso arido percorso compiuto finora dai nostri oggetti di design, dall'habitat dell'epoca industriale, deve sapersi misurare con la poesia degli oggetti antichi, degli spazi per i riti antropologici, con quella più lunga e lentissima parabola epocale compiuta in ogni punto del mondo dall'umanità. Il design allora diventa l'anima che si esprime attraverso la materia, un'anima non aggressiva e rispettosa.

E il gradiente di spiritualità, lo scenario etico rappresentato in un progetto diviene l'elemento che ne guida la selezione, che accredita certi fenomeni e non altri a entrare con dignità nel prossimo millennio. Per esempio negli ultimi venticinque anni, nel settore del mobile, si è enciclopedicamente scandagliato tutto lo scibile, al di qua e al di là del precipizio. Mobili e oggetti sono stati tutto: Spaziali, Surrealisti, Folk, Politici, Marziali, Luna Park, Horror, Primitivi, Selvaggi, Vegetali, Sessuali, Micro, Macro, Scenografici, Ecologici, Artistici, Iperrealisti, Mobili-Strumento, Autoprodotti, Amorali, Moralisti, Giovani, Popolari, Tradizionali, NeoKitsch, Country, Ironici, Iper-Decorativi, Stilistici, Neo anni 50, Neo-Futuristi, Neo-Pop, Neo Razionali, Poveristi, Minimal, Neo-Tech, Primari, Native, Realisti, Tecno-Ludici, Tecnologici, Brutalisti, Post-Atomici, Aerodinamici, Indiani, Africani, Terzomondisti, Orientali, Spirituali, Rituali, Totemici, Teatranti, Letterari, Archeologici, Ludici, Glamour...

Il caleidoscopio e il labirinto sono elementi organizzati, e altrettanto si può strutturare criticamente l'eclettismo, perciò il presunto caos dell'elenco di aggettivi esposto, che non è pura bizzarria, dimostra invece una faticosa ricerca di trasformazione comportamentale, antropologica. Di decennio in decennio stiamo finalmente compiendo il grande passo: un piede poggia sul vecchio millennio e uno quasi tocca l'altro millennio. Ma ancora e sempre la dimora ideale è uno status abitativo destinato a non concludersi mai, a essere come le onde del mare, ripetitivamente uguale e diverso da se stesso.

Al di là della sua concreta abitazione reale, ognuno di noi ha una casa mentale molto articolata, frutto di parti di case possedute o sognate: quella del padre, dell'amico, della fidanzata, della villeggiatura, della malattia. L'arredamento sarà sempre un fluido di immagini, di ricordi e di proposte.
È in quest'aspetto umano che va cercata la salvezza del progetto: in esso è nascosto quel gradiente di poesia, di spiritualità capace di animare la materia. Il design poetico pensa a un ambiente, diverso dalla crudeltà del costruito e del moltiplicato e utopizza architetture e oggetti immaginari e mentali collocati su luoghi ideali, immersi in spazi-tempo che sprofondano dilatati nelle tradizioni passate e future. Dove l'habitat prende i connotati di una realtà che si trasforma in apparizione e miraggio.

More and more frequently I find myself wondering: which of my objects have the moral right to enter the next millennium? Which works of architecture, which furnishings, which design objects, which objects in general can cross, with dignity, the threshold of the new era? How is the list of those objects that are in harmony with human dignity constructed? The answer is this: in the year 2000 only those works of architecture, only those objects that have a soul, that have been designed to have a soul, will enter; only those objects capable of establishing a relationship with men in a profound, wide-ranging way.

The brief and all too often arid path taken, until now, by our design objects, from the habitat of the industrial era, must come to terms with the poetics of antique objects, of spaces for anthropological rituals, with the much longer, much slower epochal parabola completed in each part of the world by humanity. Design then becomes the soul that is expressed through matter, a non-aggressive, respectful soul.

And the gradient of spirituality, the ethical scenario represented in a design, becomes the element that guides the selection, that permits certain phenomena and not other to enter the coming millennium with dignity. For example, over the last twenty-five years in the furniture sector there has been an encyclopedic probing of all that is knowable, both before and over the precipice. Furniture and objects have been everything possible: Spatial, Surrealistic, Folk, Political, Martial, Amusement Park, Horror, Primitive, Savage, Vegetable, Sexual, Micro, Macro, Theatrical, Ecological, Artistic, Photorealist, Furniture-tools, Self-productions, Amoral, Moralistic, Young, Popular, Traditional, Neo-kitsch, Country, Ironic, Hyper-decorative, Stylistic, Neo-Fifties, Neo-Futurist, Neo-Pop, Neo-rational, Minimalist, Arte Povera, Minimal, Neo-Tech, Primary, Native, Realist, Techno-recreational, Technological, Brutalist, Post-Atomic, Aerodynamic, Indian, African, Third Worldist, Oriental, Spiritual, Ritual, Totem, Dramatic, Literary, Archeological, Leisure, Glamour...

The kaleidoscope and the labyrinth are organized organisms, and eclecticism can be critically structured in the same manner, and so the apparent chaos of the list of adjectives, which is not mere hyperbole, demonstrates an intense pursuit of behavioral and anthropological transformation. From decade to decade we are finally taking the big step: we have one foot in our old millennium, while the other is nearly touching the new. But, still and as always, the ideal dwelling is a habitation state that never reaches a conclusion, to be like the waves of the sea, repetitive, always equal, always different.

Beyond the concrete, real dwelling, each of us has a very detailed mental home, the result of parts of houses we have owned or dreamed about: homes of parents, friends, lovers, vacation homes, places of convalescence... Decor will always be a fluid of images, memories, proposals. The salvation of design must be sought in this human aspect, which conceals that gradient of poetry and spirituality capable of animating matter. Poetic design contemplates an environment that is different from the cruelty of the constructed and multiplied, in a utopian vision of imaginary, mental objects and architecture situated in ideal places, immersed in space-times that sink, spreading, into the traditions of the past and the future. Where the habitat takes on the connotations of a reality that is transformed into apparition, mirage.

Un repertorio di mobili dal 1985 al 1995 equivale alla storia di dieci anni di design. Se in genere è riduttivo affrontare il design limitandosi all'arredo, non lo è nel caso italiano.

Nel nostro paese il design del mobile rappresenta al meglio le evoluzioni, le tensioni e le contraddizioni della creatività. È in questo settore che i designer hanno dato le prove più significative della loro espressività.

È nell'arredo che il design italiano è diventato uno stile internazionalmente riconosciuto. E forse non è un caso, anche se può essere accusata di parzialità, che la mostra «Per un museo del design», ordinata in Triennale da Andrea Branzi (26 febbraio-3 novembre 1996), sia centrata principalmente sul mobile al fine di raccontare il fenomeno italiano, radicato in un rapporto molto particolare tra creatori e industrie.

Questo repertorio rappresenta la storia dei manufatti, ma anche la storia dei progettisti e delle imprese. Nelle evoluzioni tipologiche, funzionali, tecnologiche e formali degli arredi si legge in filigrana il percorso progettuale dei designer e parallelamente il cammino delle imprese, sempre disponibili a soluzioni innovative. Di quelle imprese, diffuse sul territorio nazionale, di medie e piccole dimensioni, che sono sempre state non solo abili esecutrici, ma anche stimolanti interlocutrici. È da questo dialogo, che non ha equivalenti in altri paesi, che nasce la qualità del design italiano.

Questo repertorio per la modalità di selezione è qualcosa di più di un documentato catalogo della recente produzione italiana. È un'analisi critica per immagini degli ultimi dieci anni di design. Un periodo significativo che ha visto profondi cambiamenti, toccato da un crisi economica e di valori che ha avuto pesanti effetti sul settore e che ha condizionato il modo di affrontare il progetto.

In questi dieci anni la geografia produttiva, al pari di quella politica, è radicalmente mutata: sono apparse nuove aziende determinate a rinnovare lo stile abitativo; mentre altre che avevano avuto un ruolo guida negli anni settanta e nei primi ottanta hanno cambiato rotta per convertirsi a una politica più commerciale. Gli anni novanta hanno visto una progressiva tendenza all'omogeneizzazione, corrispondente a un innalzamento della qualità media, ma a una perdita di mordente dei prodotti. Sono comparsi mobili sobri, funzionali, rassicuranti, pensati per un abitare senza sorprese, per una casa sentita come rifugio da un mondo complesso e instabile; mobili destinati a una domesticità senza emozioni forti. Il periodo, nonostante questa sia la linea forte, è comunque marcato da tendenze, anche contrapposte, che ne frastagliano il profilo.

Il panorama proposto è dunque variegato, anche perché si è entrati nelle pieghe del sistema, documentando pezzi sperimentali, che poco hanno influito sul mercato, ma molto nell'ambito delle idee. Nel repertorio compaiono anche mobili usciti di produzione che, sebbene non abbiano avuto successo commerciale, o siano scomparsi dai cataloghi a seguito di mutamenti societari, hanno un preciso significato nella recente storia del design e che rappresentano tappe importanti nell'evoluzione dello stile. E pezzi autoprodotti per segnalare una tendenza che accompagna la produzione di serie, offrendo spesso spunti stimolanti alle imprese e contributi al progresso della ricerca.

La collaborazione tra imprese italiane e designer provenienti da altri paesi è un fenomeno in crescita che comprova la qualità esecutiva delle aziende italiane, anche di piccole dimensioni, e la loro capacità di essere abili 'talent scout' e intelligenti interlocutrici. E poiché sovente è proprio lavorando con le aziende italiane che progettisti di fama, come Philippe Starck, Oscar Tusquets, Jasper Morrison, Borek Sipek e molti altri, hanno dato le loro prove migliori, ci è sembrato conveniente considerarli appartenenti al sistema design nazionale. Un sistema che è riuscito a integrare gli apporti più disparati, garantendo una qualità che è servita anche a esaltare lo specifico di ciascun designer. Il "miracolo" del sistema italiano consiste proprio nell'esser riuscito a preservare la diversità nell'omogeneità; a far parlare italiano, senza annullare le particolarità degli idiomi di appartenenza.

Il raggio dello sguardo è stato molto ampio per includere episodi isolati e aneddoti nell'intento di dare colore al racconto per immagini. Non ci si è attenuti ai rigidi principi della disciplina, costruendo un repertorio perfetto e arido, ma si è cercato di narrare anche una storia sociale, nella convinzione che i legami tra mobili e cultura dell'abitare siano molto forti. Del resto molte tipologie, più che all'evoluzione delle forme, sono connesse ai cambiamenti dei modi di abitare. In sintesi i mobili selezionati sono come le lettere dell'alfabeto con cui è stata scritta la storia degli ultimi dieci anni del design e dell'evoluzione della cultura dell'abitare.

A repertory of furniture, from 1985 to 1995, representing a history of one decade of design. Although, in general, a view of design in terms of furnishings is usually reductive, this is not the case in Italy. In our country furniture design is a vivid indicator of the evolutions, tensions and contradictions of creativity. It is in this sector that designers have offered the most convincing proof of their expressive talents. In the furnishings sector Italian design has won international acclaim. And perhaps it is no coincidence, although accusations of bias are not inappropriate, that the exhibition "Per un museo del design", held at the Milan Triennale and curated by Andrea Branzi (February 26 - November 3, 1996), focused on furniture in order to illustrate the Italian phenomenon, which is based on a very particular sort of relationship between creative and industrial energies.

This repertory, therefore, represents a history of products, but also a history of designers and manufacturers. In the typological, functional, technological and formal evolutions of furniture it is possible to monitor, in detail, the conceptual and creative progress of the designers and, in parallel, the development of businesses open to innovative solutions. Small and medium-sized businesses, from all over the nation, producers who have always been both skillful implementers and stimulating counterparts. This dialogue, which cannot be found in other countries, is the key to the quality of Italian design.

In terms of selection criteria, the repertory presented in this volume is more than a documented catalogue of recent Italian production. It offers a critical analysis, in images, of the last ten years of design. A significant period marked by profound changes, impacted by economic and moral crises which have had negative effects on the sector, but have also transformed the approach to design.

During these ten years the geographical panorama of production, like the political situation, has radically changed: new companies have appeared, with the aim of updating lifestyles; other firms that were innovators in the Seventies and Eighties have opted for a more commercial stance.

In the Nineties we can observe a growing tendency toward standardization, based in part on an improvement in average levels of quality, but also reflecting a loss of incisiveness in individual products. The furniture of this period is sober, functional, reassuring, conceived for a way of life without surprises, for a home seen as a refuge from a complex, unstable world; furniture for a domestic tableau without strong emotions. But in spite of this general trend, the period is also marked by countertrends that contribute to create a jagged profile. Therefore the panorama is variegated, design has found its way into the cracks of the system, and our documentation also covers experimental pieces of limited economic impact, but great conceptual influence. The repertory also includes items which are no longer in production, articles which did not achieve commercial success, or which are no longer produced because of changes in corporate structures. These products, nevertheless, have a precise meaning in the recent history of design, and represent important milestones in the evolution of style. There are also limited editions, "homemade" articles, indicating the presence of a world of non-industrial production, which often offers significant contributions to the progress of research, stimulating new ideas for industry.

The collaboration between Italian manufacturers and designers from other countries is a growing phenomenon that reflects the high level of quality workmanship of Italian industry, even among the smallest companies, and their capacity as talent scouts and intelligent "patrons". Often the most interesting works of famous foreign designers, like Philippe Starck, Oscar Tusquets, Jasper Morrison, Borek Sipek and many others, have been produced by Italian firms; therefore we felt it was natural to include such works in an overview of the Italian design system. A system which has been able to integrate a wide range of very different contributions, ensuring a level of quality which also brings out the specific talents of each designer. The "miracle" of the Italian system lies precisely in this capacity to conserve diversity in the midst of homogeneity; speaking Italian, without eliminating the idioms of individual origin.

The range of the panorama is wide, including isolated episodes and anecdotes that add color to the narrative in images. Our study does not limit its gaze to material that conforms to the most rigid principles of the discipline, in a perfect but sterile repertory; the aim of the volume is also to narrate social history, in the conviction that the connections between furniture and culture are very strong indeed. After all, many typologies are influenced by changes in our ways of living, more than by the evolution of forms. In short, the items selected and presented herein are like the letters of an alphabet with which the history of the last ten years of design, and of the evolution of living culture, has been written.

Dal 1985 al 1995, dieci anni di mobili italiani. Poiché è consuetudine ripartire la storia in decenni, la data di avvio di questo repertorio è un puro pretesto. I mobili apparsi nel 1985 non possono essere considerati come inizio di un percorso, ma piuttosto come conseguenza dei mutamenti avvenuti tra la fine degli anni settanta e gli inizi degli ottanta. Mutamenti disciplinari, sia nell'ambito dell'architettura, sia del design e cambiamenti socio economici che hanno modificato la geografia produttiva e la composizione dei mercati. Volendo trovare qualche punto fermo in un'epoca che già si avviava alla complessità, una sorta di grado zero da cui far partire questa esplorazione, conviene prendere le mosse dalla nascita dello studio "Alchimia" nel 1976 e dalla sua prima collezione del 1979. "Alchimia", legata alla figura di Alessandro Mendini, che ne è stato l'ispiratore e il demiurgo, sancisce l'inizio di quello che è stato definito "nuovo design". Un design interessato alla creazione di prodotti capaci di produrre segni alternativi, più attento ai valori antropologici degli oggetti che alla loro possibile riproducibilità industriale; risultato di un progetto ibrido che integrava la tecnologia con l'artigianato e che mescolava con disinvoltura vari linguaggi, compresi quelli più propriamente artistici, dando ampio spazio alla decorazione pittorica.

La comparsa di "Memphis" nel 1981 segna l'ingresso ufficiale del nuovo design a livello internazionale e propone con vigore la possibilità di un linguaggio più direttamente riferito alle componenti emotive e comunicative del prodotto. Gli effetti prima di "Alchimia" e poi di "Memphis" vanno ben oltre le loro produzioni, aprendo crepe profonde nelle certezze industriali basate sulla fedeltà alla linea del movimento moderno. Le libertà proposte da "Memphis" sono una tentazione e un rischio. Hanno prodotto salutari rinnovamenti ma anche deteriori manierismi. Hanno comunque cambiato il quadro di riferimento e le industrie, anche le più restie al rinnovamento, hanno dovuto fare i conti con questo nuovo linguaggio riuscito in tempo breve a conquistare notorietà internazionale, grazie anche alla grande divulgazione sulla stampa. I prodotti "Memphis" sono rimasti a tiratura limitata, ma le loro immagini sono divenute di grande serie, inaugurando il fenomeno del prodotto-immagine. Agli inizi degli anni ottanta alcune aziende creano nuovi marchi per accogliere all'interno della logica industriale le esperienze del nuovo design. Acerbis nel 1983 dà vita a "Morphos" accogliendo progetti a forte connotazione espressiva di Toni Cordero, Riccardo Dalisi e di giovani esordienti. Nel 1985 Zanotta istituisce "Zabro" che produce arredi poetici di Andrea Branzi (Animali domestici), Alessandro Mendini e Riccardo Dalisi. Si crea così un binario parallelo che dà ossigeno alla sperimentazione e che revitalizza l'apporto artigianale.

Nel 1980 alla Biennale architettura di Venezia la "Strada Nuovissima" di Paolo Portoghesi inaugura la stagione del Postmoderno italiano che avrà le sue ricadute nel design con pezzi di Portoghesi stesso, di Adolfo Natalini, Luca Scacchetti, David Palterer e altri che ripropongono le tipologie classiche realizzate con tecniche di alta ebanisteria. Al Postmoderno si riallaccia anche Ugo La Pietra che, con il supporto di "Abitare il tempo", manifestazione nata a Verona nel 1985 come fiera annuale dedicata all'arredo classico, di cui è direttore artistico, dà vita a una tendenza che farà proseliti, da lui stesso definita "neoeclettismo". I riferimenti al classico sono stemperati e addolciti dall'uso sapiente delle tradizionali tecniche artigiane e dalla contaminazione di materiali diversi. Le citazioni si mescolano con più libertà, dando vita a uno stile fantasioso e leggiadro che si compiace di rotondità, di volute e di profili frastagliati. Un caso a parte è Aldo Rossi, da considerarsi un precursore del Postmoderno per l'autonomia dimostrata da sempre rispetto al razionalismo e per la sua attenta frequentazione storica. Agli inizi degli anni ottanta anche Rossi si converte al design e inizia

From 1985 to 1995, ten years of Italian furniture. As it is customary to divide history up into decades, the starting date of this repertory is a mere pretext. The furniture that appeared in 1985 cannot be considered as the beginning of a period; it is the consequence of changes that took place in the late Seventies and early Eighties. Changes in the discipline, in both architecture and design, and socio-economic changes that have effected the geography of production and the composition of markets. If we want to establish some sort of fixed point in an era which was already well on its way toward contemporary complexity, a sort of starting point for our exploration, we can begin with the founding of Studio Alchimia in 1976, and with the first Alchimia collections, linked to the figure of Alessandro Mendini, the studio's theorist and demiurge, to mark the beginning of what has been defined as the "new design". A design involved in the creation of products that are capable of producing alternative signs, more concerned with the anthropological values of objects than with their industrial reproducibility; the result of a hybrid project that integrated technology and craftsmanship, casually mixing different languages, including those pertaining to the world of art, leaving ample space for painterly decoration.

The appearance of Memphis in 1981 marks the official debut of the new design at an international level, vigorously proposing the possibility of a language more directly related to the emotional and communicative components of the product. The effects, first of Alchimia and then of Memphis, went beyond their actual production, opening gaping holes in the industrial certainties based on faith in the Modern movement. The freedoms proposed by Memphis are both a temptation and a risk. They have led to salutary renewal, but also to decadent mannerisms. In any case, they have altered the frame of reference, and manufacturers, even the most conservative, have had to come to terms with this new language that managed, quite rapidly, to achieve national fame, also thanks to the enthusiasm of the print media. Memphis products went on being limited editions, but their images were mass-produced, launching the phenomenon of the image-product. At the beginning of the Eighties some companies created new trademarks as vehicles with which to place the experiences of new design into an industrial context. Acerbis, in 1983, created Morphos, with highly expressive design works by Toni Cordero, Riccardo Dalisi and emerging young designers. In 1985 Zanotta founded Zabro, producing poetic furnishings by Andrea Branzi ("Animali domestici"), Alessandro Mendini and Riccardo Dalisi. Such initiatives created a parallel path, providing space for experimentation, revitalizing the contribution of craftsmanship.

In 1980, at the architecture Biennale in Venice, the "Strada Nuovissima" of Paolo Portoghesi inaugurated the period of Italian Postmodernism, whose influence could be seen in the works of Portoghesi himself, of Adolfo Natalini, Luca Scacchetti, David Palterer, reproposing classic typologies produced with traditional woodworking techniques. Ugo La Pietra also made a contribution, with the initiative Abitare il Tempo, an annual trade fair of classic furnishings held in Verona, whose first edition took place in 1985. La Pietra is the art director of the event, which soon led to a trend which he himself has defined as "Neoeclecticism". The classical references are softened by a skillful use of traditional artisan techniques and by the contamination of different materials. The citations are freely mixed, giving rise to an imaginative, playful style that indulges in rotund forms, volutes, jagged profiles. A case apart is that of Aldo Rossi, who can be considered a precursor of the Postmodern, due to the autonomy he has always displayed with respect to rationalism, and due to his careful study of historical elements. In the early 1980s even Rossi made the move

a disegnare i suoi primi oggetti, autonomi figurativamente, sia dal Postmoderno che dal nuovo design. I suoi prodotti sono una riduzione in scala dei suoi archetipi architettonici e si impongono immediatamente con la forza semantica di un linguaggio primigenio. Nella storia degli stili ci vuole quindi un posto anche per lo stile "rossiano".

Abbiamo parlato di stili e, poichè conviene utilizzarli come scansione per dare ordine alla molteplicità delle forme espressive che hanno caratterizzato il decennio, bisognerà citarne molti altri.

C'è la meteora del neobarocco legata a intense espressioni personali, come quelle di Borek Sipek che crea per Driade alcuni pezzi esemplari; oppure di Toni Cordero che utilizza con grande libertà prestiti molliniani, fondendoli con un'attenzione ai materiali e ai dettagli di matrice scarpiana. Il neobarocco trova anche una sua acuta teorizzazione nel saggio di Omar Calabrese "L'età neobarocca" (Saggiatore, Milano 1987) che individua la tendenza, più che nelle forme, in un atteggiamento del pensiero e in una disposizione alla contaminazione e all'ibridazione dei segni.

La corrente semplicisticamente definita di memoria, che ha riproposto il profilo rassicurante di arredi ripescati dalla tradizione borghese e popolare e che sfuma nella tendenza etnica, quando il recupero si spinge in enclave molto chiuse, come quella degli Shaker d'America. L'etnico e la propensione per il naif, connessi a una diffusa passione per l'esotico, sono una sorta di filo rosso che si snoda per tutto il periodo, creando un complesso di proposte multirazziali che miscelano sapientemente influssi orientali e africani con il rustico mediterraneo. "Mondo", marchio di Cappellini, sintetizza questa filosofia con un catalogo completo per l'abitare.

Agli inizi degli anni novanta, come reazione agli eccessi del neobarocco e del neoeclettismo, si delinea la tendenza verso un progetto più scarno, quasi ridotto all'osso, definito neominimalismo. Promosso agli esordi da giovani progettisti stranieri, quali l'inglese Jasper Morrison e l'austriaco Konstantin Grcic trova seguaci nella nuova generazione di designer che cercano nel minimalismo la via per uscire dal manierismo decorativo del nuovo design. La semplificazione è vista anche come ipotesi di rinnovamento dell'abitare. Più che arredi si progettano strumenti utilizzabili indifferentemente in contesti diversi, nell'ipotesi di lasciare all'utente libertà di intervento nel proprio spazio domestico e di lavoro. Il neominimalismo, nonostante abbia generato anch'esso la sua maniera, è da considerarsi tra gli stili il più propositivo, in quanto tende non tanto a un rinnovo formale, quanto a una reinvenzione delle tipologie e a una trasformazione dell'abitare da una situazione destinata a durare quasi per una vita in condizione provvisoria e flessibile, adatta alla contemporaneità in continua e sempre più rapida mutazione. Nell'ambito della produzione italiana le collezioni di Cappellini per cui hanno progettato Morrison e Grcic e il marchio Atlantide di Driade, che sotto la guida di Marco Romanelli propone "strumenti per abitare" di giovani progettisti internazionali, esprimono con completezza la filosofia neominimalista.

L'attenzione alla tematica ecologica genera, sempre agli inizi del novanta, una categoria di arredi che nascono dal riuso, realizzati con materiali riciclati e recuperati, proposti dai giovani designer come risposta al consumismo degli anni '80. Appaiono dignitosi mobili di cartone, tavolini e lampade costruiti con le bottiglie in plastica di acqua minerale e fioriere realizzate con i contenitori in plastica da fleboclisi, entrate poi in produzione nella collezione Atlantide di Driade (1995). E c'è persino il "Trash design", dal titolo della mostra organizzata da Patrizia Scarzella con Massimo Brini nel 1993, che ha istituzionalizzato la pratica del recupero di suppellettili nelle discariche, presentando mobili trovati nei depositi della Nettezza urbana milanese, ridipinti da Prospero Rasulo e Doriano Modenini. Come data ufficiale di nascita del design ecologico può essere presa la mostra "Neolite" alla Triennale di Milano nel 1991, promossa da Assoplast e curata da Domus Academy, che presentava una serie di prodotti creati da giovani designer con "replex", un nuovo materiale ottenuto dal riciclaggio dei polimeri eterogenei.

Sull'onda del revival anni sessanta, alimentato dalla musica e dalla grafica, si affaccia agli inizi del '90 una corrente neopop. I riferimenti più diretti sono i gloriosi pezzi della Gufram anni sessanta, la produzione di Poltronova del medesimo periodo, come la "Superonda" degli Archizoom o il "Guantone" di De Pas D'Urbino Lomazzi. I più convinti esponenti di questa tendenza sono una serie di giovani progettisti formatisi alla Università fiorentina sotto la guida di Remo Buti, come Guido Venturini e Stefano Giovannoni, autori per Alessi di oggetti "scandalo" quali l'accendigas "Fire bird" e lo scopino da gabinetto "Merdolino".

Nel 1984 la pubblicazione della ricerca sociologica, condotta da GPF Associati sotto la guida di

into design, producing his first objects, figuratively independent of both Postmodernism and Nuovo Design. His products are a reduction in scale of his architectural archetypes, and have an immediate impact, with the semantic force of an original language. Therefore, in the history of styles, there is also a place for the "Rossi" style.

We have mentioned styles, and in order to use them as categories for the many different forms of expression that have characterized this decade, we will need to cite many more.
There is the meteor of the Neobaroque, connected to intense personal expressions, like those of Borek Sipek, who has created a number of exemplary works for Driade; or those of Toni Cordero, who uses borrowings from Mollina with great liberty, combining them with an attention to materials and details reminiscent of Scarpa. The Neobaroque also meets with an acute theoretical contribution in Omar Calabrese's L'età neobarocca (Il Saggiatore, Milan, 1987), which identifies the trend, rather than the forms, in a way of thinking and an openness to contamination and hybridization of signs.

The current simplistically defined as that of "memory", reproposing the reassuring profiles of furnishings from the bourgeois and peasant traditions, assumes almost ethnic shadings when the borrowings are derived from closed enclaves, such as that of the American Shakers. The ethnic, and a tendency toward the naive, connected to an equally widespread passion for the exotic, constitute a sort of plot line that crosses the entire period, creating a complex of multiracial proposals that knowingly mix oriental and African influences with the Mediterranean rustic. Mondo, the Cappellini trademark, sums up this philosophy in a complete catalogue for living.

At the beginning of the Nineties, as a reaction against the excesses of the Neobaroque and Neoeclecticism, a trend emerges toward purer design, almost reduced to an extreme, defined as Neominimalism. Promoted at the start by young foreign designers like Jasper Morrison, from England, and Konstantin Grcic, from Austria, disciples rapidly gathered in the new generation of designers, in an attempt to use minimalism as a way of escaping from the decorative mannerism of the "new design". Simplification is also seen as a hypothesis for a renewal of lifestyles. More than furnishings, these works are tools that can be used in different contexts, leaving the user free to decide upon their location or mobility within the home or the workspace. Neominimalism, in spite of the fact that it has generated its own form of mannerism, can be considered one of the most constructive styles, because it aims not so much at formal innovation as at a reinvention of typologies and a transformation of the living space from a situation considered almost permanent to one in which things are temporary, flexible, suitable for a contemporary world in constant and increasingly rapid transformation. In the context of Italian production the collections of Cappellini, with designs by Morrison and Grcic, and the Atlantide trademark of Driade, which under the guidance of Marco Romanelli proposes "tools for living" by youthful international designers, constitute a complete expression of the Neominimalist tendency.

Attention to the theme of ecology has generated, at the beginning of the Nineties, a category of furnishings based on the reutilization of materials, recycled objects and substances used by young designers as a response to the consumism of the Eighties. Dignified furniture in cardboard, tables and lamps created with plastic bottles for mineral water, flower-boxes made with plastic phleboclysis containers, produced for the Atlantide collection by Driade (1995). And there is even "Trash design", from the title of the exhibition organized by Patrizia Scarzella and Massimo Brini in 1993, which officialized the practice of recovering furnishings from dumps, presenting furniture found in the warehouses of the Milan waste disposal authority, repainted by Prospero Rasulo and Doriano Modenini.
As an official date of birth for ecological design we can cite the exhibition "Neolite" at the Milan Triennale in 1991, promoted by Assoplast and curated by Domus Academy, presenting a series of products created by young designers with "replex", a new material obtained through the recycling of heterogeneous polymers.

In the wake of the Seventies revival, nourished by music and graphics, a Neo-Pop trend also emerges in the early Nineties. The most direct references are the glorious pieces by Gufram in the Seventies, the products of Poltronova in the same period, like the "Superonda" by Archizoom or the "Guantone" by De Pas D'Urbino Lomazzi. The most earnest exponents of this tendency are a series of young designers trained at the University of Florence, under the tutelage of Remo Buti, like Guido Venturini and Stefano Giovannoni, the creators, for Alessi, of "scandalous" objects like the "Firebird" burner lighter and the "Merdolino" toilet brush.

Giampaolo Fabris, "Le otto Italie", trasforma la segmentazione della popolazione italiana da socioeconomica in socioculturale, istituzionalizzando l'idea di stili abitativi costruiti sulla base di atmosfere riferite ai tratti salienti dei consumatori tipo delle varie categorie. L'adozione acritica da parte di molte aziende della ricerca, intesa come strumento infallibile di lettura del mercato, ha portato a una progressiva standardizzazione della produzione.

Con il sopraggiungere della crisi economica le aziende si sono convertite alla normalità: prodotti senza rischio, immediatamente gradevoli, funzionali e agili, pensati per un habitat vissuto come rifugio da un mondo esterno troppo complesso e violento. Prodotti capaci di dare sicurezza, concepiti per una casa sempre più bunker, secondo la definizione del sociologo Mario Abis. La ricerca, che negli anni sessanta e settanta aveva coinvolto designer e aziende avanzate nella definizione di nuove tipologie pensate per un abitare nomade e mobile, si sposta negli anni ottanta sulla pelle dei prodotti, dando il via al decorativismo e al pittoricismo e negli anni novanta investe il dominio dei materiali, ottenendo risultati impensabili. I vecchi materiali cambiano natura e acquisiscono nuove prestazioni e nuove finiture: il legno diventa morbido, come nella sedia "Less" di Marco Ferreri per Nemo (attualmente prodotta e distribuita da BPA); la plastica acquisisce una mano satinata, come nella sedia "Lord Yo" di Philippe Starck per Driade, o una trasparenza opalina come nel contenitore "Mobil" di Antonio Citterio per Kartell.

Si mettono a punto nuovi materiali, come la fibra di carbonio con cui Alberto Meda nel 1987 realizza la sedia "LightLight" per Alias dal peso di appena un chilogrammo. Si perfeziona la prassi del transfer: il silicone passa dalla chirurgia estetica all'illuminazione con la lampada "Drop 2" di Marc Sadler per Arteluce (1994). Gaetano Pesce crea nel 1987 "I feltri" per Cassina, poltrone in feltro che, imbevuto nel poliestere, diviene autoportante.

Alla metà degli anni ottanta Denis Santachiara comincia la sua attività volta a scoprire le capacità quasi magiche delle nuove tecnologie. La mostra "Neomerce" da lui curata alla Triennale del 1985 è da considerarsi il manifesto del "design magico".

Dieci anni di mobili non raccontano solo una storia di stili e di innovazioni tecnologiche, ma testimoniano molto puntualmente anche le evoluzioni e le involuzioni della cultura dell'abitare; l'instaurarsi di nuove relazioni con gli oggetti; il sorgere di nuovi comportamenti di consumo. Dieci anni di mobili parlano di ambizioni private e di preoccupazioni collettive (l'ecologia); svelano bisogni nascenti e tensioni sociali. E forse il cambiamento più saliente, connesso con la saturazione del mercato, riguarda proprio il rapporto con le cose, non più desiderate con incontinenza, come negli anni ottanta o demonizzate, come all'inizio degli anni novanta, ma vissute sempre più alla stregua di creature con le quali stabilire un rapporto affettivo. Probabilmente la più forte tendenza attuale è quella verso gli oggetti affettivi, capaci di durare, degni di essere curati e mantenuti. L'aver cura, concetto guida del pensiero ecologico, sarà il metro del nostro rapporto con le cose non solo da usare, ma anche da amare e curare come le persone care. Quanto più i progressi della tecnologia disumanizzano l'uomo, tanto più le cose tenderanno a diventare umane.

In 1984 the publication of the sociological research conducted by GPF Associati under the guidance of Giampaolo Fabris, entitled "Le otto Italie", transformed the segmentation of the Italian populace from socio-economic to socio-cultural terms, institutionalizing the idea of living styles based on atmospheres associated with the salient traits of typical consumers from various categories. The acritical utilization, on the part of many manufacturers, of research, seen as an infallible instrument for the interpretation of the market, has led to an increasing standardization of production.

With the advent of the recession the companies have embraced the strategy of normalcy: products without risk, immediately pleasing, functional, agile objects, conceived for a habitat seen as a refuge from an exceedingly complex, violent outside world. Reassuring products, conceived for a bunker-like dwelling, in keeping with the definition of the sociologist Mario Abis. Reseach, which in the Sixties and Seventies involved designers and advanced manufacturers in the definition of new typologies for nomadic, mobile lifestyles, shifted its focus in the Eighties toward the outer skin of products, giving free reign to decorative and painterly approaches; in the Nineties the focus turns to materials, with unpredictable results. The old materials change their nature, taking on new potential and new finishes: wood becomes soft, as in the "Less" chair by Marco Ferreri for Nemo (now produced and distributed by BPA); plastic takes on a satin finish, pleasing to the touch, as in the "Lord Yo" chair by Philippe Starck for Driade, or it assumes an opaline transparency, as in the "Mobil" container by Antonio Citterio for Kartell.

New materials are developed, like carbon fiber, with which Alberto Meda creates, in 1987, the "LightLight" chair for Alias, weighing just one kilogram. There is a perfecting of the practice of transfer: silicon shifts from surgical uses to lighting, with the "Drop 2" lamp by Marc Sadler for Arteluce (1994). Gaetano Pesce creates, in 1987, "I Feltri" for Cassina, armchairs in felt treated with polyester for structural rigidity.

Halfway through the Eighties Denis Santachiara begins to discover the almost magical possibilities of new technologies. The exhibition "Neomerce" at the Milan Triennale in 1985, curated by Santachiara, can be considered a manifesto of "magical design".

Ten years of furniture do not only narrate a story of styles and technological innovations, they also bear cogent witness to the evolutions and involutions of the culture of living; the establishment of new relations with objects; the emergence of new behaviors of consumption. Ten years of furniture speak of private ambitions and collective concerns (ecology); they reveal nascent needs and social tensions. And perhaps the most pertinent change, linked to the saturation of the market, is precisely that regarding our relationship with things, which are no longer desired with excessive zeal, as in the Eighties, nor condemned, as at the beginning of the Nineties. Objects are now experienced, to an increasing extent, almost as beings, with which we can establish an emotional relationship. Probably the strongest trend at the moment is that of emotional objects, things that last, that are worth taking care of. To take care, the guiding concept of ecological thinking, will be the measure of our relationship with things, not only things to be used, but also to be loved and cared for, like relatives or friends. The more technological progress seems to make mankind less human, the more things will tend to assume a human aspect.

La storia dell'imbottito moderno inizia idealmente con la presentazione della poltroncina "Lady" di Marco Zanuso alla IX Triennale nel 1951. "Lady" rappresenta la prima applicazione di un nuovo materiale studiato dalla Pirelli, la gommapiuma, per la cui utilizzazione nel campo dell'arredo nasce nel 1950 l'Arflex. Scompaiono le molle e le imbottiture di crine e entrano in campo i nuovi materiali artificiali che consentono l'eliminazione della rigida scocca in legno e una conseguente nuova libertà formale.

Grazie alla duttilità dei poliuretani il panorama delle forme diventa sempre più variegato. Cambia radicalmente anche il modo di stare seduti: non più impettiti come imponeva il galateo borghese, ma comodamente affondati nelle morbidezze offerte dagli schiumati.

L'obiettivo del progetto non è più l'eleganza o la stravaganza del disegno, ma la comodità.

Nel 1986 "Sity" disegnato da Antonio Citterio per B&B viene salutato come un decisivo cambiamento nel modo di intendere il comfort. Citterio introduce la componibilità e la possibilità di mutare configurazione al divano, proponendo una fruizione più libera del soggiorno. "Sity" diventa rapidamente un caso e, grazie al suo immediato successo commerciale, è nella storia dell'arredo il prodotto più copiato.

La voga dei prodotti di memoria determina anche nel settore degli imbottiti una brusca sterzata all'indietro. Ritornano i divani classici eseguiti seconda la tecnica artigianale del tappezziere. Ricompaiono addirittura i divani capitonnè. Baleri propone ironicamente una versione dello storico "Chester" della Frau rivestito in tessuto sintetico argentato. De Padova, che da sempre rappresenta lo stile della buona borghesia metropolitana, introduce nel suo catalogo tutta una serie di imbottiti di memoria.

Antonio Citterio, il designer che meglio interpreta i desideri dell'acquirente medio, costruisce il successo di Flexform con una serie di divani dall'aspetto immediatamente familiare che, non a caso, si chiamano con nomi propri di persona. Sull'onda della Flexform si muovono quasi tutte le aziende del settore, rendendo il panorama degli imbottiti simile a uno sciame di giapponesi: tutti uguali, difficilmente identificabili, se non per il rivestimento. L'importanza assunta dal rivestimento convince la B&B a chiamare lo stilista Gian Franco Ferré a disegnare i vestiti per una serie di divani, progettati nel 1985 da Paolo Nava, denominati appunto "Gli abiti".

Cassina, azienda fino ai primi anni novanta particolarmente sensibile alla sperimentazione d'avanguardia, non abbandona la ricerca e presenta nel 1987 "I Feltri" di Gaetano Pesce, una serie di sedute in feltro che, imbevuto con quantità diverse di poliestere, diventa autoportante, garantendo anche un'elasticità differenziata.

L'esigenza di prodotti facili, considerati la via più diretta per uscire dalla crisi, converte molte aziende leader, compresa la stessa Cassina, al prodotto banale. E intanto si affacciano aziende piccole e giovani che propongono prodotti di rottura, dimostrando che il mercato si può anche anticipare, come Edra. Dopo l'esordio con "I Nuovissimi", una collezione disegnata da giovani designer, l'azienda toscana con l'art direction di Massimo Morozzi, prosegue presentando veri e propri casi, come i divani di Zaha Hadid, primi esempi di arredo decostruttivista; o come "Tatlin" il divano a spirale ispirato alla mitica torre di Tatlin, creato da Mario Cananzi e Roberto Semprini, uno dei prodotti più scenografici della recente storia dell'arredo.

Moroso, nata negli anni cinquanta, con l'ingresso in azienda di Patrizia Moroso, inizia con la serie "Dinamic", disegnata da Massimo Iosa Ghini nel 1987, a proporre pezzi a forte connotazione formale, imponendosi come azienda sensibile all'avanguardia.

Anche Play Line, un marchio del 1976, negli anni '90 si distingue per l'originale connotazione dei suoi prodotti, grazie anche al contributo di designer come Riccardo Dalisi, Alessandro Mendini e Michele De Lucchi.

Cappellini, considerato l'esponente più significativo del neominimalismo, propone dei divani di Jasper Morrison, che altro non sono che un blocco di poliuretano sagomato e rivestito e che ricordano pezzi della fine degli anni '60, come la "Superonda" degli Archizoom.

The history of modern upholstery begins, ideally, with the presentation of the "Lady" armchair by Marco Zanuso at the 9th Milan Triennale in 1951. "Lady" represents the first application of a new material developed by Pirelli, foam rubber, whose use in the field of furnishings began in 1950 with the founding of Arflex. Springs and horsehair stuffings vanished, replaced by new artificial materials which permitted the elimination of the rigid wooden frame, allowing greater freedom in the design of forms.

Thanks to the ductile character of the polyurethanes the range of forms became highly variegated. Our way of sitting also changed radically: no longer rigid, upright, as dictated by bourgeois etiquette, but comfortably lounging in the softness of foam. The objective of the design is no longer elegance or extravagance, but comfort.

In 1986 "Sity" designed by Antonio Citterio for B&B was hailed as a decisive change in our way of thinking about comfort. Citterio introduced the notion of component parts for the possibility of changing the configuration of the sofa, for more flexible utilization in the living room. "Sity" rapidly became an emblematic case, and thanks to its immediate success on the market it has been the most imitated product in the history of furniture.

The vogue of "memory" products led to a regression in many sectors, including that of upholstered furniture. Classic divans made a comeback, produced with traditional techniques. Even capitonné divans reappeared. Baleri ironically proposes a version of the historical "Chester" by Poltrona Frau, covered in silvery synthetic fabric. De Padova, always the representative of the style of the metropolitan upper crust, has introduced an entire series of revisited upholstered pieces in its catalogue.

Antonio Citterio, the designer who best interprets the desires of the average customer, built the success of Flexform with a series of divans with an immediately familiar look, naturally christened with human names. The Flexform phenomenon has been imitated by nearly all the manufacturers in the sector, making the panorama of upholstered furniture similar to a nursery full of newborn babies: it's hard to tell them apart, if not by their coverings. The importance of coverings convinced B&B to call upon the stylist Gian Franco Ferré to design garb for a series of divans designed in 1985 by Paolo Nava, with the telling name "Gli abiti".

Cassina, a company which has been particularly sensitive to avant-garde experimentation until the early 1990s, did not abandon its research, and presented, in 1987, "I Feltri" by Gaetano Pesce, a series of seating elements in felt which, impregnated with different quantities of polyester, becomes structural, guaranteeing differentiated elasticity.

The need for facile products, seen as the most direct route out of the crisis, has led many leading firms, including Cassina, to the banal product. In the meantime smaller, younger companies like Edra arrive with more radical offerings, demonstrating that it is also possible to stay one step ahead of the market. After the debut with "I Nuovissimi", a collection by young designers, the Tuscan firm, under the art direction of Massimo Morozzi, has continued to present true sensations, like the divans by Zaha Hadid, the first examples of deconstructivist furnishings, or "Tatlin", the spiral divan inspired by the legendary tower of Tatlin, created by Mario Cananzi and Roberto Semprini, one of the most theatrical products of the recent history of furnishings.

Moroso, founded in the 1950s, began to develop new proposals after the entry in the firm of Patrizia Moroso, with the "Dinamic" series designed by Massimo Iosa Ghini in 1987, pieces with strong formal connotations that bring the company into the ranks of producers with avant-garde sensibilities.

Play Line, a trademark founded in 1976, in the Nineties has stood out for the original look of its products, thanks to the contributions of designers like Riccardo Dalisi, Alessandro Mendini and Michele De Lucchi.

Cappellini, considered the most important exponent of neominimalism, offers divans by Jasper Morrison, simple profiled blocks of polyurethane with coverings, reminiscent of certain pieces from the late Sixties, like the "Superonda" by Archizoom.

1. Oracolo___1994
Design___Luca Meda
Azienda/Company___Molteni & C
Varie misure/Various dimensions

Collezione di poltrone e divani accostabili. Struttura in metallo con imbottitura in schiuma poliuretanica indeformabile. Rivestimento in tessuto o Alcantara. Pouf con cassetto.

Collection of armchairs and sofas that can be combined. Metal structure padded with non-deformable polyurethane foam. Upholstered in fabric or Alcantara. Pouf with drawer.

2. Shelly___1995
Design___Anna e Carlo Bartoli
Azienda/Company___Rossi di Albizzate
Varie misure/Various dimensions

Elementi componibili. Struttura portante in massello, schienali e braccioli in tubolare metallico snodato con molleggio. Imbottitura in schiume poliuretaniche.

Sectional elements. Supporting structure in solid wood. Back and arms in jointed metal tubing with springs. Padded with polyurethane foam.

3. Bench system___1994
Design___Piero Lissoni
Azienda/Company___Living
Varie misure/Various dimensions

Sistema di sedute componibili e non, composto da cuscini su piattaforma in legno di faggio o mogano. Braccioli e schienali in metallo schiumato a freddo. Rivestimento in tessuto o pelle.

Set of sectional and non-sectional seats, made up of cushions on a platform of beech or mahogany. Arms and backs in metal padded with cold-expanded foam. Upholstered in fabric or leather.

4. L'homme et la femme__1993
Design___Francesco Binfaré
Azienda/Company___Edra
Cm__112x87x42h

Divano a configurazione variabile. Struttura in legno e metallo con imbottitura in poliuretano. Supporti a terra in acciaio.

Sofa of variable configuration. Structure in wood and metal with polyurethane padding. Steel ground supports.

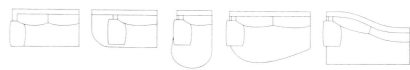

5. Sity__1986
Design___Antonio Citterio
Azienda/Company___B&B Italia
Varie misure/Various dimensions

Sistema di sedute componibili. Struttura in profilato di acciaio. Imbottitura in schiuma di poliuretano, poliuretano a densità differenziate e ovatta poliestere.

Set of sectional seats. Structure in section steel. Padded with polyurethane foam, variable-density polyurethane, and polyester wadding.

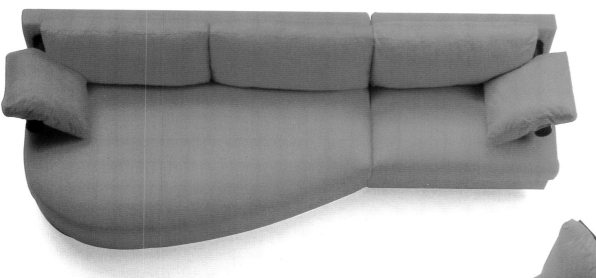

1. Slalom__1991
Design__Riccardo Dalisi
Azienda/Company__Play Line
Cm__195x95/200x85h

Divano/letto con struttura in metallo, imbottitura in espanso. Braccioli in massello di ciliegio.

Divan/bed with metal structure. Padded with plastic foam. Arms in solid cherry.

2. Tattomi__1985/92
Design__I. Maurer/J. Armgardt
Azienda/Company__Zoltan
Cm__95/125x90x77h

Poltrona trasformabile. Struttura in tubolare di ferro con snodi bidirezionali. Cinghie elastiche rivestite con poliuterano espanso e dacron. Rivestimento in tela.

Convertible armchair. Structure in iron tubing with two-way joints. Padded with elastic straps clad in expanded polyurethane and Dacron. Upholstered in cloth.

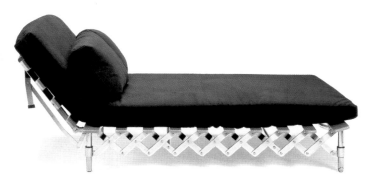

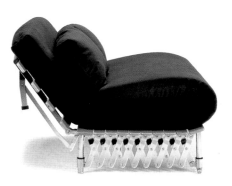

3. Tira e molla__1994
Design__R. Lucci/P. Orlandini
Azienda/Company__Biesse
Cm__97/137/163x85x88h

Poltrone e divani letto. Sistema cinematico costituito da struttura in acciaio verniciato, parallelogramma estensibile, doghe in legno compensato curvato.

Armchairs and divan beds. Kinetic system including painted steel structure, extensible parallelogram, bent plywood staves.

20

4. Zzofà__1993
Design__James Irvine
Azienda/Company__Cappellini
Cm__200x75x80h

Struttura in metallo, imbottitura in poliuretano espanso a quote differenziate. Parti metalliche verniciate alluminio. Versione a schienale fisso o trasformabile in letto.

Metal structure, padded with expanded polyurethane of different heights. Metal parts painted aluminum color. Versions with fixed back or convertible into bed.

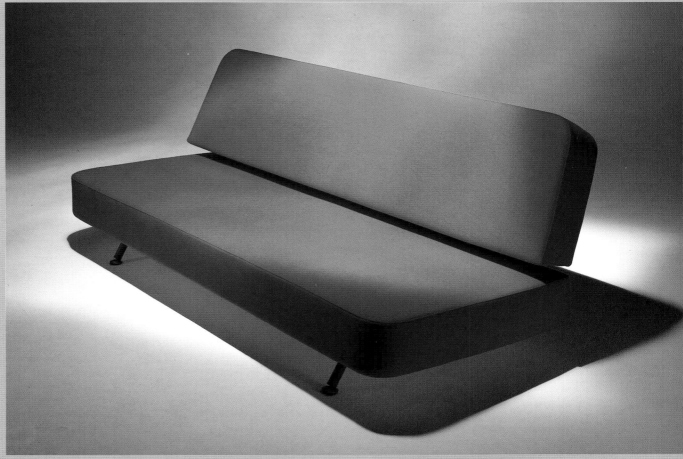

5. Polet__1991
Design__Achille Castiglioni
Azienda/Company__Interflex
Cm__70x85x190h

Struttura in massello di faggio tinto ciliegio o laccato. Supporto in tela PVC. Materassino rivestito in tessuto. Reclinabile.

Massive cherry-wood painted or lacquered-beechwood frame. PVC-cloth. Fabric-coated mattress. Tilting.

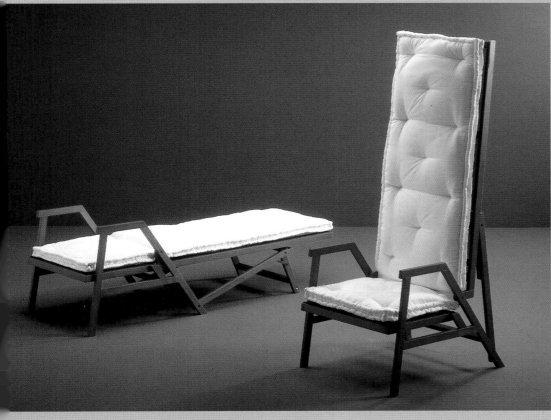

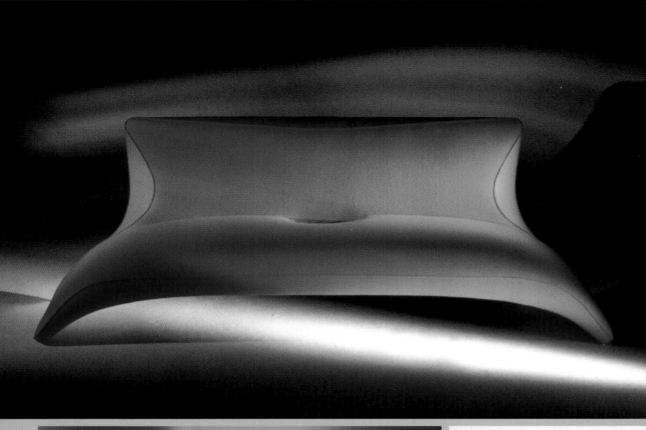

1. Boomerang___1989
Design___Massimo Iosa Ghini
Azienda/Company___Design
Gallery Milano
Cm___253x85x85h

Divano rivestito in panno di lana.
Sofa upholstered in woolen cloth.

2. Sensual Pampa___1993
Design___Diana Cabeza
Azienda/Company___Cappellini
Cm___187x78x78h

Struttura portante in acciaio.
Seduta e schienale in legno e
poliuretano espanso. Rivestimento in
panno, pelle e cuoio.
    Steel supporting structure.
Seat and back in wood and
expanded polyurethane. Upholstered
in cloth, leather, and hide.

3. Funiculì___1995
Design___Riccardo Dalisi
Azienda/Company___Play Line
Cm___145x57x84h

Struttura in legno di abete e
nastri elastici in tensione.
Imbottitura in espanso. Ruote
anteriori a scomparsa.
    Structure in deal and elastic
bands under tension. Padded with
plastic foam. Foldaway front
castors.

22

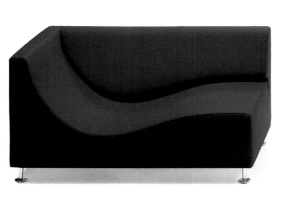

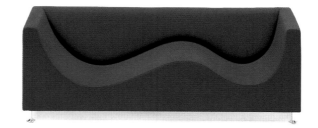

4. Three sofa de luxe__1992
Design___Jasper Morrison
Azienda/Company___Cappellini
Cm___78/135x70x72h

Struttura in legno e poliuretano espanso a quote differenziate. Piedini in alluminio pressofuso. Rivestimento in panno o pelle. In versione poltrona, chaise longue, divano.

Structure in wood and expanded polyurethane of different heights. Feet in die-cast aluminum. Upholstered in cloth or leather. In armchair, chaise longue, and sofa versions.

2. Amata___1992
Design___Mauro Lovi
Azienda/Company___Giovannetti
Cm___98x88x84h

Struttura in legno massello e multistrati di legno. Imbottitura in poliuretano. Piedi in faggio color noce o alluminio. Rivestimento tessuto o pelle.

Structure in solid wood and plywood. Padded with polyurethane. Feet in beech with a walnut or aluminum finish. Fabric or leather upholstery.

3. Off Spring___1991
Design___Ron Arad
Azienda/Company___Moroso
Cm___57x115x90h

Struttura in acciaio rivestito con poliuretano espanso. Lama in acciaio armonico trattato con ematite. Rivestimento in panno di lana o pelle.

Steel structure padded with expanded polyurethane. String steel sheet treated with hematite. Upholstered in woolen cloth or leather.

1. She__1992
Design__Prospero Rasulo
Azienda/Company__Poltronova
Cm__140x90x92h

Struttura in legno.
Imbottitura in poliuretano,
rivestimento in tessuto o pelle.
   Wooden structure. Padded
with polyurethane, upholstered in
fabric or leather.

4. Richard III__1985
Design__Philippe Starck
Azienda/Company__Baleri Italia
Cm__93x82x92h

Struttura stampata in
poliuretano rigido strutturale
verniciato. Imbottitura seduta in
poliuretano espanso e dacron
rivestito in panno o pelle nera.
   Molded structure in painted,
rigid structural polyurethane. Seat
padded with expanded polyurethane
foam and Dacron upholstered in
cloth or black leather.

5. Rosa__1994
Design__Andreas Brandolini
Azienda/Company__Cappellini
Cm__70x86x92h

Struttura in legno e
poliuretano espanso a quote
differenziate. Rivestimento in
tessuto o pelle.
   Structure in wood and
expanded polyurethane of different
heights. Upholstered in fabric or
leather.

6. Florence__1995
Design__Antonio Citterio
Azienda/Company__B&B Italia
Cm__74x85/98x86/92h

Struttura in profilo di acciaio.
Imbottitura in schiuma di poliuretano
a freddo. Seduta con due profondità.
Poggiapiedi in rete metallica
estraibile. Piedini in alluminio.
   Structure in section steel.
Padded with cold-expanded
polyurethane foam. Seat with two
depths. Pullout footrests in wire
mesh. Feet in aluminum.

1. New Tone__1989
Design__Massimo Iosa Ghini
Azienda/Company__Moroso
Varie misure/Various dimensions

3. No stop__1987
Design__Maarten Kusters
Azienda/Company__Edra
Cm__212x112x90h

Collezione di divani e poltrone. Fusto in legno rivestito in poliuretano espanso indeformabile a densità differenziate e fibra poliestere. Piedini in alluminio satinato.

Collection of sofas and armchairs. Wooden body padded with non-deformable expanded polyurethane of different densities and polyester fiber. Feet in glazed aluminum.

Struttura in legno massello e tubolare d'acciaio con snodi speciali nello schienale. Imbottitura in poliuretano espanso e dacron.

Structure in solid wood and steel tubing with special joints in the back. Padded with expanded polyurethane and Dacron.

2. Day bed__1989
Design__Jasper Morrison
Azienda/Company__Cappellini
Cm__216x71x78h

Struttura in legno e imbottitura in poliuretano espanso a quote differenziate. Piedi in alluminio. Rivestimento in tessuto.
Wooden structure padded with expanded polyurethane of different heights. Aluminum feet. Upholstered in fabric.

4. Tatlin__1989
Design__M. Cananzi/R. Semprini
Azienda/Company__Edra
Cm__210x170x130h

Struttura portante in legno massello. Imbottitura in poliuretano espanso. Piedini in legno.
Supporting structure in solid wood. Padded with expanded polyurethane. Wooden feet.

5. Hilly__1988
Design__Achille Castiglioni
Azienda/Company__Cassina
Varie misure/Various dimensions

Divano, divano centrale e poltrona costituiti da una serie di strati imbottiti sovrapposti e collegati tra loro. Supporto in multistrato, imbottitura in poliuretano. Base in legno laccato.
Sofa, central sofa, and armchair made up of a series of padded layers that are superimposed and linked together. Support in plywood, polyurethane padding. Base in lacquered wood.

1. Valentino__1991
Design__Guido Venturini
Azienda/Company__Bianchi &
Bruni
Cm__51x57x46h

Pouf imbottito. Struttura in
legno, gambe in fusione di alluminio.
Stuffed pouf. Wooden frame,
die-cast aluminium legs.

2. Beatrice Annabella__1994
Design__Andreas Brandolini
Azienda/Company__Zeus/Noto
Cm__ø35x45/70h

Sgabello alto e basso.
Struttura in tubo di acciaio
verniciato. Seduta imbottita con
rivestimento in tessuto elasticizzato,
pelle o Alcantara.
High and low stool. Painted
steel-tube frame. Stuffed seat with
stretch-fabric, leather or Alcantara
coating.

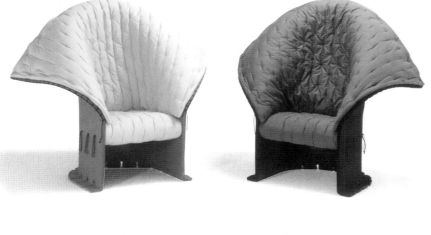

3. Feltri__1987
Design__Gaetano Pesce
Azienda/Company__Cassina
Cm__73x66x98/130h

Poltrona realizzata interamente in feltro di lana spesso. La parte inferiore è in feltro impregnato di resina termoindurente. Materassino in tessuto trapuntato in vari colori.

Armchair made entirely out of thick wool felt. The lower part is in felt impregnated with thermosetting resin. Quilted cloth mattress in various colors.

4. Selim__1992
Design__Sottsass Associati
Azienda/Company__Cassina
Cm__56/84x69/73x69h

Struttura portante in acciaio. Imbottitura in poliuretano espanso. Base in poliuretano integrale. Disponibile con o senza braccioli.

Steel supporting structure. Padded with expanded polyurethane. Base made entirely from polyurethane. Available with or without arms.

5. Tube__1995
Design__Anna e Carlo Bartoli
Azienda/Company__Rossi di Albizzate
Cm__160x85x76h

Struttura metallica portante e cinghie elastiche. Imbottitura in schiume poliuretaniche. Sostegni tubolari in alluminio anodizzato. Rivestimento in tessuto elasticizzato.

Metal supporting structure and elastic straps. Padded with polyurethane foam. Tubular supports in anodized aluminum. Upholstered in stretch fabric.

6. Colorado__1985
Design__Franco Poli
Azienda/Company__Giovannetti
Varie misure/Various dimensions

Serie di elementi componibili. Molleggio con cinghie elastiche, imbottitura in dacron.

Set of sectional elements. Sprung with elastic straps, padded with Dacron.

29

1. Getsuen___1990
Design___Masanori Umeda
Azienda/Company___Edra
Cm___107x90x90h

Poltroncina a forma di giglio giapponese. Struttura metallica ricoperta in poliuretano. Rivestimento in velluto azzurro, giallo o viola.

Small armchair in the form of a Japanese lily. Metal structure covered with polyurethane. Upholstered in blue, yellow, or violet velvet.

2. Alessandra___1995
Design___Javier Mariscal
Azienda/Company___Moroso
Cm___99x94x112h

Struttura in acciaio rivestito in espanso. Piedi in faggio naturale, tinto o laccato.

Steel structure covered with plastic foam. Feet in natural, stained, or lacquered beech.

3. Virgola___1991
Design___Yaacov Kaufman
Azienda/Company___Arflex
Cm___70x37x76H

Struttura in profilato metallico ricoperta da schiuma poliuretanica a stampo. Seduta a nastri elastici. Gambe in acciaio verniciato.

Structure in metal section covered with molded polyurethane foam. Seat with elastic bands. Legs in black-painted steel.

4. Felt chair__1993
Design__Marc Newson
Azienda/Company__Cappellini
Cm__67x100x86h

Scocca in fiberglass rinforzata. Gambe in alluminio anodizzato. Disponibile con rivestimento in panno e cuoio.
Body in reinforced fiberglass. Legs in anodized aluminum. Available with cloth and leather upholstery.

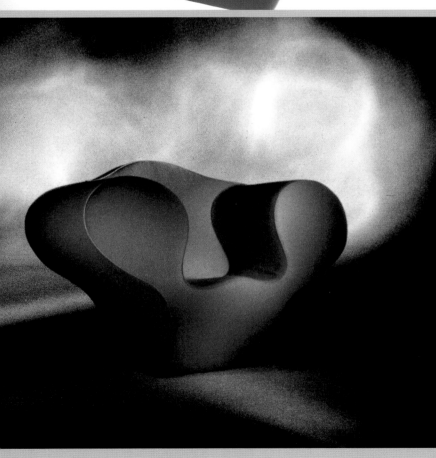

5. Soft Big Heavy__1991
Design__Ron Arad
Azienda/Company__Moroso
Cm__80x118x105h

Struttura in legno rivestito con poliuretano espanso e dacron. Rivestimento in panno di lana.
Wooden structure padded with expanded polyurethane and Dacron. Upholstered in woolen cloth.

6. Girotonda__1994
Design__Francesco Binfaré
Azienda/Company__Adele C.
Cm__90x138x130h

Poltrona con schienale a mobilità indipendente del sedile, del poggiatesta e del pouf-satellite con inclinazione regolabile.
Armchair with back that can be moved independently of the seat, headrest, and pouf-satellite and that can be set at different angles.

31

1. J (Serie Lang)___1987
Design___Philippe Starck
Azienda/Company___
Driade/Aleph
Cm___60x66x86h

Scocca in tubolare di acciaio ed elementi elastici. Imbottitura in schiume poliuretaniche. Rivestimento fisso in pelle nera. Gamba in fusione di alluminio lucidata.

Steel-tube and flexible-element body. Polyurethane-foam stuffing. Fixed black-leather coating. Polished cast-aluminium leg.

2. Caprichair___1990
Design___Hannes Wettstein
Azienda/Company___Baleri Italia
Cm___58x61x80h

Struttura in tubolare di acciaio. Imbottitura in poliuretano flessibile schiumato a freddo. Rivestimento in tessuto, materiale sintetico o pelle. Piedini in pressofusione di alluminio.

Structure in steel tubing. Padded with cold-expanded flexible polyurethane foam. Upholstered in fabric, synthetic material, or leather. Feet in die-cast aluminum.

3. Cubo e Sfera__1988
Design__Oswald Mathias Ungers
Azienda/Company__Sawaya &
Moroni
Cm__69x69x69h

Serie di poltrone e divani
modulari. Struttura in ciliegio.
Intarsi e parti in legno ebanizzato.
Rivestimento in pelle o tessuto.
 Set of modular armchairs and
sofas. Structure in cherry wood.
Inlays and parts in wood with ebony
finish. Upholstered in fabric or
leather.

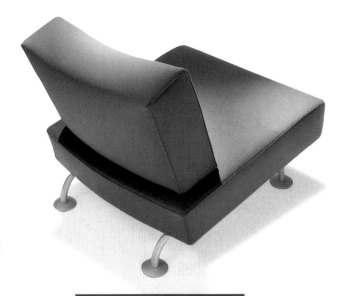

4. Spider__1994
Design__James Irvine
Azienda/Company__Cappellini
Cm__72x82x75h

Struttura in metallo e
poliuretano espanso a quote
differenziate. Base in metallo
verniciato. Rivestimento in tessuto,
pelle o ciniglia. Smontabile.
 Structure in metal and
expanded polyurethane of different
heights. Base in painted metal.
Upholstered in fabric, leather, or
chenille. Can be dismantled.

5. Crust__1988
Design__Ron Arad
Azienda/Company__Sawaya &
Moroni
Cm__97x89x73h

Struttura in legno multistrato
curvato, frassino naturale o tinto
mogano. Imbottitura in poliuretano
e gomma. Schienale e seduta con
bolli di gomma.
 Curved multi-layer natural or
mahogany-painted beechwood frame.
Polyurethane and rubber stuffing.
Rubber-bubble back and seat.

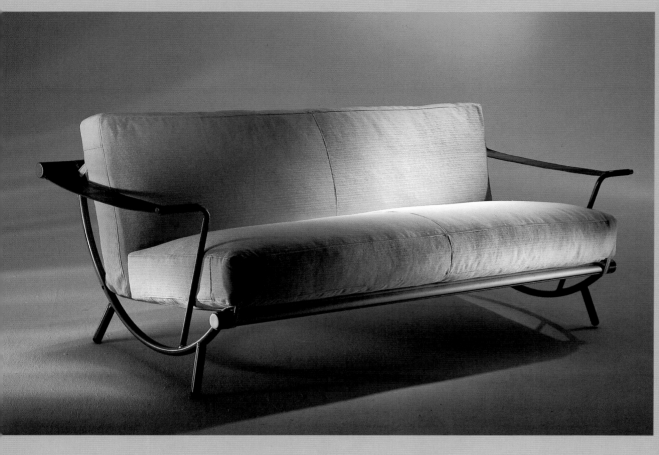

1. Take Away___1995
Design___Studio Iosa Ghini
Azienda/Company___Doing
Cm___220x94x60h

Struttura in ferro e alluminio. Imbottitura in poliestere strutturale rivestito in tessuto. Piedini in teflon. Fasce e braccioli in cuoio.

Structure in iron and aluminum. Padded with structural polyester upholstered in fabric. Teflon feet. Bands and arms in hide.

2. Hydra___1992
Design___Luca Scacchetti
Azienda/Company___Poltrona Frau
Cm___202x72x88h

Struttura in profilo di alluminio estruso, schienale in compensato curvato. Imbottitura in poliuretano espanso. Rivestimento in pelle. Particolari in metallo, vetro, marmo. Elementi costanti o modulari con diversi tipi di schienale.

Structure in extruded aluminum section, back in curved plywood. Padded with expanded polyurethane. Upholstered in leather. Details in metal, glass, and marble. The series includes fixed or modular elements with different types of back.

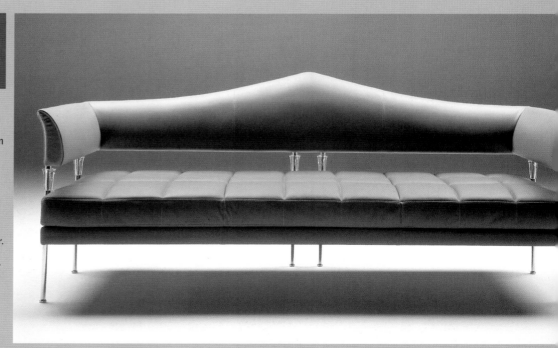

3. Antiopa__1992
Design__Toni Cordero
Azienda/Company__Sawaya &
Moroni
Cm__265x95x170h

Divano in giunco rosso a
lavorazione artigianale. Struttura in
metallo e legno. Rivestimento in
tessuto.
Sofa in hand-woven red rush
matting. Structure in metal and
wood. Upholstered in fabric.

4. Prosim Sni__1987
Design__Borek Sipek
Azienda/Company__Driade
Cm__174x84x100h

Struttura in acciaio, ciliegio
finitura naturale e legno finitura
ebano. Imbottitura in schiume
poliuretaniche. Rivestimento in pelle
nera e tessuto.
Steel, natural-finished cherry-
wood and ebony-finished wood
frame. Polyurethane-foam stuffing.
Black-leather and fabric coating.

5. Sitting on the moon__1991
Design__Jeannot Cerutti
Azienda/Company__Sawaya &
Moroni
Cm__200x90x75h

Panchetta in massello di pero
e particolari in ottone. Seduta
capitonné ricoperta in velluto.
Massive pear-wood bench
with brass elements. Velvet-coated
quilted seat.

Divani e poltrone. Struttura in profilato d'acciaio. Schienale flessibile. Imbottitura in poliuretano a freddo, poliuretano a densità differenziate e dacron.

Sofas and armchairs. Structure in section steel. Flexible back. Padded with cold-expanded polyurethane foam of varied density and Dacron.

Poltrona e divani a due e tre posti. Struttura in tubo d'acciaio verniciato su cui è tesa una fodera portante ad alta resistenza in cordura. Cuscino in poliuretano espanso.

Armchair and two- or three-seat sofas. Structure in painted steel tubing over which a supporting cover of highly durable Cordura is stretched. Cushion in expanded polyurethane.

Poltroncina e panca non sfoderabili. La serie comprende un tavolino.

Small armchair and bench with fixed covers. The set also includes a small table.

4. Zanzibar__1994
Design__Antonio Citterio
Azienda/Company__Flexform
Cm__185/225x93x80h

Struttura in legno di acero
naturale e giunco lavorato a tela.
Imbottitura in poliuretanio e dacron.
Rulli e cuscini in piuma.

Structure in natural maple
wood and woven rushes. Padded
with polyurethane and Dacron. Rolls
and cushions filled with down.

5. Palmaria__1995
Design__Vico Magistretti
Azienda/Company__Cassina
Cm__103x98x103h

Struttura portante in acciaio
tubolare con schienale in materiale
plastico flessibile. Imbottitura in
poliuretano espanso e poliestere.
Rivestimento in pelle o tessuto.

Supporting structure in
tubular steel with back in flexible
plastic. Padded with expanded
polyurethane and polyester.
Upholstered in leather or fabric.

6. Devi__1994
Design__Sottsass Associati
Azienda/Company__Zanotta
Cm__168/230x91x87h

Struttura in acciaio.
Molleggio su nastri elastici, cuscini
in poliuretano e dacron. Piedini in
acciaio verniciato con dischetti
terminali colorati.

Steel structure. Elastic strip
suspension, PU and Dacron pillows.
Painted steel feet with coloured
bottom disks.

1. Ribalta__1988
Design__F. Ballardini/F. Forbicini
Azienda/Company__Arflex
Cm__162x118x80h

2. Junior__1987
Design__Antonio Citterio
Azienda/Company__Flexform
Cm__160/200/235x75x74h

3. Bomb__1991
Design__Massimo Morozzi
Azienda/Company__Tesi
Cm__65x72x74/103h

4. Island__1994
Design__Alessandro Mendini
Azienda/Company__Edra
Cm__170/210x90X78h

Struttura in profilato ricoperta da schiume a densità differenziata. Gli angoli sono regolabili indipendentemente in sei posizioni diverse. Basamento in ghisa verniciato nero.

Structure in section iron covered with foam of different densities. The corners can be adjusted independently to six different positions.

Struttura e imbottitura in poliuretano e dacron. Schienale con struttura a balestra d'acciaio flessibile. Piedi o ruote autobloccanti.

Structure and padding in polyurethane and Dacron. Back with structure of flexible steel leaf-springs. Feet or self-blocking castors.

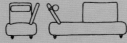

Struttura in profilato di acciaio annegato in poliuretano schiumato a freddo. Piedini in polistirolo antiurto. Rivestimento in tessuto, intercambiabile per gli schienali. Fuori produzione.

Structure in section steel clad in cold-expanded polyurethane foam. Feet in shockproof polystyrene. Upholstered in fabric, with interchangeable cover for the back. No longer in production.

Serie di divani e pouf tavolini componibili fra loro. Seduta in poliuretano, rivestimento in tessuto elastico.

Sectional set of sofas and pouf-tables. Seat in polyurethane, upholstered in stretch fabric.

38

5. Cannaregio__1987
Design__Gaetano Pesce
Azienda/Company__Cassina
Varie misure/Various dimensions

Serie di dieci elementi componibili, diversi per forma, volume e dimensione. Struttura portante in multistrato, imbottitura in poliuretano espanso, rivestimento in tessuto o pelle.

Set of ten sectional elements, differing in shape, volume, and size. Supporting structure in plywood, padded with expanded polyurethane, upholstered in fabric or leather.

6. Europa__1988
Design__Gualtierotti/Mazzoni Delle Stelle
Azienda/Company__Zanotta
Varie misure/Various dimensions

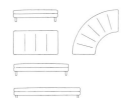

Divani componibili in varie forme e misure. Struttura in acciaio verniciato nero o nichelato satinato o brunito. Cuscini in poliuretano e dacron o in piuma d'oca. Rivestimento in stoffa o pelle.

Sectional sofa in various shapes and sizes. Steel structure, painted black or nickel-plated with glazed or burnished finish. Cushions in polyurethane and Dacron or goose down. Upholstered in cloth or leather.

1. Kilkis__1985
Design__Tittina
Ammannati/Giampiero Vitelli
Azienda/Company__Brunati
Cm__56x91x95h
Chaise longue. Struttura metallica con cinghie elastiche annegate in schiuma poliuretanica. Imbottitura in espanso trapuntato. Rivestimento in pelle.
Chaise longue. Metal structure with elastic straps clad in polyurethane foam. Quilted foam padding. Upholstered in leather.

2. Jodhpur__1995
Design__Jasper Morrison
Azienda/Company__Cappellini
Cm__95/164/192/226X92X79h
Struttura in metallo e cinghie elastiche. Imbottitura in poliuretano a quote differenziate e dacron. Rivestimento in tessuto. Piedini in pressofusione di alluminio o legno tornito.
Structure in metal and elastic straps. Padded with polyurethane of different heights and Dacron. Upholstered in fabric. Feet in die-cast aluminum or turned wood.

3. Tangeri__1994
Design__Francesco Binfaré
Azienda/Company__Edra
Cm__288x198x100h
Elementi a configurazione variabile. Struttura in legno e metallo. Scocca e cuscini seduta in poliuretano espanso. Base in metallo cromato o verniciato.
Elements of variable configuration. Structure in wood and metal. Body and seat cushions in expanded polyurethane. Base in chrome-plated or painted metal.

4. M3012/C - M3010__1991
Design__Paola Navone
Azienda/Company
Cappellini/Mondo
Cm__170x90x70h
Divano e pouf con piedi in latta o legno. Rivestimento in tessuto capitonée.
Sofa and pouf with tin or wooden feet. Upholstered in quilted fabric.

5. Speedster mono__1993
Design__(zed) Design Network
Azienda/Company__Palluccoitalia
Cm__70x85x69h
Struttura in metallo schiumata a

freddo in poliuretano. Base in acciaio verniciata in argento. Rivestimento in tessuto.
Metal structure padded with cold-expanded polyurethane foam. Base in silver-painted steel. Upholstered in fabric.

6. Faia__1993/94
Design__Toni Cordero
Azienda/Company__Sawaya & Moroni
Cm__88x90x116h
Struttura metallica, imbottitura in poliuretano schiumato. Braccioli in passamaneria. Rivestimento in velluto o pelle. Poltrona e divano a tre posti.
Metal structure. Padded with polyurethane foam. Arms in braid. Upholstered in velvet or leather. Armchair and three-seat sofa.

7. Scipione__1988
Design__Afra e Tobia Scarpa
Azienda/Company__Meritalia
Cm__95/151x72x77h
Poltrona e divano con imbottitura in poliuretano e piuma d'oca.
Armchair and sofa padded with polyurethane and goose down.

8. Sereno variabile__1995
Design__Franco Poli
Azienda/Company__Giovannetti
Cm__115x93x80h
Struttura in tubolare di acciaio verniciato o cromato. Imbottitura in poliuretano espanso e ovatta in dacron. Elementi componibili.
Structure in painted or chrome-plated steel tubing. Padded with expanded polyurethane and Dacron wadding. Sectional elements.

9. Monterosso__1994
Design__A. Mandelli, W. Selva
Azienda/Company__Busnelli
Gruppo Industriale
Cm__185x96x83h
Poltrone e divani. Struttura in massello di legno con molleggio a cinghie elastiche. Imbottitura in poliuretano, poliestere e fibra acrilica. Anche in versione componibile.
Armchairs and sofas. Structure in solid wood sprung with elastic straps. Padded with polyurethane, polyester, and acrylic fiber. Also in sectional version.

10. Aladino__1992

Design__Massimo Scolari
Azienda/Company__Giorgetti
Varie misure/Various dimensions
Serie di divani in tre dimensioni, collegabili tra loro e variamente posizionabili. Base e piedini in ciliegio massiccio. Struttura in faggio massiccio. Sedile e cuscini in piuma.
Set of sofas in three dimensions that can be linked together and s in different positions. Base and f in solid cherry. Structure in solic beech. Seat and cushions filled w down.

11. Autorevole__1985
Design__Ugo La Pietra
Azienda/Company__Busnelli
Gruppo Industriale
Cm__82x90x90h
Struttura portante in legno massiccio e compensato multistr Molleggio a nastri elastici intrecciati. Imbottitura in poliuretano. Piedini in legno. Cuscini schienale mobili.
Supporting structure in solid wo and plywood. Sprung with elasti webbing. Polyurethane padding. Wooden feet. Movable back cushic

12. Waiting__1989
Design__Rodolfo Dordoni
Azienda/Company__Moroso
Varie misure/Various dimensions
Sistema di divani. Struttura in acciaio rivestito con poliuretano espanso a densità differenziate e fibre poliestere. Base in fusione alluminio lucido.
System of sofas. Steel structure padded with expanded polyureth of different densities and polyes fiber. Base in polished cast alumini

13. Tonda__1991
Design__Anna Gili
Azienda/Company__Cappellini
Cm__103x84x102h
Struttura in legno, rivestimento schiume poliuretaniche, molleg su nastri elastici. Poltrona, pouf divano.
Wooden structure, upholstered with polyurethane foam, sprung with elastic bands. Armchair, p and sofa.

14. Eulalia__1995
Design__Javier Mariscal
Azienda/Company__Moroso

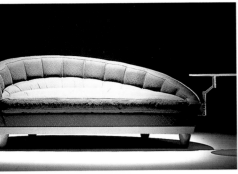

11.

12.

Cm___67x86x89h
Struttura in acciaio rivestita in espanso schiumato. Basamento in acciaio con piedini in alluminio.
Steel structure covered with plastic foam. Steel base with aluminum feet.

15. Sof Sof___1995
Design___Ron Arad
Azienda/Company___Moroso
Cm___100x65x95h
Struttura in acciaio rivestito in espanso schiumato. Piede in lama di acciaio con puntale in ABS. Rivestimento in tessuto. Braccioli e schienale inclinabili.
Steel structure padded with plastic foam. Feet made from sheet steel tipped with ABS. Upholstered in fabric. Adjustable arms and back.

16. Lola___1991
Design___Afra e Tobia Scarpa
Azienda/Company___Meritalia
Cm___100x100x78h
Seduta a pianta quadrata. Struttura in lamiera stampata e forata e cinghie elastiche intrecciate. Imbottitura in poliuretano espanso e ovatta sintetica.
Square seat. Structure in molded and perforated sheet metal and elastic webbing. Padded with expanded polyurethane and synthetic wadding.

17. Pop___1994
Design___Prospero Rasulo
Azienda/Company___Poltronova
Cm___68x65x75h
Poltroncina con struttura in legno, imbottitura in poliuretano. Gambe in metallo verniciato. Rivestimento in tessuto o pelle.
Armchair with wooden frame and polyurethane stuffing. Painted-metal legs. Fabric or leather coating.

18. Piggy___1991
Design___Anna Castelli Ferrieri
Azienda/Company___MatteoGrassi
Cm___65x25x35h
Struttura in legno. Imbottitura in schiuma poliuretanica flessibile, rivestimento in pelle.
Wooden structure. Padded with flexible polyurethane foam, upholstered in leather.

19. Baisity___1989
Design___Antonio Citterio
Azienda/Company___B&B Italia

Cm___75x85x75h
Poltrona con struttura in profilato di acciaio. Imbottitura in schiuma di poliuretano a freddo. Piedini rivestiti in tessuto, pelle o cuoio. Disponibile con ruote anteriori.
Armchair with structure in section steel. Padded with cold-expanded polyurethane foam. Feet covered with fabric, leather, or hide. Available with front castors.

20. Armilla___1990
Design___Burkhard Vogtherr
Azienda/Company___Arflex
Cm___88x88x108h
Struttura in profilato ricoperta di schiume poliuretaniche. Base con meccanismo su cuscinetti a sfera consente la rotazione di 360°.
Structure in section iron covered with polyurethane foam. Base with mechanism turning on ball bearings permits rotation through 360°.

21. Crownette___1992
Design___Leonardo Volpi
Azienda/Company___Edra
Cm___95x80x68h
Struttura in legno e imbottitura in poliuretano espanso. Piedi in fusione di alluminio.
Wooden structure padded with expanded polyurethane. Feet in die-cast aluminum.

22. Press___1991
Design___Antonio Citterio
Azienda/Company___Flexform
Cm___74x78x88h
Struttura in ferro con imbottitura in poliuretano schiumato rivestito. Cuscino in poliuretano e dacron. Gambe in legno con ruote anteriori.
Iron structure padded with upholstered foamed polyurethane. Cushion in polyurethane and Dacron. Wooden legs with front castors.

14.

15.

17.

19.

21.

22.

1.

2.

3.

4.

5.

6.

7.

8.

9.

10.

11.

12.

1. Gipsy__1995
Design__Stefano Colombo
Azienda/Company__Acam
Varie misure/Various dimensions
Sistema di divani componibili.
Struttura in legno, imbottitura in
schiume poliuretaniche espanse.
Cuscini schienale in piuma.
Schienale mobile a tre altezze.
Anche con lampada.
Set of sectional sofas. Wooden
structure. Padded with expanded
polyurethane foam. Back cushions
filled with down. Movable back can
be set at three heights. Insertable
lamp.

2. TV__1995
Design__Mario Marenco
Azienda/Company__B&B Italia
Cm__215/230x100x85h
Struttura in profilato d'acciaio.
Imbottitura in schiuma di
poliuretano, poliuretano a densità
differenziate e dacron. Seduta
regolabile in profondità,
bracciolo/schienale a inclinazione
variabile.
Structure in section steel. Padded
with polyurethane foam of varied
density and Dacron. Depth of seat
and inclination of arm/back can be
adjusted.

3. Collezione Home HO2__1992
Design__Rodolfo Dordoni
Azienda/Company__Ferlea
Cm__200/230X90X72h
Struttura in legno imbottita in
poliuretano espaso. Piedi in
massello di faggio tinto noce.
Cuscini d'appoggio in piuma.
Wooden structure padded with
expanded polyurethane. Feet in
walnut-stained solid beech.
Supporting cushions filled with down.

4. Aries__1994
Design__Léon Krier
Azienda/Company__Giorgetti
Cm__200x100x71h
Base e piedini in ciliegio. Struttura
in faggio massiccio e multistrato.
Sedile fisso a molle, schienale in
espanso indeformabile.
Rivestimento in tessuto o pelle.
Base and feet in cherry wood.
Structure in solid beech and
plywood. Fixed seat with springs,
back in non-deformable plastic
foam. Upholstered in fabric or leather.

5. Rapsody__1994
Design__Tito Agnoli
Azienda/Company__Poltrona
Cm__98x95x86h
Struttura in legno di faggio.
Seduta con molle greche in ac
armonico. Imbottitura in
poliuretano, dacron, piuma d'
Rivestimento in tessuto o pelle
Structure in beech wood. Seat
Greek springs of string steel.
Padded with polyurethane, Da
and goose down. Upholstered
fabric or leather.

6. Pitagora__1994
Design__Lella e Massimo Vig
Azienda/Company__Poltrona
Cm__92x92x88h
Struttura in faggio stagionato
Seduta con molle greche in ac
armonico. Imbottitura in
poliuretano, dacron e piuma d
Rivestimento in pelle.
Structure in seasoned beech. S
with Greek springs of string st
Padded with polyurethane, Da
and goose down. Upholstered
leather.

7. Bom-Bay__1994
Design__Massimo Iosa Ghini
Azienda/Company__Moroso
Varie misure/Various dimensio
Collezione di divani e poltrone
Fusto in legno rivestito in
poliuretano espanso a densità
differenziate e fibra poliestere.
poltroncina è in acciaio rivesti
espanso schiumato.
Collection of sofas and armcha
Wooden body padded with
expanded polyurethane of diffe
densities and polyester fiber. T
small armchair is in steel pado
with plastic foam.

8. Intervista__1989
Design__Lella e Massimo Vigr
Azienda/Company__Poltrona
Cm__71x68x68h
Struttura in acciaio. Imbottitu
poliuretano espanso ottenuta d
stampo. Seduta con molle
d'acciaio. Rivestimento in pelle
Steel structure. Padded with
molded expanded polyurethane.
Seat with steel springs.
Upholstered in leather.

9. Time__1994
Design__Ferruccio Laviani
Azienda/Company__Busnelli
Gruppo Industriale
Cm__200x98x85h
Divano trasformabile, struttura
profilato di metallo verniciato.
Molleggio a cinghie elastiche.
Imbottitura in poliuretano.
Elementi poltrona estraibili,
raddoppiano il numero delle se
Supporting structure in painted
metal section. Sprung with elas
straps. Polyurethane padding.
Pullout armchair elements doub
the number of seats. Convertibl

10. Sita__1994

sign__Sottsass Associati
ienda/Company__Zanotta
__168/230x91x87h
ruttura in acciaio. Molleggio su
stri elastici, cuscini in poliuretano
acron.
eel structure. Sprung with elastic
nds. Cushions in polyurethane
d Dacron.

Incontro__1992
esign__Lella e Massimo Vignelli
ienda/Company__Bernini
__60x52x95h
troncina con struttura esterna
egno, sedile e schienale rivestiti
pelle. Anche nella versione
npletamente rivestita in pelle.
ponibile con ruote.
mchair with external wooden
me, leather-coated seat and
k. Also available in the leather-
ted version. Available with wheels.

Balthazar__1994
sign__Jeannot Cerutti
ienda/Company__Sawaya &
roni
__173x100x95h
rona accostabile e componibile.
uttura in legno. Parti a vista in
e. Rivestimento in tessuto o pelle.
tional armchair that can also
oined to another. Wooden
cture. Visible parts in walnut.
olstered in fabric or leather.

Cornelia__1987
ign__Afra e Tobia Scarpa
enda/Company__Meritalia
__70x60x80h
uttura in legno, rivestimento in
e.
oden frame, leather coating.

Fila Armonica__1993
ign__De Ferrari/Jacomussi,
mak, Laurini
enda/Company__Gufram
__58/79x90/93h
ema di sedute. Struttura
cante in acciaio. Imbottitura in
uretano schiumato a freddo con
io in acciaio. Braccioli e sedili
ltabili. Rivestimento in velluto
ssuto.
t system. Steel load-bearing
ne. Cold-cure foamed-
urethane stuffing with steel
ne. Drop-leaf armrests and
s. Velvet or fabric coating.

Berlin__1993

Design__Piero Lissoni
Azienda/Company__MatteoGrassi
Cm__208x98x73h
Struttura in acciaio trafilato e
massello di legno. Schienale in
multistrati impiallacciato tinto.
Imbottitura in poliuretano espanso,
rivestimento in pelle.
Structure in drawn steel and solid
wood. Back in stained and veneered
plywood. Padded with expanded
polyurethane, upholstered in leather.

16. Chair On A Pedestal__1991
Design__Ron Arad
Azienda/Company__Moroso
Cm__60x68x90h
Struttura in acciaio rivestito con
poliuretano espanso. Basamento in
acciaio verniciato. Lama a molla in
acciaio armonico trattato con
ematite. Rivestimento in panno di
lana o pelle.
Steel structure padded with
expanded polyurethane. Base in
painted steel. String steel sheet
treated with hematite. Upholstered
in woolen cloth or leather.

17. Ananta__1994
Design__Anna Gili
Azienda/Company__Play Line
Cm__110x80x83h
Struttura in multistrato di pioppo e
massello di abete. Nastri elastici in
tensione, imbottitura in poliuretano
espanso. Piedini in faggio tinto.
Structure in poplar plywood and
solid deal. Elastic bands under
tension. Padded with expanded
polyurethane. Feet in stained beech.

18. Diesis__1979/95
Design__A. Citterio, P. Nava
Azienda/Company__B&B Italia
Varie misure/Various dimensions
Struttura in alluminio pressofuso e
profilato di acciaio. Imbottitura in
poliuretano/piumetta e piuma
sterilizzata. Rivestimento in pelle o
Alcantara.
Structure in die-cast aluminum and
section steel. Padded with
polyurethane and sterilized down.
Upholstered with leather or
Alcantara.

19. Vienna__1989
Design__Enrico Franzolini
Azienda/Company__Cappellini
Cm__188/236x85x60h
Struttura in legno e metallo,

---

imbottitura in poliuretano espanso
e piuma. Rivestimento in Alcantara
o pelle, o fianchi in pelle e
schienale/seduta in tessuto.
Structure in wood and metal.
Padded with expanded
polyurethane and down.
Upholstered in Alcantara or
leather, or with sides in leather and
back/seat in fabric.

20. Bel Dì__1992
Design__Michele De Lucchi
Azienda/Company__Brunati
Cm__166/200x79x88h
Struttura della seduta in massello
di abete e cinghie elastiche.
Struttura di schienale e braccioli in
acciaio affogato in poliuretano
schiumato. Rivestimento
sfoderabile in tessuto.
Structure of seat in solid deal and
elastic straps. Structure of back
and arms in steel clad in foamed
polyurethane. Removable fabric cover.

21. Ellittico__1987
Design__Massimo Iosa Ghini
Azienda/Company__Moroso
Cm__228x72x75h
Struttura in tubo e profilati di
acciaio lucidati e cromati.
Imbottitura in poliuretano. Nella
foto anche lo sgabello Disco.
Structure in polished and chrome-
plated tubular and section steel.
Polyurethane padding. The
photograph shows the Disco stool
as well.

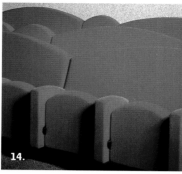

13.

14.

15.

16.

17.

18.

9.

20.

21.

1.

2.

3.

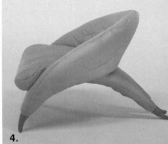

4.

5.

1. Primafila__1990
Design__Luca Meda
Azienda/Company__Molteni & C
Cm__240x82x75h
Struttura in legno e imbottitura in schiuma poliuretanica. Frontale seduta e braccioli in noce o ciliegio. Divani a due, tre, quattro posti.
Wooden structure and polyurethane foam padding. Front of seat and arms in walnut or cherry. Two-, three-, or four-seat sofas.

2. Copernico__1990
Design__Piero De Martini
Azienda/Company__Molteni & C
Varie misure/Various dimensions
Imbottiti e piani di appoggio componibili. Schienale in schiuma poliuretanica, seduta in legno sagomato in gomma con cuscini in piuma. Rivestimento in tessuto, Alcantara o pelle.
Sectional padded furniture and surfaces. Back in non-deformable polyurethane foam, seat in shaped wood covered with rubber and down cushions. Upholstered in fabric, Alcantara, or leather.

3. Joker__1995
Design__Riccardo Misesti
Azienda/Company__Bianchi & Bruni
Cm__48x40x43h
Pouf imbottito. Struttura in legno, pomelli in ottone.
Stuffed pouf. Wooden frame, brass knobs.

4. Galla__1990
Design__Nigel Coates
Azienda/Company__Poltronova
Cm__82x111x76h
Poltrona con struttura in metallo, imbottitura in poliuretano espanso. Gambe in faggio. Rivestimento in tessuto.
Armchair with metal structure. Padded with expanded polyurethane. Legs in beech. Upholstered in fabric.

5. Righello__1995
Design__Vico Magistretti
Azienda/Company__Zoltan
Cm__175/225x85x76h
Divano a due o tre posti. Telaio in traliccio di acciaio schiumato a iniezione. Piedi in legno o in metallo. Rivestimento caratterizzato da un bordo di grosgrain.
Two- or three-seat divan. Injection-foamed steel framework. Wooden or metal feet. Covering with grosgrain edges.

6. Momma__1995
Design__Mirco Pallecchi
Azienda/Company__Giovannetti
Varie misure/Various dimensions
Struttura in legno massello. Imbottitura in poliuretano e ovatta. Cinghie elastiche indeformabili. Piedi in faggio naturale o tinto noce. Disponibile in tre dimensioni.
Structure in solid wood. Padded with polyurethane and wadding. Non-deformable elastic straps. Feet in beech with a natural or walnut finish. Available in three sizes.

7. Radha__1994
Design__Sottsass Associati
Azienda/Company__Zanotta
Cm__171/233x91x87h
Struttura in acciaio. Molleggio su nastri elastici, cuscini in poliuretano e dacron.
Steel structure. Sprung with elastic bands. Cushions in polyurethane and Dacron.

8. Minitonda__1988
Design__Burkhard Vogtherr
Azienda/Company__Arflex
Cm__70x64x76h
Struttura in profilato metallico ricoperta da schiume poliuretaniche. Schienale molleggiato. Piccole maniglie e ruote posteriori. In due versioni.
Structure in metal section covered with polyurethane foam. Sprung back. Small handles and rear castors. In two versions.

9. Topolone__1991
Design__Massimo Morozzi
Azienda/Company__Edra
Cm__165/215x99x73h
Struttura in legno massello. Imbottitura in poliuretano espanso. Cuscini in piuma.
Structure in solid wood. Padded with expanded polyurethane. Cushions filled with down.

10. Mokambo__1989
Design__Daniela Puppa
Azienda/Company__Brunati
Cm__90x78x75h
Struttura in legno massiccio con cinghie elastiche. Imbottitura in poliuretano e dacron. Rivestimento in pelle o tessuto. Disponibili divano a due posti, poltrona e po[u]
Structure in solid wood with elas[tic] straps. Padded with polyurethane and Dacron. Upholstered in leath[er] of fabric. Two-seat sofa, armchai[r] and pouf available

11. Container__1988
Design__Italo Meroni
Azienda/Company__Vibieffe
Cm__180/300x90x85h
Divani fissi, trasformabili, componibili. Struttura in massell[o] di abete, molleggio a nastri elast[ici] intrecciati. Imbottitura in poliuretano e falde acriliche. Cuscini schienale in piuma.
Fixed, modular, convertible divan[s.] Structure in solid pinewood, suspension with interwined elasti[c] strip. PU padding and acrylic la[p.] Feather pillows on the back.

12. Sharky__1992
Design__Peter Maly
Azienda/Company__Brunati
Cm__197x105x83h
Struttura della seduta in massell[o] di abete e cinghie elastiche. Schienale con struttura metallic[a] con doppio movimento. Imbottit[ura] in espanso. Piedini in fusione di alluminio.
Structure of seat in solid deal a[nd] elastic straps. Dual-movement ba[ck] with metal structure. Padded wi[th] plastic foam. Feet in cast aluminu[m.]

13. Capote__1994
Design__Riccardo Dalisi
Azienda/Company__Play Line
Cm__110x85x150h
Struttura in legno di abete, multistrato e metallo. Imbottitu[ra] in espanso. Piedi in acciaio.
Structure in deal, plywood, and metal. Padded with plastic foam. Steel feet.

14. Large Flower__1992
Design__Roberto Lazzeroni
Azienda/Company__Ceccotti
Cm__ø150x49/62h
Divano rotondo con struttura in massello di ciliegio, seduta imbottita. Portavasi centrale co[n] vaso in vetro soffiato.
Round sofa. Structure in solid cherry with padded seat. Centra[l] vase holder with blown-glass vas[e.]

6.

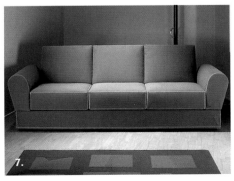

7.

8.

9.

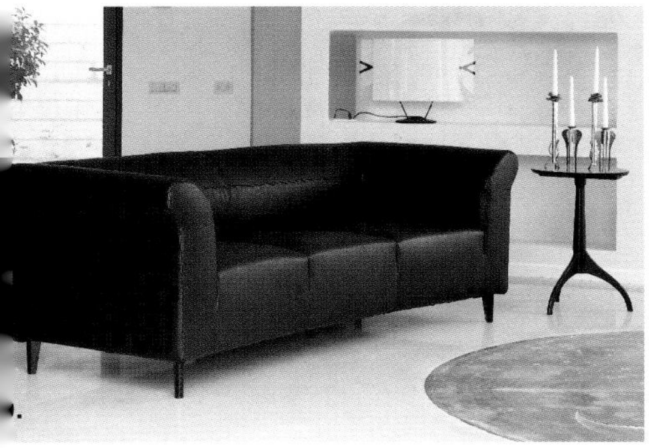

.

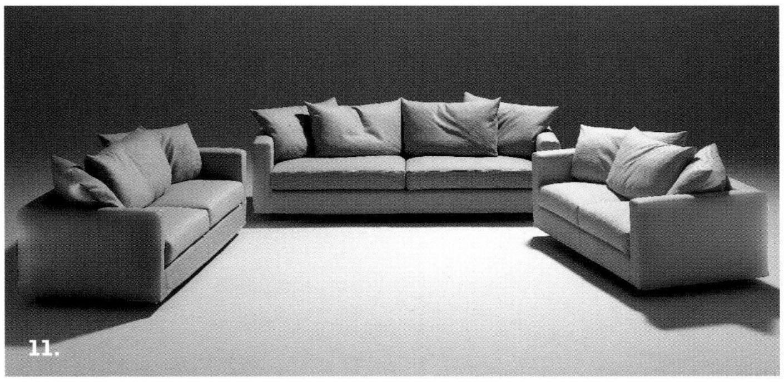

11.

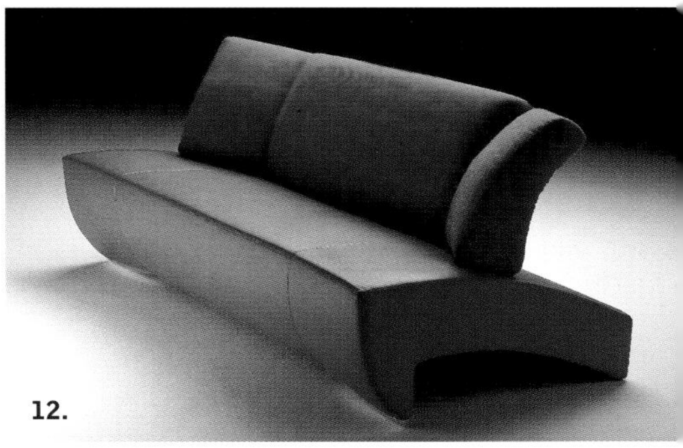

12.

Gitana__1993
ign__Afra e Tobia Scarpa
enda/Company__Meritalia
__125x110x85h
aio d'acciaio tubolare. Schienale
dile con cinghie elastiche
rociate a tensione differenziata,
ottitura in ovatta sintetica.
nponibile.
me of steel tubing. Back and
t with crossed elastic straps
er different tensions, padded
n synthetic wadding. Sectional.
Lyra__1986
ign__Italo Meroni
enda/Company__Vibieffe
__da 110 a 240x94x80h
uttura in massello di abete con
rto schiumato a freddo.
leggio a nastri elastici,
ottitura in poliuretano espanso.
ucture in solid deal with cold-
anded foam insert. Sprung with
tic bands. Padded with
anded polyurethane.
Babà__1995
ign__Riccardo Dalisi
enda/Company__Play Line
__180/210/230x90x85h
uttura in legno di pioppo. Nastri
tici in tensione. Piedi in faggio
etallo. Cuscini in piuma.
onibile in versione poltrona.
ucture in poplar wood. Elastic
ds under tension. Feet in beech
metal. Cushions filled with
n. Available in armchair
ion.
Royalton__1991
gn__Philippe Starck
enda/Company__Driade/Aleph
__89x173x93h
meuse con struttura in acciaio.
ottitura in schiume
uretaniche. Piedi in fusione di
minio.
nge chair with steel structure.
ded with polyurethane foam.
in die-cast aluminum.
Occhiolino__1995
gn__Alessandro Mendini
enda/Company__Play Line
__85x74x96h
ttura in legno e tubolare di
aio. Fasce elastiche in tensione,
ottitura in poliuretano espanso.
ccioli rifiniti con cornici in
o di Bahia. Schienale
reclinabile.
Structure in wood and steel tubing. Elastic strips under tension. Padded with expanded polyurethane. Arms finished with moldings in Bahia wood. Reclining back.

20. SA07__1992
Design__Aldo Cibic
Azienda/Company__Standard
Cm__44x70x116h
Poltrona con rivestimento disegnato da Nathalie Du Pasquier.
Armchair with upholstery designed by Nathalie Du Pasquier.

21. Alì__1993
Design__Aldo Cibic
Azienda/Company__Ferlea
Cm__235x82/87x70h
Struttura in legno imbottita in poliuretano espanso e fibra poliestere. Piedi in massello di faggio. Cuscini di seduta e d'appoggio in piuma.
Wooden structure padded with expanded polyurethane and polyester fiber. Feet in solid beech. Seat and supporting cushions filled with down.

22. Chiocciola__1992
Design__Roberto Semprini
Azienda/Company__Arredaesse Produzioni
Cm__55x62x90h
Struttura in metallo e poliuretano espanso rivestito in tessuto. Gambe in metallo verniciato alluminio.
Structure in metal and expanded polyurethane upholstered with fabric. Legs in metal painted the color of aluminum.

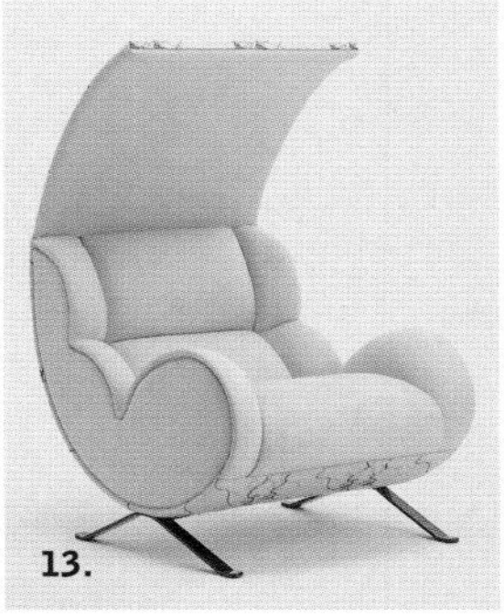

13.

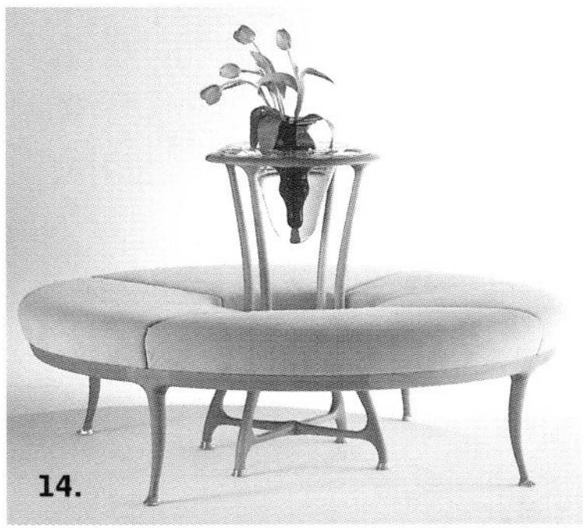

14.

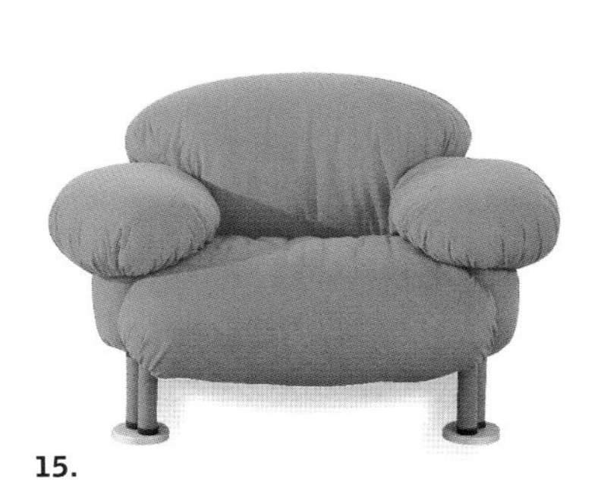

15.

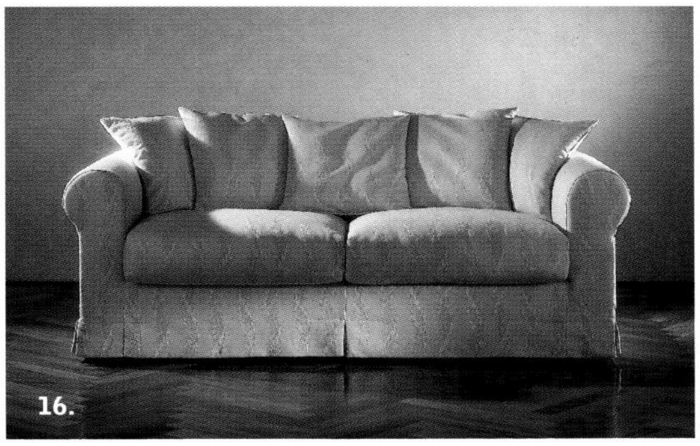

16.

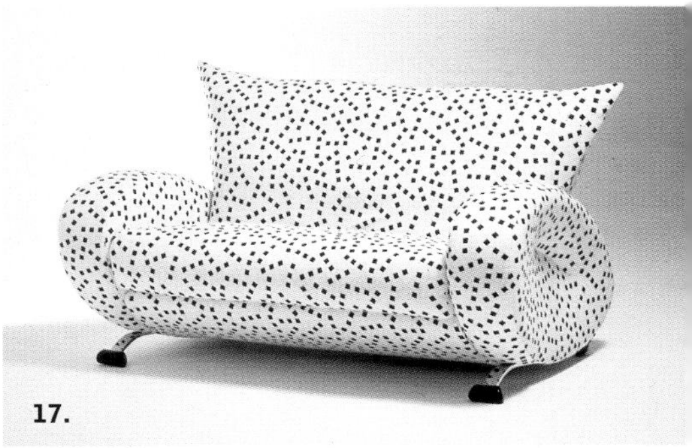

17.

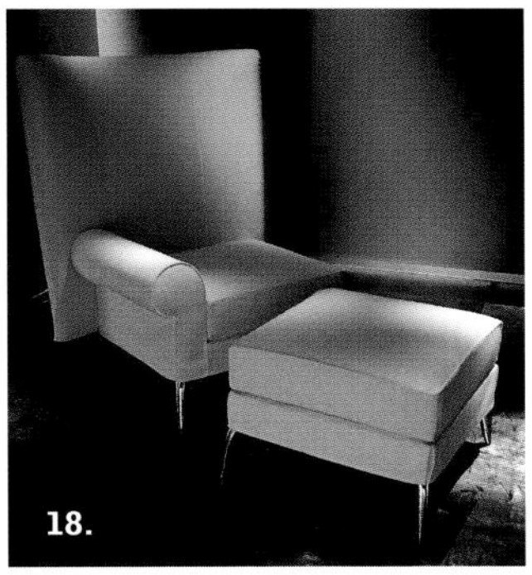

18.

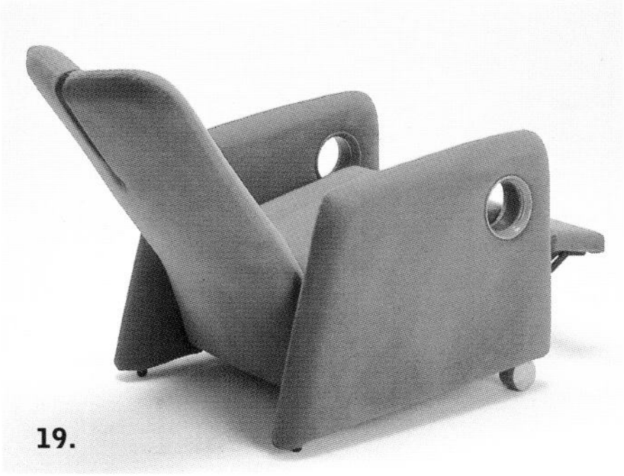

19.

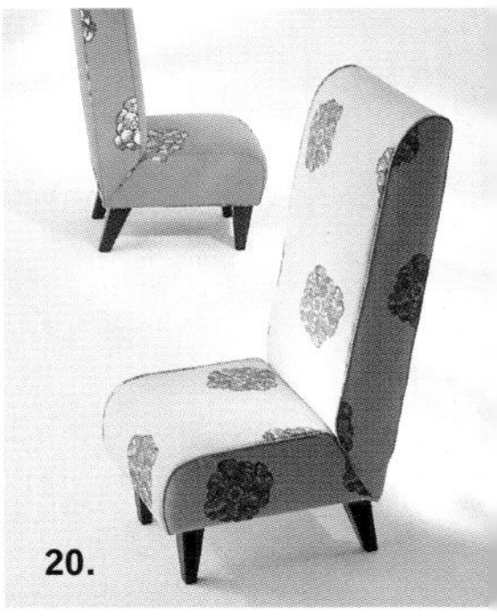

20.

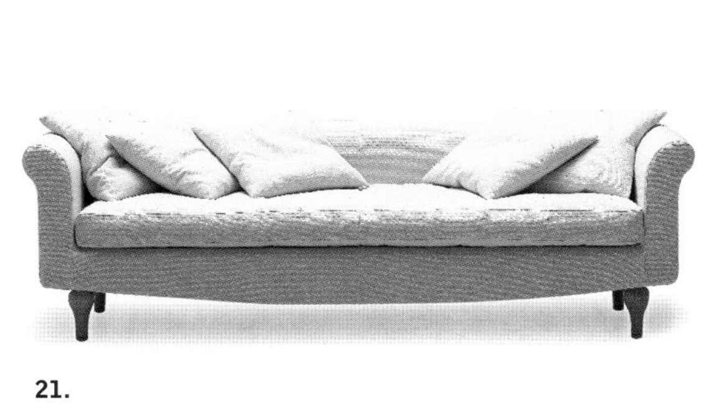

21.

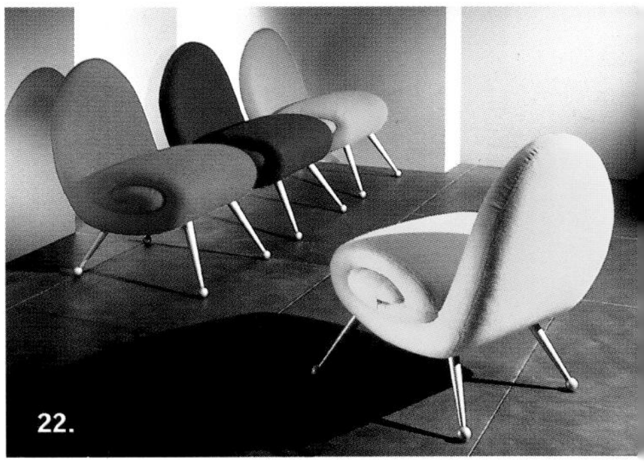

22.

1.

3.

5.

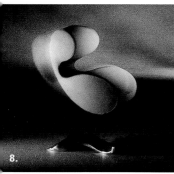

8.

1. Rose chair__1990
Design__Masanori Umeda
Azienda/Company__Edra
Cm__86x82x75h
Struttura in acciaio con parti in legno sagomato. Gambe in fusione di alluminio cromato. Imbottitura in poliuretano espanso e dacron.
Steel structure with parts in shaped wood. Feet in chrome-plated die-cast aluminum. Padded with expanded polyurethane and Dacron.

2. Orbita__1989
Design__Massimo Iosa Ghini
Azienda/Company__Design Gallery Milano
Cm__185x78x75h
Divano rivestito in pelle o tessuto con piedini in legno e metallo.
Sofa upholstered in leather or fabric with feet in wood and metal.

3. SA08__1992
Design__Aldo Cibic
Azienda/Company__Standard
Cm__81x76x69h
Struttura in legno, imbottitura in poliuretano espanso a quote differenziate.
Wooden structure. Padded with expanded polyurethane of different heights.

4. Queen__1995
Design__Giuseppe Viganò
Azienda/Company__Pierantonio Bonacina
Cm__70x74x88h
Struttura in legno imbottita in poliuretano con rivestimento in stuoia di midollino. Cuscino a molle rivestito in tessuto.
Wooden structure padded with polyurethane and upholstered in pith matting. Sprung cushion with removable fabric cover.

5. Pavonia__1993
Design__Alessandro Mendini
Azienda/Company__Design Gallery Milano
Cm__75x83x90h
Poltrona in legno laccato. Imbottitura rivestita in tessuto. Edizione numerata, 24 pezzi.
Armchair in lacquered wood. Padding upholstered in fabric. Numbered production run, twenty-four pieces.

6. Satellite__1989
Design__Massimo Iosa Ghini
Azienda/Company__Design Gallery Milano
Cm__75x68x75h
Poltrona rivestita in pelle o tessuto con piedini in legno e metallo.
Armchair upholstered in leather or fabric with feet in wood and metal.

7. Harley__1995
Design__Carlo Colombo
Azienda/Company__Ycami
Cm__160x77x77h
Divanetto con spalle piene in alluminio anodizzato opaco. Seduta e schienale imbottiti e rivestiti in tessuto.
Sofa with solid shoulder in dull anodized aluminium. Padded and fabric covered seat and back.

8. No Spring Chicken__1991
Design__Ron Arad
Azienda/Company__Moroso
Cm__52x55x86h
Struttura in acciaio rivestito in poliuretano espanso. Base in fusione di alluminio o faggio naturale, tinto o laccato. Lama a molla in acciaio armonico. Rivestimento in panno di lana.
Steel structure padded with expanded polyurethane. Base in cast aluminum or natural, stained, or lacquered beech. String steel sheet. Upholstered in woolen cloth.

9. Harry__1995
Design__Antonio Citterio
Azienda/Company__B&B Italia
Varie misure/Various dimensions
Divani e poltrone fissi o componibili. Struttura in profilato di acciaio. Imbottitura in schiuma di poliuretano a freddo, poliuretano a densità differenziate, piuma.
Fixed or sectional sofas and armchairs. Structure in section steel. Padded with cold-expanded polyurethane foam of varied density and down.

10. La Scala__1992
Design__Antonello Mosca
Azienda/Company__Busnelli Gruppo Industriale
Cm__190x98x78h
Serie di poltrone e divani fissi, componibili e trasformabili. Struttura in massello di legno con molleggio in cinghie elastiche. Imbottitura in poliuretano. Cuscino

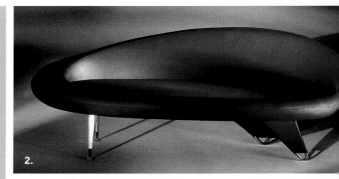

2.

4.

6.

7.

9.

10.

11.

12.

14.

15.

16.

17.

18.

19.

20.

21.

---

ienale in piuma d'oca.
of fixed, sectional, and
vertible armchairs and sofas.
ucture in solid wood sprung
n elastic straps. Polyurethane
ding. Back cushion filled with
se down.

Petunia__1991
ign__Aldo Cibic
enda/Company__Antologia By
fi
__67x76x115h
rona alta con struttura in
gio naturale sbiancato.
estimento in tessuto.
h armchair with structure in
ched natural beech. Upolstered
abric.

Gei__1991
gn__Elio Di Franco
nda/Company__Bianchi & Bruni
__207x90x100h
ttura in acciaio, gambe cromate.
estimento in tessuto o pelle.
l structure, chrome-plated legs.
olstered in fabric or leather.

Opera__1990
ign__David Palterer
enda/Company__Zanotta
__205x88x93h
ani e poltrona. Struttura
ssata in poliuretano con tiranti
occaggio in acciaio. Cuscini in
uretano/dacron o piuma d'oca.
giatesta regolabile.
estimento in stoffa o pelle.
s and armchair. Frame-less
cture in polyurethane with steel
olts. Cushions in
urethane/Dacron or goose
n. Adjustable headrest.
olstered in cloth or leather.

Giravolta__1995
gn__Giorgio Gregori
nda/Company__Play Line
__150/190/210x96x93h
ttura in legno di pioppo,
ni in faggio. Nastri elastici in
one, imbottitura in poliuretano
nso. Cuscini schienale in
a. Disponibile in versione
ona.
cture in poplar wood, feet in
n. Elastic bands under tension.
ed with expanded
urethane. Back cushions filled
down. Available in armchair
on.

15. M Sofa System__1994
Design__Ross Lovegrove
Azienda/Company__Moroso
Varie misure/Various dimensions
Sistema di divani e poltrone. Fusto
in legno rivestito in poliuretano
espanso indeformabile a densità
differenziate e fibra poliestere.
System of sofas and armchairs.
Wooden frame padded with non-
deformable expanded polyurethane
of different densities and polyester
fiber.

16. Buenos Aires__1995
Design__Francesco Binfaré
Azienda/Company__Adele C.
Cm__188/228x90x68h
Divano con schienale in due parti
indipendenti, reclinabili
diagonalmente. Ruote anteriori.
Independent, diagonally reclining
backs. Front castors.

17. Caprimid__1991
Design__Hannes Wettstein
Azienda/Company__Baleri Italia
Cm__75x85x75h
Poltrona girevole con schienale
reclinabile. Imbottitura in
poliuretano espanso e dacron.
Rivestimento in tessuto, materiale
sintetico o pelle. Base in fusione di
alluminio.
Rotating armchair with reclining
back. Padded with expanded
polyurethane foam and Dacron.
Upholstered in fabric, synthetic
material, or leather. Base in cast
aluminum.

18. Big Mama__1992
Design__Massimo Iosa Ghini
Azienda/Company__Moroso
Cm__252x97x81h
Collezione di divani e poltrone.
Fusto in legno rivestito in
poliuretano espanso indeformabile
a densità differenziate e fibra
poliestere. Piedini in faggio
verniciato.
Collection of sofas and armchairs.
Wooden frame padded with non-
deformable expanded polyurethane
of different densities and polyester
fiber. Feet in painted beech.

19. SA04__1992
Design__Aldo Cibic
Azienda/Company__Standard
Cm__235x140x86h
Divano a seduta lunga. Struttura in

legno, imbottitura in poliuretano
espanso.
Sofa with long seat. Wooden
structure. Padded with expanded
polyurethane.

20. Malibù__1995
Design__Claudio Salocchi
Azienda/Company__Rossi di
Albizzate
Cm__70x88x78h
Struttura portante in massello.
Imbottitura in schiume
poliuretaniche su cinghie elastiche.
Sostegno in acciaio curvato e
cromato. Anche divano a due posti.
Supporting structure in solid wood.
Padded with polyurethane foam on
elastic straps. Support in curved
and chrome-plated steel. Two-seat
sofa as well.

21. Poggiolungo__1991
Design__Antonio Citterio
Azienda/Company__Flexform
Cm__180/215/245x98x60h
Struttura in metallo con
imbottitura in poliuretano rivestito.
Cuscini schienali in piuma. Anche
in versione componibile.
Metal structure padded with
upholstered polyurethane. Back
cushions filled with down. Available
in sectional version.

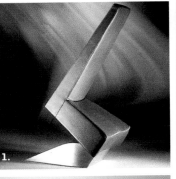

1.

2.

4.

5.

7.

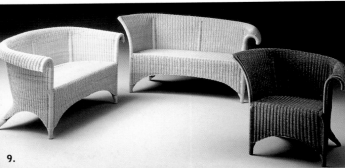

9.

11.

12.

1. High Tilt___1991
Design___Ron Arad
Azienda/Company___Moroso
Cm___62x101x141h
Struttura in acciaio rivestito con poliuretano espanso e dacron. Base in acciaio verniciato. Lama a molla in acciaio armonico trattato con ematite. Rivestimento in panno di lana o pelle.
Wooden structure padded with expanded polyurethane and Dacron. Base in painted steel. String steel sheet treated with hematite. Upholstered in woolen cloth or leather.

2. Rock me baby___1992
Design___Do Brandi
Azienda/Company___Memphis
Design___90x83x70h
Pouf con seduta rivestita in skai.
Pouf with skai-coated seat.

3. No step___1987
Design___Clare Brass
Azienda/Company___Edra
Cm___85x96x108h
Struttura portante in alluminio anodizzato rivettato. Controtelaio in listelli di legno essiccato. Imbottitura in poliuretano espanso, cuscino seduta in dacron.
Supporting structure riveted anodized aluminum. Counter frame in slats of dried wood. Padded with expanded polyurethane, seat cushion in Dacron.

4. Tronetto___1991
Design___Alessandro Mendini
Azienda/Company___Elam
Cm___145x77x105h
Struttura in metallo schiumata in poliuretano.
Metal structure clad in polyurethane foam.

5. Pon-Pon___1992
Design___Massimo Iosa Ghini
Azienda/Company___BRF
Cm___104x103x82h
Struttura in metallo. Imbottitura in poliuretano espanso. Gambe in acciaio con piedini snodati.
Metal structure. Padded with expanded polyurethane. Steel legs with jointed feet.

6. Pausa___1986
Design___Pierluigi Cerri
Azienda/Company___Poltrona Frau
Cm___170/200/230x90x80h
Struttura in profilato d'acciaio. Seduta con molle greche in acciaio. Imbottitura in poliuretano e piuma d'oca. Rivestimento in pelle. Schienale regolabile.
Structure in section steel. Seat with steel Greek springs. Padded with polyurethane and goose down. Adjustable back. Upholstered in leather.

7. Petronilla___1988
Design___Vittorio Prato
Azienda/Company___Meritalia
Varie misure/Various dimensions
Struttura metallica e pannelli in legno compensato. Imbottitura in agglomerati di poliuretano espanso e piuma. Poltrone e divani.
Armchair and sofas. Metal structure and plywood panels. Padded with agglomerates of expanded polyurethane and down.

8. Butterfly___1990
Design___Roberto Lazzeroni
Azienda/Company___Rossi di Albizzate
Cm___143x81x86h
Struttura portante in acciaio e massello di faggio. Imbottitura in schiumati Rofoam su cinghie elastiche. Gambe in massello laccato o lucidato. In diverse versioni.
Seats, backs, and arms with supporting structure in steel and solid beech. Elastic straps, clad in Rofoam. Legs in lacquered or polished solid wood, in different versions.

9. Flavia, Fulvia___1989
Design___Paolo Zani
Azienda/Company___Vittorio Bonacina
Cm___87/92x62x75/78h
Struttura in midollino, tessitura in manila.
Structure in pith, cover in manila.

10. Harmonica___1992
Design___Luca Meda
Azienda/Company___Molteni & C
Cm___65x74x75h
Poltrona e divano con bordura in noce o ciliegio. Imbottitura in schiuma poliuretanica indeformabile. Cuscino di seduta in piuma. Rivestimento in tessuto, Alcantara, pelle.
Armchair and sofa with edging in walnut or cherry. Padded with non-deformable polyurethane foam. Seat cushion filled with down. Upholstering in fabric, Alcantara, leather.

11. Antropovarius___1985
Design___Ferdinand A. Porsche
Azienda/Company___Poltrona Frau
Cm___165x72x122h
Chaise longue flessibile. Struttura con vertebre in acciaio ricoperte in PVC e lamina in carbonio. Basamento in acciaio rivestito in cuoio. Cuscino in poliuretano espanso rivestito in pelle.
Flexible chaise-longue. Frame with PVC and carbon-foil coated steel joints. Leather-coated steel base. Leather-coated polyurethane-foam cushion.

12. Astro___1992
Design___Denis Santachiara
Azienda/Company___Campeggi
Cm___ø140x160h
Imbottitura in poliuretano espanso, rivestimento in fibra acrilica. Fuori produzione.
Padded with expanded polyurethane, upholstered in acrylic fiber. No longer in production.

3.

6.

8.

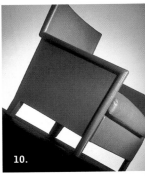

10.

13.

Sibilla__1992
...sign__Giovanni Lauda
...enda/Company__Play Line
...__64x71x92h
...ttura in tubolare. Imbottitura
...oliuretano espanso. Ruote e
...dini metallici posteriori.
...ular structure. Padded with
...anded polyurethane. Castors
... metal feet at back.

Belly, Pod, Podette__1994
...ign__Roberto Maci
...enda/Company__New Sofart
...ie misure/Various dimensions
...ano, poltrona, poltroncina.
...ttura in metallo. Imbottitura
...spanso e fibra poliestere. Base
...egno o alluminio. Il divano ha
...truttura in legno.
...a, armchair, small armchair.
...al structure. Padded with
...stic foam and polyester fiber.
...e in wood or aluminum. The
...a has a wooden structure.

Masterlook__1987
...ign__Alessandro Fiorentino
...enda/Company__Rossi di
...izzate
...__210x93/110x77h
...ano trasformabile. Struttura
...tante in acciaio, imbottitura in
...ume poliuretaniche. Piedini in
... one di alluminio, ruote
...eriori in gomma. Schienale
...ltabile.
...vertible sofa. Supporting
...cture in steel. Padded with
...urethane foam. Cast-aluminum
... and rubber rear castors.
...ling back.

Andy__1992
...gn__Stefano Becucci
...enda/Company__Edra
...__240x94x94h
...ttura in tubolare di acciaio.
...eggio con cinghie elastiche.
...ottitura in poliuretano espanso,
...ini in piuma. Piedini in legno
...ruote piroettanti.
...cture in steel tubing. Sprung
...elastic straps. Padded with
...anded polyurethane, cushions
...d with down. Wooden feet with
...lving castors.

Recliner__1988
...gn__Massimo Morozzi
...nda/Company__Giorgetti
...__87x103x104h
...o in faggio massiccio, cimasa
...lata noce. Rivestimento in
...uto o pelle. Reclinabile.
...ne in solid beech, top in
...hed walnut. Upholstered in
...ic or leather. Reclining.

Giano__1993
...gn__Piero Lissoni
...nda/Company__Living
...e misure/Various dimensions
...e di poltrone e divani con
...enale posizionabile. Struttura
...gno, imbottitura in poliuretano
...nso e piuma d'oca.
...stimento in pelle o tessuto.

Set of armchairs and sofas with
adjustable backs. Wooden
structure, padded with expanded
polyurethane and goose down.
Upholstered in leather or fabric.

19. Frac__1988
Design__Denis Santachiara
Azienda/Company__Campeggi
Cm__160x90x89h
Divano a due posti, trasformabile.
Struttura in metallo, imbottitura in
poliuretano e ovatta poliesteri.
Disponibile in versione tre posti e
poltrona.
Two-seat sofa, convertible into bed.
Metal structure, padded with
polyurethane and polyester
wadding.
Available either as a three-place
divan or an armchair.

20. Volo__1992
Design__Carlo Bartoli
Azienda/Company__Rossi di
Albizzate
Cm__155x80x90h
Struttura in acciaio con inserti in
massello e cinghie elastiche
annegate nel Rofoam schiumato a
stampo. Piedini in fusione di
alluminio. Rivestimento in tessuto.
Steel structure with inserts of solid
wood and elastic straps clad in
molded Rofoam. Cast-aluminum
feet. Upholstered in fabric.

21. M106__1988
Design__Paola Navone
Azienda/Company__
Cappellini/Mondo
Cm__154x95x98h
Divanetto realizzato in vicker.
Vicker settee.

22. Hi Square__1995
Design__Massimo Morozzi
Azienda/Company__Edra
Cm__58/196/254x98x86h
Divano componibile con struttura
in legno. Imbottitura in poliuretano
espanso, cuscini in piuma.
Sectional sofa with wooden
structure. Padded with expanded
polyurethane, cushions filled with
down.

23. Cosy-Ton__1993
Design__Giuseppe Viganò
Azienda/Company__Pierantonio
Bonacina
Cm__73x73x78h
Struttura in legno ricoperto in
poliuretano e rivestito in tessuto di
midollino. Seduta in espanso e
fibra. Rivestimento in tessuto.
Wooden structure covered with
polyurethane and upholstered in
woven pith. Seat in plastic foam
and fiber. Upholstered in fabric.

14.

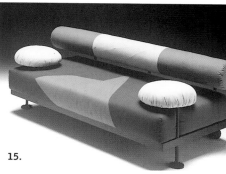

15.

16.

17.

18.

19.

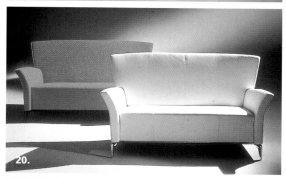

20.

21.

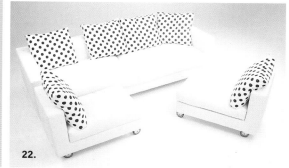

22.

23.

Mies Van der Rohe sosteneva che disegnare una sedia equivale a creare un'architettura. Quasi tutti i designer infatti si sono esercitati nella creazione di una sedia nel tentativo di passare alla storia come autori di un progetto che è qualcosa di più di un semplice disegno.

Poichè al pari del fuoco, del ferro e della ruota, la sedia rappresenta la conquista della civiltà, alto è il suo valore simbolico. Il re non a caso siede sul trono, che altro non è che una sedia monumentale. Ma accanto agli esempi aulici numerosi sono i tipi popolari, sovente sintesi perfetta di forma e funzione.

La storia contemporanea è ricca di archetipi ripresi dalla tradizione popolare, di sedie anonime che niente hanno da invidiare a quelle disegnate, come la Chiavarina, creata da anonimi artigiani nella regione ligure, longilinea, elegante e superleggera, quasi quanto la mitica "Superleggera" disegnata da Gio Ponti per Cassina nel 1957.

La leggerezza potrebbe essere uno dei fili con cui dipanare la storia delle sedie. A fare una sedia più leggera della "Superleggera" è riuscito Alberto Meda con la sua "LightLight" in fibra di carbonio dal peso di appena un chilogrammo, progettata per Alias nel 1987. Appartengono alla categoria della leggerezza tutte le nuove sedie in plastica stampata, che hanno tra i loro pregi anche la facile impilabilità.

Districarsi tra i numerosi esemplari, anche degli ultimi dieci anni, è comunque difficile, tante sono le varietà. Ci sono le sedie artistiche: quelle di Alessandro Mendini, di Riccardo Dalisi e Andrea Branzi per Zabro; quelle di Memphis, più che sedie quasi dei totem. Ci sono quelle bolidiste di Massimo Iosa Ghini della collezione Dinamic prodotte da Moroso, che ripropongono una tensione di linee ripresa dalla 'streamline' anni trenta. Quelle neobarocche di Borek Sipek per Driade, dalle forme quasi zoomorfe; di Toni Cordero per Morphos, dichiarato omaggio a Carlo Mollino; di Luigi Serafini per Sawaya & Moroni. La sua sedia "Suspiral" materializza con le volute del suo schienale quella fluidità della linea curva indicata da Omar Calabrese (Età neobarocca, Saggiatore 1987) come sintomo di una tendenza neobarocca. E poi quelle neopop, quasi ludiche.

La tendenza cosiddetta di memoria reintroduce sulla scena tutta una serie di archetipi, dalle sedie contadine a quelle da salotto borghese. Il neominimalismo riporta la sedia al suo valore concettuale, semplificando al massimo il suo disegno; scompare qualsiasi morbidezza di linea e ritorna una rigida ortogonalità.

Un capitolo a parte merita la ricerca sui materiali che trova nella sedia alcune delle sue più valide applicazioni. Tra le sedie in plastica "Mimi", la sedia a ribalta, realizzata da Enrico Baleri per Baleri (1987) con un particolare tipo di polimero dagli effetti opalescenti; oppure "Broadway" di Gaetano Pesce per Bernini che volutamente esibisce la natura composta del materiale plastico e infine "Lord Yo", ancora un best seller di Philippe Starck per Driade, realizzata in plastica con un solo stampaggio, caratterizzata da una gradevole finitura mat, di cui in soli sei mesi, grazie anche al costo competitivo, se ne sono vendute ben 40.000 esemplari.

Tra le sedie in legno meritano una menzione "Less" di Marco Ferreri per Nemo, la cui seduta, grazie a un particolare stratificato di legno, risulta morbida e "Dry" di Massimo Morozzi per Giorgetti Matrix per il suo sistema costruttivo: tutta a incastro, senza un filo di colla, è tenuta assieme da una sola vite al centro della seduta.

C'è poi lo sconfinato capitolo delle sedie in metallo, cresciuto a dismisura in seguito all'affermarsi dell'interesse per l'high tech importato dall'America. Tra queste tre casi emblematici: la sedia "Spaghetti" in metallo e spago di plastica del 1979, disegnata da Giandomenico Belotti, da citare anche se anticipa la data di inizio del repertorio, in quanto capostipite dell'abbinamento del metallo con materiali rubati a altri settori; "Cafè chair" di Philippe Starck per Baleri in metallo con seduta in elastico da busti e "Mirandolina" di Pietro Arosio per Zanotta, ottenuta da un estruso sagomato di alluminio.

Mies van der Rohe said that the design of a chair is equivalent to that of a work of architecture. Nearly all designers, in fact, have come to grips with the chair in an attempt to go down in history as the creators of a design that is something more than a mere design.

Because, like fire, iron, the wheel, the chair represents the achievement of civilization, it has a high symbolic value. It is no coincidence that the king sits on a throne, which is simply a monumental chair. But alongside courtly models there are also many common typologies, often perfect syntheses of form and function.

Contemporary history is full of archetypes from the vernacular tradition, anonymous designs that stand up with ease to comparison with signature models; one example is the "Chiavarina", created by anonymous artisans in Liguria, a slender, elegant, super-light chair, with a perfection similar to that of the legendary "Superleggera" designed by Gio Ponti for Cassina in 1957.

Lightness is one of the most important threads in the plot of the history of seating. Alberto Meda managed to make a chair even lighter than the "Superleggera", with his "LightLight" in carbon fiber, weighing just barely one kilo, designed for Alias in 1987. The category of light chairs also include all the new models in moulded plastic, which are also conveniently stackable.

Even if we limit the discussion to the works of the last decade, a brief overview is difficult, given the great quantity of examples. There are the artistic chairs: those of Alessandro Mendini, Riccardo Dalisi and Andrea Branzi for Zabro; those of Memphis, nearly totems, more than mere chairs. There are the "bolidist" chairs of Massimo Iosa Ghini in the Dinamic collection produced by Moroso, with lines in tension, as in the streamlined designs of the Thirties. Or the Neobaroque chairs by Borek Sipek for Driade, with their nearly zoomorphic forms; chairs by Toni Cordero for Morphos, clearly an homage to Carlo Mollino; others by Luigi Serafini for Sawaya&Moroni. His "Suspiral" chair materializes, with the spirals of its back, that fluidity of curved lines indicated by Omar Calabrese (Età neobarocca, Il Saggiatore, 1987) as a symptom of Neobaroque tendencies. Then there are the playful Neo-Pop chairs. The so-called "memory" trend has brought back an entire series of archetypes, from peasant chairs to bourgeois living room sets. Neominimalism takes the chair back to its conceptual value, simplifying its design as much as possible; soft lines vanish in favor of rigid orthogonality.

A separate chapter should be dedicated to research on materials, which often is applied with success in the field of chair design. The plastic chairs include "Mimi", a folding chair by Enrico Baleri for Baleri (1987), made with a special polymer for an opalescent effect; the "Broadway" chair by Gaetano Pesce for Bernini, which intentionally displays the composite nature of its plastic; and the "Lord Yo", still a best-seller, by Philippe Starck for Driade, made in plastic with a single mould, characterized by a pleasant matt finish; in only six months, also thanks to its competitive price, as many as 40,000 units have been sold.

Among the wooden chairs, noteworthy examples include "Less" by Marco Ferreri for Nemo, whose seat, thanks to a particular type of plywood, is soft; and "Dry" by Massimo Morozzi for Giorgetti Matrix, for its construction system: the chair is interlocking, without any glue, and is held together by a single bolt at the center of the seat.

Next comes the enormous range of metal chairs, which have multiplied thanks to the high-tech vogue imported from America. There are three emblematic cases: the "Spaghetti" chair in metal and plastic twine, designed by Giandomenico Bellotti in 1979, worth mentioning in spite of the fact that it is earlier than the period of our overview; the "Café chair" by Philippe Starck for Baleri in metal, with an elastic seat; the "Mirandolina" chair by Pietro Arosio for Zanotta, in extruded profiled aluminium.

1. Maine__1994
Design__Vico Magistretti
Azienda/Company__è DePadova
Cm__48x45x77/87h

Sedia con schienale alto o basso. Struttura in massello di faggio tinto ciliegio. Schienale e seduta in cinghie di cotone intrecciate a mano in vari colori.

High or low-back chair. Cherry-wood painted massive-beechwood frame. Back and seat in hand-twisted cotton straps in various colours.

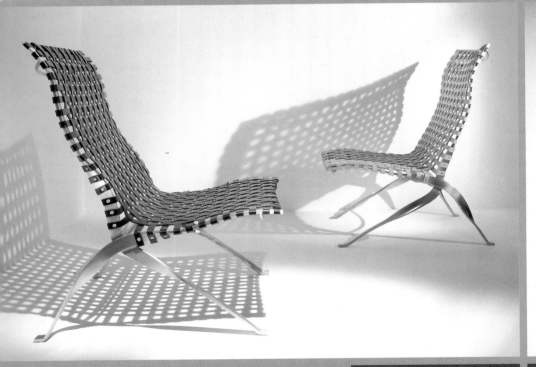

2. Milana-FTL__1993/94
Design__Jean Nouvel
Azienda/Company__
Sawaya & Moroni
Cm__75x71x94h

Struttura in acciaio inox a forte spessore forgiato e satinato. Rivestimento in cuoio di selleria.

High-thickness forged and glazed stainless-steel frame. Saddler's leather coating.

3. Wooden chair__1992
Design__Marc Newson
Azienda/Company__Cappellini
Cm__100x75x75h

Poltroncina con profili in massello di faggio naturale.

Armchairs with massive natural beechwood profiles.

4. Fina Filipina___1994
Design___Oscar Tusquets
Azienda/Company___
Driade/Aleph
Cm___45x52x83h

Struttura in metallo verniciato blu, scocca in midollino. Impilabile. Anche in versione poltroncina con midollino in diversi colori.

Blue-painted metal frame, reed-pith body. Stacking. Also in the armchair version with reed-pith in different colours.

5. Young Lady___1991
Design___Paolo Rizzatto
Azienda/Company___Alias
Cm___59x59x80h

Poltroncina girevole. Struttura in alluminio pressofuso lucidato o verniciato. Seduta intercambiabile con schienale in frassino rivestito in paglia di Vienna.

Revolving armchair. Polished or painted die-cast aluminium frame. Interchangeable seat with Vienna-straw coated ash back.

6. Quadronda___1991
Design___Mario Cananzi
Azienda/Company___
Vittorio Bonacina
Cm___58x69x70h

Struttura metallica, tessitura in midollino.
Metal frame, reed-pith seat.

1. Boulevard 2__1995
Design__Ferdinand A. Porsche
Azienda/Company__Ycami
Cm__54x57x77h

Struttura in estruso di alluminio. Seduta e schienale in Zitel. Sovrapponibile.

Extruded-aluminium frame. Zitel seat and back. Stacking.

2. Minni__1995
Design__Antonio Citterio
Azienda/Company__Halifax
Cm__45x50x80h

Sistema di sedie. Seduta strutturale in poliammide e fibra di vetro. Gambe e braccioli in alluminio o massello di faggio. Sedile in polipropilene o poliuretano rivestito in tessuto. Impilabile.

Chair system. Structural polyamide and fiberglass seat. Aluminium or massive-beechwood legs and armrests. Polypropylene or polyurethane fabric-coated seat. Stacking.

3. Mauna-Kea__1992
Design__Vico Magistretti
Azienda/Company__Kartell
Cm__58x54x77h

Sistema di sedie, poltroncine e sgabelli. Struttura in tubo di alluminio e alluminio pressofuso. Seduta e schienale in tecnopolimero, tessuto o finta pelle.

Chair, armchair and stool system. Aluminium-tube and die-cast aluminium frame. Engineering-plastic, fabric or artificial-leather seat and back.

54

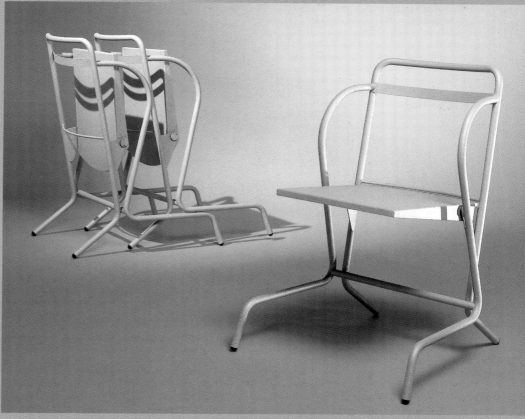

4. Schierata__1995
Design__Josep Lluscà
Azienda/Company
Driade/Aleph
Cm__49x56x87h

Struttura in tubolare di
acciaio verniciata grigio alluminio.
Seduta e schienale in propilene in
vari colori. Impilabile.
    Aluminium-grey painted steel-
tube frame. Propylene seat and back
in various colours. Stacking.

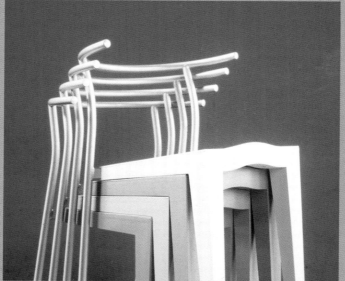

6. Dr. Glob__1988
Design__Philippe Starck
Azienda/Company__Kartell
Cm__48x47x73h

Struttura in tubo d'acciaio,
seduta in polipropilene. Impilabile.
    Steel-tube frame,
polypropylene seat. Stacking.

5. Start__1994
Design__Konstantin Grcic
Azienda/Company__Cappellini
Cm__55x54x78h

Struttura in metallo
verniciato in vari colori. Seduta
ribaltabile.
    Metal frame painted in
various colours. Drop-leaf seat.

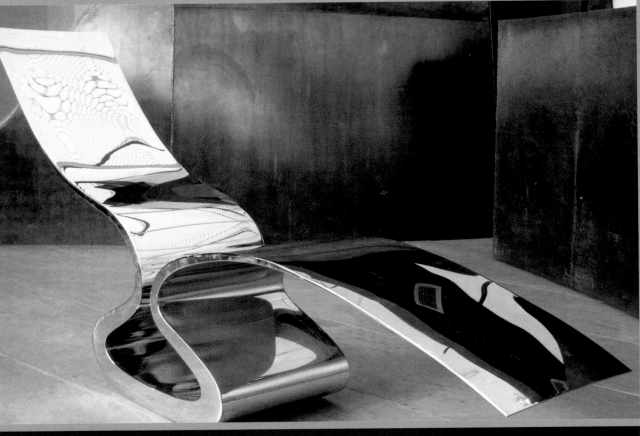

Dondolo in acciaio inox lucidato a specchio. La base è piombata con scheletro in acciaio molleggiato.

Mirror-polished stainless-steel rocking-chair. Lead-plated base and sprung steel frame.

Sedia relax in metallo verniciato. Struttura in tubo, sedile e schienale in profilato piatto. Braccioli con vassoio portabicchieri.

Painted-metal relax chair. Tube frame, flat-bar seat and back. Armrests with glass-holding tray.

3. Duna__1995
Design__Daniel Rode
Azienda/Company__Ycami
Cm__148x58x89h

Chaise longue in alluminio.
Rivestimento sfoderabile in cordura.
Aluminium chaise-longue.
Removable cordura coating.

4. Long Frame__1994
Design__Alberto Meda
Azienda/Company__Alias
Cm__146x54x90h

Struttura in profilo di
alluminio estruso ed elementi di
alluminio verniciato. Seduta in rete
di poliestere rivestita di PVC.
Cavetto tenditore in Kevlar.
Extruded-aluminium profile
frame and painted-aluminium
elements. PVC-coated polyester-net
seat. Kevlar coupling cable.

5. Cinta__1991
Design__Diana Cabeza
Azienda/Company
Pierantonio Bonacina
Cm__90/65x42x105h

Chaise longue con poggia
testa regolabile e sgabello in
midollino intrecciato. Struttura in
metallo cromato.
Chaise-longue with adjustable
head-rest and twisted reed-pith
stool. Chromium-plated metal
frame.

1. Tatlim__1988
Design__Marco Mencacci
Azienda/Company__
Sawaya & Moroni
Cm__36x37x91h

Seduta in legno blu o prugna.
Schienale in acero sbiancato e
patinato. Staffa di raccordo in
metallo nichelato.
Blue or purple wood seat.
Bleached and glazed maple back.
Nickel-coated metal fitting clamp.

2. Santa__1990
Design__Luigi Serafini
Azienda/Company__
Sawaya & Moroni
Cm__40x46x97h

Struttura metallica finitura
alluminio, schienale dorato. Seduta
imbottita e rivestita in velluto in vari
colori.
Aluminium-finished metal
frame with gold-plated back. Stuffed
velvet-coated seat in various colours.

3. Stellina__1989
Design__Alessandro Mendini
Azienda/Company__Elam
Cm__42x45x83h

Struttura in tubo metallico
verniciato. Sedile e schienale in
poliuretano rigido stampato.
Painted metal-tube frame.
Moulded stiff-polyurethane seat and
back.

58

5. Aida__1988
Design__Giorgio Ragazzini
Azienda/Company__Mazzei
Cm__50x47x79h

Schienale e seduta in massello
di noce nazionale opaco a poro
aperto, inserti in massello di
ciliegio. Fuori produzione.
Mat open-pore national
massive walnut seat and back,
massive cherry-wood inserts. Out of
production.

4. Olimpia__1990
Design__Massimo Scolari
Azienda/Company__Giorgetti
Cm__45x57x89h

Struttura in faggio massiccio.
Schienale regolabile in altezza.
Sedile imbottito.
Massive-beechwood frame.
Adjustable back. Stuffed seat.

1. Frame__1991
Design__Alberto Meda
Azienda/Company__Alias
Cm__45/49x49x77h

Struttura in profilato di alluminio estruso ed elementi pressofusi di alluminio verniciato. Seduta in rete di poliestere rivestita di PVC. Disponibile con o senza braccioli.

Extruded-aluminium profile frame and painted die-cast aluminium elements. PVC-coated polyester-net seat. Available with or without armrests.

2. Quinta__1992
Design__Mario Botta
Azienda/Company__Alias
Cm__45x57x95h

Struttura in acciaio cromato o verniciato. Seduta e schienale in lamiera d'acciaio forata e verniciata.

Chromium-plated or painted steel frame. Pierced and painted steel-plate seat and back.

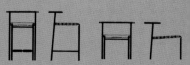

3. Café chair__1984/85
Design__Philippe Starck
Azienda/Company__Baleri Italia
Cm__51/55x52/59x73/67h

Struttura in tubo di acciaio verniciato. Seduta in diversi materiali: cinghie in lattice, gomma, cuoio. Impilabile.

Painted steel-tube frame. Seat in different materials: latex, rubber, leather straps. Stacking.

4. Juliette__1987
Design___Hannes Wettstein
Azienda/Company___Baleri Italia
Cm___45x49x77h

Sedia impilabile. Struttura in tondino di acciaio verniciato o cromato. Sedile e schienale in lamiera stampata e verniciata.
Stacking chair. Painted or chromium-plated steel rod frame. Moulded and painted-plate seat and back.

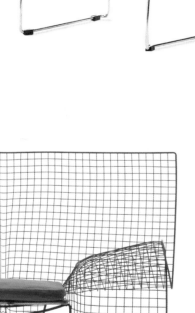

5. Volare__1993
Design___D'Urbino/Lomazzi
Mittermair - DDL Studio
Azienda/Company___Zerodisegno
Cm___145x72x97h

Rete di acciaio elettrosaldato. Cuscino imbottito in poliuretano espanso. Rivestimento in cotone o pelle.
Electro-welded steel web. Polyurethane-foam stuffed cushion. Cotton or leather coating.

6. Pylon chair__1992
Design___Tom Dixon
Azienda/Company___Cappellini
Cm___67x60x128h

Poltroncina in filo di ferro nei colori alluminio, arancio, blu.
Iron-wire armchairs in the colours aluminium, orange, blue.

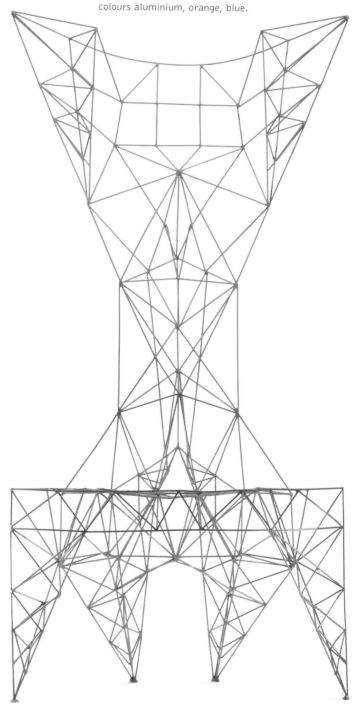

61

1. Ghost__1992
Design___Guido Venturini
Azienda/Company___
Bianchi & Bruni
Cm___45x52x78h

Struttura in alluminio, seduta
e schienale imbottiti. Sovrapponibile.
Aluminium frame, stuffed seat
and back. Stacking.

2. Atlas System__1993
Design___Jasper Morrison
Azienda/Company___Alias
Varie misure/Various dimensions

Sistema componibile di sedie
e sgabelli con gambe in acciaio di
varie altezze. Base in alluminio o
acciaio. Seduta e schienale imbottiti
e rivestiti in panno.
Chair and stool modular
system with steel legs of various
heights. Aluminium or steel base.
Stuffed and fabric-coated seat and
back.

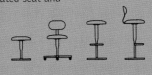

Struttura in metallo cromato.
Seduta e schienale imbottiti e
rivestiti in vari colori.
Chromium-plated metal
frame. Stuffed seat and back coated
in various colours.

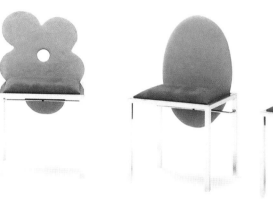

4. Fido__1989
Design___Toshiyuki Kita
Azienda/Company___Moroso
Cm___46x60x91h

Struttura in acciaio rivestito
di espanso schiumato. Base del piede
posteriore in fusione di alluminio
lucidato con supporto in acciaio
verniciato.
Foam-coated steel frame.
Polished cast-aluminium back-foot
base with painted-steel support.

5. Sine chair__1992
Design___Marc Newson
Azienda/Company___Cappellini
Cm___50x47x75h

Struttura in metallo cromato.
Sedile e schienale in faggio
sbiancato tinto noce o interamente
rivestiti in tessuto, Alcantara o
pelle. Disponibile con tre o quattro
gambe.
Chromium-plated metal
frame. Walnut-painted bleached
beechwood or fabric, Alcantara or
leather-coated seat and back.
Available with three or four legs.

1. Flex__1995
Design__IDEA Institute
Azienda/Company__
Saporiti Italia
Cm__42x50x83h

Struttura portante in fusione di alluminio. Seduta in legno lamellare rivestita in cuoio o legno naturale. Seduta e schienale appoggiano su ammortizzatori in propilene.

Cast-aluminium load-bearing frame. Leather or natural-wood coated laminate wood seat. The seat and back are placed on propylene shock-absorbers.

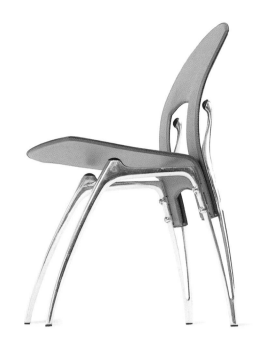

2. Angel__1985
Design__Terry Pecora
Azienda/Company__Bieffeplast
Cm__45x45x72h

Struttura in tubo curvato e cromato. Scocca in lamiera imbottita e rivestita in cuoio.

Curved chromium-plated tube frame. Stuffed leather-coated plate body.

3. Cos__1994
Design__Josep Lluscà
Azienda/Company__Cassina
Cm__47/60x55x82h

Base in ciliegio naturale o tinto nero. Sedile, schienale e braccioli rivestiti in cuoio. Scocca portante in resina con piastre angolari di acciaio. Anche in versione poltroncina.

Natural or black-painted cherry-wood base. Leather-coated seat, back and armrests. Resin load-bearing body with steel corner plates. Also in the armchair version.

4. Ed Archer__1987
Design__Philippe Starck
Azienda/Company__
Driade/Aleph
Cm__47x55x98h

Scocca in tubolare di acciaio ed elementi elastici. Rivestimento in cuoio nero o bulgaro. Gamba in fusione di alluminio.

Steel-tube and flexible-element body. Black or Bulgarian-leather coating. Cast-aluminium leg.

5. Regina__1992
Design__Paolo Deganello
Azienda/Company__Zanotta
Cm__69x65x115h

Struttura in acciaio
verniciato. Sedile in vimini
verniciato. Schienale con braccioli e
poggiatesta in cuoio naturale o nero.
 Painted-steel frame. Painted-
wicker seat. Back with natural or
black leather armrests and head-
rest.

7. Tonietta__1985
Design__Enzo Mari
Azienda/Company__Zanotta
Cm__39x48x82h

Struttura in lega di alluminio
naturale o verniciata. Sedile e
schienale ricoperti in cuoio o in
poliammide di vari colori.
 Structure in natural or
painted aluminium alloy. Seat and
back with leather or polyamide
covering in different colours.

6. Diva__1987
Design__William Sawaya
Azienda/Company__
Sawaya & Moroni
Cm__45x44x88h

Struttura in massello di
mogano a vista o laccata nera.
Seduta in cuoio di selleria o
completamente rivestita in cuoio.
 Massive decorative or black-
lacquered mahogany frame.
Saddler's leather or fully leather-
coated seat.

1. Reggenza___1991
Design___Toni Cordero
Azienda/Company___
Acerbis/Morphos
Cm___44x46X80h

    Struttura sedile in alluminio pressofuso. Struttura schienale in legno lamellare di mogano. Rivestimento in velluto.
    Die-cast aluminium seat frame. Laminate-mahogany back frame. Velvet coating.

2. Foglia___1986
Design___Fabrizio Corneli
Azienda/Company___Mirabili
Cm___60x90x120h

    Sedia in lamiera e tondino di ferro. Cuscini in dacron o cotone.
    Iron-plate and rod chair. Dacron or cotton cushions.

3. D.R.D.P.___1989
Design___Roberto Lazzeroni
Azienda/Company___Ceccotti
Cm___165x80x82h

    Struttura in massello di ciliegio. Seduta imbottita. Vassoio con piano in ottone argentato.
    Massive cherry-wood frame. Stuffed seat. Tray with silver-coated brass top.

4. Prorok__1988
Design__Borek Sipek
Azienda/Company__Driade
Cm__85x68,5x91h

Struttura in rattan rivestito di midollino con gambe anteriori in legno. Schienale e seduta in midollino nero, rosso e naturale.
Reed-pith coated rattan frame with wooden front legs. Black, red and natural reed-pith back and seat.

5. Wienerin__1992
Design__William Sawaya
Azienda/Company__
Sawaya & Moroni
Cm__65x50x75h

Struttura in masello di faggio tinto pero o mogano. Seduta in cuoio di selleria con finiture a mano.
Pear-wood or mahogany-painted massive-beechwood frame. Hand-finished saddler's leather seat.

1. Costes__1988
Design__Philippe Starck
Azienda/Company__
Driade/Aleph
Cm__47,5x55x80h

Struttura in tubo di acciaio verniciato nel colore nero. Scocca in legno compensato curvato laccato nero o con finitura in mogano. Cuscino fisso schiumato e rivestito in pelle nera.

Frame in tubular steel, black painted. Shell in curved plywood, black lacquered or mahogany finish. Seat in foam fixed cushion covered in black leather.

3. Bine__1991
Design___Marcello Morandini
Azienda/Company___
Sawaya & Moroni
Cm___90x48x100h

Struttura in legno ricoperta
in materiale melaminico.
Wooden frame coated with
melamine-based material.

2. High noon__1987
Design___Kazuo Shinohara
Azienda/Company___
Sawaya & Moroni
Cm___80x52x138h

Struttura in legno multistrato
termocurvato laccata in bianco e
nero. Seduta in pelle.
Hot-curved black and white
lacquered multi-layer wood frame.
Leather seat.

4. Zabro__1984
Design___Alessandro Mendini
Azienda/Company___
Zanotta Edizioni
Cm___93x58x137h

Sedia/tavolo. Piano e sedile in
legno laccato con decoro policromo
dipinto a mano. Braccioli rivestiti in
pelle. Piano ribaltabile. Esemplare
firmato.
Chair/table. Lacquered-wood
top and seat with hand-made multi-
colour decoration. Leather-coated
armrests. Drop-leaf top. Signed
piece.

69

1. Ilk__1990
Design__Defne Koz
Azienda/Company__Steel
Cm__58x48x83h

Struttura in tondino di
acciaio. Seduta in lamiera di acciaio
rivestita in cuoio.
    Steel-rod frame. Leather-
coated steel-plate seat.

2. Suspiral__1996
Design__Luigi Serafini
Azienda/Company
Sawaya & Moroni
Cm__40x39x99h

Collezione di sedie e divanetti.
Struttura in profilato di acciaio in
diverse finiture. La seduta è
disponibile in cristallo, imbottita o
con strisce di metallo.
    Chair and settee collection.
Steel-profile frame with various
finishes. The seat is available in
crystal, stuffed or with metal strips.

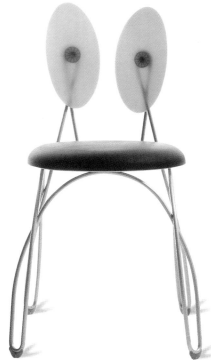

3. Jessica__1994
Design__D'Urbino
Lomazzi - DDL Studio
Azienda/Company__Zerodisegno
Cm__45x43x79h

Struttura in un unico pezzo di
tondino in acciaio curvato e
stampato. Sedile imbottito in
poliuretano integrale. Schienale e
piedini in polipropilene in vari colori.
    One-piece curved and moulded
steel-rod frame. Stuffed integral-
polyurethane seat. Polypropylene
back and feet in various colours.

4. Kim__1987
Design__Michele De Lucchi
Azienda/Company__Memphis
Cm__40x58x87h

Sedia in legno e metallo
verniciato verde o arancione.
Green or orange-painted
metal and wood chair.

5. Fiordalisi__1991
Design__Riccardo Dalisi
Azienda/Company__
Acerbis/Morphos
Cm__42x42x90h

Struttura in metallo. Seduta
in metallo forato, cuscini in velluto.
Metal frame. Pierced-metal
seat, velvet cushions.

6. Grace__1989
Design__Terry Pecora
Azienda/Company__
Sedie & Company
Cm__37x50x83h

Multistrato in faggio con
struttura in metallo cromato, in
diversi colori.
Multi-layer beechwood with
chromium-plated frame, in different
colours.

1. After Spring__1992
Design__Ron Arad
Azienda/Company__
GFR/Ron Arad Studio
Varie misure/Various dimensions

Dondolo in acciaio inox lucidato a specchio. La base è piombata con scheletro in acciaio molleggiato.

Mirror-polished stainless-steel rocking-chair. Lead-plated base and sprung steel frame.

2. Libertà__1989
Design__Afra e Tobia Scarpa
Azienda/Company__Meritalia
Cm__50x49x77h

Sedia costituita da un foglio di alluminio tagliato, piegato e rivettato. Verniciata satinata o goffrata in diversi colori.

Chair made of a sheared, folded and riveted aluminium foil. Glazed or embossed and painted in various colours.

3. Von Vogelsang__1985/88
Design___Philippe Starck
Azienda/Company___
Driade/Aleph
Cm__54x51x71h

Struttura in tubo di acciaio e
seduta in lamiera di acciaio forata,
verniciate. Impilabile.
Painted steel-tube frame and
pierced steel-plate seat. Stacking.

4. Can__1990
Design___George Fontana
Maarten Kusters
Azienda/Company___Steel
Cm__35x47x83h

Scocca stampata in lamiera
di alluminio anodizzato colorato.
Base in tubolare di alluminio.
Coloured anodized
aluminium-plate moulded body.
Aluminium-tube base.

6. Utu__1990
Design___Maarten Kusters
Azienda/Company___Steel
Cm__33x44x77h

Scocca in lamiera stampata.
Base in tubolare di acciaio verniciato.
Moulded-plate body. Painted
steel-tube base.

5. Mirandolina__1993
Design___Piero Arosio
Azienda/Company___Zanotta
Cm__40x53x84h

Sedia sovrapponibile con o
senza braccioli. Struttura in lega di
alluminio, verniciata metallizzata o
in vari colori.
Stacking chair with or
without armrests. Metal or colour
painted aluminium-alloy frame.

1. Mimì__1991
Design__Enrico Baleri
Azienda/Company__Baleri Italia
Cm__44x50x73h

Struttura in tubo di acciaio conificato, cromato o verniciato. Sedile e schienale in tecnopolimero termoplastico nero o traslucido in vari colori. Impilabile.

Tapered chromium-plated or painted steel-tube frame. Black or variously coloured translucent engineering thermo-plastic seat and back. Stacking.

2. Miss Global__1989
Design___Philippe Starck
Azienda/Company___Kartell
Cm___40x50x84h

Struttura in tubo d'acciaio,
seduta in polipropilene.
Steel-tube frame,
polypropylene seat.

3. Broadway__1993
Design___Gaetano Pesce
Azienda/Company___Bernini
Cm___50x39x45/72h

Sgabello e sedia con struttura
in acciaio inox. Seduta e schienale
in resina epossidica multicolore.
Piedini a molla.
Stool and chair with stainless-
steel frame. Multi-coloured
epoxidic-resin seat and back. Spring
feet.

4. Eight chair__1994
Design___Ross Lovegrove
Azienda/Company___Cappellini
Cm___50x54x78h

Base in metallo verniciato,
ruote o scivoli di nylon. Scocca in
poliuretano rigido autoportante in
vari colori. Disponibile con o senza
braccioli.
Painted-metal base, nylon
wheels or slides. Self-supporting
stiff-polyurethane body in various
colours. Available with or without
armrests.

1. Marocca___1987
Design___Vico Magistretti
Azienda/Company___è DePadova
Cm___58/48x55/48x77h

Sedia con o senza braccioli.
Struttura in faggio tinto. Sedile in
faggio stampato tinto all'anilina in
vari colori o in pelle nera.
Chair with or without
armrests. Painted-beechwood frame.
Black-leather or moulded aniline-
painted beechwood seat in various
colours.

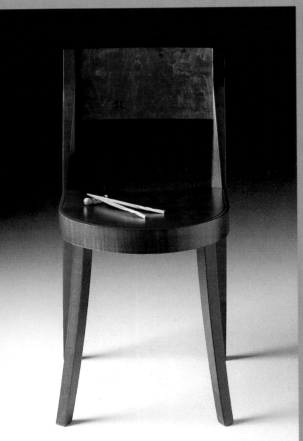

2. Quadronda___1991
Design___Enzo Mari
Azienda/Company___Montina
Cm___41x39x82h

Struttura in acero, sedile in
multistrato di acero.
Maple frame, multi-layer
maple seat.

3. Milano___1990
Design___Aldo Rossi
Azienda/Company___Molteni & C
Cm___40x42x100h

Sgabello e sedia. Struttura a
listelli di noce, ciliegio o colorata
all'anilina.
Stool and chair. Cherry-wood
or aniline-coloured walnut-lath frame.

4. Less__1995
Design__Marco Ferreri
Azienda/Company__B.P.A.
Cm__40x46x75h

Struttura in faggio tinto ciliegio o verniciato. Sedile e schienale in Softwood (legno morbido).

Cherry-wood painted or lacquered beechwood frame. Softwood seat and back.

5. Chiavari__1988
Design__Michele Barro
Azienda/Company__Cappellini
Cm__45x43x79h

Struttura in legno di faggio tinto nero, noce, mogano sbiancato, ciliegio naturale o tinto noce. Seduta in paglia naturale o cuoio in vari colori.

Black-painted, walnut, bleached mahogany, natural cherry-wood or walnut-painted frame. Natural-straw or leather seat in various colours.

6. Dry__1988
Design__Massimo Morozzi
Azienda/Company__Giorgetti
Cm__40x40x82h

Sedia in massello di faggio lavorato a mano. Sedile in legno o imbottito. Assemblata senza collanti, completamente smontabile.

Hand-processed massive-beechwood chair. Wooden or stuffed seat. Assembled without glue, fully dismountable.

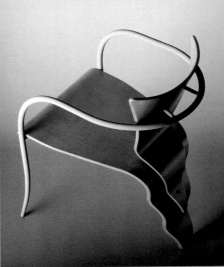

Struttura in metallo. Seduta e schienale in legno di ciliegio tinto pero o faggio tinto nero.

Metal frame. Pear-wood painted cherry-wood or black-painted beechwood seat and back.

Sedia in metallo, plastica e paglia.

Metal, plastic and straw chair.

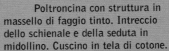

Poltroncina con struttura in massello di faggio tinto. Intreccio dello schienale e della seduta in midollino. Cuscino in tela di cotone.

Armchair with painted massive-beechwood frame. Twisted reed-pith back and seat. Cotton-coated cushion.

4. Prosim Sedni__1987
Design__Borek Sipek
Azienda/Company__Driade
Cm__96x74x94h

Struttura in acciaio, ciliegio
finitura naturale e legno finitura
ebano. Imbottitura in schiume
poliuretaniche. Rivestimento in pelle
nera e tessuto.

Steel, natural-finished cherry-
wood and ebony-finished wood
frame. Polyurethane-foam stuffing.
Black-leather and fabric coating.

5. Revers__1993
Design__Andrea Branzi
Azienda/Company__Cassina
Cm__64x51x76h

Struttura in alluminio, sedile
in compensato curvato di faggio o
imbottito. Schienale e braccioli
formati da un unico nastro in
massello di faggio curvato.

Aluminium frame, curved
beech-plywood or stuffed seat. The
seat and armrests are made up of a
single curved massive beechwood
band.

79

1. Silla___1992
Design___Josep Lluscà
Azienda/Company___Driade
Cm___46x53x82h

Struttura in fusione di alluminio lucidato. Seduta e schienale in propilene in vari colori o rivestiti in cuoio bulgaro o nero. Sovrapponibile.

Polished cast-aluminium frame. Propylene seat and back in various colours or Bulgarian/black-leather coated. Stacking.

2. Serbelloni___1994
Design___Vico Magistretti
Azienda/Company___è DePadova
Cm___70/60x70/54x93/85h

Poltroncina girevole con ruote, inclinabile e regolabile in altezza. Struttura metallica schiumata in poliuretano espanso. Rivestimento in cuoio. Base in acciaio verniciato.

Revolving armchair with wheels, tilting and adjustable in height. Polyurethane-foam metal frame. Leather coating. Painted-steel base.

3. Latonda__1991
Design__Mario Botta
Azienda/Company__Alias
Cm__63x48x77h

Struttura in acciaio verniciato nero o argento. Seduta in lamiera d'acciaio forata e verniciata o cuoio.
Black or silver-painted steel frame. Pierced and painted steel-plate or leather seat.

4. Karina/Karin-Tu__1988
Design__J. Mancini, G. Dorell
Azienda/Company__
Sawaya & Moroni
Cm__45/53x90h

Sedia e poltroncina. Struttura in massello di legno termocurvato e verniciato. Seduta e schienale in multistrato di vari colori.
Chair and armchair. Hot-curved and painted massive-wood frame. Multi-layer wood seat and back in various colours.

5. Dakota__1994
Design__Paolo Rizzatto
Azienda/Company__Cassina
Cm__56x52x65h

Base e gambe in alluminio verniciato. Sostegno in materiale plastico con imbottitura in poliuretano espanso e poliestere. Rivestimento in cuoio e tessuto.
Painted-aluminium base and legs. Plastic support with polyurethane-foam and polyester stuffing. Leather and fabric-coating.

6. Lord Yo__1994
Design__Philippe Starck
Azienda/Company__
Driade/Aleph
Cm__60x66x94h

Struttura in alluminio. Scocca in polipropilene in vari colori. Impilabile.
Aluminium frame. Polypropylene body in various colours. Stacking.

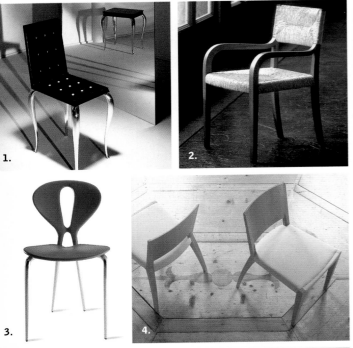

1. Lola Mundo__1988
Design__Philippe Starck
Azienda/Company__Driade/Aleph
Cm__33x53x48/84h
Sedia/tavolino. Gambe in alluminio. Schienale reclinabile con cerniere in acciaio cromato nero. Piani in multistrati color ebano, borchie in gomma colorata.
Chair/table. Aluminium legs. Tilting back with black chromium-plated steel hinges. Ebony-coloured multi-layer tops, colour-rubber studs.

2. Risiedo__1989
Design__Luca Meda
Azienda/Company__Molteni & C
Cm__53x56x83h
Struttura in massello di noce o ciliegio. Sedile e schienale in paglia naturale o imbottiti con rivestimento in pelle.
Massive walnut or cherry-wood frame. Natural-straw or stuffed seat and back with leather coating.

3. Galì__1992
Design__Carlo Bartoli
Azienda/Company__Ycami
Cm__46x49x80h
Struttura in alluminio, seduta e schienale in poliuretano integrale su supporto in acciaio armonico.
Aluminium frame, integral-polyurethane seat and back on string-steel support.

4. Acca__1995
Design__Bruno Reichlin
Gabriele Geronzi
Azienda/Company__Molteni & C
Cm__48x53x80h
Struttura in massello di noce o ciliegio. Seduta in Alcantara o pelle.
Massive walnut or cherry-wood frame. Alcantara or leather seat.

5. Piuma__1995
Design__Giotto Stoppino
Azienda/Company__Calligaris
Cm__44x46x83h
Struttura in faggio. Sedile in cuoio o in cinghie di cotone.
Beechwood frame. Leather or cotton-strap seat.

6. Colucci__1987
Design__Philippe Starck
Azienda/Company__Driade/Aleph
Cm__ø38x45h
Sgabello/contenitore. Struttura in

lamiera di alluminio anodizzato con decoro rosso o blu.
Stool/container. Anodized aluminium sheet structure with red and blue decorations.

7. Sweet__1995
Design__Prospero Rasulo
Azienda/Company__Poltronova
Cm__46x55x82h
Struttura in legno laccato opaco. Seduta e schienale in multistrato di noce curvato o cuoio.
Mat-lacquered wood frame. Curved multi-layer walnut or leather seat and back.

8. Body__1991
Design__Antonio Citterio
Azienda/Company__Flexform
Cm__53x50x73h
Struttura in legno. Gambe in frassino naturale o tinto noce, palissandro o nero. Rivestimento in cuoio.
Wooden frame. Natural-ash or walnut, rosewood or black-painted legs. Leather coating.

9. Genziana__1991
Design__Aldo Cibic
Azienda/Company__Antologia by Boffi
Cm__55x62x90h
Poltroncina trasformabile in scaletta. In mogano naturale o faggio laccato o patinato rosso o blu. Seduta imbottita rivestita in tessuto o pelle.
Armchair convertible into a ladder. Natural mahogany or red/blue lacquered or glazed beechwood. Stuffed fabric or leather-coated seat.

10. Bella di giorno__1988
Design__Gianni Veneziano
Azienda/Company__Ortolan
Cm__45x45x90h
Sedia in massello di acero tinto all'anilina con acquerelli atossici. Sedile imbottito. Fuori produzione.
Massive maple chair, aniline-painted with non-toxic water-colours. Stuffed seat. Out of production.

11. Bali__1993
Design__Carlo Bartoli
Azienda/Company__Ycami
Cm__45x52x83h
Struttura in alluminio, schienale rivestito in cuoio naturale o

colorato.
Aluminium frame, natural or coloured leather-coated back.

12. Leonia__1983/93
Design__Paolo Nava
Azienda/Company__Tonon
Cm__47x53x86h
Struttura in acero, sedile e schienale in cuoio.
Maple frame, leather seat and back.

13. Telenda__1991
Design__Josep Lluscà
Azienda/Company__Ciatti
Cm__43x51x85h
Struttura in metallo verniciato. Sedile in faggio curvato. Impilabile.
Painted-metal frame. Curved-beechwood seat. Stacking.

14. Mehari__1995
Design__Marcello Cuneo
Azienda/Company
Rossi di Albizzate
Cm__72x93x79
Struttura tubolare metallica imbottita. Terminali in nylon a stampo. Completamente smontabile. Rivestimento porta in cuoio di doppio spessore, cuc e sagomato.
Stuffed metal-tube frame. Mou nylon terminals. Fully dismountable. Sewn and shaped double-thickness load-bearing leather coating.

15. Suez__1989
Design__Francesco Soro
Azienda/Company__Halifax
Cm__49x52x81h
Sedia pieghevole con struttura massello di ciliegio. Tela porta bianca o nera.
Folding chair with massive che wood frame. Black or white loa bearing cloth.

16. Lov__1994
Design__Maarten Kusters
Azienda/Company__Steel
Cm__44x50x82h
Struttura in accio verniciato. Sedile e schienale in poliuretar espanso, rivestito in cotone.
Painted-steel frame. Cotton-co polyurethane-foam seat and ba

17. Avana__1992
Design__Brunati/Zerbaro/Car
Azienda/Company__LaPalma
Cm__43x49x87h
Struttura in metallo verniciato nero. Gambe in ciliegio, faggio tinto noce o nero. Sedile e schienale in midollino o cuoio.
Black-painted metal frame. Cherry-wood, walnut or black-painted beechwood legs. Reed- or leather seat and back.

18. Marina__1992
Design__Enzo Mari
Azienda/Company__Zanotta
Cm__51x49x76h
Struttura in lega di alluminio. Gambe in faggio evaporato o i

12.

13.

14.

ciliegio naturale nero. Sedile e schienale ricoperti in cuoio, imbottiti o in poliammide.
Aluminium-alloy frame. Artificially-seasoned beechwood or black natural cherry-wood legs. Leather-coated, stuffed or polyamide seat and back.

19. Clic__1988
Design___Massimo Morozzi
Azienda/Company___
Sedie & Company
Varie misure/Various dimensions
Struttura in multistrato di faggio. Gambe e crociera in legno massello di faggio. Assemblaggio ottenuto con velcro autoadesivo. Sette modelli in diverse finiture. Fuori produzione.
Multi-layer beechwood frame. Massive-beechwood legs and cross. Assembled by means of self-sticking straps. Seven models with different finishes. Out of production.

20. Archernar__1988
Design___Pedro Mirralles
Azienda/Company___
Sedie & Company
Cm__47x46x98h
Gambe in rovere e seduta di faggio verniciata a poro aperto. Sedile e schienale bianco o nero su telaio naturale, in nero o con sedile imbottito.
Oak legs and open-pore painted-beechwood seat. White or black seat and back on natural black frame or with stuffed seat.

21. Midì__1994
Design___Daniela Puppa
Azienda/Company___Schopenhauer
Cm__41x41x86h
Struttura in metallo verniciato. Seduta e schienale in faggio naturale, tinto nero, tinto ciliegio. Piedini antiscivolo in moplen.
Painted-metal frame. Natural, black-painted, cherry-wood painted beechwood seat and back. Moplen anti-slide feet.

22. Uni 5__1982/92
Design___Werther Toffoloni
Azienda/Company___Cabas
Cm__45x46x60h
Struttura in faggio. Sedile in faggio o rivestito in pelle o tessuto.
Beechwood frame. Beechwood or

leather or fabric-coated seat.

23. Gustuviana__1994
Design___Monica Moro
Azienda/Company___
Ravarini Castoldi & c.
Cm__36x44x103h
Sedia in legno massello in vari colori.
Massive-wood chair in various colours.

24. Tribù__1992
Design___Marco Mencacci
Azienda/Company___Unitalia
Varie misure/Various dimensions
Serie di sgabelli in massiccio di ciliegio americano laccato. Sedute imbottite in pelle bicolore. Spalliere e poggiapiedi in acciaio inox.
Set of lacquered massive American cherry-wood stools. Two-colour leather stuffed seats. Stainless-steel back-rests and foot-rests.

25. Belep__1995
Design___Alessandro Mendini
Azienda/Company___Memphis
Cm__38x39x83h
Sedia in legno serigrafato. Disponibile in quattro colori.
Silk-screened wooden chair. Available in four colours.

16.

17.

19.

21.

22.

24.

25.

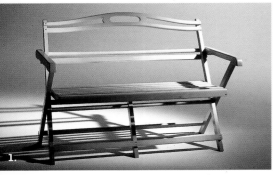

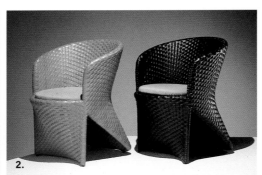

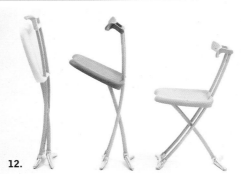

1. Malibù___1987
Design___Giuseppe Pasquali
Azienda/Company___Ciatti
Cm___114x42x79h
Panca pieghevole a due posti in legno massello di faggio.
Two-seat massive-beechwood folding bench.

2. C.S.1___1988
Design___Tito Agnoli
Azienda/Company___
Pierantonio Bonacina
Cm___65x60x80h
Struttura in legno. Rivestimento in pelle intrecciata.
Wooden frame. Twisted-leather coating.

3. M.Guia___1994
Design___Enrico Franzolini
Azienda/Company___Accademia
Cm___45x41x77h
Struttura in faggio naturale, laccato o tinto all'anilina. Seduta imbottita o in paglia.
Natural, lacquered or aniline-painted beechwood frame. Stuffed or straw seat.

4. Sacher___1993
Design___Giorgio Ragazzini
Azienda/Company___Bros's
Cm___38x46x89h
Struttura in legno di noce o ciliegio. Seduta imbottita rivestita in pelle.
Walnut or cherry-wood frame. Leather-coated stuffed seat:

5. Niccola___1993
Design___Andrea Branzi
Azienda/Company___Zanotta
Cm___58x88x100h
Struttura in acciaio inox. Telaio in acciaio, imbottitura in poliuretano e dacron. Rivestimento in Alcantara o pelle. Braccioli e poggiatesta in cuoio.
Stainless steel structure. Steel frame, polyurethane and dacron padding. Alcantara or natural leather covering. Leather arms and headdress.

6. Hadar___1988
Design___Ernesto Spicciolato
Azienda/Company___
Sedie & Company
Cm___53x53x67h
Struttura in frassino verniciata a poro aperto naturale, nero, blu. Cuscino imbottito per sedile e schienale. Fuori produzione.
Open-pore natural, black, blue-painted ash frame. Stuffed seat and back cushion. Out of production.

7. Querida___1992
Design___Marco Mencacci
Azienda/Company___Unitalia
Cm___54x50x80h
Stuttura in multistrati curvato traforato. Gambe in massello di ciliegio americano o palissandro. Sedile imbottito.
Pierced curved multi-layer wood frame. Massive American cherry-wood or rosewood legs. Stuffed seat.

8. Pompadour___1992
Design___Francesca Anselmi
Azienda/Company___Bieffeplast
Cm___58x47x100h
Struttura in tubo curvato e conificato, verniciato. Sedile e schienale imbottiti in microfibra.
Painted, curved and tapered tube frame. Stuffed micro-fibre seat a back.

9. Margherita___1992
Design___Giotto Stoppino
Azienda/Company___Calligaris
Cm___46x49x81h
Struttura in faggio. Seduta in diverse versioni intercambiabili.
Beechwood frame. Seat in differe interchangeable versions.

10. Alice___1990
Design___Claudio Nardi
Azienda/Company___Zeus/Noto
Varie misure/Various dimensions
Sgabello e sedia in tubo di accia conificato verniciato. Seduta in poliuretano nero o in massiccio ontano tinto mogano. Seduta de sedia in lauro Faia, multistrato rovere, gomma o imbottita.
Painted tapered steel-tube stool and chair. Black-polyurethane o mahogany-painted massive-alde seat. Faia laurel, multi-layer oa rubber or stuffed chair seat.

11. Drecxy___1993
Design___Mauro Fadel
Azienda/Company___
Vittorio Bonacina
Cm___46x55x83h
Struttura in metallo e legno, tessitura in midollino.
Metal and wood frame, reed-pit texture.

12. Rondine___1992
Design___Toshiyuki Kita
Azienda/Company___Magis
Cm___38x50x80h
Struttura in tubolare di acciaio Piedi in pressofusione di allumi Seduta e schienale in polipropil Pieghevole.
Steel-tube frame. Die-cast aluminium feet. Polypropylene and back. Folding.

13. Arianna___1992
Design___Rodolfo Dordoni
Azienda/Company___Driade
Cm___87x72x71h
Struttura in massello di acero tubolare di acciaio. Rivestimen corda, cuscino in schiume poliuretaniche rivestito in pelle naturale.
Massive-maple and steel-tube frame. Cord coating, natural-leather coated polyurethane-foa cushion.

14. M601___1988
Design___Paola Navone
Azienda/Company___
Cappellini/Mondo
Cm___49x42x110h
Sedia con struttura in legno.
Wood-frame chair.

. Lady-zip__1995
sign__Pierangelo Sciuto
ienda/Company__Bros's
__45x56x90h
ruttura in massello di faggio
to o laccato. Rivestimento in due
sioni, sfoderabile.
nted or lacquered massive-
eechwood frame. Two different
movable coatings.

. Maggiolino__1992
sign__Enzo Berti
ienda/Company__Montina
__49x52x77h
ruttura in metallo cromato.
occa in compensato curvo di
ero naturale o in diversi colori.
ilabile.
romium-plated metal frame.
tural or coloured curved maple-
wood body. Stacking.

. Viva__1995
sign__Roberto Lucci
olo Orlandini
enda/Company__Calligaris
__44x53x76h
ruttura in metallo verniciato
o o alluminio. Seduta e
ienale in polipropilene.
ck or aluminium-painted metal
k. Polypropylene seat and
k. Folding.

Cadeira__1990
sign__Anonimo portoghese
40)
enda/Company__Targa Italia
__51x50x71h
ruttura in tubolare di metallo
niciato. Seduta in metallo o in
no di faggio naturale.
nted-metal tube frame. Metal or
ural-beechwood seat.

Tanita__1993
ign__William Sawaya
enda/Company__
aya & Moroni
__64x146x81h
ruttura in tubolare di metallo
rete elastica. Imbottitura di
uma poliuretanica e poliestere.
estimento in tessuto o pelle.
al-tube frame with flexible
. Polyurethane foam and
ester stuffing. Fabric or leather
ting.

Tontola__1994
ign__Riccardo Dalisi
enda/Company__

13.

14.

15.

Edizioni Galleria Colombari
Cm__57x58x84h
Poltroncina con struttura in ferro.
Iron-frame armchair.

21. Chiara__1992
Design__Fabio Di Bartolomei
Azienda/Company__Bieffeplast
Cm__44x48x 82h
Sedia e sgabello. Struttura in tubo
conificato e curvato, verniciato.
Sedile e schienale in multistrato
curvato in faggio, noce, ciliegio o
laccato. Anche versione imbottita e
rivestita in skai.
Chair and stool. Painted, tapered
and curved tube frame. Curved
multi-layer beechwood, walnut,
cherry-wood or lacquered seat and
back. Also available in the stuffed
and skai-coated version.

22. Syndi__1995
Design__Mathias Hoffmann
Azienda/Company__Tonon
Cm__49x61x90h
Struttura in faggio naturale o tinto
opaco. Sedile e schienale in
alluminio.
Natural or mat-painted beechwood
frame. Aluminium seat and back.

23. Tosca - Turandot__1995
Design__Enzo Berti
Azienda/Company__LaPalma
Cm__44x52x83h
Struttura in tubo d'acciaio
cromato opaco o verniciato
alluminio. Sedile e schienale
rivestiti in cuoio.
Mat chromium-plated or
aluminium-painted steel-tube
frame. Leather-coated seat and
back.

24. Anebo Tak__1989
Design__Borek Sipek

Azienda/Company__Driade
Cm__54x47x82h
Struttura in lamiera di acciaio
piegata e verniciata. Seduta in
lamiera di rame sagomata e
imbutita. Schienale in lamiera di
ottone piegata e imbutita.
Folded and painted steel-plate
frame. Shaped and spun copper-
plate seat. Folded and spun brass-
plate back.

25. SA09__1992
Design__Aldo Cibic
Azienda/Company__Standard
Cm__40x53x87h
Struttura in frassino a poro aperto
o mogano naturale.
Open-pore ash or natural-
mahogany frame.

17.

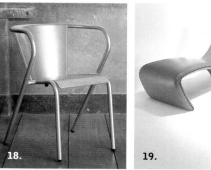

18.

19.

20.

21.

23.

24.

25.

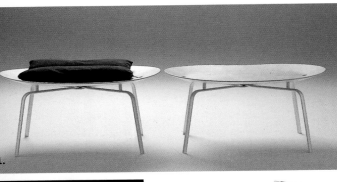

1.

2.

3.

4.

5.

1. Betulla__1994
Design__Vico Magistretti
Azienda/Company__è DePadova
Cm__86x61x40h
Tavolino, pouf, vassoio. Piano in legno multistrato di betulla stampato con spessori decrescenti. Base in lega di alluminio naturale. Cuscino rivestito in cotone o pelle.
Small table, pouf, tray. Multiply top in engraved birch with decreasing thickness. Base in natural aluminium alloy. Cotton or leather covered pillow.

2. Campanino__1991
Design__Aldo Bartolomeo
Azienda/Company__Stildomus
Cm__40x45x87h
Struttura in faggio tinto noce. Sedile in cuoio.
Walnut-painted beechwood frame. Leather seat.

3. Donna__1988
Design__Elio Di Franco
Azienda/Company__Zanotta
Cm__59x110x87h
Sedia a dondolo. Struttura in acciaio cromato o verniciato, fianchi in ciliegio. Seduta in cuoio intrecciato. Poggiatesta in piuma d'oca e cuoio.
Rocking-chair. Chromium-plated or painted-steel frame, cherry-wood sides. Twisted-leather seat. Goose-feather and leather head-rest.

4. Lim__1990
Design__Deyana Popovic
Azienda/Company__Steel
Cm__37x42x75h
Struttura in lamiera di alluminio piegata e assemblata con rivetti metallici. Seduta in lamiera di alluminio o in legno curvato.
Folded aluminium-plate frame assembled with metal rivets. Aluminium-plate or curved-wood seat.

5. Do it__1995
Design__Massimo Iosa Ghini
Azienda/Company__Doing
Cm__43x56x84h
Struttura in ferro e alluminio. Seduta e schienale in poliestere ad alta resistenza in vari colori e decori personalizzabili. Impilabile.
Iron and aluminium frame. High-resistance polyester seat and back in various colours and customized

decorations. Stacking.

6. Rebecca__1991
Design__Giorgio Ragazzini
Azienda/Company__
Vittorio Bonacina
Cm__44x60x94h
Struttura metallica, tessitura in midollino.
Metal frame, reed-pith texture.

7. Doubletake, no duckling no swan and soft in the head __1992
Design__Ron Arad
Azienda/Company__
GRF/Ron Arad Studio
Varie misure/Various dimensions
Acciaio inox flessibile, lucido intessuto saldato su pareti di acciaio inox lucidato a specchio.
Flexible woven polished stainless steel welded onto mirror polished stainless steel walls.

8. Orb__1994
Design__Jasper Morrison
Azienda/Company__Zeus/Noto
Varie misure/Various dimensions
Sgabello alto e basso, tavolino. Struttura in tubo di acciaio cromato o verniciato. Seduta in betulla naturale o laccato nero.
High and low stool, table. Chromium-plated or painted steel-tube frame. Natural birch-wood or black-lacquered seat.

9. Cadeira__1989
Design__Alvaro Siza Vieira
Azienda/Company__Acierno
Cm__40x41x80h
Struttura in mogano Honduras o in acero. Sedile in cuoio.
Honduras-mahogany or maple frame. Leather seat.

10. Mariposa__1989
Design__Riccardo Dalisi
Azienda/Company__Zanotta Edizioni
Cm__102x55x88h
Struttura in acciaio verniciato. Sedile e schienale verniciati con interventi policromi dell'autore. Nove esemplari numerati e firmati.
Painted-steel frame. Painted seat and back with colour decorations by the author. Nine numbered and signed pieces.

11. Chumbera Primera__1988
Design__Roberto Lazzeroni
Azienda/Company__Ceccotti

Cm__40x42x89h
Sedia con braccioli realizzata in massello di ciliegio.
Massive cherry-wood chair with armrests.

12. Bella__1994
Design__Giorgio Cattelan
Azienda/Company__Cattelan Ita
Cm__42x52x80h
Struttura in metallo laccato. Sed in cuoio. Pieghevole.
Lacquered-metal frame. Leather seat. Folding.

13. Liverpool__1986
Design__George Sowden
Azienda/Company__Memphis
Cm__45x50x90h
Sedia in legno lucidato o con seduta e schienale in laminato plastico.
Chair of polished wood or with laminated-plastic seat and back.

14. Passpartout__1991
Design__Enzo Berti
Azienda/Company__Montina
Cm__45x51x80h
Struttura in acero. Sedile rivesti in stoffa o cuoio.
Maple frame. Fabric or leather-coated seat.

15. Incoro__1992
Design__Luigi Origlia
Azienda/Company__Origlia
Cm__47x45x82h
Struttura in alluminio pressofuso lucido o verniciato. Schienale e sedile in finitura radica, noce, ciliegio, mogano, laccato, cuoio imbottiti. Con o senza braccioli. Impilabile.
Polished or painted die-cast aluminium frame. Back and seat with the following finishes: root, walnut, cherry-wood, mahogany, lacquer, leather or stuffed. With without armrests. Stacking.

16. Kenia__1995
Design__Vico Magistretti
Azienda/Company__Campeggi
Cm__73x58x73h
Struttura leggera (2 Kg) in alluminio ripiegabile. Rivestime in tessuto.
Light (2 kg) aluminium folding frame. Fabric coating.

17. Lucetta__1994
Design__Carlo Colombo
Azienda/Company__Flexform

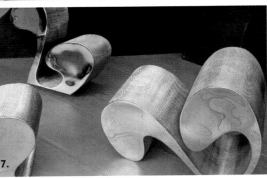

6.

7.

8.

9.

10.

___42x53x90h
...uttura in acciaio satinato e
...iera di alluminio in vari colori o
...urale.
...zed-steel and aluminium-plate
...me in various colours or natural.
__Ostenda___1994
...gn___Vico Magistretti
...enda/Company___Campeggi
___69x79x128h (chiusa)
...ise longue pieghevole. Struttura
...aggio naturale, iroko o metallo.
...porto portante in lino o cotone.
...ding chaise-longue. Natural-
...chwood, iroko-wood or metal
...me. Linen or cotton load-
...ing cloth.
__Ghost___1987
...ign___Cini Boeri/Tomu
...ayanagi
...enda/Company___Fiam
___95x75x68h
...rona in cristallo curvato da 12

...mm curved-crystal armchair.
__Sarapis___1986
...gn___Philippe Starck
...nda/Company___Driade/Aleph
___35x45x86h
...ttura in tubolare di acciaio
...iciato grigio antracite. Seduta
...te di acciaio.
...racite-grey painted steel-tube
...ne. Steel-web seat.
__Francesca Spanish___1984/85
...gn___Philippe Starck
...nda/Company___Baleri Italia
___51x49x79h
...ttura in tubo di acciaio
...nato o verniciato. Sedile in
...iretano rigido verniciato o
...stito in cuoio. Con braccioli.
...mium-plated or painted steel-
...frame. Painted or leather-
...ed stiff-polyurethane seat.
...armrests.
...rta___1995
...gn___Jorge Pensi
...nda/Company___Driade/Aleph
___56x52x82h
...ttura in tubolare di alluminio
...izzato. Seduta e schienale in
...sofusione di alluminio
...obigliato, rivestiti in feltro blu.
...lized-aluminium tube frame.
...-felt coated die-cast aluminium
...and back.
...Chip___1993
...gn___Tim Power
...nda/Company___Zeritalia
___43x50x79h
...a impilabile in cristallo
...ato, temprato e sabbiato.
...ttura metallica verniciata.
...ed, tempered and sand-blasted
...al stacking chair. Painted-
...frame.
...Saltimbanco___1992
...n___Michele De Lucchi
...nda/Company___Play Line
...181x50x107h
...a/cassapanca in MDF laccato.
...ni di Riccardo Dalisi.

Lacquered-MDF bench/chest.
Cushions by Riccardo Dalisi.
25. Dondolo___1994
Design___Verner Panton
Azienda/Company___Ycami
Cm___62x73x79h
Struttura in tubo di alluminio,
pattini in faggio naturale. Seduta e
schienale imbottiti e rivestiti in
tessuto o Pellex.
Aluminium-tube frame, natural-
beechwood skids. Stuffed fabric or
Pellex-coated seat and back.

11.

12.

13.

14.

15.

16.

17.

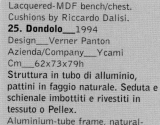
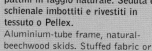

18.

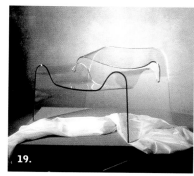

19.

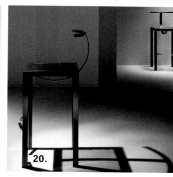

20.

21.

22.

23.

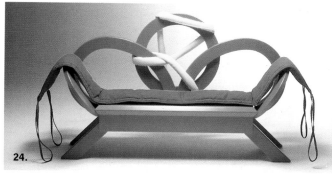

24.

25.

1.

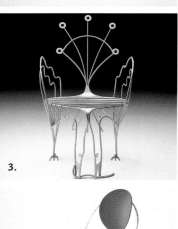

3.

5.

7.

1. Margherita___1989
Design___Roberto Lucci
Paolo Orlandini
Azienda/Company___Elam
Cm___44x49x82h
Struttura in tubo metallico verniciato nero opaco. Tondini di appoggio schienale in acciaio cromato. Sedile in polipropilene stampato.
Mat black-painted metal-tube frame. Chromium-plated steel back-supporting rods. Moulded polypropylene seat.

2. Bittersuss___1992
Design___Karsten K. Krebs
Azienda/Company___MatteoGrassi
Cm___43/58x50x88h
Struttura in legno di noce o faggio tinto. Sedile e schienale in poliuretano rigido rivestito in cuoio. Braccioli in lamiera rivestiti in cuoio.
Walnut or painted-beechwood frame. Leather-coated stiff-polyurethane seat and back. Leather-coated plate armrests.

3. Pavone___1986
Design___Riccardo Dalisi
Azienda/Company___Zanotta Edizioni
Cm___54x54x94h
Struttura in acciaio nichelato. Dettagli colorati. Esemplare firmato.
Nickel-coated steel frame. Colour details. Signed piece.

4. Horio Chair___1993
Design___Hiroaki Horio
Azienda/Company___Nemo
Cm___48x46x77h
Sedia impilabile. Scocca in fibra naturale riciclata, preformata con resine termoindurenti in vari colori. Struttura in acciaio verniciato o cromato. Fuori produzione.
Stacking chair. Recycled natural fibre body, pre-moulded with thermosetting resins in various colours. Painted or chromium-plated steel frame. Out of production.

5. Spring___1992
Design___De Pas/D'Urbino/Lomazzi
Azienda/Company___Zerodisegno
Cm___42x47x81h
Base in acciaio black soft e acciaio inox satinato, schienale in acciaio

armonico. Schienale e sedile in faggio verniciati naturale o con sedile imbottito.
Black soft and glazed stainless steel base, string-steel back. Natural painted beechwood back and seat or stuffed seat.

6. Elasta___1988
Design___Jesse Marsh
Azienda/Company___Arflex
Cm___43 x 53 x 82h
Supporti seduta in tondino di acciaio armonico, base in profilato metallico verniciato. Schienale e seduta in compensato curvato e impiallacciato in frassino o rivestito in cuoio.
String steel-rod seat supports, painted-metal profile base. Ash or leather-coated curved-plywood back and seat.

7. Samuel___1989
Design___Paolo Nava
Azienda/Company___Tonon
Cm___55x50x82h
Struttura in faggio. Schienale in compensato, sedile imbottito e rivestito con tessuto, pelle o cuoio.
Beechwood frame. Plywood back, fabric or leather-coated stuffed seat.

8. Umbrella Chair___1995
Design___Gaetano Pesce
Azienda/Company___Zerodisegno
Cm___50x50x81h
Sedia pieghevole. Struttura in alluminio trafilato, anodizzato. Sedile, maniglie, snodi e piedini in polipropilene e nylon rinforzati con fibra di vetro.
Folding chair. Drawn anodized-aluminium frame. Fiberglass-reinforced polypropylene and nylon seat, knobs, joints and feet.

9. Roma___1986
Design___Marco Zanini
Azienda/Company___Memphis
Cm___101x90x90h
Poltrona in vetroresina verniciata iridescente in verde o nero.
Green or black-painted iridescent fiberglass-reinforced resin armchair.

10. Sedia 1992___1992
Design___Enrico Tonucci
Azienda/Company___Triangolo
Cm___40x40x88h
Sedia in faggio evaporato naturale

2.

4.

6.

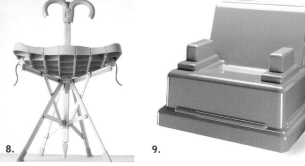

8.

9.

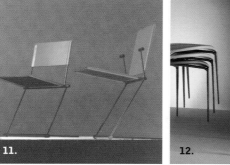

10. **11.**

12.

13.

15. **16.** **17.**

...accato.
...tural or lacquered artificially-
...soned beechwood chair.
Ballerina__1991
...sign__Herbert Ohl/Juta Ohl
...enda/Company__MatteoGrassi
...__62x53x81h
...ttura con barre in acciaio
...nonico inserite in trafilato di
...minio a sezione circolare.
...estimento in cuoio.
...me with string-steel bars
...erted in a circular aluminium
...wn wire. Leather coating.
Ye-Ye__1992
...sign__Massimo Iosa Ghini
...enda/Company__BRF
...__41 x 52 x 81h
...ttura in acciaio cromato,
...nato o verniciato. Seduta e
...enale in poliuretano rigido
...niciato.
...omium-plated, glazed or
...ted steel frame. Painted stiff-
...urethane seat and back.
Zac__1992
...ign__Marco Agnoli
...enda/Company__Ycami
...__44x45x85h
...ttura in estruso di alluminio.
...uta e schienale in faggio
...urale o laccato.
...uded-aluminium frame.
...ural or lacquered-beechwood
...and back.
Tuscana__1986
...gn__Piero Sartogo
...alie Grenon
...nda/Company__Saporiti Italia
...__46x46x85h
...ttura in legno. Schienale in
...ca o imbottito, sedile in cuoio.
...den frame. Root or stuffed
...k, leather seat.
Nest__1991
...gn__Enzo Berti
...nda/Company__Montina
...__46x52x89h
...ttura in acero. Sedile rivestito
...offa o pelle. Schienale
...cciato in multistrato di acero.
...le frame. Fabric or leather-
...ed seat. Twisted multi-layer
...le back.
Melodia__1992
...gn__Piero Lissoni
...nda/Company__MatteoGrassi
...__94x45x47h

Panca con struttura in massello di
faggio tinto. Imbottitura in
poliuretano. Rivestimento in pelle.
Bench with massive painted-
beechwood frame. Polyurethane
stuffing. Leather coating.
17. Dopo l'Impero__1989
Design__Alessandro Mendini
Azienda/Company__Glas
Cm___47x45x87h
Struttura in massello di ciliegio.
Schienale in cristallo curvato con
decorazione incisa. Seduta rivestita
in tessuto o cuoio.
Massive cherry-wood frame.
Curved-crystal back with engraved
decoration. Fabric or leather-
coated seat.
18. Veranda__1994
Design__Giancarlo Pozzi
Azienda/Company__Longoni Bruno
Cm___65x70x80h
Sedia pieghevole a tre posizioni in
midollino lucidato naturale.
Braccioli ruotanti. Imbottitura
amovibile rivestita in lino.
Natural polished reed-pith three-
way folding chair. Revolving
armrests. Fixed linen-coated
stuffing.
19. Ginevra__1993
Design__Enrico Franzolini
Azienda/Company__Halifax
Cm___66x63x77h
Struttura in massello di noce
nazionale, ciliegio o acero. Sedile e
schienale imbottiti.
Massive national walnut, cherry-
wood or maple frame. Stuffed seat
and back.
20. Tressa__1994
Design__Pelikan Design
Azienda/Company__MatteoGrassi
Cm___60x52x84h
Fianchi e braccioli in compensato
impiallacciato. Scocca in acciaio,
imbottitura in poliuretano
flessibile. Rivestimento in cuoio.
Coated plywood sides and arm-
rests. Steel body, flexible
polyurethane stuffing. Leather
coating.
21. Tabù__1994
Design__Romeo Sozzi
Azienda/Company__Promemoria
Cm___40x42x90h
Struttura in faggio naturale,
verniciata, ciliegio o foglia d'oro.

Sedile a molle.
Natural beechwood, painted,
cherry-wood or gold-plated frame.
Spring seat.
22. Mercedes__1992
Design__Marco Mencacci
Azienda/Company__Bros's
Cm___59x51x84h
Struttura in legno in varie essenze
o laccato. Schienale in legno,
seduta in legno o imbottita.
Frame in various kinds of wood or
lacquered. Wooden back, wooden
or stuffed seat.
23. Indiscreta__1990
Design__Gianni Veneziano
Azienda/Company__Ortolan
Cm___45x45x90h
Sedia in massello di acero tinto
all'anilina con acquerelli atossici.
Fuori produzione.
Massive maple chair, aniline-
painted with non-toxic water-
colours. Out of production.
24. Bistrò__1995
Design__Maurizio Peregalli
Azienda/Company__Zeus/Noto
Cm___54x50x82h
Struttura in tubo di acciaio
verniciato. Schienale in betulla
naturale, tinto mogano, laccato
nero o imbottito. Seduta in olmo
tinto mogano, laminato,
poliuretano o imbottita. Impilabile.
Painted steel-tube frame. Natural,
mahogany-painted birch-wood,
black-lacquered or stuffed back.
Mahogany-painted elm, laminate,
polyurethane or stuffed seat.
Stacking.

18.

19.

20.

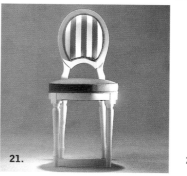
21.

22.

23. **24.**

1.

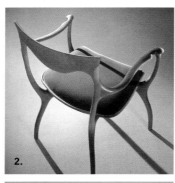

2.

3.

5.

7.

8.

10.

12.

13.

6.

9.

11.

14.

1. Paola__1992
Design__Ferruccio Laviani
Azienda/Company__Imel
Cm__46x59x84h
Struttura in faggio naturale o tinto
noce. Seduta e schienale in cinghie
elastiche ecrù, arancio o nero.
Natural or walnut-painted
beechwood frame. Ecru, orange or
black flexible-strap seat and back.

2. Hypnos__1989
Design__Roberto Lazzeroni
Azienda/Company__Ceccotti
Cm__70x55x82h
Poltroncina con struttura in
massello di ciliegio. Seduta
imbottita.
Armchair with massive cherry-
wood frame. Stuffed seat.

3. Paramount__1991
Design__Philippe Starck
Azienda/Company__Driade/Aleph
Cm__67x71x95h
Struttura in massello di ciliegio.
Imbottitura in schiume
poliuretaniche. Rivestimento in
velluto o pelle.
Massive cherry-wood frame.
Polyurethane-foam stuffing. Velvet
or leather coating.

4. Nut__1990
Design__Claudia Baetzing
Azienda/Company__Steel
Cm__53x41x83h
Struttura in tubo di acciaio sottile,
cromato. Rivestimento in midollino
intrecciato a mano.
Thin chromium-plated steel-tube
frame. Hand-twisted reed-pith
coating.

5. Nato 301__1990
Design__Werther Toffoloni
Azienda/Company__Montina
Cm__47x50x84h
Struttura in faggio. Sedile in
multistrato, rivestito in stoffa o
pelle.
Beechwood frame. Fabric or
leather-coated multi-layer wood
seat.

6. Uni 3__1982/92
Design__Werther Toffoloni
Azienda/Company__Cabas
Cm__45x46x60h
Struttura in faggio. Sedile in
faggio o rivestito in stoffa o pelle.
Beechwood frame. Beechwood or
fabric or leather-coated seat.

7. Cena__1995
Design__Peter Maly
Azienda/Company__Tonon
Cm__45x50x81h
Struttura in faggio. Sedile in
compensato, schienale in alluminio.
Beechwood frame. Plywood seat,
aluminium back.

8. Acrux__1988
Design__Gruppo Possibile
Azienda/Company__
Sedie & Company
Cm__40x44x90h
Sedia pieghevole in faggio
verniciato a poro aperto in vari

colori. Fuori produzione.
Open-pore painted-beechwood
folding chair in various colours.
Out of production.

9. Rigel__1988
Design__Maarten Kusters
Azienda/Company__
Sedie & Company
Cm__60x42x80h
Gambe in faggio verniciato a poro
aperto. Sedile e schienale rivestito
in legno Alpi. Sedile in palissandro,
ebano o noce. Fuori produzione.
Open-pore painted-beechwood legs.
Alpi-wood coated seat and back.
Rosewood, ebony or walnut seat.
Out of production.

10. Piroetta__1994
Design__Tanzi Design
Azienda/Company__MatteoGrassi
Cm__57/60x55x79h
Struttura in acciaio. Sedile e
schienale stampati in poliuretano
rigido imbottiti in poliuretano
espanso. Rivestimento in cuoio.
Steel frame. Stiff-polyurethane
moulded seat and back stuffed with
polyurethane foam. Leather
coating.

11. Greta__1989
Design__Elizabeth Kellen
Azienda/Company__
Sedie & Company
Cm__27x54x88h
Sgabello in faggio laccato.
Disponibile sedile imbottito in vari
colori. Fuori produzione.
Lacquered beechwood stool.
Available with stuffed seat in
various colours. Out of production.

12. Calibra__1992
Design__Enrico Franzolini
Azienda/Company__Calligaris
Cm__40,5x48x78h
Struttura in metallo. Seduta e
schienale in multistrati.
Metal frame. Multi-layer wood seat
and back.

13. Aries__1993
Design__Claudio Cicchetti
Azienda/Company__Nemo
Cm__46x45x77h
Sedia impilabile in pressofusione di
alluminio verniciata. Cuscino
addizionale in polietilene a cellule
chiuse termoformato rivestito in
tessuto elastico. Fuori produzione.
Painted die-cast aluminium
stacking chair. Closed-cell hot-
moulded stretch-fabric coated
polyethylene optional cushion. Out
of production.

14. 464__1988
Design__Enzo Berti
Azienda/Company__Montina
Cm__41x45x80h
Struttura in faggio. Sedile e
schienale in multistrato o sedile
rivestito in stoffa o pelle.
Beechwood frame. Multi-layer
wood seat and back or fabric or
leather-coated seat.

15. Golia__1993

___Maurizio Peregalli
la/Company___Zeus/Noto
ø38/41x45/80h
ura in tubo di acciaio
ato verniciato o in ontano
nogano. Seduta in ontano
nogano o imbottita con
mento in pelle o Alcantara.
d tapered steel-tube or
any-painted alder frame.
any-painted alder or stuffed
ith leather or Alcantara
g.

hizzo___1995
___Jean Marie Massaud
la/Company___Magis
42x54x76h
ura tubolare di acciaio e
fusione di alluminio. Sedile e
ale in poliuretano rivestito in
. Doppia posizione per
gio dorsale o tibiale.
ube and die-cast aluminium
Fabric-coated polyurethane
d back. Two positions for
or tibial support.

K Light___1994
___Maurizio Peregalli
la/Company___Zeus/Noto
45x55x81h
ura in tubo di acciaio
ato. Schienale in betulla
le, tinto mogano o laccato.
a in betulla naturale o
etano nero. Impilabile.
d steel-tube frame. Natural,
any-painted or lacquered
wood back. Natural birch-
or black-polyurethane seat.
ng.

allerina___1989
___Luciano Bertoncini
la/Company___Bernini
54x44x80h
ncina in noce o verniciata
on braccioli. Sedile in pelle o

t or black-painted armchair
rmrests. Leather or Lorica

elodia___1991
___Piero Lissoni
la/Company___MatteoGrassi
47/57x52/55x83/101h
in legno massello di faggio
imbottita in poliuretano
o. Rivestimento in pelle.
con braccioli in acciaio inox
re.
ve painted-beechwood chair,
d with polyurethane foam.
r coating. Also available
tainless-steel tube armrests.

arlotta___1993
___Antonio Citterio
la/Company___Halifax
42x52x83h
ura in massello e sedile
to in compensato curvato o
tito. Finiture: noce, ciliegio,
noce nazionale e nero opaco.
ve-wood frame and curved-
od coated or stuffed seat.

Finishes: walnut, cherry-wood,
maple, national walnut and mat
black.

21. Bloody Mary___1991
Design___Rodolfo Dordoni
Azienda/Company___Cidue
Cm___48x49x88h
Struttura metallica verniciata
nero o nichel goffrato. Seduta e
schienale rivestiti in cuoio,
Alcantara, microfibra o tessuto.
Black-painted or embossed-nickel
metal frame. Leather, Alcantara,
micro-fibre or fabric-coated seat
and back.

22. Anonimus___1995
Design___Ron Arad
Azienda/Company___Zeus/Noto
Cm___49x53x82h
Struttura in piatto di acciaio
verniciato. Seduta e schienale in
multistrato curvato di betulla tinto
mogano, acero naturale o laccato
nero.
Painted steel-plate frame. Curved
mahogany-painted, natural maple-
painted or black-lacquered multi-
layer wood seat and back.

23. Egizia 565___1989
Design___Franco Poli
Azienda/Company___Montina
Cm___49x52x81h
Struttura in faggio. Sedile rivestito
in stoffa o pelle.
Beechwood frame. Fabric or
leather-coated seat.

24. Alchemilla___1985
Design___Miki Astori
Azienda/Company___Driade/Aleph
Cm___46x84x80h
Struttura in tubolare di acciaio
verniciata grigio alluminio.
Rivestimento in midollino naturale.
Impilabile.
Aluminium-grey painted steel-tube
frame. Natural reed-pith coating.
Stacking.

25. Patty Diffusa___1993
Design___William Sawaya
Azienda/Company___
Sawaya & Moroni
Cm___70x60x82h
Struttura in massello e multistrato
di mogano. Gambe anteriori e
braccioli curvati in un solo pezzo.
Seduta in cuoio di selleria.
Massive and multi-layer mahogany
frame. One-piece curved front legs
and armrests. Saddler's leather
seat.

15. 16.

17. 18.

19.  20.

21. 22.

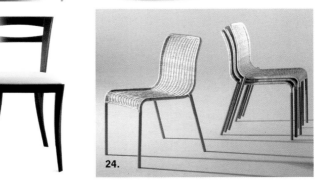

23. 24.  25.

1. Duplex ___1993
Design___Denis Santachiara
Azienda/Company___Zerodisegno
Cm___47x39/42x45/83h
Scocca in alluminio anodizzato.
Gambe in acciaio verniciato a
polveri termoindurenti. Imbottitura
sedile rivestita in velluto rosso o
tela ecrù.
Anodized-aluminium body. Thermo-
setting powder painted-steel legs.
Red-velvet or ecru-fabric coated
seat stuffing.

2. Elephant ___1994
Design___Robert Wettstein
Azienda/Company___Zeus/Noto
Cm___ø42x80h
Struttura in tubo di acciaio zincato
o verniciato. Seduta imbottita
rivestita in pelle nera e
polipropilene grigio o rosso.
Zinc-coated or painted steel-tube
frame. Stuffed black-leather and
grey or red polypropylene-coated
seat.

3. Attiva ___1995
Design___Yaacov Kaufman
Azienda/Company___Seccose
Cm___49x50x84h
Sedia flessibile. Barre di acciaio
armonico a elevata resistenza in
snodo con la seduta consentono
diverse posizioni. Seduta in
multistrato o imbottita.
Flexible chair. High-resistance
string-steel bars hinged to the seat,
thus allowing different positions.
Multi-layer wood or stuffed seat.

4. Poltrona del Leone ___1993
Design___Riccardo Dalisi
Azienda/Company___Promemoria
Cm___68x68x84h
Struttura in metallo. Rivestimento
in velluto o pelle.
Metal frame. Velvet or leather
coating.

5. Pof ___1994
Design___Paolo Golinelli
Azienda/Company___Steel
Cm___40x45x77h
Struttura in acciaio grigio
metallizzato o laccata. Sedile in
faggio naturale o tinto. Pieghevole.
Metal-grey or lacquered-steel
frame. Natural or painted-
beechwood seat. Folding.

6. Tempra ___1992
Design___Fabrizio Barbero
Maurizio Navone
Azienda/Company___Zeritalia
Cm___46/50x50x71/81h
Struttura in cristallo curvato e
sagomato. Seduta in faggio
naturale o tinto noce. Impilabile.
Curved and shaped crystal frame.
Natural or walnut-painted
beechwood seat. Stacking.

7. Malì ___1993
Design___Carlo Bartoli
Azienda/Company___Ycami
Cm___61x52x76h
Struttura in alluminio. Seduta,
schienale e bracciolo in poliuretano

integrale.
Aluminium frame. Integral-
polyurethane seat, back and
armrest.

8. Canopus ___1988
Design___Massimo Morozzi
Azienda/Company___
Sedie & Company
Cm___42x42x75h
Sedia in faggio laccato lucido in
vari colori. Fuori produzione.
Polished lacquered-beechwood
chair in various colours. Out of
production.

9. Crabb ___1994
Design___Maurizio Peregalli
Azienda/Company___Zeus/Noto
Cm___ø40/46x45/81h
Struttura in tubo di acciaio
conificato verniciato. Seduta in
legno di ontano naturale, tinto
mogano o imbottita. Rivestimen
in pelle nera o Alcantara.
Painted tapered steel-tube fram
Natural, mahogany-painted ald
or stuffed seat. Black-leather o
Alcantara coating.

10. Thea ___1989
Design___Ilio Di Lupo
Azienda/Company___Unitalia
Cm___65x127x80h
Struttura in massiccio di cilieg
naturale o tinto noce. Schienale
curvo in doghe incollate. Sedut
massiccio, imbottitura in Alcan
o pelle.
Massive natural or walnut-pain
cherry-wood frame. Glued-stav
curved back. Massive-wood sea
Alcantara or leather stuffing.

11. Mixer ___1985
Design___Antonio Citterio
Azienda/Company___Flexform
Cm___54x56x74h
Struttura in metallo con insert
poliuretano integrale. Sedile
imbottito. Gambe in metallo.
Rivestimento corto o lungo in
tessuto.
Metal frame with integral-
polyurethane inserts. Stuffed s
Metal legs. Short or long fabri
coating.

12. Hydra ___1988
Design___Giovanni Lauda
Azienda/Company___
Sedie & Company
Cm___45x42x84h
Sedile e schienale in rovere. G
in faggio e metallo cromato
azzurro metallizzato. Fuori
produzione.
Oak seat and back. Beechwood
metal-blue chromium-plated m
Out of production.

13. Rita ___1991
Design___Mario Mazzer
Azienda/Company___Zanotta
Cm___40x54x93h
Struttura in lega di alluminio
naturale o verniciato nero. Se
schienale imbottiti in pelle o
Alcantara.

ural or black-painted
minium-alloy frame. Leather or
antara stuffed seat and back.
Baobab__1995
gn__Vico Magistretti
enda/Company__Campeggi
__71x186x81h (aperta)
ise longue pieghevole con
ttura in legno di faggio.
porto portante in lino naturale.
ing chaise-longue with
hwood frame. Natural-linen
-bearing cloth.
Delfina__1986
gn__Giuseppe Raimondi
nda/Company__Bontempi
__43x42x84h
ura in acciaio armonico in varie
ure. Schienale cromato, seduta
liuretano integrale nero, legno
ari colori, cuoio, tessuto,
ofibra.
ng-steel chair with various
hes. Chromium-plated back,
of black integral-polyurethane,
d in various colours, leather,
ic, micro-fibre.
Primo__1993
gn__Menguzzati
s/Nascimben
nda/Company__
mania by Frezza
__38x37x88h
ello con struttura in metallo
o cromato. Seduta in faggio

l with black or chromium-
d metal frame. Painted-
hwood seat.
Pali__1990
gn__Ugo La Pietra
nda/Company__Unitalia
__51x47x100h
a capotavola in massello di
io con braccioli. Schienale
mato, seduta imbottita.
sive cherry-wood chair with
ests. Shaped back, stuffed

Nido__1993
gn__Enrico Tonucci
nda/Company__Triangolo
__92x66x66h
ttura in metallo. Sedile
rtabile in midollino naturale
cciato a mano con cuscino in
nero o trattato al vegetale.
l frame. Removable hand-

twisted natural reed-pith seat with
black-leather or vegetal-treated
cushion.
19. Sissi__1989
Design__Eric Gottein
Gianfranco Coltella
Azienda/Company__
Ravarini Castoldi & c.
Cm__39x41x85h
Struttura in tubo di acciaio a
sezione quadra. Seduta e schienale
in lamiera di acciaio sagomata.
Square-section steel-tube frame.
Shaped steel-plate seat and back.
20. Velox__1987
Design__Massimo Iosa Ghini
Azienda/Company__Moroso
Cm__44x58x82h
Sedia realizzata in metallo, cuoio e
legno.
Metal, leather and wood chair.
21. Woogie Chair__1989
Design__Joey Mancini
Azienda/Company__
Pierantonio Bonacina
Cm__62x74x80h
Struttura in metallo cromato.
Seduta e schienale in midollino
intrecciato a mano.
Chromium-plated metal frame.
Hand-twisted reed-pith seat and
back.
22. Pervinca__1991
Design__Aldo Cibic
Azienda/Company__Antologia
by Boffi
Cm__164x45x52h
Cassapanca in legno massiccio
laccato patinato nero o bianco.
Con cassetto.
Black or white enamelled solid
wood chest with drawer.
23. Noce__1995
Design__Enrico Tonucci
Azienda/Company__Triangolo
Cm__40x40x88h
Struttura in tubo di alluminio.
Seduta impagliata in cordoncino di
carta, midollino, suede o
multistrato di legno, naturale o
tinto.
Aluminium-tube frame. Paper
string, reed-pith, suede or natural
or painted multi-layer wood straw
seat.
24. Ivy__1994
Design__Rodney Kinsmann
Azienda/Company__Bieffeplast

Cm__ø40x82h
Struttura in legno multistrato di
faggio o laccato nero con anello
poggiapiedi in tubo cromato.
Cuscinetto pouf imbottito e
rivestito in pelle o skai .
Ash or black-lacquered multi-layer
wood frame with chromium-plated
tube foot-resting ring. Stuffed
leather or skai-coated pouf cushion.

13.

14.

15. 16.

 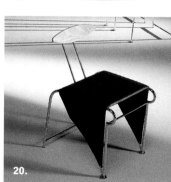

17. 18.

19. 20.

22. 23. 24.

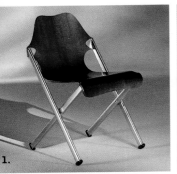

1.

2.

3.

4.

5.

6.

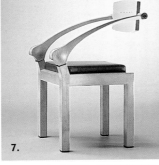

7.

1. Doble X__1994
Design__Oscar Tusquets
Azienda/Company__Moroso
Cm__52/57x44x81h
Scocca e braccioli in compensato
di faggio curvato. Base in profilato
di acciaio nichelato. Con o senza
braccioli. Impilabile e accostabile.
Curved beech-plywood body and
armrests. Nickel-coated steel
profile base. With or without
armrests. Stacking and modular.

2. Nathalie__1987
Design__Nathalie Du Pasquier
Azienda/Company__Memphis
Cm__58x64x85h
Poltroncina in legno e metallo.
Wood and metal armchair.

3. Minima__1993
Design__Menguzzati
Villis/Nascimben
Azienda/Company__
Casamania by Frezza
Cm__48x42x92h
Struttura in metallo nero o
cromato. Seduta in faggio o pelle.
Pieghevole.
Black or chromium-plated metal
frame. Beechwood or leather seat.
Folding.

4. Mamounia__1985
Design__George Sowden
Azienda/Company__Memphis
Cm__75x80x120h
Laminato plastico e velluto.
Disegno del tessuto di Nathalie Du
Pasquier.
Laminated plastic and velvet. Cloth
designed by Nathalie Du Pasquier.

5. Natura__1990
Design__Edi Ciani
Azienda/Company__Calligaris
Cm__38x50x83h
Struttura in faggio, seduta in
massello. Diverse varianti di colore.
Pieghevole.
Beechwood frame, massive-wood
seat. Various colour versions.
Folding.

6. Two__1995
Design__Toshiyuki Kita
Azienda/Company__Accademia
Cm__45x44x78h
Struttura in faggio tinto all'anilina
o laccato. Seduta imbottita.
Aniline-painted or lacquered
beechwood frame. Stuffed seat.

7. Spring__1992

Design__Massimo Scolari
Azienda/Company__Giorgetti
Cm__65x59x87,5h
Struttura in faggio massiccio
lucidato. Schienale molleggiato con
inserti in ebano. Sedile imbottito.
Polished massive-beechwood frame.
Sprung back with ebony inserts.
Stuffed seat.

8. Karina__1985
Design__Alessandro Mendini
Azienda/Company__Baleri Italia
Cm__151x47x76h
Struttura in tubo di acciaio
verniciato. Piano di seduta in
lamiera forata verniciata. Cuscino
con rivestimento in panno nero.
Painted steel-tube frame. Pierced
painted plate seat. Black-cloth
coated cushion.

9. Isola__1995
Design__Roberto Lucci
Paolo Orlandini
Azienda/Company__Calligaris
Cm__43x51x86h
Struttura in faggio. Seduta in
multistrati, cuoio o imbottita.
Pieghevole.
Beechwood frame. Multi-layer
wood, leather or stuffed seat.
Folding

10. Filina__1994
Design__Emme Studio
Azienda/Company__Mazzei
Cm__44x42x84h
Struttura in metallo. Seduta e
schienale in multistrato laccato.
Disponibili 64 colori.
Metal frame. Lacquered multi-
layer wood seat and back.
Available in 64 colours.

11-12. Animali domestici__1985
Design__Andrea Branzi
Azienda/Company__Zabro
Varie misure/Various dimensions
Sedia e panca con basamento in
legno verniciato, spalliera in rami
di betulla.
Chair and bench with painted-wood
base, birch-branch back-rest.

13. Colonica__1992
Design__Bortolani/Becchelli
Azienda/Company__LaPalma
Cm__40x50x82h
Struttura in massello di faggio
naturale, ciliegio americano, faggio
tinto noce o laccato.
Natural massive beechwood,

American cherry-wood, walnut-
painted or lacquered beechwood
frame.

14. Undula__1989
Design__Pierluigi Cerri/Gregott
Associati
Azienda/Company__Zanotta
Cm__173x42x69h
Struttura in acciaio verniciato
nero. Schienale in ciliegio, sedil
imbottito in poliuretano.
Rivestimento in pelle.
Structure in black painted steel
Back in cherry wood, PU padde
seat. Leather covering.

15. Sole__1990
Design__Piero Fornasetti
Azienda/Company__
Fornasetti Immaginazione
Cm__40x50x90h
Sedia in legno laccato e dipinta
mano. Archivio storico Piero
Fornasetti (primi anni '50).
Edizione limitata.
Lacquered-wood hand-painted
chair. Historical archive of Pier
Fornasetti (early 1950's). Limit
edition.

16. Boom Rang__1992
Design__Philippe Starck
Azienda/Company__Driade/Ale
Cm__61x49x79h
Struttura in poliuretano rigido
inserti in acciaio.
Stiff polyurethane frame with s
inserts.

17. Pluto__1995
Design__Simone Micheli
Azienda/Company__
Fasem International
Cm__50x50x92h
Struttura in ferro nichelato.
Seduta e spalliera in alluminio
graffiato e anodizzato. Impilab
Nickel-coated iron frame.
Scratched and anodized alumin
seat and back. Stacking.

18. Gili__1994
Design__Anne Monique Bonad
Azienda/Company__Schopenha
Cm__91X52X96h
Struttura in metallo. Seduta e
schienale in faggio naturale o
naturale evaporato. Anche in
versione lamiera forata, cromo
satinata o verniciata.
Metal frame. Natural or
artificially-seasoned natural

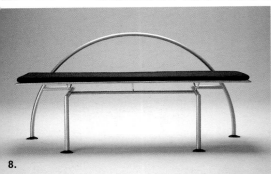

8.

9.

10.

12.

13.

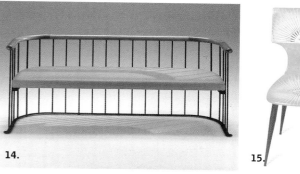

14.

15.

beechwood seat and back. Also available in the pierced-plate, glazed-chromium or painted version.

19. Tondina___1995
Design___Maurizio Favetta
Azienda/Company___King Size
Cm___44x48x88h
Struttura in multistrato curvato di betulla naturale o tinto faggio. Schienale basculante. Gambe in fusione di alluminio.
Natural or beechwood-painted curved multi-layer birch-wood. Balanced back. Cast-aluminium legs.

20. Bonjour___1993
Design___Studio tecnico Bros's
Azienda/Company___Bros's
Cm___43x50x80h
Struttura in faggio tinto o laccato. Sedile in legno.
Painted or lacquered beechwood frame. Wooden seat.

21. Quattrogambe___1994
Design___Jasper Morrison
Azienda/Company___Montina
Cm___39x47x80h
Struttura in faggio naturale o in diversi colori. Sedile in multistrato di faggio o rivestito in stoffa .
Natural or coloured beechwood frame. Multi-layer beechwood or fabric-coated seat.

22. Olly Tango___1994
Design___Philippe Starck
Azienda/Company___Driade/Aleph
Cm___42x58x90h
Struttura in metallo cromato. Scocca in compensato curvato finitura noce chiaro o ebanizzato o laccato. Impilabile.
Chromium-plated metal frame. Light-walnut, ebony or lacquered curved-plywood body. Stacking.

23. SA10___1992
Design___Aldo Cibic
Azienda/Company___Standard
Cm___42x48x81h
Struttura in frassino a poro aperto. Seduta e schienale imbottiti.
Open-pore ash frame. Stuffed seat and back.

24. Wooden Magis Chair '90___1986/93
Design___Marc Berthier
Azienda/Company___Magis
Cm___ø69x97h

Struttura in tubolare d'acciaio. Sedile e schienale in multistrati di faggio. Su ruote, regolabile in altezza.
Steel-tube frame. Multi-layer beechwood seat and back. On wheels, adjustable height.

25. Sol___1990
Design___Felipe Alarcao
Azienda/Company___Steel
Cm___45x60x89h
Struttura in tubo di acciaio sabbiato. Maniglia in tondino di acciaio rivestito in gomma espansa. Scocca stampata in lamiera di alluminio anodizzato naturale o oro. Impilabile.
Sand-blasted steel-tube frame. Rubber-foam coated steel-rod knob. Natural or golden anodized aluminium-plate moulded body. Stacking.

26. Andrea___1987
Design___Andrea Branzi
Azienda/Company___Memphis
Cm___150x80x90h
Chaise longue in laminato plastico, metallo e vetroresina. Cuscino in orsetto.
Laminated plastic, metal and fiberglass-reinforced resin chaise-longue. Plush cushion.

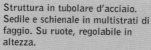

17.

18.

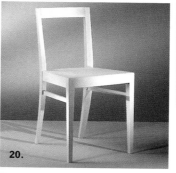

20.

21.

23.

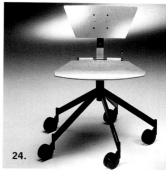

24.

26.

95

I parametri attorno ai quali ruota la storia del tavolo sono sostanzialmente due: la solidità e la leggerezza. La solidità appartiene alla tradizione, la leggerezza alla modernità.

La forma archetipa del tavolo è in legno con il piano spesso e quattro robuste gambe ai lati. Non mancano comunque esempi antichi in marmo. Illustri quelli del tempo dei Medici con il piano intarsiato in pietre dure, conservati all'Opificio delle pietre dure di Firenze e poi ripresi in epoca contemporanea dai decoratori, mediante la tecnica della scagliola dipinta. Negli ultimi dieci anni le due grandi tendenze che influenzano particolarmente il disegno del tavolo sono il Postmoderno e il neominimalismo.

Il Postmoderno reintroduce la solidità e privilegia, come materiale, il legno e le quattro gambe tornite. È da considerarsi quasi un documento teorico il tavolo "Rilievo" di Up&Up, disegnato da Aldo Rossi nel 1988, che replica in granito le forme di quello tradizionale di legno per sottolineare l'esigenza di ritrovare il senso della storia e la verità dei materiali. A proposito di "Rilievo" Aldo Rossi scrive nella sua "Autobiografia scientifica" (Pratiche editrice, Parma, 1990): "il grande tavolo di granito, la mia ultima costruzione, è ancora il bel pezzo di pietra che il mio amico ha tolto dalla cava." Su questa linea nascono numerosi tavoli che oscillano tra l'enfatizzazione, come quelli di Aldo Cibic per Fratelli Boffi, e la semplificazione della tipologia tradizionale.

Radicale l'operazione di Philippe Starck che propone per Kartell il tradizione tavolino tondo con gamba centrale tornita, "Miss Balù", stampato però in plastica e in una inedita gamma di colori pastello.

Lo studio Sottsass reintroduce il piano decorato, sostituendo la complicata tecnica dell'intarsio con i laminati serigrafati con decori esclusivi di Abet Print nella serie "Filicudi" del 1994 per Zanotta.

I tavoli della "nuova normalità", una tendenza che rappresenta la decorosa via di mezzo tra tradizione e modernità, hanno come punto di riferimento il tavolo degli Shaker, non a caso rimesso in produzione da De Padova, e i tavoli industriali americani con ruote, adottati da Antonio Citterio che li replica per T70 e Halifax in tutte le dimensioni e le varianti.

Anticipatori del neominimalismo i tavoli di Enzo Mari per Driade "Frate" e "Cugino" del 1974 con piano in vetro e sottili gambe in profilato di metallo; quelli in metallo nero di Zeus che introducono con il loro aspetto severo uno stile quasi punk e il sistema di varie forme e dimensioni con un filiforme supporto in metallo di Paolo Rizzatto per Alias.

Cappellini con Jasper Morrison consacra il gusto neominimale, proponendo tavoli in legno chiaro, sottili e essenziali che diventano rapidamente uno standard. Il traguardo della leggerezza lo raggiunge Jean Nouvel con il suo tavolo in metallo per Molteni, sottile come un foglio di carta, un vero miracolo della statica.

Il capitolo dei tavoli in metallo è ricco di tutte le possibili variazioni sul tema del tavolino tondo da bar, che hanno il loro capostipite nel "Cumano" di Achille Castiglioni per Zanotta.

Quello dei tavoli in vetro annovera esempi di vero e proprio virtuosismo industriale con gli aerei pezzi in lastra curvata della Fiam e con gli esempi artistici di Danny Lane, sempre per Fiam, che gioca sul fascino leggermente perverso del frammento di vetro rudemente tagliato. Mentre Glas con i tavoli di Alessandro Mendini e Nanda Vigo introduce l'accoppiata vetro-legno.

Lo spettro dei tavoli in marmo, tema su cui si esercitano molti dei grandi dell'architettura e del design, è nutrito di esempi, per lo più aulici, quasi che il nobile materiale inviti a trasformare il tavolo da suppellettile in monumento.

E infine c'è anche una tendenza di nicchia, il naturalismo, che ha come esempi significativi il tavolo "Agave" di Sergio Cappelli e Patrizia Ranzo del 1986 che contempla l'inserimento di un agave al centro e la serie di tavolini bassi "Artifici" di Cassina nei quali Paolo Deganello abbina volutamente tre materiali naturali: il vetro per il piano che lascia trasparire un decoro di foglie e fiori, dei legnetti grezzi per il sostegno e un conglomerato di sabbia per la base.

The history of the table revolves, essentially, around two parameters: solidity and lightness. Solidity belongs to tradition, lightness to modernity.

The archetypical table is in wood, with a thick top and four robust legs at the corners. But there are also antique tables in marble, such as those of the time of the Medici, with tops inlaid with semi-precious stones, conserved at the Opificio delle pietre dure in Florence and revisited by contemporary decorators, using the technique of painted scagliola. During the last decade the two major trends that have influenced table design are Postmodernism and Neominimalism.

The Postmodern returns to solidity and favors the use of wood, with four turned legs. The "Rilievo" table by Aldo Rossi for Up&Up, in 1988, is practically a theoretical statement, reproducing, in granite, the traditional forms of the wooden table, in order to emphasise the need to rediscovery the sense of history and the truth of materials. In his "Autobiografia scientifica" (Pratiche editrice, Parma, 1990) Aldo Rossi writes about the table: "the large granite table, my latest construction, is still that beautiful piece of stone that my friend dug out of the quarry". Along these lines many tables have appeared, ranging from emphatic versions, like those of Aldo Cibic for Fratelli Boffi, to simplifications of the traditional typology.

One radical operation is that of Philippe Starck, who proposes the traditional small round table with one central leg, but moulded in plastic, with an unusual range of pastel colors: the "Miss Balù" table, by Kartell.

Studio Sottsass brings back the decorated top, replacing the complicated technique of inlaying with silkscreened laminates, in exclusive designs by Abet Print, in the "Filicudi" series of 1994 for Zanotta. The tables of the "new normality", a trend based on a decorous compromise between tradition and modernity, find their point of reference in Shaker tables, such as those reproduced by De Padova, and the American industrial tables on wheels utilized by Antonio Citterio in his "T70" and "Halifax" models, in all sizes and variations.

The "Frate" and "Cugino" tables by Enzo Mari for Driade, in 1974, were precursors of Neominimalism, with their glass tops and slender metal legs; like the black metal tables by Zeus, which introduce an almost punk sensibility with their severe look, and the system of different forms and dimensions created with a wiry metal base by Paolo Rizzatto for Alias.

Cappellini, with Jasper Morrison, consacrates neominimal taste, proposing tables in light wood, slender, essential pieces that have rapidly set a standard. The goal of lightness is achieved by Jean Nouvel with his metal table for Molteni, as slender as a sheet of paper, a true miracle of poise.

The field of tables in metal is full of possible variations on the theme of the round bar table; the best example is the "Cumano" table by Achille Castiglioni for Zanotta.

The glass table appears in models produced with true industrial virtuosity, like the dynamic curved panes of Fiam, or the artistic creations of Danny Lane, again for Fiam, that make use of the rather perverse charm of rough-cut fragments of glass. The company Glas, with its tables by Alessandro Mendini and Nanda Vigo, introduces the combination of glass and wood.

The spectrum of marble tables, a theme confronted by many of the greats of architecture and design, features a wide variety of examples, most of them courtly in character; perhaps this noble material inevitably becomes a temptation to transform furnishings into monuments.

Finally, there is also a trend that has found a market niche, that of naturalism. The most significant examples are the "Agave" table by Sergio Cappelli and Patrizia Ranzo, 1986, which features the insertion of an agave plant at the center, and the "Artifici" series of low tables produced by Cassina, in which Paolo Deganello combines three natural materials: glass for the top, revealing a decoration of leaves and flowers, raw wood for the structure, and a sand mixture for the base.

Tavolo rotondo o rettangolare con piano in cristallo 12 mm. Base a tre piedi in faggio naturale o tinto all'anilina. Regolabile in altezza.

Rectangular or round table with 12 mm crystal top. Three-legged base in natural beech or coloured with aniline dye. Adjustable top height.

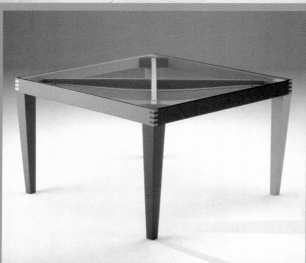

Tavolo in massello di legno lavorato a mano. Piano in legno, cristallo o marmo. Assemblato senza collanti è completamente smontabile.

In hand-worked solid wood. Top in wood, plate glass, or marble. Assembled without adhesives and can be completely dismantled.

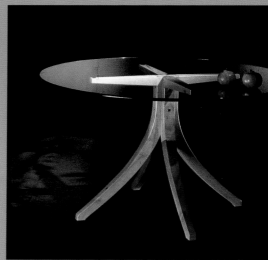

Struttura in massello di noce e traversi in wengé. Piano in cristallo 15 mm, rettangolare o tondo.

Structure in solid walnut and crosspieces in wengé. Rectangular or round top in 15 mm-thick plate glass.

4. Miss Balù__1990
Design__Philippe Starck
Azienda/Company__Kartell
Cm__ø 64/90x73h

Piano e base in composto termoindurente colorato in massa. Gamba in polipropilene o tecnopolimero rinforzato in fibra di vetro.

Top and base in bulk-dyed thermosetting plastic. Leg in polypropylene or technopolymer reinforced with fiberglass.

5. Velasca__1987
Design__Alessandro Mendini
Azienda/Company__Elam
Cm__ø 125x7h

. Base in lamiera tornita e verniciata alphatone. Colonna in tubo metallico verniciato. Piano in medium density impiallacciato ciliegio americano, laccato, marmo o cristallo 15 mm.

Base in turned sheet metal and alphatone paint. Column in painted metal tubing. Top in MDF with American cherry veneer or lacquer finish, marble, or 15 mm-thick plate glass.

6. Aspic__1992
Design__Ettore Sottsass
Azienda/Company__
Schopenhauer
Cm__220x90x73h

Serie di tavoli e tavolini con piano in cristallo 15 mm. Gambe costituite da cilindri in vetro pirex trasparente o colorato o in alluminio anodizzato.

Set of tables in different dimensions with 15 mm thick glass top. The legs are cylinders made of transparent or coloured pyrex, or anodized aluminium.

7. Dongiovanni__1992
Design__Enzo Mari
Azienda/Company__Zanotta
Cm__90/130x180/200x74h

Struttura in ciliegio, giunti in lega di alluminio. Piano impiallacciato di ciliegio con o senza intarsio centrale in érable, cristallo o pietra beola.

Structure in cherry, joints in aluminum alloy. Top veneered with cherry with or without central inlay of maple, plate glass, or pietra beola.

99

1. Meseta__1989
Design__E. Souto De Moura
Azienda/Company__Acierno
Cm__110x110x72h

Struttura metallica inclusa in masselli e compensati di ciliegio. Anche in versione rettangolare.
Metal structure clad in solid cherry and plywood. Also in rectangular version.

2. Sagittario__1976/96
Design__Gae Aulenti
Azienda/Company__Elam
Cm__ø 125x72h

Struttura in tubo metallico verniciato. Piano in medium density impiallacciato ciliegio americano, laccato antracite metallizzato, cristallo verniciato 15 mm.
Structure in painted metal tubing. Top in MDF veneered with American cherry or metallic anthracite gray lacquer, or in painted 15 mm-thick plate glass.

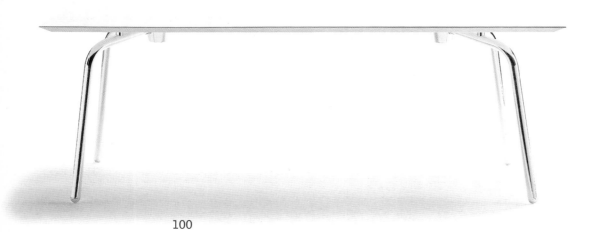

3. Sine table__1992
Design__Marc Newson
Azienda/Company__Cappellini
Varie misure/Various dimensions

Base in metallo cromato. Piano in faggio sbiancato, tinto noce o laminato plastico in vari colori. Piano quadrato, rettangolare, rotondo.
Size Various Base in chrome-plated metal. Top in bleached or walnut-stained beech or in plastic laminate in various colors. Square, rectangular, or round top.

4. Tippy Jackson___1985
Design___Philippe Starck
Azienda/Company___Driade/Aleph
Cm___ø 120x71h

Struttura richiudibile in acciaio curvato. Piano in lamiera di acciaio tornita. Finitura in vernice grigio antracite.

Foldable structure in bent steel. Top in turned sheet steel. Finished with anthracite gray paint.

5. TBL inox___1994
Design___Jean Nouvel
Azienda/Company___
Sawaya & Moroni
Cm___80/120/160x80x40/76h

Piano in acciaio satinato con decoro specchiato. Gambe ripiegabili nello spessore del piano. I tavoli sono agganciabili tra loro.

Top in glazed steel with mirrored decoration. Legs which can be folded and housed into the top. The tables can be clasped to each other.

6. X___1990
Design___Alberto Meda
Azienda/Company___Alias
Cm___210x90x72h

Gambe in alluminio anodizzato naturale. Piano in multistrato impiallacciato acero. In versione rettangolare o rotondo.

Legs in natural anodized aluminum. Plywood top with maple veneer, rectangular or round.

101

1. Astrolabio__1988
Design__Oscar Tusquets
Azienda/Company__Driade/Aleph
Cm__54/90x72h

Base e colonna in alluminio
finitura bronzo. Piano in cristallo
sabbiato con decoro trasparente,
supporto in ottone.
Base and column in aluminum
with a bronze finish. Top in
sandblasted crystal with transparent
decoration, support in brass.

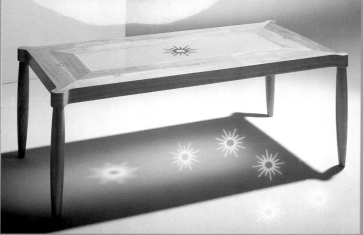

2. Dopo l'Impero__1989
Design__Alessandro Mendini
Azienda/Company__Glas
Cm__190x99x72h

Struttura in ciliegio o noce
intarsiata con madreperla. Cristallo
satinato con decorazione incisa.
Structure in cherry or walnut
inlaid with mother of pearl. Glazed
plate glass with engraved
decoration.

3. Urqalya__1986
Design__Luciano Bartolini
Azienda/Company__Mirabili
Cm__ø 130x73h

Piano in marmo rosso
Collemandina. Intarsio policromo.
Top in red Collemandina
marble. Polychrome inlaid work.

102

4. Europa___1989
Design___Nigel Coates
Azienda/Company___Bigelli
Cm___200x140x75h -140x90x45h

Struttura portante in metallo verniciato. Piani in marmi diversi o pietra con o senza intarsio centrale.
Supporting structure in painted metal. Top and shelves in different types of marble or stone with or without central inlay.

5. Sole splendente___1990
Design___Piero Fornasetti
Azienda/Company___Fornasetti I.
Cm___ø 60x50h

Piano tavolo in legno laccato dipinto a mano. Archivio storico di Piero Fornasetti, anni '50. Edizione limitata.
Type Tables Description Top in lacquered and hand-painted wood. Historical archives of Pietro Fornasetti, 1950s. Reproduction in limited production run.

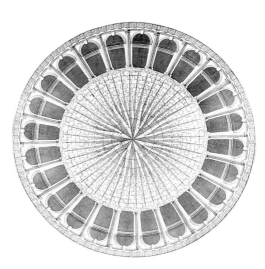

6. Architettura___1990
Design___Piero Fornasetti
Azienda/Company___Fornasetti I.
Cm___ø 100x58h

Piano tavolo in legno laccato bianco/nero. Archivio storico di Piero Fornasetti, anni '50. Edizione limitata.
Type Tables Description Wood with black/white lacquer finish. Historical archives of Pietro Fornasetti, 1950s. Reproduction in limited production run.

103

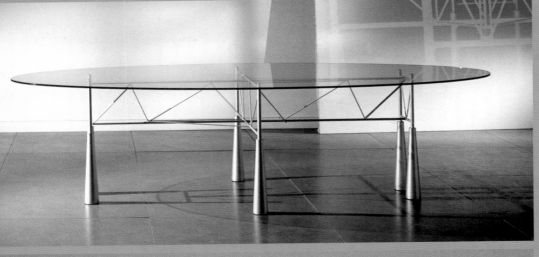

1. Lybra__1992
Design__Elliott Littmann
Azienda/Company__Driade
Cm__270x120x72h

Struttura in acciaio verniciato grigio argento, gambe cromate. Piano in cristallo.

Structure in steel painted silver gray, chrome-plated legs. Plate-glass top.

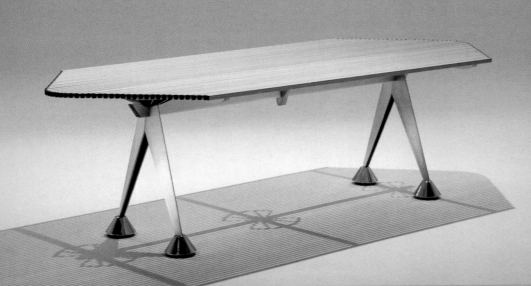

2. Idea__1989
Design__Riccardo Dalisi
Azienda/Company__Baleri Italia
Cm__254/245x59/104x71h

Tavolo/consolle. Piano ampliabile formato da tubi a sezione rettangolare in alluminio anodizzato. Base in fusione di alluminio satinato o verniciato.

Table/console. Extensible top made of anodized aluminum tubes with a rectangular section. Base in glazed or painted cast aluminum.

3. Steel__1985
Design__James D'Auria
Azienda/Company__GFR/Nomade
Cm__200x85x72h

Tavolo in acciaio inossidabile, lucidato a specchio, decorato a mano. Gambe smontabili. In quattro dimensioni.

In cold-rolled stainless steel, polished to a mirror surface, and hand-decorated. Removable legs. In four sizes.

4. Tesi___1986
Design___Mario Botta
Azienda/Company___Alias
Cm___180/240/300x86x74h

Struttura in acciaio e lamiera stirata e verniciata argento o nera. Piano in cristallo.

Structure in steel and expanded metal painted silver or black. Plate-glass top.

5. Datong___1988
Design___Michele Barro
Azienda/Company___Cappellini
Cm___ø 140x73h

Gambe in rete metallica cromata. Piano in legno rotondo, quadrato, rettangolare. Finiture in frassino tinto in vari colori, tinto noce o ciliegio naturale.

Legs in chrome-plated wire mesh. Round, square, or rectangular wooden top. Trimmings in ash stained in various colors, walnut tint, or natural cherry.

6. Light Table___1988
Design___Ron Arad
Azienda/Company___GFR
Ron Arad Studio
Cm___250x130x 75h

Tavolo fatto a mano in acciaio inox in quattro parti con gambe integrali unite da nastri acrilici. Piano con superficie irregolare, lucidato.

Hand-made stainless steel table made up of four sections with integral legs linked by means of acrylic straps. Polished top with uneven surface.

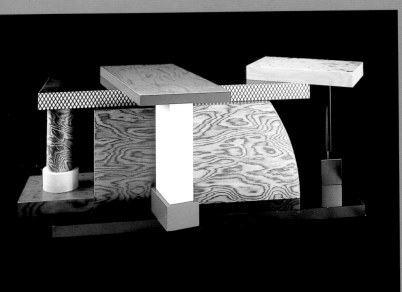

1. Tartar__1985
Design__Ettore Sottsass
Azienda/Company__Memphis
Cm__195x85x78h

Consolle in legno precomposto
e laminato plastico.
Console in preformed wood
and plastic laminate.

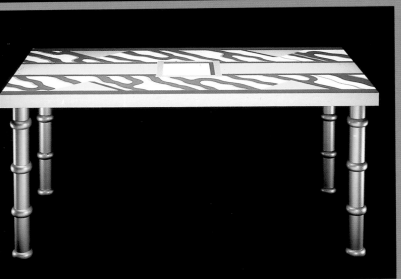

3. Sophia__1985
Design__Aldo Cibic
Azienda/Company__Memphis
Cm__120x90x75h

Scrittoio in legno
precomposto, radica e legno laccato.
Desk in preformed wood,
walnut root, and lacquered wood.

2. Madras__1986
Design__Nathalie Du Pasquier
Azienda/Company__Memphis
Cm__160x85x75h

Piano in laminato plastico
decorato.
Top in decorated plastic
laminate.

4. Dalmata__1994
Design__Franca Sangiovanni,
Marco Mencacci
Azienda/Company__Unitalia
Cm__45x45x47/32h

Serie di tavolini in noce
Tanganica naturale. La decorazione
del piano è a intarsio con fogli di
essenza precolorata in 8 varianti
cromatiche.
Set of small tables in natural
Tanganyika walnut. The top is
decorated with an inlay of sheets of
pre-colored wood in eight different
shades.

5. Tessera__1993
Design__Toni Cordero
Azienda/Company__Bigelli
Cm__50x50x13h

Tavolini di servizio in marmo decorato in basso rilievo con resine colorate.

Small serving tables in marble decorated in low relief with colored resins.

6. Artifici__1985
Design__Paolo Deganello
Azienda/Company__Cassina
Varie misure/ Various dimensions

Serie di tavoli con base di graniglia di quarzo o marmo agglomerati con resina. Supporti in ciliegio naturale. Piano costituito da due cristalli tra cui si inseriscono decori in tessuto.

Base of quartz or marble grit bound with resin. Supports of natural cherry. Top made of a sandwich of fabric decorations between two sheets of plate glass of different thickness.

1. Split__1991
Design__Ron Arad
Azienda/Company__Poltronova
Cm__172/290x90x75h

Tavolo allungabile. Struttura in acciaio inox, piano in listelli di legno massello.
Extension table. Stainless steel structure, top in solid wood strips.

2. Cleopatra__1987
Design__Marco Zanuso jr.
Azienda/Company__Memphis
Cm__ø 32x72h

Tavolino in legno e metallo.
Small table in metal and glass.

3. Sally__1987
Design__Shiro Kuramata
Azienda/Company__Memphis
Cm__ø 53x75h

Tavolino in metallo e vetro.
Small table in metal and glass.

4. Flower pot table___1989
Design___Jasper Morrison
Azienda/Company___Cappellini
Cm___ø 50x65h

Base in terracotta naturale.
Piano in cristallo fissato da un
giunto in acciaio. Disponibile anche
in versione consolle.

Base in natural terra-cotta.
Top in plate glass attached by a steel
joint. Also in console version.

5. Chigiano___1986
Design___Paolo Portoghesi
Azienda/Company___Mirabili
Cm___ø 130x72h

Base in bronzo patinato.
Piano cristallo 20 mm. Edizione
limitata, 99 esemplari.

Base in patinated bronze. Top
in 20 mm-thick plate glass.
Production run of ninety-nine pieces.

1. Modus___1994
Design___Antonio Citterio
Azienda/Company___Maxalto
Varie misure/ Various dimensions

Serie di tavoli con piano rettangolare, ovale, tondo, fissi o allungabili. Piani impiallacciati in noce o ciliegio a settori diagonali.
Set of tables with rectangular, oval, round fixed or extensible tops. Top with chestnut or cherry wood veneering in diagonal sections.

2. Firma___1989
Design___Roberto Collovà
Azienda/Company___Acierno
Cm___180x85x72h

Scrittoio in legno di pero o ciliegio con due cassetti e un tiretto.
Desk in pear or cherry with two large drawers and one small one.

3. Domi___1991
Design___Enrico Tonucci
Azienda/Company___Triangolo
Cm___160x201/243x73h

Tavolo allungabile in forma semicircolare. Struttura a castello in faggio evaporato. Piano intarsiato.
Semicircular extensible table. Gantry structure in artificially-seasoned beech. Inlaid top.

4. Mantide___1989
Design___Massimo Iosa Ghini
Azienda/Company___Design
Gallery Milano
Cm___225x85x72h

Tavolo in legno di noce.
Gambe in massello e piedini in
metallo cromato.
    Walnut table with legs of
solid wood and feet of chrome-plated
metal.

5. Serrandina___1994
Design___Pino Pedano
Azienda/Company___Pedano
Cm___220x86h

Tavolo in legno rettangolare
apribile, disponibile anche in
versione quadrata.
    Extendable rectangular
wooden table, also available in
square version.

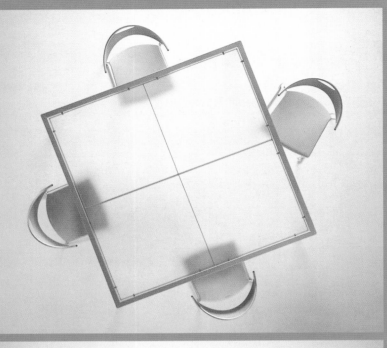

1. Camillo___1991
Design___Enrico Baleri
Azienda/Company___Baleri Italia
Varie misure/Various dimensions

Sistema di tavoli alti e bassi. Struttura in tubo di acciaio, gambe in tubo di acciaio sagomato conificato. Giunto in pressofusione di alluminio. Piano in vetro 8 mm traslucido.

Size Various Set of high and low tables. Structure in steel tubing, legs in tapered steel tubing. Joint in die-cast aluminum. Top in 8 mm-thick, toughened translucent glass.

2. Apocalypse Now___1985
Design___Carlo Forcolini
Azienda/Company___Alias
Cm___90/120x90/120x45h

Struttura in acciaio zincato. Piano in acciaio autossidante con superficie a macchie di ruggine. Lampada alogena cromata ad altezza regolabile.

Structure in galvanized steel. Top in self-oxidizing steel with surface stained with rust. Chrome-plated, adjustable halogen lamp.

3. Mutevole___1991
Design___Bruno Munari
Azienda/Company___Robots
Cm___ø 90x70h

Struttura pieghevole. Piano tondo, quadrato o rettangolare.
Folding structure. Round, square, or rectangular top.

4. Orrido canyon__1987
Design__P. Pallucco, M. Rivier
Azienda/Company__Palluccoitalia
Cm__ø 140x73,6h

Struttura smontabile in trafilato tondo e tubo di acciaio. Piedini regolabili. Verniciatura argento, ossido, nero. Piani in cristallo.
Structure that can be dismantled in drawn steel rod and tubing. Adjustable feet. Painted silver, red oxide, black. Tops in plate glass.

5. President M.__1985
Design__Philippe Starck
Azienda/Company__Baleri Italia
Cm__136x136x73h

Struttura in tubo di acciaio e fusione di alluminio verniciato. Piano in vetro 10 mm trasparente o traslucido. Disponibile anche rettangolare o rotondo con tre gambe.
Structure in steel tubing and painted cast aluminum. Top in 10 mm-thick transparent or translucent glass. Also available in rectangular or round version with three legs.

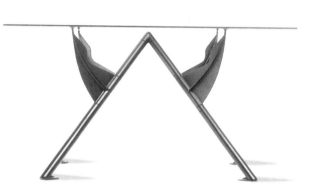

6. Milano__1985
Design__Michele De Lucchi
Azienda/Company__Elam
Cm__200x90x72h

Struttura in tubo metallico verniciato. Piano in cristallo 15 mm.
Structure in painted metal tubing. Top in 15 mm-thick plate glass.

113

1. Morpheus__1992
Design__Dan Friedman
Azienda/Company__Arredaesse
Produzioni
Varie misure/Various dimensions

　　Serie di tavolini in legno
naturale o laccato con finiture in
alluminio.
　　Size Various Set of small
tables in natural or lacquered wood
with aluminum trimmings.

3. Jo-Jo__1992
Design__Massimo Iosa Ghini
Azienda/Company__BRF
Cm__ø 60X46h

　　Tavolino in fiberglass
verniciato in gommina antigraffio di
vari colori.
　　Small table in fiberglass
painted with scratch-proof rubber in
various colors.

2. Tabù__1992
Design__D'Urbino/Lomazzi
Azienda/Company__Zerodisegno
Cm__ø 45x55/75h

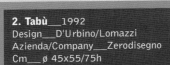

　　Tavolino in due altezze.
Struttura in alluminio e acciaio
verniciato naturale o rosso.
Smontabile.
　　Two-height table. Structure
in aluminium and natural or red
painted steel, which can be
dismantled.

4. Nido__1991
Design__Giovanni Levanti
Azienda/Company__Cassina
Cm__ø 55x61h

　　Base in poliuretano, supporti
metallici verniciati. Piano in
cristallo ancorato con cavi d'acciaio.
　　Polyurethane base, painted
metal supports. Plate-glass top
attached by steel wires.

5. Tavolo Bar__1992
Design__James Irvine
Azienda/Company__GFR/Metals
Cm__ø 55x73/96h

Gamba in alluminio imbutito.
ano e basi in acciaio inox.

Legs in steel rods linked by a
ng. Top in painted steel.

6. Bonaventura__ 1990
Design__Christian Leprette
Azienda/Company__Baleri Italia
Cm__ø 60x68h

Struttura in lamiera di
cciaio verniciato. Piani in vetro
asparente 10 mm o laminato
ratificato

Structure in painted sheet
teel. Top and shelves in transparent
0 mm-thick glass or stratified
aminate.

7. Candy__1991
Design__Maarten Kusters
Azienda/Company__Steel
Cm__60x60x73h

Tavolo in alluminio
anodizzato naturale o colorato.
Disponibile anche in acciaio
verniciato.

Made out of natural or
colored anodized aluminum. Also
available in painted steel.

1. Tic Tac Toe__1993
Design__Alessandro Guerriero
Azienda/Company__Bigelli
Varie misure/Various dimensions

Serie di tavoli. Basamento centrale a colonna in marmo o pietra bicolore con elementi decorativi in alto e basso rilievo. Piani in cristallo.

Size Various Sets of tables. Central column-shaped base in marble or two-color stone with decorative elements in high and low relief. Plate-glass top.

2. Lapo__1994
Design__Enzo Mari
Azienda/Company__Fiam
Cm__140x40x40h

Basi in cristallo curvato saldate al piano ellittico in cristallo float 12 mm.

Base in curved plate glass, fused to elliptical top in 12 mm-thick float glass.

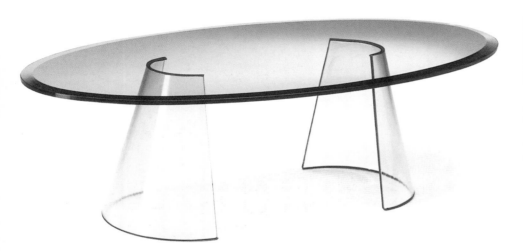

3. Cerberino__1990
Design__Maurizio Cattelan
Azienda/Company__Dilmos Edizioni
Cm__ø 130x70h

Base in ferro tagliata a mano. Piano in cristallo.

Base of hand-cut iron. Plate-glass top.

116

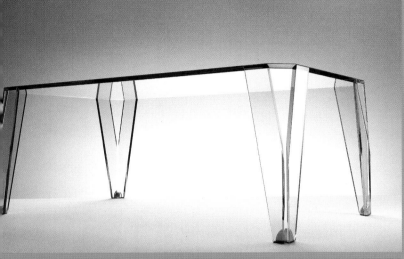

4. Vitrum___1994
Design___Paolo Nava
Azienda/Company___Tonelli
Cm___180x90x72h

Tavolo in vetro float 20 mm.
Table in 20 mm-thick float glass.

5. Nianda___1993
Design___Nanda Vigo
Azienda/Company___Gallotti &
Radice
Cm___200x85x74h

Tavolo/scrivania in cristallo
e legno massello. Parti in legno
rivestite con cristallo. Cassettino
sottopiano.
Desk in plate glass and solid
wood. Wooden parts clad with glass.
Small drawer under top.

6. Atlas___1988
Design___Danny Lane
Azienda/Company___Fiam
Cm___140x70x40h

Gambe costituite da piccole
lastre di cristallo da 20 mm. Piano
in cristallo curvato 20 mm.
Legs made from small sheets
of 20 mm-thick plate glass. Top in
curved 20 mm-thick plate glass.

7. Illusion___1992
Design___Philippe Starck
Azienda/Company___Fiam
Cm___180/200x90/100x75h

Piano in cristallo 10 mm,
sabbiato e curvato. Base in ferro
trafilato.
Top in sandblasted and curved
10 mm-thick plate glass. Base in
drawn iron.

117

1. Poppea___1989
Design___Boris Podrecca
Azienda/Company___Bigelli/
Roveresca
Cm___210x97x73h

Basamento in metallo, pietra
o marmo. Piano in legno massello
con inserto in pietra o marmo.

Base in metal, stone, or
marble. Top in solid wood with stone
or marble insert.

2. Montenegro___1986
Design___Ettore Sottsass
Azienda/Company___Ultima
Edizione
Cm___200x60x100h

Tavolo in marmo bianco
Carrara, rosso Francia, fior di pesco.

Table in white Carrara
marble, red France, fior di pesco
marble.

3. Gastone___1989
Design___Aldo Cibic
Azienda/Company___Ultima
Edizione
Cm___180x80x72h

Tavolo in marmo bianco di
Carrara opaco e pietra serena.

Table in opaque white Carrara
marble and pietra serena.

118

4. Dueti___1985
Design___Achille Castiglioni
Azienda/Company___Up&Up
Cm___210x90x73h

Tavolo in marmo nero
Marquinia.
Table in black Marquinia
marble.

5. Sole e Luna___1985
Design___Adolfo Natalini
Azienda/Company___Up&Up
Cm___200x110x73h

Tavolo in marmo bianco
Uliano, bianco Carrara, verde Aver.
Table in white Uliano, white
Carrara, green Aver marble.

1. Pianonotte__1994
Design___(zed) Design Network
Azienda/Company___Palluccoitalia
Cm___ø 50x408h

Struttura in tubo di acciaio verniciato argento, ossido, nero. Piani con cassetto, in faggio o ciliegio naturali o laccati bianco o blu.

Structure in steel tubing painted silver, red oxide, black. Tops with drawer, in beech or cherry with natural or white or blue lacquer finish.

2. Vicieuse__1992
Design___Philippe Starck
Azienda/Company___Driade/Aleph
Cm___ø 40x50x73h

Struttura in pressofusione di alluminio lucidato. Piano in legno multistrato con finitura in laminato diafos o in pero. Altezza regolabile.

Structure in polished die-cast aluminum. Top in plywood finished with Diafos laminate or pear wood. Adjustable height.

3. Tree__1991
Design___Paolo Rizzatto
Azienda/Company___Alias
Varie misure/Various dimensions

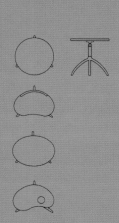

Serie di tavolini. Struttura in alluminio pressofuso. Piani rotondo, ovale, a fagiolo in frassino naturale o con inserto in linoleum nero o in ardesia.

Size Various Set of small tables. Structure in die-cast aluminum. Round, oval, and kidney-shaped tops in natural ash or with insert of black linoleum or slate.

4. Rondine___1993
Design___Toshiyuki Kita
Azienda/Company___Magis
Cm___40x55x67h

Struttura in tubolare di acciaio, piedi in pressofusione di alluminio. Piano in lamiera. Pieghevole

Steel tubular structure, die-cast aluminium feet. Metal sheet top. Folding table.

5. Leopoldo___1991
Design___A. Citterio/G.O. Loew
Azienda/Company___Kartell
Cm___31x47x68h

Tavolino pieghevole. Struttura in acciaio cromato, piede in alluminio. Piano in tecnopolimero termoplastico. In tre dimensioni.

Small folding table. Structure in chrome-plated steel, foot in aluminum. Top in thermoplastic polymer. Available in three dimensions.

6. Clap___1993
Design___D'Urbino/Lomazzi
DDL Studio
Azienda/Company___Zerodisegno
Cm___ø 60x70h

Tavolino pieghevole e trasportabile. Struttura in tondino di acciaio cromato. Piano stratificato laminato in vari colori.

Folding and portable table. Structure in chromium-plated steel rods. Statified laminated top in different colours.

1. Pollicino___1993
Design__Panizon/Martinelli/Dorligo
Azienda/Company___Cidue
Cm___90x90x42h

Tavolino multiuso composto da elementi trapezoidali variamente combinabili. Gambe in metallo verniciato o cromato. Piani in legno di varie essenze, laccati o in cristallo.

Small multipurpose table made up of trapezoid elements that can be combined in various ways. Legs of painted or chrome-plated metal. Tops in various kinds of wood, lacquer finishes, or glass.

2. Babe III___1988
Design__Vico Magistretti
Azienda/Company___è DePadova
Cm___177x130x73h

Tavolo ovale pieghevole. Struttura in massello di ciliegio tinto all'anilina e finito a cera. Piano in tamburato verniciato o impiallacciato ciliegio tinto.

Oval folding table. Structure in solid cherry wood coloured with aniline dye with wax finishing. Drum-like top, painted or with cherry wood veneer.

3. Timothy___1995
Design__Ignazio Gardella
Azienda/Company___Atelier
Cm___82x70x44h

Tavolino in faggio naturale. Piano girevole e vassoi indipendenti asportabili.

Small table in natural beech-wood. Revolving top with independent removable trays.

4. Fly Ply__1994
Design__Ron Arad
Azienda/Company__
Driade/Aleph
Cm__210x95x52/75h

Piano in multistrati curvato. Gambe in fusione di alluminio microbigliata. Un meccanismo di rotazione delle gambe consente due diverse altezze.

Bent plywood top. Cast aluminium legs. Two adjustable top levels by means of a leg rotating mechanism.

5. Coleottero MC10__1986
Design__Massimo Morozzi
Azienda/Company__Mazzei
Cm__252x110x82h

Tavolo/consolle. Gambe e pianetti di servizio in legno laccato nero. Trave in acero frisé o legno laccato nero opaco. Fuori produzione.

Table/console. Legs and service shelves in wood with black lacquer finish. Brace in maple frisé or wood with mat black lacquer finish. Out of production.

1.

2.

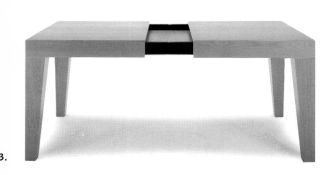

3.

4.

5.

6.

7.

8.

1. Titos Apostos__1985
Design__Philippe Starck
Azienda/Company__Driade/Aleph
Cm__ø 85x71h
Struttura richiudibile in tubo di acciaio e lamiera. Piano in lamiera di acciaio tornita. Finitura in vernice oro o argento.
Foldable structure in steel tubing and sheet metal. Top in turned sheet steel. Finished with gold or silver paint.

2. Count down__1994
Design__Maurizio Favetta
Azienda/Company__King Size
Cm__ø 70x70h
Piano tondo in legno impiallacciato faggio evaporato e cristallo trasparente. Gambe in massello di faggio e metallo.
Round top in wood veneered with artificially-seasoned beech and transparent plate glass. Legs in solid beech and metal.

3. Metamorfosi__1987
Design__Enrico Tonucci
Azienda/Company__Triangolo
Cm__130/180x80x76h
Tavolo rettangolare in diverse misure in faggio naturale o tinto. Versione allungabile con guida a telaio interna in ramino tinto nero e tiranti in allumino.
Rectangular table in natural or stained beech wood in different sizes. Extensible version with internal frame runners in black-stained "ramino" and aluminum braces.

4. Drake__1985
Design__Lorenzo Prando/Riccardo Rosso
Azienda/Company__Sawaya & Moroni
Cm__54x56x72h
Piano e struttura in massello lucidato a cera. Parti in metallo in acciaio inox o rame lucidati.
Top and structure in waxed solid wood. Metal parts in stainless steel or polished copper.

5. Battista__ 1988
Design__Romeo Sozzi
Azienda/Company__Promemoria
Cm__61x46x45/58h
Tavolino richiudibile. Struttura in legno verniciato nero. Piano in diverse essenze di legno naturale,

laccato, verniciato o in foglia d'oro.
Folding table. Structure in wood painted black. Top in different kinds of wood with natural, lacquered, painted, or gold-leaf finish.

6. Up&Down__1993
Design__Paolo Rizzatto
Azienda/Company__Nemo
Varie misure/Various dimensions
Serie di tavoli ad altezza variabile. Struttura in acciaio zincato. Piani in ciliegio, larice, cristallo, larice e linoleum, larice e derulato batipin. Fuori produzione.
Set of tables of adjustable height. Structure in galvanized steel. Tops in cherry, larch, plate glass, larch and linoleum, or larch and Batipin. No longer in production.

7. Tavolo Bar__1992
Design__George Sowden
Azienda/Company__GFR/Metals
Cm__ø 50x73h
Gambe in tondino d'acciaio unite da un anello. Piano in acciaio verniciato.
Leg in dished aluminum. Top and bases in stainless steel.

8. Libreria__1992
Design__Mario Cananzi
Azienda/Company__GFR/Metals
Cm__43x31x73/178h
Libreria costituita da un unico foglio di alluminio tagliato e piegato. Tre o cinque ripiani.
Library made of a single out and folded aluminium sheet with three or five shelves.

9. Artù__1995
Design__Andreas Brandolini
Azienda/Company__Zeus/Noto
Cm__200x90x75h
Struttura smontabile in angolare di acciaio verniciato. Piano in acero naturale o MDF laccato trasparente.
Structure that can be dismantled in painted steel angles. Top in natural maple or varnished MDF.

10. Tavolo__1990
Design__Michele De Lucchi
Azienda/Company
Produzione Privata
Cm__140x90x72h
Tavolo in legno di pero.
Table in pear wood.

11. Rolling__1985

Design__Gianni Pareschi/G14
Azienda/Company__Ciatti
Cm__140x90x73h
Struttura e ruote in metallo cromato. Piano in faggio, lami___ nero o bianco.
Structure and castors of chrom___ plated metal. Top in beech, bla___ or white laminate.

12. Novizio__1994
Design__Aldo Petillo/
Andrea Di Chiara
Azienda/Company__Malofanco___
Cm__47x35x61h
Tavolino in ciliegio con cassetti___ Base in legno o alluminio.
Small table in cherry with sma___ drawer. Base in wood or alumi___

13. Aracne__1992
Design__Nicoletta Cosentino
Azienda/Company__Acierno
Cm__66x84x72h
Tavolino a sei gambe in pero o teak. Disponibile con alette laterali.
Small six-legged table in pear ___ teak. Available with side wings___

14. Speedster club__1994
Design__(zed) Design Network
Azienda/Company__Palluccoita___
Cm__90/120/130x90/130x40___
Struttura in tubo di acciaio verniciato in argento. Piano in faggio, ciliegio naturale o lacca___ bianco o blu.
Structure in steel tubing painte___ silver. Top in beech or cherry w___ natural or white or blue lacque___ finish.

15. Fiorita__1989
Design__Gianni Veneziano
Azienda/Company__Masterly
Cm__145x40x90h

9.

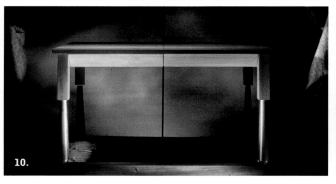

10.

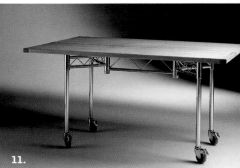

11.

13.

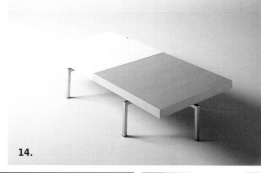

14.

Consolle con gambe in ciliegio, piano laccato. Fuori produzione.
Console. Legs in cherry, lacquered top. No longer in production.

16. Quattrogambe__1994
Design__Jasper Morrison
Azienda/Company__Montina
Cm__120x80x74h
Struttura in acero. Piano in multistrato di acero naturale o tinto.
Structure in maple. Top in natural or stained maple ply.

17. Octopus__1991
Design__Baldassarre Longo & Ventura
Azienda/Company__Ravarini Castoldi & c.
Cm__ø 45x64h
Tavolino con struttura portante zoomorfa. Piano tondo in cristallo sabbiato.
Small table with zoomorphic supporting structure. Round top in sandblasted plate glass.

18. Volatil__1995
Design__Oscar Tusquets
Azienda/Company__Driade/Aleph
Cm__60x53x52/72/84h
Struttura in massello di faggio. Piani in multistrati di faggio. Piano intermedio e cassetto ruotanti.
Structure in solid beech. Top and shelves in beech plywood. Rotating middle shelf and drawer.

19. Demel__1991
Design__Giorgio Ragazzini
Azienda/Company__Bros's
Cm__160/180x45/90x75h
Tavolo/consolle in legno.
Wooden table/console.

20. Grillo__1992
Design__Gianni Pareschi/G14
Azienda/Company__Ciatti
Cm__80x122x73h
Tavolo ribaltabile a parete in faggio sbiancato. Parti metalliche in acciaio inox e verniciate.
Drop-leaf wall-mounted table, in bleached beech. Metal parts in painted and stainless steel.

21. Vinca Major__1993
Design__Alessandro Mendini
Azienda/Company__Design Gallery Milano
Cm__200x107x71h
Tavolo con piano policromo

decorato a mano. Basi in vetroresina iridescente. Edizione numerata, 12 pezzi.
Table with hand-decorated polychrome top. Bases in iridescent fiberglass. Numbered production run of twelve pieces.

22. SB01__1992
Design__Richard Snyder
Azienda/Company__Standard
Cm__220x80x74h
Tavolo in rovere scuro sabbiato.
Table in sandblasted black durmast.

23. Sirfo__1986
Design__Alessandro Mendini
Azienda/Company__Zanotta Edizioni
Cm__ø 50x73h
Struttura in fusione di alluminio sabbiato colore naturale. Piano in cristallo.
Structure in sandblasted cast aluminum, natural color. Top in plate glass.

24. Collana__1993
Design__Toni Cordero
Azienda/Company__Bigelli
Cm__235x40x80h
Struttura in ferro zincato. Piani in cristallo 20 mm. Elemento costituito da conci policromi in marmo con finiture diverse.
Structure in galvanized iron. Top and shelves in 20 mm-thick plate glass. Decorated with polychrome blocks of marble.

16.

17.

19.

21.

23.

24.

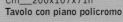

1.

2.

3.

4.

5.

6.

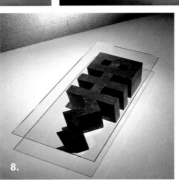

7.

8.

9.

10.

11.

12.

13.

1. Kaflisch__1993
Design__Daniela Puppa
Azienda/Company__Schopenhauer
Cm__140X70X40h
Serie di tavoli e tavolini. Struttura in metallo verniciato blu o grigio. Piano in faggio naturale, frassino verniciato blu, cristallo serigrafato blu o argento.
Set of large and small tables. Structure in metal painted blue or gray. Top in natural beech, ash painted blue, or plate glass silk-screened blue or silver.

2. Carloforte__1995
Design__Enrico Franzolini
Azienda/Company__Accademia
Cm__90x140x73h
Struttura in faggio naturale, tinto o all'anilina. Allungabile con una o due prolunghe.
Structure in natural beech, stained or colored with aniline dye. Opens out with one or two extensions.

3. Jolly__1993
Design__Marc Berthier
Azienda/Company__Magis
Cm__ø 50x63h
Struttura in pressofusione di alluminio, piano in legno.
Structure in die-cast aluminum, wooden top.

4. Parco__1995
Design__Lluis Clotet
Azienda/Company__Driade/Aleph
Cm__80x160x73h
Sistema di tavolini. Piano in conglomerato ligneo con finitura in faggio naturale. Gambe in massello di faggio. Piano rettangolare, quadrato, ovale, tondo.
Set of small tables. Top in wood conglomerate with natural beech finish. Legs in solid beech. Rectangular, square, oval, and round tops.

5. Papavero__1991
Design__Aldo Cibic
Azienda/Company__Antologia by Boffi
Cm__140x70x76h
Scrittoio in legno massiccio laccato patinato in verde acido o rosa. Con cassetto.
Desk in solid wood finished in glossy acid green or red lacquer. With drawer.

6. Nasturzio__1991
Design__Aldo Cibic
Azienda/Company__Antologia b Boffi
Cm__178x133x78h
Tavolo allungabile in mogano chiaro o scuro. Ruote in ottone.
Extensible table in light or dark mahogany. Brass castors.

7. D'aria__1987
Design__Roberto Collovà
Azienda/Company__Acierno
Cm__26/142x26x102h
Consolle. Struttura in massello compensato di faggio naturale o ebanizzato.
Consoles/shelves to be set again the wall. Structure in solid beec and plywood with natural or eb finish.

8. Gekone__1991
Design__Stefano Giovannoni
Azienda/Company__Ultima Edizione
Cm__60x120x28h
Tavolo in marmo nero Marquini e cristallo.
Table in black Marquinia marbl and plate glass.

9. Tavolo__1992
Design__Franco Raggi
Azienda/Company__GFR/Meta
Cm__25x25x60h
Tavolino a due piani in lamiera d'acciaio verniciata con decorazione a foglie.
Small table with top and shelf i painted steel plate with leaf decoration.

10. Apparata__1988
Design__Adolfo Natalini
Azienda/Company__Up&Up
Cm__240x100x73h
Tavolo in marmo perlato Royal Piano con intarsi in marmo ver Avar e rosso Francia.
Royal pearl marble table. Top v Avar green and French red mar inlaying.

11. Artusi__1991
Design__Massimo Morozzi
Azienda/Company__Mazzei
Cm__ø 125x75h
Gambe in legno massello. Disponibile nelle versioni: roto allungabile in noce, ovale e rettangolare fisso con intarsi s piano.
Legs in solid wood. Available i

ng versions: extensible round
walnut, fixed oval and
gular top with inlays.
lò__1992
__Pierangelo Caramia
a/Company__
esse Produzioni
ø 142x73h
ra a calotta metallica
ata. Gambe in acciaio
o o verniciato. Piano in
aturale o laccato e vetro
ato.
d spherical metal structure.
glazed or painted steel. Top
ral or lacquered wood and
glass.
rte__1991
__Lella e Massimo Vignelli
a/Company__Bernini
150/187x150/187x71h
ento in pero o rivestito in
dorata. Piani quadrati o
golari in cristallo satinato.
pear wood or covered with
af. Square or rectangular
glazed plate glass.
xo__1995
__Prospero Rasulo
a/Company__Zanotta
i
ø 60x45h
ra in acciaio nichelato e
ato. Piano in lamiera di
rivestita in cuoio in diversi
con decorazione incisa.
are firmato.
re in nickel-plated and
steel. Top in sheet steel
with leather in various
and tooled decoration.
exemplar.
ranatoio__1993
__Adolfo Natalini
a/Company__Driade
190x90x73h
in legno di rosewood.
ra in massello. Piano con
tro in massello e parte
e in multistrato lastronato.
od table. Solid wood
action. Top with solid wood
and centre with plywood slabs.
cano__1992
__Marc Berthier
a/Company__Magis
100x100x40h
li tavoli bassi. Gamba in

alluminio, piano in legno.
Set of low tables. Aluminum leg,
wooden top.
17. Nus__1994
Design__Josep Lluscà
Azienda/Company__Cassina
Cm__ø 130x72h
Tavolo in faggio o ciliegio naturale.
Piano rotondo con bordo sagomato,
rettangolare o quadrato. Gambe
smontabili.
Made of natural beech or cherry.
Top may be round with profiled
edge, rectangular, or square.
Removable legs.
18. Bibelot__1989
Design__Enzo Berti
Azienda/Company__Montina
Varie misure/Various dimensions
Serie di tavolini componibili. Fusto
in metallo verniciato e elementi di
faggio. Piano in faggio o in
precomposto di marmo.
Set of sectional tables. Frame in
painted metal and beech elements.
Top in beech or preformed marble.
19. Filicudi__1993
Design__Sottsass Associati
Azienda/Company__Zanotta
Cm__90x200x73h
Piano placcato in laminato Abet-
Print serigrafato. Decoro policromo
finitura soft. Gambe tornite in
faggio tinto.
Plated top in silk-printed Abel-
print laminated plastic.
Polychromatic decoration with soft
finishing. Turned legs in dyed
beech-wood.
20. Orchidea__1986
Design__Massimo Morozzi
Azienda/Company__Mazzei
Varie misure/Various dimensions
Tavolino di servizio e tavolo basso.
Struttura in legno laccato
metallizzato grigio. Piani in vari
colori. Fuori produzione.
Small serving table, low table.
Wooden structure lacquered in
metal gray. Tops in various colors.
21. Aquisgrana__1994
Design__Enzo Mari
Azienda/Company__Zanotta
Cm__117x38x90h
Consolle con struttura in truciolare
impiallacciata in faggio naturale.
Cassetti in acciaio. Verniciatura
goffrata.

Console with chipboard structure
veneered with natural beech. Steel
drawers. Embossed paint.
22. Contralto__1994
Design__Anna Castelli Ferrieri
Azienda/Company__Ycami
Cm__150/100x150/210x73h
Piano in erable grigio azzurro a
spessori diversi. Coni /supporto in
alluminio sabbiato.
Blue-gray erable top in different
thickness. Support/cones in sand-
blasted aluminium.
23. Samir__1993
Design__Ferruccio Laviani
Azienda/Company__Imel
Cm__ø 60x55h
Tavolino con struttura metallica.
Piano in cristallo acidato, bordo in
multistrati curvato e traforato.
Fuori produzione.
Small table with metal structure.
Top in etched plate glass, edging in
curved and perforated plywood.

14.

15.

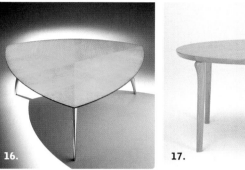
16.
17.

18.

19.

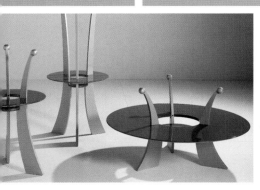

21.

22.

23.

127

1.

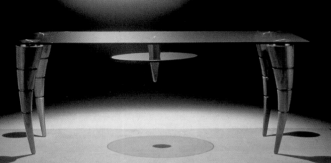

2.

3.

4.

5.

1. Party__1992
Design__Fabio Di Bartolomei
Azienda/Company__Bieffeplast
Cm__75x135x72h
Gambe sagomate in tubo d'acciaio verniciato con particolari in legno tornito. Piano in faggio, noce, ciliegio.
Shaped legs in painted steel tubing with details in turned wood. Top in beech, walnut, cherry.

2. Granchio__1993
Design__Simone Micheli
Azienda/Company__Essevetro
Cm__100x100x75h
Tavolo con gambe in legno massello toulipet. Innesti al piano in alluminio, piano in cristallo. Vassoio centrale in legno massello e alluminio.
Table with solid toulipet wood. Glass top with aluminium fittings. Central tray in solid wood and aluminium.

3. Stromboli__1994
Design__Sottsass Associati
Azienda/Company__Zanotta
Cm__ø 72x75h
Tavolino a due piani placcato in laminato Abet-Print. Finitura soft verde o blu o serigrafato verde o azzurro. Gamba in acciaio e base in ghisa verniciata.
Small table with top and shelf in Abet-Print laminate. Green or blue soft finish or green or light blue silk-screen finish.

4. M. (Serie Lang)__1987
Design__Philippe Starck
Azienda/Company__Driade/Aleph
Cm__ø 130x72,5h
Gambe in fusione di alluminio lucidato. Piano in legno con finitura in mogano o cristallo opaco nelle versioni rotondo, quadrato, rettangolare.
Legs of polished cast aluminum. Wooden top with mahogany or opaque glass finish. Available with round, square, and rectangular tops.

5. Less__1994
Design__Jean Nouvel
Azienda/Company__Molteni & C
Cm__160x80x72h
Serie di tavoli in lamiera piegata. Gambe in ferro sagomato. Tavoli rettangolari o quadrati in diverse misure e altezze.

Set of tables in bent sheet metal. Legs in shaped iron. Rectangular or square tops in different heights and sizes.

6. Kolo, Karine, Karl__1990
Design__Antonia Astori
Azienda/Company__Driade/Aleph
Cm__ø 48-48x48x70h
Tavolini con struttura e piani in marmo policromo: rosa del Portogallo, nero Marquina, verde Alpi.
Small tables with structure and tops in polychrome marble: pink Portugal, black Marquina, green Alpine.

7. Gendarme__1994
Design__Mario Mazzer
Azienda/Company__Ycami
Cm__110x74x93h
Struttura in alluminio fissata a parete. Piano posizionabile con angolazioni diverse.
Wall-mounted structure in aluminum. Top can be set at different angles.

8. Bombay__1986
Design__Nathalie Du Pasquier
Azienda/Company__Memphis
Cm__ø 40x100h
Tavolino in laminato plastico.
Small table in plastic laminate.

9. Spiral__1995
Design__Ca'Nova Design
Azienda/Company__Cattelan Italia
Cm__110x120x33h
Tavolino con piano in cristallo curvato sabbiato. Base metallica laccata argento.
Small table with top in sandblasted, curved plate glass. Metal base with silver lacquer finish.

10. Virgola__1988
Design__Enrico Tonucci
Azienda/Company__Sica
Cm__200x110x74h
Basamento in vetro curvato 12 mm. Colonna centrale in mogano, ciliegio o laccata nero opaco. Piano ovale in vetro 12 mm.
Base in curved 12 mm-thick glass. Central column in mahogany or cherry or with mat black lacquer finish. Oval top in 12 mm-thick glass.

11. Nest__1993

Design__Enzo Berti
Azienda/Company__Montina
Cm__200x100x72h
Struttura in acero. Piano in cristallo e sottopiano in legno intrecciato, utilizzabile come [f]
Structure in maple. Top in pla[ ] glass and shelf in interlaced w[ ] that can be used as a case.

12. Hibiscus__1993
Design__Aldo Cibic
Azienda/Company__Antologia Boffi
Cm__ø 65x56h
Tavolino in legno massiccio rivestito in rame.
Small table in solid wood clad entirely in copper.

13. Vulcano__1993
Design__Sottsass Associati
Azienda/Company__Zanotta
Cm__ø 70x70h
Piano placcato in laminato Ab[ ] Print serigrafato. Finitura sof[ ] decoro policromo in quattro varianti di colore. Base in ghi[ ] poliuretano rigido verniciata.
Top plated with Abet-Print sil[ ] screened laminate. Soft finish [ ] polychrome decoration in four different versions. Base in cas[ ] and painted stiff polyurethane [ ]

14. Quadrato__1988
Design__Ufficio tecnico DePa[ ]
Azienda/Company__è DePado[ ]
Cm__130x130x72h
Tavolo quadrato o rettangolar[ ] Piano in multistrato rivestito [ ] laminato bianco. Base in meta[ ] verniciato.
Square or rectangular table. Plywood top with white lamin[ ] covering. Painted metal base.

6.

7.

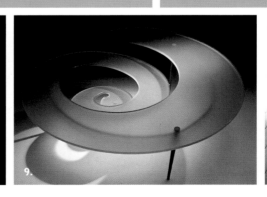

8.

9.

10.

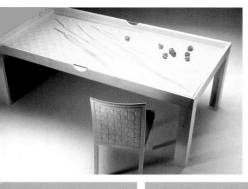

12.

13.

14.

...opuram 4___1988
...___Ettore Sottsass
...da/Company___
... Gallery Milano
...228x124x74h
... in legno. Edizione limitata.
...en table. Limited production

...ama___1991
...___Makio Hasuike
...da/Company___Fiam
...130x43x85h
...lle formata da un'unica
... di cristallo 12 mm.
...e made from a single 12
...hick sheet of plate glass.

...arbaro___1991
...___D'Urbino/Lomazzi
...da/Company___Zerodisegno
...ø 60/100/140x73h
...n acciaio black soft o acciaio
...satinato. Piano in cristallo
...to.
...lack steel or glazed stainless
...stand. Sand-blasted glass top.

...avillon___1994
...___Piero Lissoni
...da/Company___Porro
...ria Mobili
...150/180/220x150/88x74h
...ura in ciliegio naturale o
...laccato opaco in vari colori.
... in ciliegio naturale o tinto,
...o opaco, laminato, pietra.
...assetto.
...ure in natural cherry tree or
...elled in different dull colours.
... natural cherry wood or
...elled in dull colour, laminate,
... Fitted with one drawer.

...co___1990
...___Hans Von Klier
...da/Company___Fiam
...120x40x135h
... costituito da un'unica lastra
...stallo 12 mm, tagliata e
...ta.
... of a single sheet of 12 mm-
...late glass, cut and bent.

...danna___1987
...___Umberto Riva
...da/Company___Schopenhauer
...270x110x72h
...ura in alluminio pressofuso
...ambe e raccordi in metallo
...iato. Particolari in ottone
... Piano in cristallo 15 mm.
...st aluminium structure with

legs and fittings in enamelled
metal. Some details are in polished
brass. Top in 15 mm thick glass
plate.

21. SB03___1992
Design___Aldo Cibic
Azienda/Company___Standard
Cm___200/260x80x74h
Tavolo in frassino a poro aperto.
Table in open-pore ash.

22. Manta___1994
Design___Roberto Semprini
Azienda/Company___Fiam
Cm___115x71x40h
Tavolino in cristallo curvato,
10 mm.
10 mm-thick curved plate glass.

23. Chamaleon___1991
Design___Terry Pecora
Azienda/Company___Edra
Cm___ø 55/124x54/35h
Struttura in acciaio. Ripiani in
legno ricoperti da rivestimento in
tessuto sfoderabile.
Steel structure. Top and shelves in
wood with removable covering.

24. Incrocio___1986
Design___Ugo La Pietra
Azienda/Company___Busnelli
Gruppo Industriale
Cm___ø 165x74h
Tavolo rotondo con piatto centrale
rialzabile. Struttura portante in
legno massiccio, tiranti in metallo
cromato. Laccato nero lucido,
amaranto, verde.
Round table with central raising
tray. Bearing structure in solid
wood, galvanized steel tierods.
Glossy black, amaranthine, bottle
green enamel.

15.

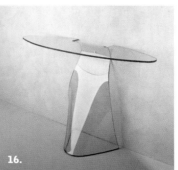

16.

17.

18.

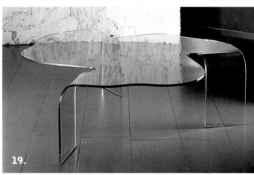

19.

20.

21.

22.

23.

24.

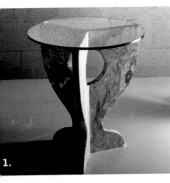

1.

1. Alfonso__1991
Design__Marco Zanini
Azienda/Company__Ultima
Edizione
Cm__ø 50x60h
Tavolo in marmo macchiavecchia,
rosso Francia, giallo Siena,
cristallo.
Table in macchiavecchia, red
France, or yellow Siena marble,
plate glass.

2. Amanta__1987
Design__D. Silvestrin
Azienda/Company__Up&Up
Cm__200/150x40x80h
Consolle in pietra serena, nero
Marquinia, bianco Uliano.
Console in pietra serena, black
Marquinia marble, white Uliano
marble.

3. Scrittoio__1993
Design__Hans Von Klier
Azienda/Company__Zanotta
Cm__100x66x71h
Gambe e piani in pero con inserto
in cuoio antimacchia. Vani e
cassetto interni. Apertura a ribalta.
Legs and tops in pear wood with
insert of stain-proof leather.
Internal compartments and drawer.
Drop leaf.

4. Winston__1990
Design__Marianne Day Lewis
Azienda/Company__Halifax
Cm__100x140x185x74h
Tavolo in legno con piano
allungabile in tre misure. Gambe in
massello tornito con ruote in
metallo. Finitura ciliegio o noce
nazionale.
Wooden table with extensible top
in three sizes. Legs in turned solid
wood with metal castors. Finished
with cherry or Italian walnut.

5. Evaso__1989
Design__Guglielmo Renzi
Azienda/Company__Bigelli
Cm__100x73h
Tavolo quadrato in pietra o in
marmo con vaso estraibile.
Square table in stone or marble
with movable pot.

6. Locarno__1994
Design__Antonio Citterio
Azienda/Company__Halifax
Cm__120x85x36h
Struttura a telaio in massello,
finitura noce nazionale, ciliegio,

betulla. Piano in vetro trasparente.
Vassoio estraibile.
Frame structure in solid wood,
finished with Italian walnut,
cherry, or birch. Top in transparent
glass. Pullout tray.

7. Seipersei__1994
Design__Telli Muraglia
Azienda/Company__Targa Italia
Cm__160/210x85x76h
Tavolo fisso o allungabile in faggio
o ciliegio. Piano in diverse misure.
Fixed or extensible table in beech
or cherry. Top in different sizes.

8. Oggetto naturale__1985
Design__Ugo La Pietra
Azienda/Company__Busnelli
Gruppo Industriale
Cm__ø 55x68h
Servomuto in legno tornito e
metallo con fiore terminale in
legno scolpito.
Dumbwaiter in turneed wood and
metal with carved wood flower at
one end.

9. Agave__1985
Design__Sergio Cappelli
& Patrizia Ranzo
Azienda/Company__
Autoproduzione
Cm__240x100x73h
Struttura in acciaio inox. Piano in
basaltina con contenitore per
piante o fruttiera o tagliere.
Prototipo realizzato da Cappellini.
Edizione limitata.
Structure in stainless steel, top in
augite. The container for plants can
be replaced by a fruit dish or
chopping board. Limited
production run.

10. Berlino__1989
Design__Massimo Iosa Ghini
Azienda/Company__Ultima
Edizione
Cm__180x75x74h
Tavolo in marmo nero Marquinia e
acciaio cromato.
Table in black Marquinia marble
and chrome-plated steel.

11. Ranunculus Glacialis__1993
Design__Alessandro Mendini
Azienda/Company__Design Gallery
Milano
Cm__45x55x41h
Tavolino in alluminio e cristallo.
Edizione limitata.
Small table in aluminium and

2.

4.

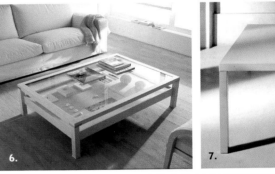

6.

7.

3.

5.

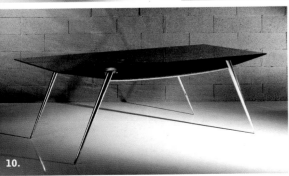

8.

9.

10.

11.

12.

130

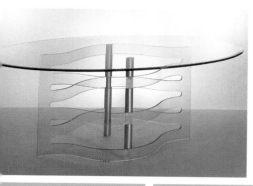

14.

15.

Top in plate glass or solid beech.

17. Mesaverde__1984
Design__Marco Zanini
Azienda/Company__Up&Up
Cm__70x70x50h
Tavolo in marmo bianco Carrara,
verde Aver, bianco Uliano, pietra
serena. Nella foto anche la versione
Mesarosso.
Table in white Carrara, green Aver,
and white Uliano marble, pietra
serena. The photo also shows the
Mesarosso version.

18. Navona__1987
Design__Mario Marenco
Azienda/Company__Bernini
Cm__128x75h
Tavolo estensibile. Piano in noce o
piano nero con masselli in pero.
Extensible table. Top in chestnut or
black solid pear wood.

19. Anthurium__1990
Design__Masanori Umeda
Azienda/Company__Edra
Cm__42x53x82h
Struttura in metallo speciale
curvato e verniciato. Piano in
medium density verniciato. Pistillo
conoidale in metallo.
Structure in bent and painted fine
metal. Top in painted MDF. Cone-
shaped metal pistil.

20. Millefogli__1990/95
Design__Pino Pedano
Azienda/Company__Brunati
Varie misure/Various dimensions
Gambe in legno. Piano in
"Millefogli" (materiale brevetto
Pedano, 1974).
Wooden legs. Top in "Millefogli"
(material patented by Pedano in
1974).

21. Miles__1995
Design__Giovanni Levanti
Azienda/Company__Bernini
Cm__200x90x72h
Piano in legno, base in metallo nei
colori arancione o grigio antracite.
Montanti in metallo avorio o
alluminio.
Wooden top, base in orange or
anthracite gray metal. Uprights in
ivory- for aluminum-colored metal.

22. Montefeltro__1992
Design__Enzo Mari
Azienda/Company__Fiam
Cm__180/200x90/100x74h
Gambe in cristallo curvato saldate

al piano in cristallo float 15 mm.
Legs in curved plate glass, fused
with 15 mm-thick float-glass top.

23. Go-On__1994
Design__Nanda Vigo
Azienda/Company__Glas
Cm__91x45x70h
Struttura in alluminio
impiallacciato noce o ciliegio con
inserti in cristallo satinato. Piani in
cristallo 8 mm satinato naturale o
satinato colorato.
Aluminium structure with chestnut
or cherry wood veneering and
sand-blasted glass inserts. Sand-
blasted natural or stained glass 8
mm thick top.

16.

17.

18.

19.

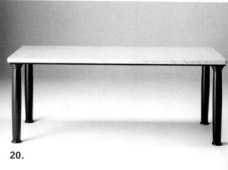

20.

21.

22.

23.

131

1.

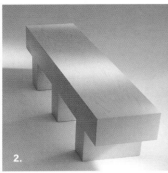

2.

3.

4.

5.

6.

7.

8.

9.

10.

11.

12.

1. Granducato__1995
Design__Studio Marianelli
Azienda/Company__Bros's
Cm__88/56x160x74/87h
Tavolo/consolle in legno di faggio tinto con un semipiano scorrevole e uno posizionabile a 90°.
Table/console in stained beech wood. One half of the top slides and the other can be moved through 90°.

2. SB08__1992
Design__Aldo Cibic
Azienda/Company__Standard
Cm__210x45x45h
Struttura in frassino a poro aperto o mogano.
Open-pore ash or mahogany structure.

3. Trifoglio__1995
Design__Ugo La Pietra
Azienda/Company__Edizioni Galleria Colombari
Cm__124x124x42h
Tavolino in legno.
Small wooden table.

4. Ton ton-Tambù__1993
Design__Anna Gili
Azienda/Company__Cappellini
Cm__ø 30/35x55/68h
Tavolini in due dimensioni in terracotta naturale. Stelo liscio o con lavorazione ad anelli.
Small tables in two sizes made of natural terra-cotta. Smooth or ringed pedestal.

5. Mesinha__1990
Design__Anonimo portoghese (1940)
Azienda/Company__Targa Italia
Cm__ø 60x63h
Gambe in tubo metallico curvo verniciato alluminio. Piano in legno di faggio naturale o rivestito in laminato plastico nero lucido. Base in ghisa verniciata nero.
Legs in curved metal tubing painted aluminum color. Top in beech with natural finish or covered with glossy black plastic laminate. Base in cast iron painted black.

6. Cono__1984
Design__Joe D'Urso
Azienda/Company__Bieffeplast
Cm__ø 130x72h
Base in lamiera calandrata verniciata. Piano in cristallo sabbiato 15 mm, bordo lucido con finitura a "becco di civetta".
Base in painted, pressed sheet metal. Top in 15 mm-thick sandblasted plate glass, polished edge with "owl's-beak" finish.

7. Numen__1991
Design__Monica Moro
Azienda/Company__Steel
Cm__120/120x120/220x72h
Tavolo in lamiera di acciaio verniciata a fuoco. Piano in cristallo.
Table in painted and baked sheet steel. Top in plate glass.

8. Lem '90__1985/93
Design__Andries & Hiroko Van Onck
Azienda/Company__Magis
Cm__ø 100x40/78h
Tavolo regolabile in altezza. Struttura in tubolare di acciaio. Piano in legno.
Table of adjustable height. Structure in steel tubing. Wooden top.

9. Calmapiatta__1995
Design__Marco Seveso/Gigi Trezzi
Azienda/Company__Ycami
Cm__145x55x32h
Struttura in alluminio. Piani a doghe di ciliegio. Vaschetta in alluminio con coperchio in cristallo.
Structure in aluminum. Tops in strips of cherry wood. Basin in aluminum with plate-glass lid.

10. Blow up__1994
Design__Maurizio Favetta
Azienda/Company__King Size
Cm__ø 35x68x41h
Tavolino a tre piani in legno impiallacciato faggio evaporato. Vassoi asportabili in ABS verniciato. Gambe in massello di faggio e metallo.
Small table with top and two shelves in wood veneered with artificially-seasoned beech. Removal trays in painted ABS. Legs in solid beech and metal.

11. Spider__1994
Design__Bortolani/Becchelli
Azienda/Company__LaPalma
Cm__100x100x42/74h
Tavolo apribile, alto e basso (gambe pieghevoli). Struttura in massello di legno con piano rivestito in faggio naturale, tinto ciliegio o tinto noce. Snodi in acciaio verniciato.
Table that can be opened at top and bottom (folding legs). Structure in solid wood with top faced with natural, cherry- or walnut-stained beech. Joints in painted steel.

12. Lobacesvkij__1992
Design__Isao Hosoe
Azienda/Company__Tonelli
Varie misure/Various dimensions
Serie di tavolini con piano in vetro float 12 mm sagomato. Gambe a stampo in policarbonato a quattro colori intercambiabili.
Set of small tables with tops in shaped 12 mm-thick float glass. Molded polycarbonate legs in four interchangeable colors.

13. Side__1988
Design__Umberto Riva
Azienda/Company__Acierno
Cm__180/220x88x73h
Tavolo/consolle con piano triangolare a tre gambe. Massello di acero e multistrati di betulla o massello e multistrati di pero.
Table console with triangular top

three legs. Solid maple and
h ply or solid pear and ply.
Billo___1992
gn___Simone Micheli
enda/Company___Savio Firmino
__60x130x45h
olino da fumo con piano in
tallo e base in legno.
oking table with glass top and
den stand.
Quadro___1988
gn___Paolo Piva
enda/Company___Bros's
__170/200x90x75h
ttura in legno, piano in
tallo.
den structure, glass top.
Mirto___1995
gn___Miki Astori
nda/Company___Driade/Aleph
_ ø 70/65-80x80x73h
e in pressofusione di alluminio
obigliata, gamba in alluminio
lizzato. Piano disponibile in tre
ioni.
e in cast-die aluminum, leg in
lized aluminum. Tops available
ree versions.
Ellisse___1992
gn___Gruppo di
ettazione MDF
nda/Company___MDF
__150/190x100x74h
ttura in fusione di alluminio.
o in ciliegio americano
rale, tinto o legno laccato
co.
cture in die-cast aluminum.
n natural or stained American
y or wood with white lacquer
.
Shell___1991
gn___Danny Lane
nda/Company___Fiam
__125x125x40h
in cristallo curvato 12 mm,
tuita da cinque gambe a
aglio. Piano in cristallo float
m con lavorazione di finitura
no.
of curved 12 mm-thick plate
, made up of five legs
nged in a fan. Top in hand-
ed and hand-finished 15 mm-
float glass.
Maggio___1992
n___Remo Buti
nda/Company
daesse Produzioni
misure/Various dimensions
di tavoli con struttura in
llo verniciato. Piano in
allo serigrafato, sabbiato e
ciato.
Various Set of tables with
ture in painted metal. Tops in
creened, sandblasted, and
ed plate glass.
Poggio___1987
n___Luca Meda
da/Company___Molteni & C
_55x37x51h
ino ovale in legno massiccio di

noce, ciliegio o laccato opaco.
Piano regolabile in altezza e
inclinabile.
Small oval table in solid walnut or
cherry with mat lacquer finish. Top
adjustable in height and angle.
21-22. Nabucco___1988
Design___Massimo Morozzi
Azienda/Company___Mazzei
Cm___120x98x72h
Struttura in massello di noce
nazionale opaco a poro aperto.
Piano scorrevole e intercambiabile
in noce e marmo bianco di Carrara
o noce e nero opaco. Fuori
produzione.
Structure in opaque, Italian solid
walnut with open pores. Sliding
and interchangeable top in walnut
and white Carrara marble or
walnut and mat black marble.
23. Schach___1991
Design___Peter Maly
Azienda/Company___Bros's
Cm___168x84x740h
Tavolo in legno.
Wooden table.

13.

14.

15.

16.

17.

18.

19.

20.

21.

22.

23.

1.

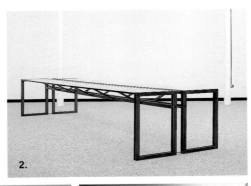

2.

3.

4.

5.

6.

7.

8.

9.

10.

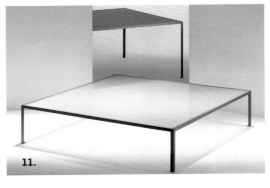

11.

1. Ercole___1994
Design___Antonio Citterio
Azienda/Company___Halifax
Cm___150/190x90x73h
Tavolo in legno finitura noce nazionale, ciliegio, betulla. Gambe in massello rivestito. Piano allungabile.
Tables in wood finished with Italian walnut, cherry, or birch. Legs in covered solid wood. Extensible top.

2. Canali___1990
Design___Guido Canali
Azienda/Company___Bernini
Cm___184/244/304/364x100x72h
Struttura in ferro spazzolato finito con vernice trasparente. Piano in vetro temperato.
Structure in brushed steel finished with transparent glaze. Top in toughened glass.

3. Seduttore___1993
Design___David Palterer
Azienda/Company___Acerbis
Cm___190/120x90/120x74h
Gambe in frassino tinto noce, tinto mogano o in ciliegio. Piano in multistrato, in versione piena o con finestra in cristallo trasparente.
Legs in ash wood with walnut, mahogany or cherry wood finishing. Thick plywood top either in solid version or with a transparent crystal opening.

4. Zeno___1994
Design___Massimo Scolari
Azienda/Company___Giorgetti
Cm___120/160/200x80X73,5h
Scrittoio con struttura in faggio massiccio. Piano in ebano, laccato in gomma liquida o rivestito in Lorica.
Desk with structure in solid beech. Top in ebony or finished with liquid rubber or Lorica.

5. Celeo___1989
Design___Michele De Lucchi
Azienda/Company___Glas
Cm___137x60x117h
Scrittoio in lastre di cristallo strutturali. Cassetti in pero.
Desk in structural sheets of plate glass. Drawers in pear wood.

6. Girino___1993
Design___Denis Santachiara
Azienda/Company___Modular/Domodinamica
Cm___78x52h
Carrello per televisore e videoregistratore. I due piani ruotano insieme indipendentemente dalla struttura.
TV set and videorecorder trolley. Both shelves roteate together, independently from the structure.

7. Epi___1995
Design___Chi Wing Lo
Azienda/Company___Giorgetti
Cm___110x76x10h
Struttura in acero. Piedini e maniglie in metallo verniciato opaco.
Structure in maple. Feet and handles in mat-painted metal.

8. Scacco___1989
Design___Elio Di Franco
Azienda/Company___Unitalia
Cm___120x35x74h
Consolle in legno di ciliegio.
Console in cherry wood.

9. Curvangolo___1991
Design___Adolfo Natalini
Azienda/Company___Up&Up
Cm___120x65x36h
Tavolo in marmo Bordiglio imperiale, bianco Carrara, Tran
Table in imperial Bordiglio, whit Carrara, Trani marble.

10. Perelisa___1987
Design___Roberto Collovà
Azienda/Company___Acierno
Cm___152x78x70/87h
Scrittoio con piani ruotanti. Cassetti e vani interni. In faggio ebanizzato con interni in faggio naturale o in mogano.
Desk with rotating top and shelv Drawers and internal compartments. Exterior in beec with ebony finish and interior in natural beech or exterior in mahogany.

11. Slim tavolo___1985
Design___Maurizio Peregalli
Azienda/Company___Zeus/Noto
Cm___112/140x112-140x72h
Struttura smontabile in trafilat acciaio verniciato. Piano in linoleum nero, cristallo sabbiat MDF laccato trasparente.
Structure that can be dismantle drawn steel painted with epoxy powders. Top in black linoleum, sandblasted plate glass, or varnished MDF.

12. Scalata___1985
Design___Luigi Massoni
Azienda/Company___Gallotti & Radice
Varie misure/Various dimension
Basamento a doghe di cristallo mm specchiato. Piano molato a bisello, ovale e rettangolare in varie dimensioni.
Size Various Base made of stav of 20 mm-thick mirrored glass. Oval or rectangular ground and chamfered top in various sizes.

13. Alex___1993
Design___Giusi Mastro
Azienda/Company___Elam
Cm___113x130x39h
Piano in truciolare impiallaccia ciliegio americano o laccato antracite metallizzato. Gambe alluminio anodizzato lucido.
Top in chipboard veneered with American cherry or lacquered metallic anthracite gray. Legs polished anodized aluminum.

14. Doppiasvolta___1994
Design___Mario Bellini
Azienda/Company___Up&Up
Cm___200x125x73h
Tavolo in marmo perlato Royal verde Aver, rosso Francia.

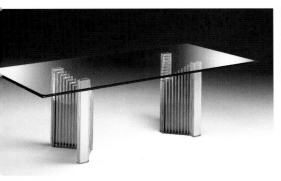

13.

14.

Table in pearl Royal, green Aver, red France marble.

15. Flower of life__1991
Design__Guido Venturini
Azienda/Company__Ultima Edizione
Cm__ø 50x43h
Tavolo in marmo bianco Carrara, verde Issorie, cristallo.
Table in white Carrara and Issorie green marble, plate glass.

16. Officina__1988
Design__Piero Esposito
Azienda/Company__Targa Italia
Cm__168/206x80x76h
Struttura in faggio. Cassetti passanti con maniglie in metallo cromato.
Structure in beech. Drawers with chrome-plated metal handles.

17. Talo__1989
Design__Massimo Scolari
Azienda/Company__Giorgetti
Cm__48x81x151h
Servant con piano, cassetto e lampada ruotanti. Colonna in massello di acero, piano in ciliegio, base in ghisa e legno. Lampada in ottone e rame.
Servant with shelf, drawer, and rotating lamp. Column in solid maple, top in cherry, base in cast iron and wood. Lamp in brass and copper.

18. Banchetto__1988
Design__Roberto Collovà
Azienda/Company__Acierno
Cm__90x70x30h
Tavolo basso in legno massiccio di faggio naturale.
Low table in solid natural beech.

19. SB09__1992
Design__Aldo Cibic
Azienda/Company__Standard
Cm__44x44x37/74h
Tavolo in medium density laccato.
Table in lacquered MDF.

20. Big wood table__1993
Design__Jasper Morrison
Azienda/Company__Cappellini
Cm__240x280x73h
Base in faggio naturale, tinto noce, ciliegio scuro o laccato goffrato. Piano in cristallo, faggio naturale, tinto noce, ciliegio scuro o laminato plastico in diversi colori.
Base in beech with natural, walnut stain, dark cherry, or embossed

lacquer finish. Top in plate glass or beech with natural, walnut stain, or dark cherry finish, or covered with plastic laminate in various colors.

21. Kioko__1994
Design__D'Urbino /Lomazzi DDL Studio
Azienda/Company__Zanotta
Cm__ø 60x40h
Piano in laminato plastico stratificato in vari colori. Struttura in lega di alluminio verniciata.
Top in stratified plastic laminate in various colors. Structure in painted aluminum alloy.

22. Guarino__1989
Design__Toni Cordero
Azienda/Company__Bigelli/Roveresca
Varie misure/Various dimensions
Basamento formato da blocchi monolitici in pietra o marmo a spacco di cava e taglio di lama. Piano in cristallo.
Size Various Base made of monolithic blocks of rough-hewn or knife-edge stone or marble. Plate-glass top.

-16.

18.

20.

22.

Il titolo di questo capitolo è già la spia di una profonda trasformazione avvenuta nel mondo del mobile. Prima della comparsa del sistema non esisteva nel vocabolario dell'arredo un termine generico per indicare gli elementi destinati a contenere. C'erano i cassettoni, i buffet, le credenze, i settimanali, le toilette e ognuno di questi svolgeva una precisa e insostituibile funzione.

La casa ideale pensata dal movimento moderno non prevedeva contenitori: il contenere era affidato alla stessa struttura costruttiva, come nella casa di Rietveld a Utrecht, studiata per un abitare programmato in fase di progetto in ogni minimo dettaglio, dove niente era lasciato al caso, e dove persino l'unico specchio, per quel minimo di civetteria concesso alla signora Rietveld, era stato previsto. Nelle sue ipotesi più radicali l'idea di affrancare l'abitare dalla schiavitù delle consuetudini borghesi diviene a sua volta una nuova schiavitù: al progetto dell'architetto.

Il movimento Postmoderno con il suo opporsi agli estremismi del moderno, riporta in auge le vecchie tipologie, che vengono salutate, agli inizi degli anni ottanta, come ipotesi di nuova libertà, come possibilità per ciascuno di gestire a suo modo la propria domesticità. In questo periodo molti sono gli architetti che si convertono al disegno del mobile, in particolare delle tipologie per contenere che meglio rappresentano l'adesione al passato: Luca Scacchetti disegna contenitori simili alla facciate dei suoi palazzi; Adolfo Natalini enfatizza il ritorno alla tradizione con dettagli iperrealisti, come i pugni in ottone del suo scrittoio per Mirabili. I contenitori di Aldo Rossi, in particolare "Le cabine dell'Elba" per Longoni del 1980, valgono da manifesto teorico della necessità di un nuovo radicamento nella storia.

Il neoeclettismo, con il suo recupero programmatico dell'artigianato e delle competenze regionali, aggiunge inedite grazie ai contenitori. Ugo La Pietra realizza credenze arricchite, da "gambe tornite e belle", da motivi "a plissé", da "sbruffi" intarsiati e da "baldacchini". Si sta affacciando anche una tendenza, definibile come neomoderna, che propone contenitori simili a architetture domestiche, eredi diretti dei classici del movimento moderno.

Non sfugge alla nuova passione per le tipologie tradizionali anche chi, come Antonia Astori, ha dedicato la propria vita professionale al perfezionamento dei sistemi, che crea per "Aleph", marchio della Driade, toilette e credenze. Persino Anna Castelli Ferrieri, paladina del mobile moderno in plastica, disegna nel 1989 il contenitore "Narciso" per Giorgetti Matrix, dedicato agli uomini, con tanto di specchio e portacravatte.

Il sistema, in quanto conquista generalizzata, non viene abbandonato, ma la sua versatilità si spinge fino alla definizione di veri e propri mobili finiti, capaci di svolgere formalmente e funzionalmente il ruolo delle tradizionali tipologie. "Paesaggi italiani" (1995) di Massimo Morozzi per Mazzei prevede la costruzione di mobili definiti che compaiono sul listino, non come opportunità del sistema, ma come mobili veri e propri, dotati di un nome e di un prezzo. Una variante di progetto che ha i suoi precedenti in "Bric", il sistema sovrapponibile di Enzo Mari e Antonia Astori per Driade del 1978 e prima ancora nel 1967 nel "Cubirolo" di Ettore Sottsass per Poltronova.

Contribuiscono alla varietà dei contenitori anche le nuove ricerche sui materiali. Prospero Rasulo rinnova i mobili ideati per BRF nella collezione "Ludica" con una finitura in gomma laccata di vivaci colori, regalando alle tipologie tradizionali un aspetto giocoso. Biagio Cisotti e Sandra Laube, sempre per BRF, proseguono sulla strada tracciata da Rasulo, dotando i loro contenitori di ante in plastica goffrata dai colori fluorescenti. Matteo Thun sperimenta per Bieffeplast una nuova macchina a controllo numerico per forare la lamiera con cui realizza una serie di contenitori con le ante in lamiera decorate da trafori geometrici o floreali. E infine c'è chi addirittura ruba ad altri settori industriali i materiali per dare nuova vita al suo progetto: Johanna Grawunder che disegna nel 1995 per Design Gallery una serie di mobili con ante in catarifrangente preso a prestito dal settore dell'auto.

The title of this chapter is already an indication of the profound transformation which has taken place in the world of furnishings. Before the appearance of the system there was no such generic term for storage elements. There were chests of drawers, buffets, credenzas, cupboards, cabinets, each with its own specific functions.

The ideal home imagined by the Modern movement did not feature containers: the container was part of the structure of the home itself, as in the house of Rietveld in Utrecht, designed for a way of living that was programmed down to the smallest detail in the design phase, where nothing was left to chance, and where even the sole mirror, that minimum of vanity conceded to Mrs. Rietveld, was stipulated in the design. In its most radical versions, the idea of freeing lifestyles of bourgeois customs becomes a kind of slavery in its own right: to the design of the architect.

The Postmodern movement, with its opposition to the extremes of the Modern, brought back old typologies which were hailed, at the beginning of the Eighties, as hypotheses of new freedom, as possibilities to allow each individual to handle his living space in his or her own way. In this period many architects turned to furniture design, especially to container typologies that best represent a return to the past: Luca Scacchetti designed cabinets similar to the facades of his buildings; Adolfo Natalini emphasized the return to tradition with hyper-realist details, like the brass fists of his desk for Mirabili.

The containers of Aldo Rossi, in particular "Le cabine dell'Elba" for Longoni, in 1980, constitute a theoretical manifesto on the need for a new link with history.

Neo-eclecticism, with its programmatic recovery of craftsmanship and regional traditions, adds original grace to containers. Ugo La Pietra makes enhanced credenzas, with "beautiful turned legs", "plissé" motifs, inlaid "spurts", "canopies".

Another trend is also emerging, which could be defined as Neo-Modern, proposing containers similar to domestic architecture, direct heirs to the classics of the Modern movement.

The passion for traditional typologies even spreads to those who, like Antonia Astori, have dedicated their careers to the development of systems; she has created, for "Aleph", a Driade trademark, toilettes and credenzas. Even Anna Castelli Ferrieri, pioneer of modern plastic furniture, has designed, in 1989, the "Narciso" container for Giorgetti Matrix, an object for men, with a mirror and a tierack.

The system has become a permanent part of the scene, but now its versatility has been taken full circle to the definition of true finished pieces of furniture, capable of playing the roles of traditional typologies. "Paesaggi italiani" (1995) by Massimo Morozzi for Mazzei calls for the construction of defined pieces that are offered in a price list, not as options of the system, but as true furniture, each with its own name and price. A design variant whose roots lie in "Bric", the stackable system by Enzo mari and Antonia Astori for Driade in 1978, and in the "Cubirolo" by Ettore Sottsass for Poltronova at the beginning of the Seventies.

New research on materials has also contributed to the variety of the container panorama. Prospero Rasulo updates the furnishings of the "Ludica" collection, designed for BRF, with a rubber lacquer finish in bright colors, giving traditional typologies a playful look. Biagio Cisotti and Sandra Laube, again for BRF, continue on this path, fitting their containers with embossed plastic doors in phosphorescent colors. Matteo Thun experiments for Bieffeplast with a new numerically-controlled machine for the perforation of sheet metal, producing a series of containers with doors in sheet metal decorated with geometric or floral cutaway designs. Finally, there are those who borrow materials from other industrial sectors: Johanna Grawunder has designed, in 1995 for Design Gallery, a series of pieces with doors in reflecting materials used in the auto industry.

1. Pompeiana___1990
Design___Piero Fornasetti
Azienda/Company___
Fornasetti Immaginazione
Cm___70x36x63h

Piccolo comò in legno laccato e dipinto a mano, toni ocra. Archivio storico di Piero Fornasetti (anni '50). Edizione limitata.

Small lacquered and hand-painted wood commode, ochre shades. Historical archive of Piero Fornasetti (1950's). Limited edition.

2. Delfi___1990
Design___Massimo Scolari
Azienda/Company___Giorgetti
Cm___111x56x127h

Struttura in ciliegio e acero. Tre cassetti grandi e sei piccoli, piano estraibile. Pomoli in ebano.

Cherry-wood and maple frame. Three large and six small drawers. Extractable top. Ebony knobs.

3. Geranio___1991
Design___Aldo Cibic
Azienda/Company___Antologia
by Boffi
Cm___150x58x88h

Cassettiera in legno massiccio. Laccatura patinata rossa. Tre cassetti.

Massive-wood drawer chest. Red-glazed lacquering. Three drawers.

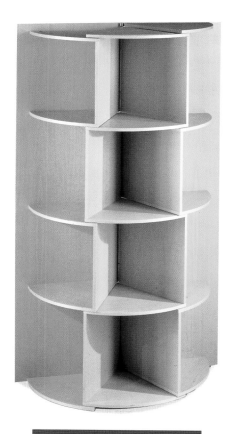

4. Lia___1995
Design___Chi Wing Lo
Azienda/Company___Giorgetti
Cm___51x37x145h

Struttura in acero. Vano
superiore con anta a ribalta e piano
estraibile.
Maple frame. Upper cabinet
with drop-leaf shutter and
extractable top.

5. Bibbona___1991
Design___Trix e Robert Hausmann
Azienda/Company___Unitalia
Cm___200x60x101h

Credenza in ciliegio
americano. Due ante scorrevoli con
aste sagomate. Vassoio in marmo
verde Aosta inserito nel piano.
American cherry-wood
sideboard. Two sliding shutters with
shaped poles. Green Aosta-marble
tray inserted in the top.

6. Incanto___1994
Design___Marco Ferreri
Azienda/Company___Adele C.
Cm___107x48x181h (aperto)

Mobile apribile a 180°.
Struttura in faggio, finitura
naturale, ebanizzato o dorato. Fuori
produzione.
Piece of furniture opening
180°. Beechwood frame, natural,
ebony or golden finish. Out of
production.

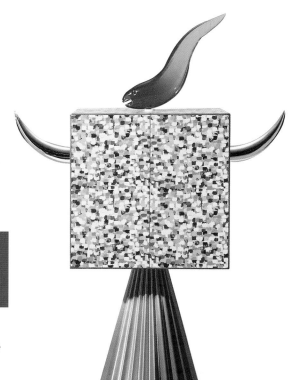

1. Cleome Spinosa__1993
Design__Alessandro Mendini
Azienda/Company__
Design Gallery Milano
Cm__116x50x165h

Contenitore in vetroresina
iridescente, laminato decorato,
fusione di metallo e vetro. Edizione
numerata, 12 pezzi.
Iridescent fiberglass-
reinforced plastic container,
decorated laminate, die-cast metal-
glass. Numbered edition, 12 pieces.

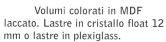

2. Contenitore__1993
Design__Prospero Rasulo
Azienda/Company__
Autoproduzione
Varie misure/Various dimensions

Mobili di recupero decorati.
Collezione Trash Forniture.
Decorated recovered
furniture. Trash Furniture
Collection.

3. Arlecchina__1991
Design__Paola Palma
Carlo Vannicola
Azienda/Company__Zeritalia
Cm__110x58x210h

Volumi colorati in MDF
laccato. Lastre in cristallo float 12
mm o lastre in plexiglass.
Coloured lacquered MDF
volumes. 12-mm float-crystal plates
or plexiglass plates.

4. Mobilegiallo__1988
Design__Ettore Sottsass
Azienda/Company__
Design Gallery Milano
Cm__132x46x146h

Cassettiera in legno, radica e legno dorato.
Wood, walnut-root and gold-painted wood drawer chest.

5. Nairobi__1989
Design__Ettore Sottsass
Azienda/Company__
Zanotta Edizioni
Cm__85x55X190h

Mobile bar. Struttura in multistrati impiallacciato in tranciato precomposto (disegno dell'autore). Basamento e struttura interna con cassetto e ribalta in legno tinto nero.
Cocktail cabinet. Multi-layer frame coated with pre-compounded blank (designed by the author). Base and inside frame with black-painted wood drawer and drop-leaf top.

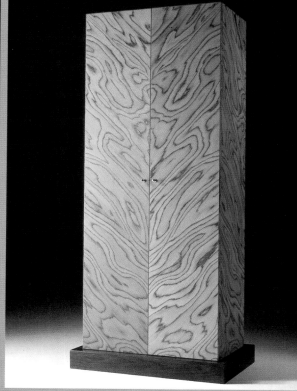

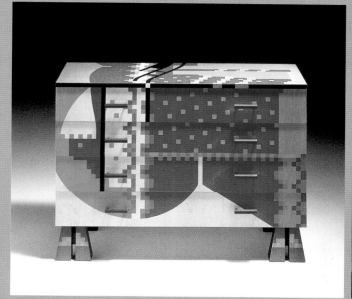

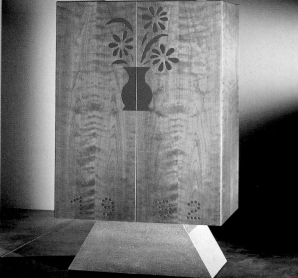

6. Calamobio__1985/88
Design__Alessandro Mendini
Azienda/Company__
Zanotta Edizioni
Cm__112x44x82h

Struttura e piedini in legno, intarsio policromo. Maniglie in alluminio anodizzato rosso. Interno cassetti in faggio naturale. Edizione 9 pezzi, numerati e firmati.
Wooden frame and feet, multi-coloured inlaying. Red anodized aluminium knobs. Natural beechwood drawer inside. Edition of 9 pieces, numbered and signed.

7. Flowers__1992
Design__Massimo Mariani
Azienda/Company__
Arredaesse Produzioni
Cm__90x45x150h

In legno naturale o laccato con intarsi in diversi colori. Base in metallo verniciato.
Natural or lacquered wood with inlaying in different colours. Painted-metal base.

141

1. Onda Quadra___1988
Design___Mario Bellini
Azienda/Company___Acerbis
Varie misure/Various dimensions

Collezione di mobili singoli da parete o da centro derivati da strutture elementari sovrapponibili in vari modi. I mobili da centro ruotano di 360°. Finiture in varie essenze. Fuori produzione.

Collection of individual wall or centre furniture derived from variously stacking basic structures. Centre pieces turn 360°. Finished in various kinds of wood. Out of production.

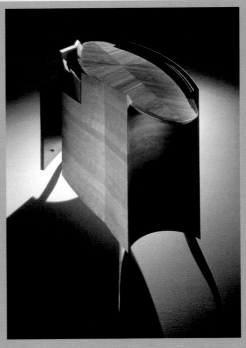

2. Tadao___1989
Design___Roberto Lazzeroni
Azienda/Company___Ceccotti
Cm___175x51x89h

Credenza ovoidale in massello di ciliegio. Ripiani interni in acero. Due ante e due cassetti.

Egg-shaped massive cherry-wood sideboard. Maple inside tops. Two shutters and two drawers.

4. Eloise__1990
Design__Antonia Astori
Azienda/Company__Driade
Cm___225x40/75x213h

Studiolo/libreria. Struttura e piano con finitura in pero e amaranto, griglie in "bois de rose".

Cabinet/book-shelf. Frame and top with pear-wood and amaranth finishing, rosewood grids.

3. Infanzia Berlinese__1986
Design__Arduino Cantafora
Azienda/Company__Mirabili
Cm___130x53x230h

Struttura in ciliegio, ripiani nterni. Ante in cristallo. Lanterna n ottone. Edizione limitata, 99 semplari.

Cherry-wood frame, inside helves. Crystal shutters. Brass ntern. Limited edition, 99 pieces.

5. Papiro__1989
Design__Aldo Rossi
Azienda/Company__
Molteni & C.
Cm___144x64x115h

Scrittoio in legno, caratterizzato da numerosi cassetti.

Wooden writing desk characterized by several drawers.

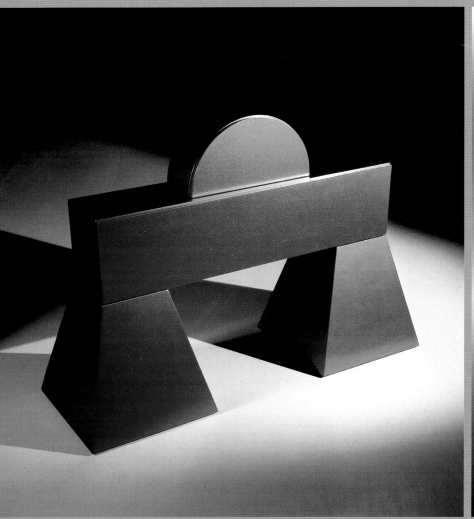

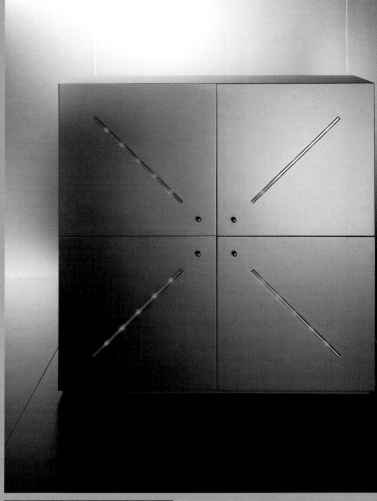

1. Mobile Metafisico__1986
Design__Alessandro Mendini
Azienda/Company__Mirabili
Varie misure/Various dimensions

    Struttura in legno laccato
rosa metallizzato. Edizione limitata.
    Pink metal-coated wood
frame. Limited edition.

**2. Black Rubber Cabinet
with Scanners__**1995
Design__Johanna Grawunder
Azienda/Company__
Design Gallery Milano
Cm__110x50x110h

    Contenitore con finitura in
gomma liquida. Interni in laminato
Abet. Lampade luminose rosse
inserite nelle ante.
    Liquid-rubber coated
container. Abet laminate inside. Red
luminous led in the shutters.

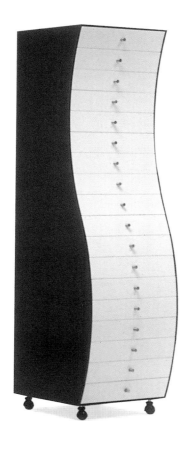
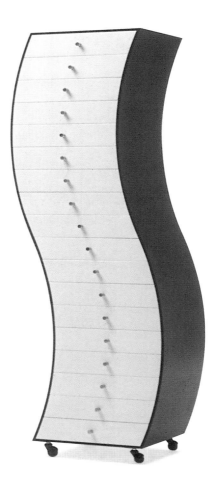

3. Side One___1986
Design___Shiro Kuramata
Azienda/Company___Cappellini
Cm___63x50x170h

Cassettiera curva in frassino nero. Cassetti bianchi.

Black-ash curved drawer chest. White drawers.

4. Kasimir___1995
Design___Massimo Morozzi
Azienda/Company___Mazzei
Cm___138x64x185h

Struttura in tamburato. Parte fissa con cassetti in legno. Parte ruotante laccata. Disco di rotazione con sfere di acciaio.

Veneered frame. Fixed part with wooden drawers. Lacquered revolving part. Rotation disk with steel bearings.

145

1. Mobil__1993
Design___Antonio Citterio
Glen Oliver Loew
Azienda/Company___Kartell
Varie misure/Various dimensions

Serie di contenitori con struttura metallica. Contenitori e ripiani in tecnopolimero termoplastico, trasparenti o opachi in diversi colori. Con ruote o piedini.
Set of metal-frame containers. Transparent or mat engineering thermo-plastic containers and tops in different colours. With wheels or feet.

2. Blob__1995
Design__Biagio Cisotti
Sandra Laube
Azienda/Company__BRF
Cm__125x 40x137h

3. Light boxes__1994
Design__Enrico Franzolini
Azienda/Company__Cappellini
Varie misure/Various dimensions

4. Storet__1994
Design__Nanda Vigo
Azienda/Company__Acerbis
Cm__61x50x135h

Struttura in legno verniciato con gommina antigraffio o vernice opaca. Gambe e ripiani in metallo. Ante in polistirolo riciclabile colorato in massa. Vari decori.

Wooden frame painted with scratch-proof rubber paint or mat paint. Metal legs and shelves. Recyclable mass-coloured polystyrene shutters. Various decorations.

Serie di contenitori caratterizzati da ante fessurate da cui filtra la luce interna. Nei colori bianco, rosso, blu, giallo.

Set of containers characterized by slotted shutters with internal light passing through. In the colours white, red, blue, yellow.

Struttura in ciliegio. Modanatura dei cassetti con laccatura morbida opaca.

Cherry-wood frame. Mat soft-lacquered drawers.

5. Panarea__1995
Design__Massimo Morozzi
Azienda/Company__Mazzei
Cm__195x52x85117h

Contenitore su ruote con ante scorrevoli. Vasta gamma di combinazioni cromatiche.

Container on wheels with sliding shutters. Wide range of colour combinations.

1. Victor___1994
Design___Umberto Riva
Azienda/Company___
Schopenhauer
Cm___155x23x140h

Ribaltina in faggio naturale o ontano. Piani di appoggio frontali e laterali.

Natural beechwood or alder drop-leaf cabinet. Front and lateral tops.

2. Cornice___1995
Design___Oreste Marrone
Azienda/Company___Acierno
Cm___113x10x83h

Vetrinetta da parete in massello di ciliegio o mogano verniciato a cera. Fondo a doppia faccia ocra o nera.

Massive wax-painted cherry-wood or mahogany wall show-case. Double-sided ochre or black background.

3. Tric-Trac___1995
Design___Claudio Lazzarini
Carl Pickering
Azienda/Company___Acierno
Cm___40x40x220h

Struttura in faggio evaporato o laccato. Gli elementi possono essere incernierati tra loro dando luogo a diverse configurazioni.

Artificially-seasoned or lacquered beechwood frame. Elements may be hinged together thus producing different configurations.

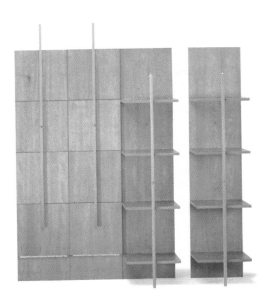

148

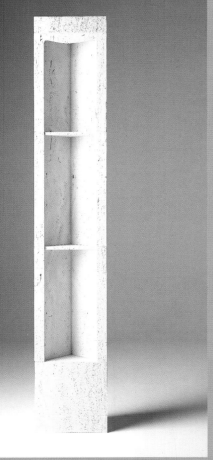

Sistema di contenitori a cassetti o ante in lamiera scatolata piegata. Frontali dei cassetti e delle ante forati a losanghe o a disegni. Settimanale, cassettiera, comodino.

System of folded-plate containers with drawers or shutters. Losenge-pierced or decorated drawer and shutter fronts. Commode, drawer chest, night table.

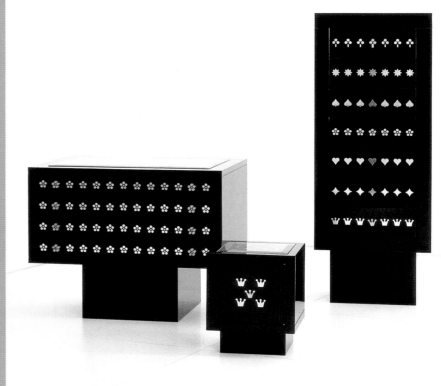

Elemento angolare a tre piani in travertino.

Corner element with three travertine tops.

Piano e pilastri in laminato decorato. Cassettiera in pannelli gianostal double face metallizzati. Maniglie in alluminio. Cornici e sostegni dello specchio in metallo cromato.

Decorated laminate top and columns. Metal-coated double-face gianostal panelled drawer chest. Aluminium knobs. Chromium-plated metal mirror frames and supports.

Serie di contenitori in compensato di betulla. Piedini in alluminio pressofuso o ruote in nylon bianco. Ante in legno o cristallo. Tutti gli elementi possono essere sospesi a muro.

Set of birch-plywood containers. Die-cast aluminium feet or white nylon wheels. Wooden or crystal shutters. All elements may be wall-mounted.

150

2. Garage__1994
Design__Opera Work in
Progress
Azienda/Company__Ycami
Cm__46/64/82x43x85/123/165h

Struttura in ciliegio o acero o
laccato nero montata su ruote
autobloccanti. Schienale, serrandina
e attrezzature interne in alluminio.
    Cherry-wood, maple or black-
lacquered frame mounted on self-
locking wheels. Aluminium back,
shutter and inside equipment.

3. Basic__1994
Design__(zed) Design Network
Azienda/Company__
Palluccoitalia
Cm__45/51/98/145
192x49/83/118h

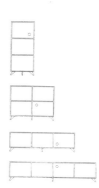

Sistema di contenitori
modulari. Struttura in laccato
bianco, faggio naturale o tinto. Ante
e cassetti in acciaio inossidabile
texturizzato naturale o brunito.
Maniglia con magnete spostabile.
    System of modular
containers. White lacquered, natural
beechwood or painted frame.
Natural or burnished texturized
stainless-steel shutters and drawers.
Knob with movable magnet.

4. Nastro__1995
Design__Katherine Krizek
Azienda/Company__Acerbis
Cm__130x50x87h

Struttura in legno, frontale
dei cassetti in multistrati, acero
naturale, noce biondo o laccati.
Piedini in metallo.
    Wooden frame, natural
maple, golden walnut or lacquered
multi-layer drawer front. Metal feet.

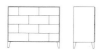

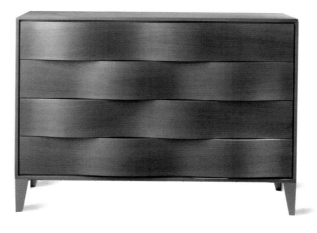

151

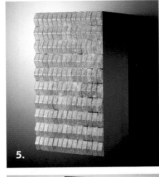

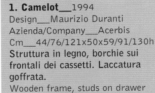

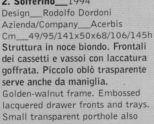

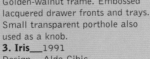

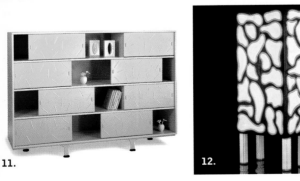

1. Camelot__1994
Design__Maurizio Duranti
Azienda/Company__Acerbis
Cm__44/76/121x50x59/91/130h
Struttura in legno, borchie sui
frontali dei cassetti. Laccatura
goffrata.
Wooden frame, studs on drawer
fronts. Embossed lacquering.

2. Solferino__1994
Design__Rodolfo Dordoni
Azienda/Company__Acerbis
Cm__49/95/141x50x68/106/145h
Struttura in noce biondo. Frontali
dei cassetti e vassoi con laccatura
goffrata. Piccolo oblò trasparente
serve anche da maniglia.
Golden-walnut frame. Embossed
lacquered drawer fronts and trays.
Small transparent porthole also
used as a knob.

3. Iris__1991
Design__Aldo Cibic
Azienda/Company__Antologia
by Boffi
Cm__90x55x140h
Secretaire in legno massiccio
rivestito in foglia d'oro. Sportello
superiore in legno e vetro acidato e
serigrafato. Cassetti e mensoline
interne, piano scrittoio estraibile.
Gold-plated massive-wood
sécretaire. Wooden or etched and
silk-screened glass top. Inside
drawers and shelves, extractable
writing top.

4. Autoritratti__1986
Design__Massimo Morozzi
Azienda/Company__Mazzei
Cm__208x46x168h
Mobile con specchio tondo. Cornici
ondulate in ebano. Cassetti
sporgenti. Fuori produzione.

Piece of furniture with round
mirror. Corrugated ebony frames.
Protruding drawers. Out of
production.

**5. Small Cabinet with Orange
Plastic Car Reflectors __**1995
Design__Johanna Grawunder
Azienda/Company__
Design Gallery Milano
Cm__30x30x60h
Contenitore con finitura in gomma
liquida. Due ripiani interni. Anta
rivestita da 140 catarifrangenti per
automobile.
Liquid-rubber finished container.
Two inside shelves. Shutter coated
with 140 car reflectors.

6. Jikan__1992
Design__Andrea Anastasio
Azienda/Company__Memphis
Cm__70x39x105h
Mobile in legno verniciato, ferro e
vetro colorato.
Painted-wood, iron and coloured-
glass piece of furniture.

7. Souvenir__1995
Design__Clare Brass
Azienda/Company__Zeritalia
Cm__100x66x39h
Struttura in faggio tinto ciliegio.
Piano superiore in cristallo curvato
8 mm a filo lucido. Cassetti
opzionali in metallo.
Cherry-wood painted beechwood
frame. 8-mm curved crystal top
with polished edge. Optional metal
drawers.

8. Ubishop__1989
Design__Mauro Canfori
Azienda/Company__Cidue
Cm__80x49x180h
Vetrinetta costituita da un telaio
portante in profilo triangolare di
acciaio estruso, profili tubolari
quadri, lama curvata verniciata.
Base in MDF. Lastre di cristallo.
Luce alogena.
Show-case made up of an
extruded-steel triangular-profiled
supporting frame, square tube
profiles, painted curved plate. MDF
base. Crystal tops. Halogenous light.

9. Amor__1992
Design__Dan Friedman
Azienda/Company__
Arredaesse Produzioni
Cm__78x45x63/118h
Cassettiera a forma di bottiglia di
profumo in legno laccato lucido,
apribile centralmente. Montata su
ruote.
Perfume-bottle shaped polished
lacquered-wood drawer chest with
central opening. Mounted on wheels.

**10. Mirrored Medicin Cabinet
with Flashing__**1995
Design__Johanna Grawunder
Azienda/Company__
Design Gallery Milano
Cm__60x20x80h
Contenitore a muro laccato argento
opaco. Anta a specchio, mensole
interne, luce formata da 12

fanalini rossi per automobile.
Mat silver-lacquered wall
container. Mirror shutter, inside
shelves, light made up of 12 red
car lights.

11. Blob__1995
Design__Biagio Cisotti/Sandra
Laube
Azienda/Company__BRF
Cm__125x40x137h
Struttura in legno verniciato con
gommina antigraffio o vernice
opaca. Gambe e ripiani in
metallo. Ante in polistirolo
riciclabile colorato in massa. Va
decori.
Wooden frame painted with
scratch-proof rubber paint or m
paint. Metal legs and shelves.
Recyclable mass-coloured
polystyrene shutters. Various
decorations.

12. Sécretaire Archipel__199
Design__David Palterer
Azienda/Company__
Edizioni Galleria Colombari
Cm__70x31x171h
Mobile in legno laccato e maiol
Lacquered-wood and majolica p
of furniture.

13. Hi-Fi Large__1993
Design__Furio Minuti
Azienda/Company__Tenda Dor
Varie misure/Various dimension
Struttura in acciaio fosfato. Ar
e ripiani in materiale sintetico.
Vasta gamma di colori.
Phosphatized steel frame.
Synthetic shutters and tops. W
range of colours.

14. Shigeto__1989
Design__Vico Magistretti
Azienda/Company__è DePadov
Cm__160/120/60/45,5x172,6
Struttura in massello di ciliegi
Ante, fianchi, fondo e cassettie
legno impiallacciato in ciliegio.
Finitura a cera. Ruote piroettar
in gomma.
Massive cherry-wood frame.
Cherry-wood coated shutters, s
bottom and drawer chest. Wax
finish. Spinning rubber wheels.

15. Grande piatto__1991
Design__Andrea Branzi
Azienda/Company__
Design Gallery Milano
Cm__320x50x124h
Mobile con contenitori ad ante
ribalte in legno laccato. Edizio
numerata, 20 pezzi.
Piece of furniture with contain
with shutters and lacquered-wo
drop-leaf tops. Numbered editi
20 pieces.

16. Lente__1988
Design__Enrico Tonucci
Azienda/Company__Sica
Cm__40x44x179h
Vetrina con struttura in ciliegi
vetro spessore 5 mm. Anta in v
curvato. Cassetto in ciliegio.
Show-case with cherry-wood a

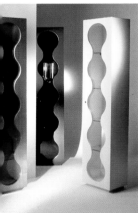

wood shutter. Cherry-wood drawer.

17. Pick up__1995
Design__Maurizio Favetta
Azienda/Company__King Size
Cm__40x48x15h
Cassetto impilabile. Struttura in
betulla. Maniglie in massello di
mogano Honduras. Base con ruote.
Stacking drawer. Birch-wood
frame. Massive Honduras-
mahogany knobs. Base with wheels.

18. Normandie__1991
Design__Aldo Rossi
Azienda/Company__Molteni & C
Cm__93x44/64x198h
Credenza in noce con un vano
inferiore chiuso e uno superiore con
anta in vetro. Anche versione ad
angolo.
Walnut sideboard with a closed
lower cabinet and an upper cabinet
with glass shutter. Also available in
the corner version.

19. Cassapanca/Madia__1992
Design__Aldo Rossi
Azienda/Company__Longoni Bruno
Cm__90/150x45/50x49/72h
Struttura in ciliegio. Decoro a
dama in ebano e acero.
Cherry-wood frame. Ebony and
maple draught-board decoration.

20. Ugonotti__1992
Design__Luciano Bertoncini
Azienda/Company__Bellato
Varie misure/Various dimensions
Comodino, cassettone e settimanale
in noce, ciliegio laccati in vari
colori. Maniglie in metallo satinato.
Walnut or cherry-wood night-table,
drawer chest and commode
lacquered in different colours.
Glazed metal knobs.

21. Sibea__1994
Design__Monica Moro
Azienda/Company__
Ravarini Castoldi & c.
Cm__40x29x185h
Vetrina contenitore con struttura in
legno. Anta in legno e vetro
trasparente. Ripiani in vetro. Foro
sulla parte superiore per il
passaggio della luce ambiente.
Container show-case with wooden
frame. Wood and transparent glass
shutter. Glass tops. Hole on the top
to let environmental light through.

22. Fenice e Ducale__1995
Design__Enzo Berti
Azienda/Company__LaPalma
Cm__85x46x125h-53x46x184h
Contenitori multiuso montati su
ruote o piedini. Struttura in
multistrati e agglomerato di
pioppo, finitura in acero naturale o
tinto ciliegio.
Multi-use containers mounted on
wheels or feet. Poplar-wood multi-
layer and agglomerate frame,
natural maple or cherry-wood
painted finishing.

23. Lunaria__1993
Design__Prospero Rasulo
Azienda/Company__BRF

Cm__47/114x45x160h
Struttura in legno verniciato.
Gambe in acciaio verniciato.
Maniglie in gomma colorata.
Painted-wood frame. Painted-steel
legs. Coloured rubber knobs.

24. Minima__1992
Design__Franco Raggi
Azienda/Company__Schopenhauer
Cm__45x45/88x54/97/140h
Struttura in faggio, top e fianchi in
vetro. Cassetti e copricassetti in
legno, ripiani in chodopack.
Beechwood frame, glass top and
sides. Wooden drawers and drawer-
covers, chodopack tops.

25. Camicino__1995
Design__Marco Gaudenzi
Azienda/Company__Tonelli
Cm__49x36x72h
Carrello con struttura in vetro float
12 mm dotato di sei vassoi in
ciliegio con apertura a compasso.
Trolley with 12 mm thick float
glass structure and 6 trays in
cherry wood with compass opening.

26. Libido__1994
Design__Prospero Rasulo
Azienda/Company__Lupi
Varie misure/Various dimensions
Programma di contenitori
componibili. Ante e cassetti in
legno, ante con decoro, piedini in
gomma o metallo, maniglie in
gomma morbida colorata.
Set of modular containers. Wooden
shutters and drawers, decorated
shutters, rubber or metal feet, soft
coloured rubber knobs.

27. Grande gabbia__1991
Design__Andrea Branzi
Azienda/Company__
Design Gallery Milano
Cm__200x48x192h
Mobile divisorio con struttura e
rete esterna in metallo sabbiato.
Contenitori interni in legno laccato
finitura Vento di Dresda. Edizione
numerata, 20 pezzi.
Partition-piece of furniture with
sand-blasted metal frame and
external net. Inside containers in
lacquered wood with "Vento di
Dresda" finishing. Numbered
edition, 20 pieces.

14.

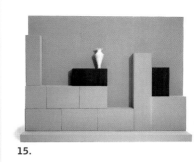

15.

17.

18.

19.

20.

22.

23.

25.

26.

27.

1.

2.

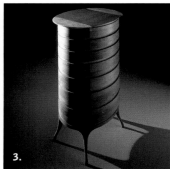

3.

4.

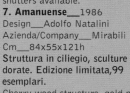

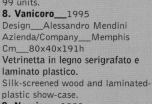

9.

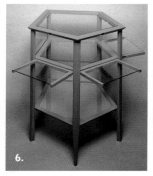

10.

11.

12.

14.

15.

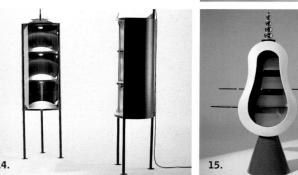

16.

8.

13.

1. Iseppo e Nicolò__1990
Design__Brunati/Zerbaro/Carollo
Azienda/Company__Malofancon
Cm__100x51x91h
Comò e comodino in massello di ciliegio con serrandina scorrevole e ripiano sagomato.
Massive cherry-wood commode and night-table with sliding shutter and shaped top.

2. George__1987
Design__George Sowden
Azienda/Company__Memphis
Cm__100x38x130h
Mobile in legno laccato e laminato plastico.
Lacquered-wood and laminated-plastic piece of furniture.

3. Bandeja__1988
Design__Roberto Lazzeroni
Azienda/Company__Ceccotti
Cm__69x50x109h
Cassettiera ovoidale con sette cassetti in diverse misure. Interamente realizzata in massello di ciliegio.
E'gg-shaped drawer chest with seven drawers of different sizes. Fully made of massive cherry-wood.

4. Dolcemare__1988
Design__Prospero Rasulo
Azienda/Company__Masterly
Cm__30x35x220h
Cassettiera. Fuori produzione.
Drawer chest. Out of production.

5. Marilyn__1994
Design__David Palterer
Azienda/Company__Acerbis
Cm__110x56x120h
Struttura in ciliegio. Piani d'uso laccati antigraffio rosa. Piano ribaltabile con specchio.
Cherry-wood frame. Pink scratch-proof lacquered tops. Drop-leaf top with mirror.

6. Penta__1994
Design__Achille Castiglioni
Azienda/Company__Longoni Bruno
Cm__60x66x79/97h
Mobile a ripiani in cristallo. Struttura in massello di faggio in vari colori. Disponibili ante in cristallo.
Crystal shelves. Massive beechwood frame in different colours. Crystal shutters available.

7. Amanuense__1986
Design__Adolfo Natalini
Azienda/Company__Mirabili
Cm__84x55x121h
Struttura in ciliegio, sculture dorate. Edizione limitata,99 esemplari.
Cherry-wood structure, gold-plated sculptures. Limited production of 99 units.

8. Vanicoro__1995
Design__Alessandro Mendini
Azienda/Company__Memphis
Cm__80x40x191h
Vetrinetta in legno serigrafato e laminato plastico.
Silk-screened wood and laminated-plastic show-case.

9. Narciso__1989
Design__Anna Castelli Ferrieri
Azienda/Company__Giorgetti
Cm__56x56x175h
Contenitore per camicie e cravatte con specchio a tre ante.
Container for shirts and ties with three-panel mirror.

10. Gamba di legno__1995
Design__Ugo La Pietra
Azienda/Company__Bernini
Cm__184x52x89h
Elemento centrale con cassettino. Ante in ciliegio, ripiani, cassetto interno. Fa parte di una collezione di credenze, tavoli, sedie.
Central element with small drawer. Cherry-wood shutters, tops, internal drawer. Belongs to a collection of sideboards, tables, chairs.

11. Argus__1993
Design__Natale Gerosa e N.Malobbia
Azienda/Company__Malofancon
Varie misure/Various dimensions.
Casettiere in ciliegio o in noce. I frontali dei cassetti sono in massello.
Chest of drawers, available in cherry-wood or walnut. Solid wood drawer fronts.

12.Nyn__1995
Design__Chi Wing Lo
Azienda/Company__Giorgetti
Cm__48x48x140h
Struttura in acero. Antine superiori a ribalta, cassetti con apertura a 360°. Maniglie in metallo verniciato opaco.
Maple frame. Drop-leaf upper

shutters, drawers opening 360°.
Mat painted-metal knobs.

13. Pigreco__1987
Design__Vittorio Livi
Azienda/Company__Fiam
Cm__ø60x160h
Cristallo curvato 8 mm. Top e base
in legno laccato nero.
8-mm curved crystal. Black-
lacquered wood top and base.

14. Miss Maggie__1989
Design__Enrico Baleri
Azienda/Company__Baleri Italia
Cm__48x42x160h
Vetrina portaoggetti. Struttura in
tubo di acciaio verniciato.
Tamponamenti laterali in lamiera
curvata e verniciata. Anta in vetro
temperato convesso. Fregio in
ottone e rame.
Show-case. Painted-steel tube
frame. Lateral walls in curved and
painted plate. Convex tempered-
wood shutter. Brass and copper
decoration.

15. Narcissus__1993
Design__Alessandro Mendini
Azienda/Company__
Design Gallery Milano
Cm__134x50x195h
Mobile in legno laccato e
vetroresina iridiscente. Piani in
cristallo. Edizione numerata, 12
pezzi.
Lacquered-wood and iridescent
fiberglass-reinforced plastic piece
of furniture. Crystal tops.
Numbered edition, 12 pieces.

16. Promemoria 3__1988
Design__Ugo La Pietra
Azienda/Company__Meccani
Cm__80x52x215h
Credenza in ciliegio o in noce con
ripiani interni. Piedini di legno
tornito. Parti in vetro e rame.
Cherry-wood or walnut sideboard
with inside shelves. Rounded-off
wooden feet. Glass and copper
parts.

17. Locis Colonna__1995
Design__Cozza /Mascheroni
Azienda/Company__Tagliabue
Cm__53x38x192h
Mobile girevole. Struttura in legno
laccato o in essenza naturale.
Revolving piece of furniture.
Lacquered or natural-wood frame.

18. Alma Ditha__1990
Design__Antonia Astori
Azienda/Company__Driade
Cm__171x62x204h
Struttura e piano con finitura in
noce e akatio ebanizzato.
Walnut and ebony-akatio finished
frame and top.

19. Gustav__1990
Design__Antonia Astori
Azienda/Company__Driade
Cm__34x40x180h
Struttura con finitura in akatio
ebanizzato e ciliegio americano.
Ebony-akatio and American
cherry-wood finished frame.

20. Cantonale 1989__1989
Design__Enrico Tonucci
Azienda/Company__Triangolo
Cm__46/80x40x192h
Contenitore in faggio evaporato
nelle versioni vetrina, credenza,
armadio anche ad angolo. Finitura
legno naturale o laccato. Maniglia
in rame.
Artificially-seasoned beechwood
container in the following versions:
showcase, sideboard, wardrobe,
also in the corner version. Natural
or lacquered-wood finishing.
Copper knob.

21. Architettura__1990
Design__Piero Fornasetti
Azienda/Company__
Fornasetti Immaginazione
Cm__100x56x86h
Comò curvo in legno laccato.
Decorazione avorio/nero. Archivio
storico di Piero Fornasetti (anni
'50). Edizione limitata.
Lacquered-wood curved commode.
Ivory/black decoration. Historical
archive of Piero Fornasetti
(1950's). Limited edition.

22. Messinscena__1986
Design__Ugo La Pietra
Azienda/Company__F.lli Boffi
Cm__46x30x160h
Mobile in ciliegio con antine e
cassetti.
Cherry-wood piece of furniture
with shutters and drawers.

23. Cut__1991
Design__Carlo Cumini
Azienda/Company__Horm
Cm__128x48x140h
Pannelli in agglomerato ligneo
impiallacciato in ciliegio.
Verniciature colorate del tipo
goffrato. Piedini regolabili in legno
o acciaio inox o ruote. Maniglie
cromate.
Chipboard panels with cherry-wood
veneering. Embossed colour paint
covering. Wooden or stainless steel
adjustable feet, or free/captive
wheels. Chrome-plated handles.

24. My self__1989
Design__Gianni Veneziano
Azienda/Company__Masterly
Cm__33x33x190h
Mobile bar realizzato in erable.
Interno in specchio con ripiani di
vetro. Gambe e cono portafiori in

acciaio. Fuori produzione.
Cocktail cabinet made of erable.
Mirror inside with glass shelves.
Steel legs and cone-shaped flower
pot. Out of production.

25. Piccola gabbia__1991
Design__Andrea Branzi
Azienda/Company__
Design Gallery Milano
Cm__75x55x175h
Contenitore in lamiera forata e
sabbiata con interni in legno
laccato rosso. Edizione numerata,
20 pezzi.
Pierced and sand-blasted plate
container with red-lacquered wood
inside. Numbered edition, 20
pieces.

26. Giglio__1991
Design__Aldo Cibic
Azienda/Company__Antologia by
Boffi
Cm__80x45x184h
Mobile in legno massiccio colorato
all'anilina beige. Avvolgibile in
legno, due sportelli, mensolina a
ribalta. Ruote in nylon.
Massive-wood piece of furniture
coloured with light brown aniline.
Wooden roll shutter, two doors,
drop-leaf shelf. Nylon wheels.

27. Bertrand__1987
Design__Massimo Iosa Ghini
Azienda/Company__Memphis
Cm__221x53x90h
Struttura in legno e metallo.
Wood and metal frame.

18.

20.

21.

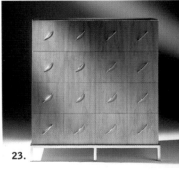
23.

25.

26.

27.

Nella storia dell'arredo la tipologia del sistema è relativamente giovane. Come data di esordio può valere il 1968, anno in cui apparve "Cub 8" disegnato da Angelo Mangiarotti per Poltronova e "Oikos 1" di Antonia Astori per Driade. Il '68, anno di rivoluzioni studentesche, contempla anche una rivoluzione domestica destinata a modificare il concetto di arredo.

Il nodo del cambiamento sta ideologicamente già nel termine "attrezzare" che indica un modo nuovo di considerare le suppellettili. Prima la casa si ammobiliava, scegliendo per ogni ambiente tipologie definite. Dopo il '68 si tende invece ad attrezzare l'abitazione, ricorrendo a elementi, facilmente componibili, adatti a ogni locale. Nasce il sistema, una struttura neutra, costituita da schiene, fianchi, top, basi e pensili, ideata per razionalizzare tutti i problemi di contenimento. Lo stesso abaco di elementi può generare tipologie diverse: pareti, librerie, contenitori, armadi.

Fa il suo ingresso, come una delle tante possibilità offerte dal sistema, una nuova tipologia: la parete attrezzata, un mobile misto che riassume le funzioni degli scaffali, delle vetrine, del buffet, della credenza e persino del portatelevisore. Anno dopo anno il sistema si specializza, diventando anche parete: non solo attrezzatura ma anche elemento costruttivo. E il progetto di design si avvicina a quello di architettura, disegnando e suddividendo gli spazi interni.

Progressivamente il sistema si trasforma in prodotto standard. Quasi tutte le aziende che producono mobili mettono a punto un sistema. La concorrenza si gioca sui prezzi, sulle prestazioni, sulla componibilità, sui materiali e sugli accessori. Entrano in campo i colori, utilizzati in tavolozze sempre più ampie; gli stratificati che offrono le venature dei legni esotici e pregiati; i dettagli in metallo, le ante in vetro serigrafato e la componibilità tende a semplificarsi. Il 1984 rappresenta un'altra tappa importante nella storia del sistema con l'ingresso di "Metropolis", disegnato da Antonio Citterio per T70. "Metropolis" è arricchito da corpi aggettanti che movimentano il suo profilo e regalano nuove profondità. Il sistema perde la sua linearità che tendeva a renderlo monotono per acquisire un movimentato gioco di volumi.

L'invenzione si trasforma presto in conquista generalizzata: i corpi aggettanti alla fine degli anni ottanta sono ormai all'ordine del giorno. L'esigenza di muovere il profilo del sistema porta anche all'introduzione di nicchie specchiate, sorta di 'trompe l'oeil' per ampliare illusoriamente lo spazio. L'altra carta da giocare sono le attrezzature interne e gli optional: compare il supporto girevole per il televisore; gli elementi con ante vetrate sono dotati di faretti per offrire un effetto quasi da vetrina di museo; le ante degli armadi sono corredate di bordi antipolvere. Tra le filiazioni del sistema possono essere annoverate le teche a muro di Enzo Mari per Zanotta (1995). L'idea è di dotare le pareti di contenitori a vetri, di varie misure, destinati a ospitare le collezioni di oggetti e la cristalleria, regalando l'effetto di una serie di scatole magiche appese ai muri come dei quadri iperrealisti.

Nel settore degli armadi la ricerca si concentra sulle attrezzature interne. L'armadio diventa una vera e propria macchina per contenere con cassetti di misure differenziate, cestelli estraibili su guide metalliche, meccanismi che consentono di abbassare l'appenderia; taluni prevedono anche l'alloggiamento per l'asse da stiro e di altri utensili.

Nel campo delle librerie, escludendo quelle derivate dal sistema, il capitolo più ampio riguarda quelle metalliche. All'origine ci sono la mitica "Congresso", premiata alla prima edizione del premio Smau nel 1968, meglio conosciuta con il nome dell'azienda produttrice Lips Vago e le scaffalature industriali da supermercato, tipo il "Metro System" importato dall'America assieme alla passione per l'high tech. Infine può essere considerata quasi una innovazione tipologica la libreria a spirale in metallo da appendere al muro di Ron Arad, presentato come prototipo nel 1993 a Milano durante il Salone del Mobile e diventata prodotto di serie l'anno successivo, grazie alla ricerca tecnologica della Kartell che la realizza in plastica mediante estrusione. La rigida ortogonalità, tipica delle librerie si spezza e compare per la prima volta un movimento dinamico capace di animare la percezione dello spazio domestico.

In the history of furnishings the typology of the system is relatively recent. The date of its debut can be set at 1968, the year of the appearance of "Cub 8" designed by Angelo Mangiarotti for Poltronova, and of "Oikos 1" by Antonia Astori for Driade. The year 1968, that of the student uprisings, also witnessed a domestic revolution destined to modify the concept of furnishings.

The crux of the change is summed up, as an ideology, in the term "to equip", indicating a new way of viewing household furnishings. Before 1968 the house was decorated by selecting defined typologies for each room. After, there was a tendency to "equip" the home, using easily combined elements, suitable for all rooms. This led to the birth of the furnishings system, a neutral structure composed of backs, sides, tops, bases, hanging units, designed to rationalize all problems of storage. The same elements can be used to generate different typologies: wall units, bookcases, cabinets, wardrobes.

A new typology appears, as one of the many possibilities offered by the system: the accessorized wall, a mixed unit that combines the functions of shelving, display cases, the buffet, the credenza and even the television stand. Year after year the system becomes more specialized, even taking the form of divider walls: not only equipment, but an actual constructive element. The design approach is closer to that of architecture, outlining and subdividing internal spaces.

Gradually the system is transformed into a standard product. Almost all the manufacturers of furniture develop a system. Competition is based on price, features, performance, flexibility, materials, accessories. Color comes into play, with a wider range of shades; veneers are offered in luxurious and exotic types of wood; details in metal, silkscreened glass doors and simplified assembly mechanisms make their appearance. 1984 is another important year in the history of the system, with the debut of "Metropolis", designed by Antonio Citterio for T70. "Metropolis" is enhanced by protruding elements that enliven its profile and create new, deeper spaces. The system abandons its linear image, which tended to make it monotonous, in favor of a dynamic play of volumes.

This invention rapidly spread: by the end of the 1980s protruding elements were very common. The need to vary the profile of the system also led to the introduction of mirrored niches, a sort of optical illusion of greater space. Another strategic plus is obtained with the introduction of internal accessories and optionals: the rotating television stands, display cases with internal lighting, for a museum effect, doors of wardrobes with dustproof seals. One of the many derivations of the system are the wall-mounted display cases by Enzo Mari for Zanotta (1995). The idea is to equip walls with glass containers of various sizes to house collections of objects and crystal, creating the effect of a series of magical boxes hung on the wall like hyper-realist paintings. In the wardrobe sector the research focuses on internal accessories.

The wardrobe becomes a true storage machine, with drawers of different sizes, baskets on metal guides, mechanisms to lower hanger rods, spaces for ironing boards and other utensils.

In the field of bookcases, excluding those derived from systems, the most important role is played by metal. In the beginning there are the legendary "Congresso", honored at the first edition of the Smau award in 1968, and better known under the name of the manufacturer, Lips Vago, and the industrial supermarket-type shelving, like the "Metro System" imported from America together with the passion for high-tech. Finally, another sort of innovation in shelving appears with the metal spiral by Ron Arad, presented as a prototype in 1993 in Milan during the Salone del mobile and put into production one year later, thanks to technological research by Kartell, using extruded plastic. The rigid orthogonal design of bookshelves is eliminated, replaced for the first time by a dynamic movement, capable of animating perception of the domestic space.

1. Kaos___1985/92
Design___Antonia Astori
Azienda/Company___Driade
Varie misure/Various dimensions

Sistema costituito da montanti in alluminio a cremagliera fissati a muro. È variamente attrezzabile con mensole, pensili, consolle, reggilibri.
System consisting of cog rail uprights in aluminium which are fixed to the wall. It may be equipped with shelves, hanging containers, consolles etc.

3. Et Cetera 070___1992
Design___Piero Esposito
Azienda/Company___Targa Italia
Cm___64x210h (modulo)

Pannello componibile in faggio dotato di fori con boccole in ottone, attrezzabile con mensole, librerie, cassetti, vaschette portaoggetti, portaombrelli, porta abiti, specchi ecc.
Modular panel in beech with openings with brass bushing, which can be equipped with shelves, bookcases, drawers, storage trays, umbrella stands, coatracks, mirrors etc.

2. Hook system___1995
Design___Luciano Pagani
Angelo Perversi
Azienda/Company___Joint
Varie misure/Various dimensions

Struttura in tubolare di ferro, gancio in tondino di acciaio pieno rivestito con guaina in gomma. Ripiani in cristallo o legno. Compasso d'oro 1987.
Structure in iron tube, hooks in solid steel bar with a rubber sheathing. Shelves in glass or wood. Compasso d'oro 1987.

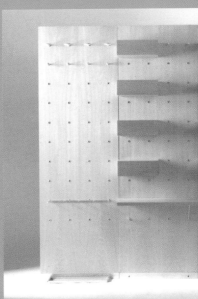

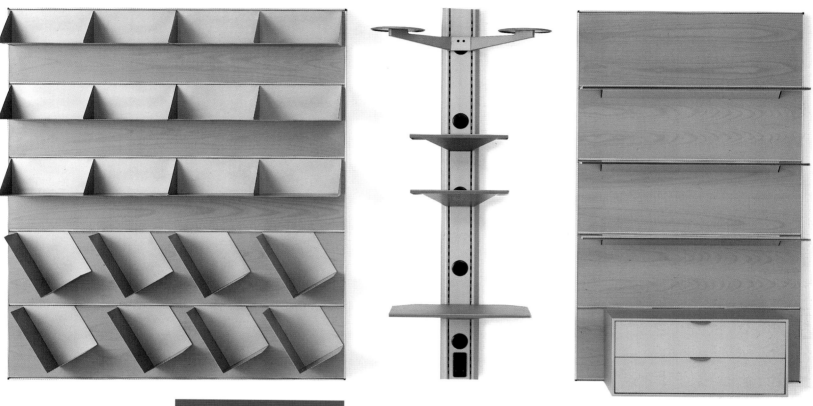

4. Verve___1994
Design___Cozza/Mascheroni
Azienda/Company___Desalto
Cm___100/200X35/270h

Sistema di pannelli modulari a parete attrezzabili. Finiture in faggio evaporato, faggio tinto ciliegio, specchio. Mensole in lamiera verniciata, cassettiere.

Systems of modular panels with which to create equipped walls. The panels are available in artificially seasoned beech, cherry-coloured beech and mirror. Shelves in painted sheet metal, chests of drawers.

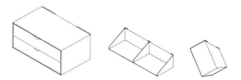

1. Pantos__1994
Design__Antonia Astori
Azienda/Company__Driade
Varie misure/Various dimensions

Sistema componibile di armadi. Struttura in conglomerato ligneo nobilitato. Ante pieghevoli e scorrevoli in melamina, gianostal, lacca, vernice, vetro, specchio. Attrezzature acciaio e alluminio.

Wardrobe modular system. Structure in veneered chipboard. Folding and sliding doors in melamine, gianostal, lake, enamel, glass, mirror. Steel and aluminium fittings.

2. Francescano__1995
Design__Marta Laudani
Marco Romanelli
Azienda/Company__
Driade/Aleph
Cm__115x36x145h

Struttura su ruote in conglomerato ligneo, finiture in acero. Cassetti, ripiani estraibili, aste fermalibri in acciaio verniciato blu.

Structure on castors in maple veneered wood conglomerate. Two drawers, three extendable shelves, uprights in steel painted blue.

160

3. Paesaggi italiani__1994/95
Design__Massimo Morozzi
Azienda/Company__Edra-Mazzei
Varie misure/Various dimensions

Programma che consente la composizione di pareti, librerie, contenitori e di mobili finiti bassi o a colonna, anche su ruote. Finiture in legno laccato in 64 colori combinabili tra loro.

System which can be assembled to create wall modules, bookcases, containers and free-standing tall or low items which may be mounted on castors. In wood or in 64 colours or their combinations.

4. Domus__1989
Design__Antonio Citterio
Azienda/Company__B&B Italia
Varie misure/Various dimensions

Sistema contenitore/libreria/vetrina/parete attrezzata. Ante con meccanismo per lo scorrimento verticale. Ripiani in PVC con anima metallica, legno, cristallo acidato.

Container/bookcase/showcase/equipped wall system. Doors slide vertically thanks to a special mechanism. Shelves in PVC with metal core, wood, etched plate glass.

5. Central__1995
Design__Lodovico Acerbis
Giotto Stoppino, Mario Mazzer
Azienda/Company__Acerbis
Varie misure/Various dimensions

Libreria/contenitore componibile a partire da un nucleo centrale. Assemblaggio a secco mediante un binario in alluminio. Varie finiture.

Modular bookcase/container with a central nucleus. Dry assembly by means of an aluminium track. Available in a selection of finishings.

1. Berione__1988
Design__Andrea Branzi
Azienda/Company__Cassina
Cm__300x52x190h

    Struttura in acciaio. Tiranti in acciaio sostengono i ripiani in cristallo tenuti in tensione da un ripiano in marmo. Fuori produzione.
    Steel structure. Steel tension bars support the plate glass shelves held in tension by the marble shelf. No longer in production.

3. Continua__1993
Design__(zed) Design Network
Azienda/Company__
Palluccoitalia
Cm__da 75 a 300x26/36x289h

    Libreria componibile a parete. Montanti in estruso di alluminio. Piani e contenitori in acciaio verniciato o faggio. Ante scorrevoli e reggilibri in alluminio.
    Modular wall bookcase. Uprights in extruded aluminium. Shelves and containers in painted steel or beech. Sliding doors and book supports in aluminium.

2. Delfino__1991
Design__Nigel Coates
Azienda/Company__
Arredaesse Produzioni
Cm__200/490x39x225h

    Armadio-libreria con struttura in metallo verniciato. Pinne di supporto in ottone argentato. Ripiani in legno laccato o naturale. Ante a vela rivestite in tessuto elasticizzato.
    Wardrobe-bookcase with structure in painted metal. Support fins in silver-plated brass. Shelves in varnished or untreated wood. Leaf doors lines with elasticized fabric.

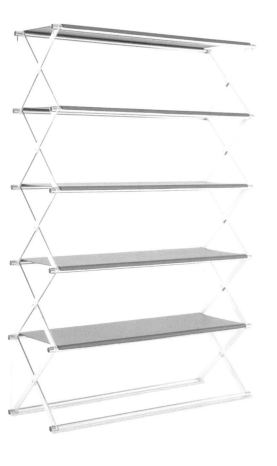

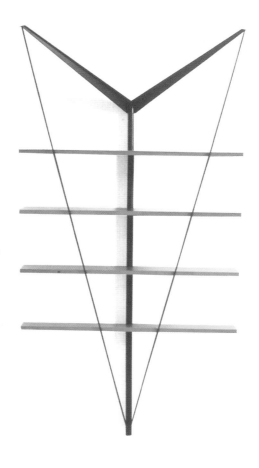

5. Angelo necessario n.1__1989
Design___P. Pallucco, M. Rivier
Azienda/Company___
Palluccoitalia
Cm___118x59x229h

Struttura smontabile in acciaio verniciata in argento, ossido, nero. Piani fissi a profondità differenziata in faggio evaporato.

Knock-down system in steel painted silver, oxide, black. Fixed shelves of different depths in artificially seasoned beech.

4. Libra__1995
Design___M. Giordano, R. Grossi
Azienda/Company___Saporiti Italia
Varie misure/Various dimensions

Sistema modulare. Struttura pieghevole a pantografo e ripiani in tensione. Traverse e crociere in alluminio, giunti in ottone, tiranti in acciaio. Ripiani in lamiera rivestita in cuoio.

Modular system. Folding, pantograph-style structure and shelves in tension. Crossbars and crossbeam in aluminium, joints in brass, tension bars in steel. Shelves in steel upholstered with leather.

6. Abracadabra__1991
Design___DDL Studio
Azienda/Company___Zerodisegno
Cm___62/137x33/40x200/350h

Struttura in acciaio verniciato, finitura alluminio o black soft. Ripiani in MDF, U-Glass, alluminio.

Structure in steel painted aluminium colour or soft black. Shelves in MDF, U-Glass, aluminium.

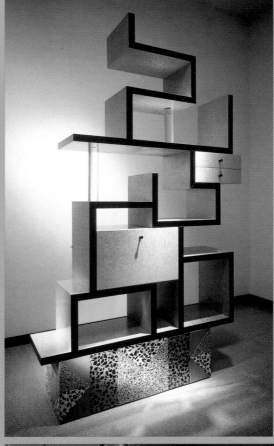

2. Max__1987
Design__Ettore Sottsass
Azienda/Company__Memphis
Cm__132x32x223h

Mobile in legno laccato, radica ricostituita, piastrelle in graniglia, perspex.

Piece in laquered wood, relonstructed brier-root, grit tiles, perspex glass.

1. I-Ching__1995
Design__Panizon/Martinelli/ Dorligo
Azienda/Company__GFR/Nomade
Cm__90x30x30h

3. Boogie Woogie__1995
Design__Franco Poli
Azienda/Company__Bernini
Cm__81x222h

Contenitori in metallo verniciato con apertura a ribalta. Montaggio a parete in posizione fissa o su guida scorrevole orizzontale. Componibili.

Painted metal boxes with flap opening. Fixed wall installation or sliding on horizontal guide. Modular pieces.

Elementi componibili a vani, in faggio tinto noce o ciliegio.

Modular elements in the form of compartments, in beech coloured walnut or cherry.

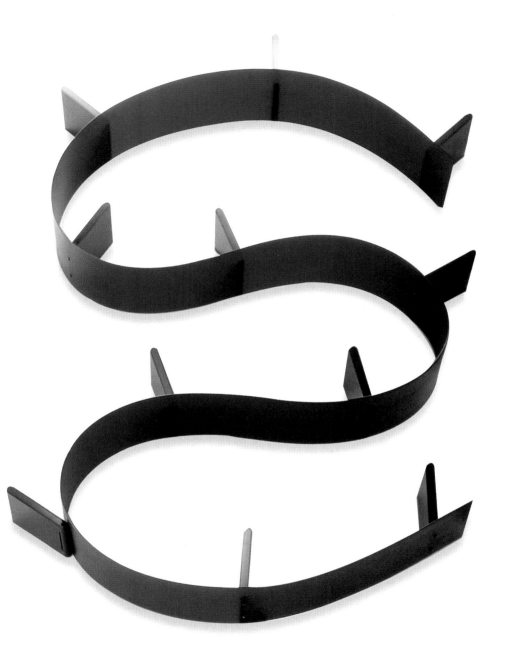

5. Joy__1989
Design__Achille Castiglioni
Azienda/Company__Zanotta
Cm__96x30x da 74 a 190h

Mobile a ripiani rotanti. Piani in legno tamburato con armatura interna in acciaio. Finitura in frassino verniciato nero a poro aperto o in faggio evaporato colore naturale.
Structure with turning shelves. Shelves in veneer with inner steel armature. Available in ash painted black and in natural colour, artificially seasoned beech.

4. Book Worm__1994
Design__Ron Arad
Azienda/Company__Kartell
Cm__320/520/820x20x19h

Libreria da fissare a parete in diverse configurazioni. È realizzata in tecnopolimero termoplastico colorato in massa.
Bookcase which is fixed to the wall in different arrangements; in solid-colour thermoplastic technopolymer.

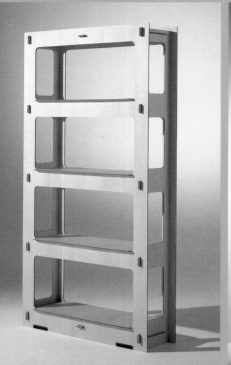

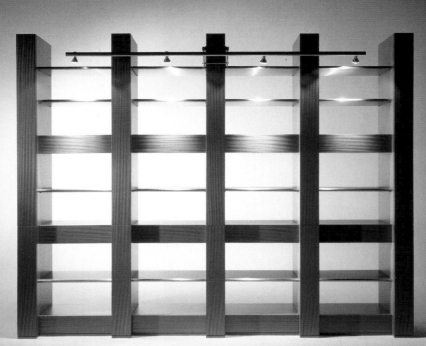

2. Illuminata__1993
Design__William Sawaya
Azienda/Company__
Sawaya & Moroni
Cm__290x45x230h

Struttura in ciliegio o mogano. Ripiani scatolari in legno e in acciaio. Attrezzabile con sportelli, cassetti, ribaltine/scrittoio. Dotata di 4 luci a incandescenza, spostabili.

Structure in cherry or mahogany. Box-type shelves in wood and steel. Can be equipped with doors, drawers, folding top. The 4 incandescent lamps can be moved.

1. Ombra__1995
Design__Bortolani/Becchelli
Maffei/Venturi
Azienda/Company__
Driade/Aleph
Cm__98x34x190h

Libreria con struttura in MDF, finitura acero.

Bookcase with MDF structure, maple facing.

3. Alpha__1995
Design__Jasper Morrison
Azienda/Company__Alias
Cm__160x33x86/118/202h

Libreria modulare. Spalle rivestite in laminato in vari colori, bordo in acero. Piani in alluminio anodizzato naturale.

Modular bookcase. Uprights lined in laminated board in different coluors with borders in maple. Shelves in natural anodized aluminium.

4. Tani Moto__1991
Design__Vico Magistretti
Azienda/Company__è DePadova
Cm__104/33/71x 205h

Struttura in massello di faggio, pannellature in MDF impiallacciato in faggio o laccate bianco. Vetrina con fianchi in vetro, antine in cristallo.

Solid beech-wood structure, MDF panels with beech veneering or white painting. Showcase with glass sides, lead glass shutters.

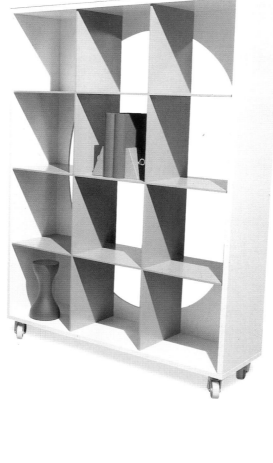
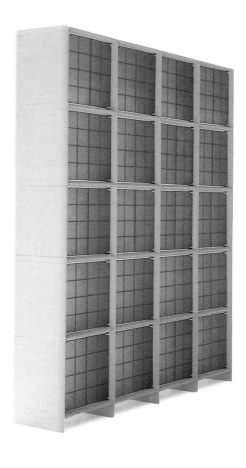

Librerie su ruote in legno laccato opaco in diversi colori. Con o senza schienale. Nelle versioni bassa, media, alta.
Bookcases on castors. In wood painted in a selection of colours. With or without back panel. In low, medium and tall versions.

Libreria componibile in tecnopolimero termoplastico, PMMA antiurto.
Modular bookcase. Thermoplastic technopolymer. Anti-shock PMMA.

167

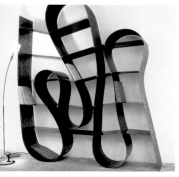

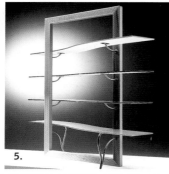

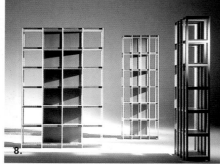

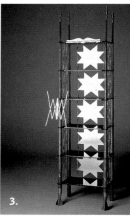

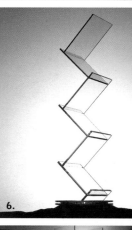

1. One Way or Another___1993
Design___Ron Arad
Azienda/Company___GFR
Ron Arad Studio
Varie misure/Various dimensions
Nastri in acciaio patinato. Forma sostenuta da divisori incernierati. Scaffali paralleli al pavimento quando sono vuoti; si modificano con il peso dei libri.
Coated steel straps. Frame supported by inged partitions. Shelves parallel to the floor and shalting under the weight of books.

2. Laima___1994
Design___Luciano Pagani/Angelo Perversi
Azienda/Company___Zanotta
Cm___95/184x45x190h
Montanti e reggipiani in lega di alluminio, verniciatura metallizzata antigraffio. Piani in cristallo. Contenitori in medium density fiberboard verniciato, con o senza ruote.
Uprights and shelf supports in aluminium alloy, scratch-resistant metallic paint. Glass shelves. Containers in painted medium density fiberboard, with or without castors.

3. Libabel___1989
Design___Jeannot Cerutti
Azienda/Company
Sawaya & Moroni
Cm___65/95x42x238h
Struttura in metallo e parti in massello di ciliegio. Ripiani a incastro. Accessori in acciaio. Decorazioni in tampografia d'oro. Particolari in passamaneria.
Structure in metal and parts in cherry wood. Dovetailed shelves. Steel accessories. Pad decorations in gold. Trimming details.

4. Afro___1993
Design___Gianvittorio Plazzogna
Azienda/Company___Galli
Cm___144x52x201h
Struttura in ciliegio. Ante intagliate.
Cherry-wood structure. Carved doors.

5. Flexa___1992
Design___Giorgio Cattelan
Azienda/Company___Cattelan Italia
Cm___180x50x180h
Struttura in faggio naturale, tinto noce o nero. Ripiani sagomati in cristallo acidato o laccati.
Structure in untreated, walnut coloured or black beech. Moulded shelves in etched plate glass or varnished.

6. Albero___1988
Design___Isao Hosoe
Azienda/Company___Tonelli
Cm___ø50x162h
Portarivista su base rotante. Sei scomparti in vetro float a spessore decrescente, da 20 a 10 mm, saldati tra loro.
Magazine stand on revolving base. Six glass partitions with decreasing thicknesses from 20 to 10 mm, assembled by welding.

7-8. Solaio___1993
Design___Carlo Cumini
Azienda/Company___Horm
Cm___da 65,5 a 257,5x198h
Struttura in faggio massello tinta ciliegio o acero. Schiene e piani in MDF verniciati. Vernici goffrate bianco, blu, argento. Assemblaggio a secco per incastro.
Structure in solid beech-wood with cherry wood or maple finishing. Backs and shelves in painted MDF. White, blue and silver embossed paints. Dry assembling by means of dap joints.

9. Libreria___1990
Design___Michele De Lucchi
Azienda/Company
Produzione Privata
Cm___75x25x30h
Libreria da tavolo in legno di pero.
Table-top bookcase in pear wood.

10. Babele___1987
Design___Massimo Morozzi
Azienda/Company___Fiam
Cm___50x50x204h
Cristallo curvato da 12 mm con ripiani fissi bisellati.
Curved 12mm thick plate glass with fixed chamfered shelves.

11. Sanbabila___1991
Design___Roberto Lucci
Paolo Orlandini
Azienda/Company___Elam
Cm___120x38x115h
Struttura in tubo metallico verniciato. Ripiani in cristallo acidato 10 mm o impiallacciati in essenza di ciliegio.
Bookcase/consolle. Structure in painted metal tube. Shelves in 10mm etched plate glass or wood panel with cherry veneer.

12. Boide___1995
Design___Gianfranco Pezzi
Azienda/Company___Dilmos Edizioni
Varie misure/Various dimensions
Libreria in ferro e rete metallica.
Bookcase in iron and metal web.

13. Metropolis___1985
Design___Antonio Citterio
Azienda/Company___Tisettanta
Cm___45/60/90x30/40/60x35 a 303h
Sistema componibile con ante scorrevoli o pieghevoli in vetro, cassetti, piani, contenitori, vani per video/hi-fi. Finiture in noce nazionale, ciliegio, nero poro aperto, laccatura.
Modular system with sliding or folding doors in plate glass, drawers, shelves, containers, compartments for video or stereo equipment. Available in national walnut, cherry, black varnish with open pores and other paints.

14. Velante___1992
Design___Studio Kairos
Azienda/Company___B&B Italia
Varie misure/Various dimensions
Armadi con apertura d'ante a pacchetto brevettato o a battente. Finitura interna: melaminizzato e legno. Finitura ante: in vari colori verniciati e satinati, legno, alluminio.
Wardrobe with patented folding or hinged doors. Interior finishings: melamine facing and wood. The doors are available in satinised paint in a selection of colours, in wood and in aluminium.

15. Milonga___1993
Design___Maurizio Duranti
Azienda/Company___Gallotti & Radice
Cm___64x64x120h
Angoliera con montanti in legno massello in essenza naturale o laccati. Cristallo temperato 8 mm. Metalli inox.
Corner unit with stands in solid wood with natural dye or enamel finishing. Tempered glass, 8 mm thick. Stainless metal.

16. Basic Program___1995

gn__G. Malighetti/B.
ecchi
nda/Company__Nespoli
_273x44x226h
ramma modulare in diverse
ure e colori. La composizione
a foto è essenza di ciliegio con
ettoni e ante laccati, mensole
ate alluminio.
ular programme in various
hings and colours, consisting of
y wood structure with
ished drawers and doors.
ves in aluminium varnish.
L666__1986
gn__Luca Scacchetti
nda/Company__Sellaro
_150x45x210h
eria in ciliegio. Antine a vetri,
ni, nicchia ad arco apribile,
o estraibile.
case in cherry wood. Glass
s, shelves, niche with opening
folding top.
Sato__1991
gn__Vico Magistretti
nda/Company__é DePadova
_180/121,5/62x205h
ttura in massello di ciliegio,
elli in legno impiallacciato
io. Ante e fianchi pannellati in
verniciato blu o bianco.
bio porta camicie e asta
ndiabiti in ciliegio.
ive cherry-wood frame,
y-wood coated panels. Blue or
e-painted MDF-coated shutters
ides. Cherry-wood shirt tray
coat-hanging pole.
Center__1988
n__Ufficio Tecnico Tisettanta
nda/Company__Tisettanta
e misure/Various dimensions
ramma di armadi. Ante a
nte, pieghevole, scorrevole in
urato a chiusura ermetica.
ure in noce nazionale, ciliegio,
tura. Vasta attrezzatura
na.
robe system. Hermetically
g hinged, folding or sliding
in veneered wood. Finishing:
nal walnut, varnishes. Wide
tion of equipment for the
or.
enzafine__1989
n__Centro Ricerche Poliform
nda/Company__Poliform
misure/Various dimensions
dio a sistema modulare
onibile. Struttura in
mina, attrezzature in
mina o faggio o noce. Ante
nti, scorrevoli, a libro, a
etto in dieci diverse finiture.
tile modular wardrobe.
ure in melamina, accessories
lamina, beech or walnut.
d, sliding or folding doors in
fferent versions.
elata__1995
n__Paolo Rizzatto
da/Company__Driade/Aleph

Cm__90/180x35x210h
**Struttura in acciaio verniciata
bianco panna. Cornice frontale in
legno.**
Structure in steel painted cream
white. Front frame in wood.
22. Gilles__1994
Design__William Sawaya
Azienda/Company__
Sawaya & Moroni
Cm__135x72x66h
**Struttura in tubolare di metallo
cromato con ruote. Elementi
scatolari di legno apribili da ambo
le parti. Piano centrale ruotante.**
Chrome-plated metal tube structure
on castors. Wooden boxes with
openings on both sides. Revolving
top in the centre.
23. Fly on the wall__1994
Design__Ron Arad
Azienda/Company__Ron Arad
Studio
Varie misure/Various dimensions
**Cubo in otto sezioni connesse da
perni d'arresto disgregabile per
fornire una varietà si scaffalature
differenti. Disponibile in vari tipi di
legno, in acciaio nero o inossidabile,
in bronzo patinato o lucido.**
Cube divided into eight pin-
connected sections which can be
disassembled to create a number of
different shelves. Available in
different wooden materials, black or
stainless steel, plated or polished
bronze.
24. Wall to Wall__1981/94
Design__Centro Ricerche Poliform
Azienda/Company__Poliform
Varie misure/Various dimensions
**Sistema componibile. Elementi
aperti e chiusi, ante scorrevoli,
vetrine, boiserie. In noce, ciliegio
americano laccato opaco.**
Modular system combining open
shelves and cabinets with sliding or
hinged glass doors, with lateral
uprights or with wainscot. In
walnut or American cherry with
opaque varnish.

13.

14.

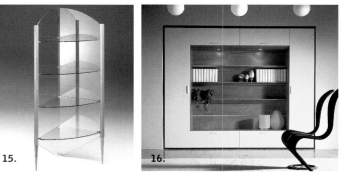

15.

16.

17.

18.

19.

20.

21.

22.

23.

24.

1.

2.

3.

4.

5.

6.

7.

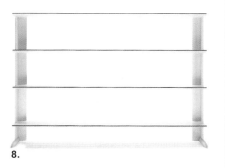

8.

9.

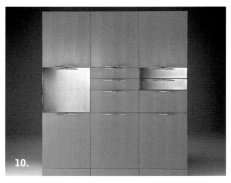

10.

1. 505___1970/94
Design___Luca Meda
Azienda/Company___Molteni & C
Varie misure/Various dimensions
Sistema di mobili componibili. La
struttura costituita da spalle e
ripiani può essere attrezzata con
contenitori, ante, mensole, piani a
ribalta ecc. In noce, ciliegio o
laccato opaco.
Modular furniture system. The
structure, consisting of uprights
and shelves, can be equipped with
containers, doors, shelves, folding
tops, etc. In walnut, cherry or
opaque varnish.

2. 7 volte 7___1988
Design___Luca Meda
Azienda/Company___Molteni & C
Varie misure/Various dimensions
Sistema modulare di armadiature.
Struttura con interno laccato,
nobilitato o in noce. Ante in noce
o laccate opaco a poro chiuso o
aperto; ante scorrevoli a battente a
pacchetto.
Modular wardrobe system. The
interior of the structure can be
varnished, veneered or in walnut.
The doors, sliding, hinged or
folding, are in walnut or in opaque
varnish with open pores.

3. Quadratus___1993
Design___Antonio Citterio
Azienda/Company___Tisettanta
Varie misure/Various dimensions
Sistema componibile composto da
contenitori, ante scorrevoli
quadrate e rettangolari, piani.
Finiture in noce nazionale, ciliegio,
betulla, laccatura.
Modular system consisting of
containers, square and rectangular
sliding doors, shelves. Available in
national walnut, cherry, birch and
varnishes.

4. Berthier___1990
Design___Marc Berthier
Azienda/Company___Magis
Cm___76x40x180h
Libreria a giorno costituita da
elementi singoli o componibili.
Struttura in alluminio anodizzato.
Attrezzata con piani, vetrinetta,
cassettiera. Piedini in nylon
regolabili.
Open bookcase made of individual
or modular elements. Structure in
anodized aluminium. Equipped
with shelves, showcases, chest of
drawers. Adjustable feet in nylon.

5. Treviri___1994
Design___Enzo Mari
Azienda/Company___Zanotta
Cm___237x30x195h
Spalle in lega di alluminio
verniciate. Tiranti in acciaio
verniciati. Ripiani in cristallo.
Uprights in painted aluminium
alloy. Tie beams in painted steel.
Shelves in plate glass.

6. Componenti a parete___1994
Design___Enzo Mari

Azienda/Company___Zanotta
Varie misure/Various dimension
Sistema in lega di alluminio
verniciato color alluminio,
bordeaux o verde. Chiusura a
coulisse in cristallo temperato.
Ripiani interni in cristallo.
Painted aluminium alloy system
available colors: aluminium,
bordeaux or green. Sliding,
tempered glass front. Glass she

7. Continuità___1972/95
Design___Adalberto Dal Lago
Azienda/Company___MisuraEm
Varie misure/Various dimension
Sistema modulare componibile.
Contenitori, cassettiere, ripiani
legno o vetro, piani d'appoggio,
ante scorrevoli in legno o vetro.
Vasta gamma di finiture e color
Vernici atossiche.
Versatile modular system.
Containers, chests of drawers,
shelves in wood or plate glass,
bases, sliding doors in wood or
glass. Vast range of surface typ
and colours. Non-toxic varnish

8. Plano___1995
Design___Toshiyuki Kita
Azienda/Company___Ycami
Cm___da 100 a
250x37x160/190/220h
Struttura in alluminio. Element
strutturali di diverse misure ne
consentono la componibilità in
lunghezza.
Structure in aluminium. Due to
structural elements, available i
different sizes, it can be assem
in a variety of widths.

9. California___1994
Design___Luciano Bertoncini
Azienda/Company___Bellato
Varie misure/Various dimensio
Libreria componibile con piani
continui (da 150 a 400 cm) in
alluminio rivestiti in ciliegio o
verniciati avorio. Montanti e p
in alluminio. Contenitori, vetri
con anta a ribalta in cristallo.
Modular bookcase with contin
shelves (from 150 to 400 cm)
aluminium with cherry wood v
or ivory paint. Uprights and fe
aluminium. Containers, hinged
doors in plate glass.

10. Babelia___1993
Design___Jorge Pensi
Azienda/Company___Ciatti
Varie misure/Various dimensio
Sistema con cassetti e ante in
faggio o acciaio inox, maniglie
fusione di alluminio. Con o sen
ruote.
Containers with beechwood or
stainless steel drawers and
shutters, die-cast aluminium k
With or without wheels.

11. Tensolibreria___1985
Design___Wolfgang Laubershe
Azienda/Company___Atelier
Cm___ 31x41x230/250h
Libreria in lamiera grezza

d'acciaio. Finitura grigio sabbiato o ruggine. Elemento di tensione in cavetto di acciaio.
Bookcase in untreated sheet steel. Sanded grey or rust surface treatment. Tension bars in steel wire.

12. Vincastro__1995
Design__Paolo Ulian
Azienda/Company__Driade/Aleph
Cm__115x30x180h
Struttura in massello di faggio, ripiani in perspex opalino.
Structure in solid beech, shelves in opaline perspex.

13. Piroscafo__1991
Design__Luca Meda
Azienda/Company__Molteni & C
Varie misure/Various dimensions
Serie di librerie a giorno a diverse altezze e larghezze. Ante a vetro con telaio in metallo.
Range of bookcases of various heights and widths, open or with glass doors, with metal frame divided by a crossbeam.

14. Piccolo albero__1991
Design__Andrea Branzi
Azienda/Company__Design Gallery Milano
Cm__190x30x205h
Libreria in metallo verniciato alluminio. Albero faggio rosso nazionale. Edizione numerata, 20 pezzi.
Bookcase in metal with aluminium paint. Tree in national red beech. Numbered edition of 20.

15. Aquilone 1__1994
Design__Paola Palma/Carlo Vannicola
Azienda/Company__Zeritalia
Cm__180x36x200h
Struttura esterna in MDF laccato. Elementi strutturali in cristallo 15 mm a filo lucido, inseriti in apposite fresate.
External structure in MDF with structural elements in smooth 15mm plate glass inserted in specific cuts.

16. Multipla__1988
Design__Piero Esposito
Azienda/Company__Targa Italia
Cm__57x51x140h
Sistema modulare. Struttura in faggio aggregabile in linea. Cassetti asportabili in fibra vegetale con maniglie di alluminio.
Modular drawer chest. In-line modular beechwood frame. Vegetal-fibre removable drawers with aluminium knobs.

17. Bookcase__1992
Design__Gruppo di progettazione MDF
Azienda/Company__MDF
Varie misure/Various dimensions
Struttura in legno con finitura in ciliegio naturale o tinto. Ante e frontalini dei cassetti in legno o vetro trasparente.
Wood structure with natural or

coloured cherry veneer. Doors and drawer fronts in wood or transparent glass.

18. Solingo__1995
Design__Calvi/Merlini/Moya
Azienda/Company__Driade/Aleph
Cm__63x38x223h
Struttura girevole da fissare a muro, in multistrato con finitura in laminato bianco.
Turning structure which is fixed to the wall, in plywood with white laminate facing.

19. Magnolia__1985
Design__Andrea Branzi
Azienda/Company__Memphis
Cm__200x50x208h
Libreria in metallo, laminato plastico e cristallo. Palme in plastica.
Bookcase in metal, plastic laminated board and glass. Palms in plastic.

20. Nissan__1992
Design__Ufficio Tecnico
Azienda/Company__MDF
Varie misure/Various dimensions
Sistema di accessori per il contenimento: cassettiere in legno tinto ciliegio, specchio orientabile, portacravatte, asta appendiabiti.
System of accessories for cupboards: chest of drawers in stained cherry, adjustable mirror, tie-rack, clothes-hanger rod.

21. Lipea Maxi__1994
Design__Eric Gottein
Azienda/Company__Ravarini Castoldi & c.
Cm__80x35x190h
Libreria con fiancate in acciaio verniciato e ripiani in pero.
Bookshelves with painted metal side panels and pear-wood shelves.

22. Shigeto box__1989
Design__Vico Magistretti
Azienda/Company__è DePadova
Cm__160/120/60/45,5x172,6h
Struttura in massello di ciliegio. Ante, fianchi, fondo e cassettiera in legno impiallacciato in ciliegio Finitura a cera. Ruote piroettanti in gomma.
Massive cherry-wood frame. Cherry-wood coated shutters, sides, bottom and drawer chest. Wax finish. Spinning rubber wheels.

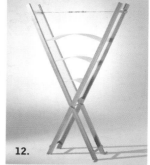

12.

13.

15.

16.

17.

19.

20.

22.

1.

3.

4.

6.

7.

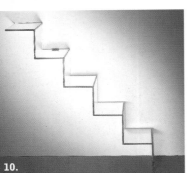

8.

10.   **11.**

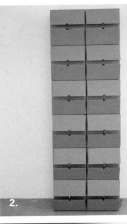

2.

5.

9.

12.

1. Columnata___1994
Design___Oscar Tusquets
Azienda/Company___Driade/Aleph
Cm___
64/128/192x32x151/182/213h
Libreria componibile. Base, ripiani,
colonnine in massello di nyatoh.
Modular bookcase. Base, shelves,
column in solid Nyatoh.

2. P.O. Box___1994
Design___Roberto Malacrida
Azienda/Company___
Autoproduzione/Self production
Varie misure/Various dimensions
Sistema di cassetti sovrapponibili
formato dall'assemblaggio di dodici
scatole di cartone.
Set of stackable drawers created by
assembling twelve carton boxes.

3. Botanica___1992
Design___Serena Omodeo Salè
Azienda/Company___Light Line
Cm___150/200x200h
Libreria in faggio e ciliegio
disponibile con diversi dettagli dei
ripiani. Divisori sagomati in forma
di libro in massello di diverse
essenze. Finiture vegetali e
atossiche.
Bookcase in beech and cherry wood
available with different shelf
details. Moulded dividing elements
shaped like books, in solid wood of
different species. Vegetal, non-toxic
treatments.

4. Alicante___1990
Design___Alik Cavaliere
Azienda/Company___Zanotta
Edizioni
Cm___90x62x180h
Struttura in legno con intarsio
policromo. Interno con cassetto e
asta appendiabiti.
Wooden frame with multi-coloured
inlaying. Inside with drawer and
coat-hanging pole.

5. Palladio___1995
Design___Vittorio Livi
Azienda/Company___Company
Fiam
Cm___62x37x166h
Vetrina in cristallo curvato 6 mm
con quattro ripiani in cristallo float
8 mm, top in cristallo float 15 mm,
anta con serratura. Base in legno
impiallacciato ciliegio o laccata
nero opaco.
6 mm thick curved glass show-
case, with four 8 mm float glass
shelves, 15 mm float glass top,
door with lock. Cherry veneered
wooden base-piece. Mat black
lacquered wooden base-piece.

6. Rack/Ciak___1988
Design___Marc Berthier
Azienda/Company___Magis
Varie misure/Various dimensions
Sistema di carrelli porta hi-fi e
portatelevisore. Struttura in
alluminio anodizzato.
Hi-fi and television set trolleys.
Anodized aluminium structure.

7. Armadio Fiorentino___1992

Design___Aldo Rossi
Azienda/Company___Longoni Bruno
Cm___102x62x210h
Armadio con ante scorrevoli e due
cassetti. Essenza di ciliegio, decoro
a dama in ebano e acero.
Wardrobe with sliding doors and
two drawers. Cherry wood,
checkerboard decoration in ebony
and maple.

8. Spider___1994
Design___D'Urbino/Lomazzi
DDL Studio
Azienda/Company___Zerodisegno
Varie misure/Various dimensions
Sistema componibile modulare.
Struttura in tubolare di acciaio
attrezzabile con mensole, ripiani,
contenitori e vari accessori.
Modular system. Structure in steel
tube which can be equipped with
shelves, tops, containers and
various accessories.

9. Achille___1990
Design___Vittorio Prato
Azienda/Company___Halifax
Cm___20x31x201h
Contenitore/libreria in legno,
finitura ciliegio o noce nazionale.
Una pietra stabilizza la base.
Wooden container/book-shelf,
cherry-wood or national-walnut
finish. A stone stabilizes the base.

10. Scala del cielo___1988
Design___DDL Studio
Azienda/Company___Tonelli
Cm___120x24x118h
Sei scalini saldati in vetro float 12
mm, sorretti da uno o due perni
fissati a muro.
Six welded steps in 12 mm thick
float glass, supported by means of
one or two wall-installed pins.

11. Liberia___1992
Design___Giugiaro Design
Azienda/Company___Fiam
Cm___128x32x180h
Struttura costituita da un'unica
lastra di cristallo, 12 mm, tagliata
e curvata.
Structure formed by a single sheet
of 12mm thick plate glass, cut and
bent.

12. Timoè___1995
Design___Alessandro Mendini
Azienda/Company___Memphis
Cm___80x40x191h
Armadietto in legno serigrafato e
laminato plastico.
Silk-screened wood and laminated-
plastic cabinet.

13. Vertica___1983/95
Design___Boccato/Gigante/Zambuso
Azienda/Company___Seccose
Varie misure/Various dimensions
Sistema libreria/contenitori.
Struttura in metallo. Ripiani in
metallo, faggio, cristallo. Piano
scrittoio, piano portatastiera,
contenitori. Struttura e ripiani in
vari colori.
Wall bookcase system. Uprights in
metal profile, shelf supports in

al bars. Shelves in metal,
h, glass. Various accessories.
cture and shelves in a selection
olours.
Bookworm__1993
gn__Ron Arad
nda/Company__GFR
Arad Studio
e misure/Various dimensions
ali per libri montati a muro in
io inox molleggiato. La forma
tenuta da squadrette alate a
era e varia a ogni
llazione.
-assembled bookshelves in
ng stainless steel. The frame is
orted using hinged and finned
kets. The shape may change
any installation.
Gentry__1993
gn__William Sawaya
nda/Company
aya & Moroni
_65x65x175h
o di metallo verniciato al
l. Due dischi permettono la
ione dei due contenitori in
no o cuoio di selleria.
zzato con portacravatte,
giacche, ripiani e aste.
e in nextel-varnished metal.
wo containers in mahogany or
e leather rotate on discs.
pped with tie hangers, coat
rs, shelves and bars.
istema X - SC01
e SC04__1992
n__Aldo Cibic
da/Company__Standard
misure/Various dimensions
enitori in mogano schiarito o
no naturale. Rivestimento
o in stoffa.
ed or natural mahogany
iners. Inside fabric coating.
Byron__1994
n__Studio Tecnico Maisa
da/Company__Maisa
misure/Various dimensions
na di librerie a giorno in
naturale o laccato. Ripiani,
i, contenitori.
f open-shelf bookcases in
al or enamelled wood.
es, wall units, boxes.
ream Space__1995
n__Denis Santachiara
da/Company__Modular
misure/Various dimensions
na di partizione e
mento degli spazi. Colonne in
o verniciato. Pannelli
nei o curvi in tessuto,
inio o MDF verniciato.
zabile con vari accessori.
n for the partitioning or
gement of spaces. Uprights in
d steel. Straight or curved
s in fabric, aluminium or
d MDF. Various accessories.
ikos__1973/92
n__Antonia Astori
da/Company__Driade

Varie misure/Various dimensions
Sistema componibile di librerie,
armadi, pareti attrezzate.
Struttura e ripiani in conglomerato
ligneo nobilitato. Ante in melamina
bianca, gianostal, lacca, vernice,
alluminio, vetro, specchio.
Modular system of bookcases,
wardrobes, equipped walls.
Structure and shelves in veneered
wood conglomerate. Doors in white
melamina, gianostal, laquer, paint,
aluminium, glass, mirror.
20. Bibliora__1981
Design__Aldo Bartolomeo
Azienda/Company__Stildomus
Cm__50x50x68/123h
Libreria montata su ruote. Piani in
noce nazionale in doghe, colonnine
in massello.
Bookcase mounted on castors.
Shelves in walnut staves, uprights
in solid wood.
21-24. Screen__1991/1995
Design__Pierangelo Caramia
Azienda/Company__Arredaesse
Varie misure/Various dimensions
Struttura attrezzata, realizzata in
legno naturale o laccato.
Ampliabile longitudinalmente per
creare pareti attrezzate, mobili
singoli autoportanti e scorrevoli.
Wall-fitting system realized in
natural wood or in lacquered wood.
The system gets longer thus
realizing wall-fitting systems,
sliding and self-supported cabinets.

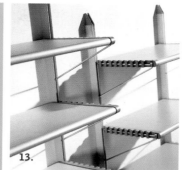

13.

14.

15.

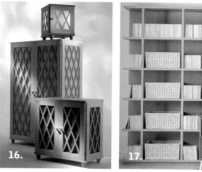

16.

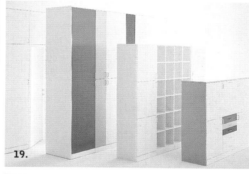

17.

18.

19.

20.

21.

22.

23.

24.

Nella storia del letto moderno c'è una data spartiacque: il 1978, l'anno in cui compare sul mercato il letto "Nathalie" disegnato da Vico Magistretti. Rispetto a questa data c'è un prima e un dopo. Il panorama della produzione dopo il 1978 cambia infatti radicalmente.

"Nathalie" ha avviato una profonda modificazione tipologica, introducendo nella cultura dell'abitare un nuove genere: il letto tessile. La sua novità non è formale, ma strutturale: letto e corredo tessile si integrano in un unico progetto. Poichè è un nuovo genere di prodotto, si colloca al disopra degli stili, risultando compatibile con gli arredi sia moderni sia classici. Vero e proprio passepartout, "Nathalie" ha generato una grande famiglia di letti, divenuti in breve uno standard e ha contribuito alla nascita e alla crescita di aziende che hanno trovato nel letto tessile una sorta di gallina dalla uova d'oro.

L'altra rivoluzione che investe il letto è quella ergonomica. Il progetto si preoccupa sempre più del benessere del corpo e sempre meno dell'estetica. Quello che conta non è che il letto sia ornato, ma che sia rispettoso dell'anatomia del corpo. Le attenzioni si concentrano sul piano che dovrà essere rigido, ma nel contempo elastico. Molti progettisti chiedono l'aiuto dell'ortopedico per giungere a una soluzione ottimale. Nel letto "Itititi", ad esempio, creato nel 1986 da Achille Castiglioni assieme a Giancarlo Pozzi con la consulenza medica di Giancarlo Zerbi per Interflex, il disegno riguarda principalmente il piano che appare quasi una scultura.

Un filo di tendenza che si dipana nel corso del decennio è quello del letto attrezzato. Il letto ingloba i comodini, la testiera è dotata di punti luce, la base talvolta nasconde capienti cassetti. E così progressivamente il letto si trasforma in una sorta di "existenz minimum", ripercorrendo la strada tracciata nel 1969 da Joe Colombo con il suo "Cabriolet Bed," da lui definito "struttura attrezzata per la notte".

Gli ultimi dieci anni hanno conosciuto anche notevoli variazioni stilistiche, oscillando tra il letto di memoria, costruito in legno come un tempo, con spalliere e pediere piacevolmente sagomate e il letto moderno, scarno e essenziale. Le tendenza verso prodotti di memoria, rassicuranti riporta in auge il letto classico, addirittura con baldacchino. Scompaiono i letti di fortuna e ricompaiono i letti, quasi monumentali, dotati di alte testiere e pediere. La mostra "Grande sonno" curata da Ugo la Pietra nel 1991 per "Abitare il tempo" di Verona, annuale fiera dedicata all'arredo classico, offriva un significativo compendio della tendenza verso il letto/monumento.

Di contro con la comparsa del neominimalismo il letto ritorna alla sua essenza, un materasso poco più, come nel caso di "Tattomi", il letto-divano di Ingo Maurer, creato per De Padova e ora distribuito da Zoltan, prodotto anticipatore di una voga giapponesizzante che vede il letto come struttura provvisoria da riporre durante il giorno.

Negli anni novanta, stemprati gli eccessi formali del Postmoderno e del neobarocco, il letto perde la sua funzione di grande protagonista dell'abitare e tende a diventare ibrido: mezzo letto e mezzo divano, in grado di svolgere indifferentemente ambedue i ruoli, come nel caso di alcuni pezzi disegnati da Vico Magistretti per Flou e per Campeggi che ostentano un aspetto disinvolto, quasi nomade. Il letto ibrido consente di superare il marchingegno del divano letto che per vari anni ha rappresentato l'unica possibilità di un letto in più. Scompare il letto di fortuna e subentra una struttura bisex, che offre il comfort di un letto e tutte le opportunità di un divano, rappresentata emblematicamente da un prodotto presentato nel gennaio del 1996 a Colonia: "Tangeri letto", disegnato da Francesco Binfarè per Edra.

Avviare un excursus di dieci anni di letti dal 1985 al 1995 con la citazione di un prodotto del '78 e chiuderlo con quella di un pezzo del '96 è uno strategico sconfinamento che consente di comprovare come anche la storia tipologica, e non solo quella degli stili, sia percorsa da continui mutamenti.

There is a dividing line in the history of modern beds: the year 1978, when the "Nathalie" bed designed by Vico Magistretti made its appearance. The production of beds underwent a radical change following this event.

The "Nathalie" bed was the beginning of a profound typological modification, introducing a new genre in residential culture: the fabric bed. The novelty here is not formal, it is structural: the bed and the bedding are combined in a single design. Because this is a new product genre, it goes beyond questions of style, and is thus compatible with both traditional and modern decors. A veritable passepartout, "Nathalie" generated an entire series of beds, which rapidly became standards, contributing to the founding and growth of companies for which the invention of the textile bed was a true windfall.

The other revolution which has impacted the bed sector is that of ergonomics. Design is increasingly concerned with physical well-being as opposed to mere aesthetics. What counts is not ornament or ostentation, but a bed that respects anatomical needs. The focus turns to the platform, which must provide adequate support while remaining flexible. Many designers turn to orthopaedists to achieve optimal solutions. In the "Itititi" bed, for example, created for Interflex in 1986 by Achille Castiglioni together with Giancarlo Pozzi, with the medical consultation of Giancarlo Zerbi, the design focuses on the platform, which becomes almost a sculpture.

Another trend which has developed over the last decade is that of the accessorized bed. The bed is incorporated bedside tables, the headboard is equipped with lighting fixtures, the base often conceals large drawers. Thus the bed is gradually transformed into a sort of "existenz minimum", retracing the path indicated back in 1969 by Joe Colombo with his "Cabriolet" bed, which he defined as an "outfitted structure for the night".

Over the last ten years there have been many significant stylistic variations as well, ranging from the bed of memory, in wood, with pleasingly shaped headboards and footboards, and the modern, minimal, essential bed. The trend of reassuring traditional forms has brought back the classic bed, even including canopy models. Improvised beds disappear, replaced by almost monumental structures, with headboards and footboards. The exhibition "Grande sonno" curated by Ugo La Pietra in 1991 for "Abitare il Tempo" in Verona, an annual fair of classical furnishings, provided a significant compendium of trends in the area of the bed/monument.

In the opposite direction, with the appearance of Neominimalism the bed returns to its essence, little more than a mattress, as in the case of "Tattomi", the sofa-bed by Ingo Maurer, created for De Padova and now distributed by Zoltan, a product which has been a precursor of a Japanese vogue that sees the bed as a temporary structure, to be folded away in the daytime.

In the Nineties, after the formal excesses of the Postmodern and the Neobaroque, the bed relinquishes its function as a leading player in the home, and tends to become a hybrid: half bed half divan, capable of playing both roles with ease, as in the case of certain pieces designed by Vico Magistretti for Flou and for Campeggi, displaying a nonchalant, almost nomadic air. The hybrid bed makes it possible to eliminate the mechanical side of the convertible sofa, which for years represented the only possibility for an extra bed. The makeshift bed vanishes in favor of a sort of "unisex" structure, offering the comfort of a bed and the advantages of a divan, emblematically represented by a product presented in Cologne in 1996: the "Tangeri" bed, designed by Francesco Binfarè for Edra.

To begin a discussion of beds over the last decade, from 1985 to 1995, by mentioning a product from 1978, and to finish it with a product from 1996 is a strategic stretching of parameters that illustrates how the history of typologies, and not just of styles, is one of constant changes.

1. Ghiretto__1995
Design__Carlo Forcolini
Azienda/Company__Cassina
Cm__da 148 a 208x230x120h

Struttura smontabile in acciaio verniciato. Testiera e pediera con imbottitura. Piedini regolabili in altezza.
Knock-down structure in painted steel. Upholstered headboard and footboard. Legs with adjustable height mechanism.

2. Tatì__1993
Design__Terry Pecora
Azienda/Company__Interflex
Cm__167/187x220x122h

Struttura in acciaio verniciato. Testiera e bordi della base in poliuretano schiumato con inserti di acciaio imbottiti e rivestiti in tessuto. Piedini in faggio tinto.
Structure in painted steel. Headboard and structure in polyurethane foam with details in steel padded with Fiberfimi PRF and fabric upholstery. Legs in coloured beech.

3. Claudiano__1995
Design__Massimo Scolari
Azienda/Company__Giorgetti
Cm__170/200x200x87/99h

Programma di letti singolo e matrimoniale in diverse versioni. Parti in legno di akatio massiccio. Testate in legno o imbottite.
System of single and double beds in different versions. Wooden parts in solid akatio. Wooden or upholstered headboard.

4. Pianetta__1987
Design__Michele De Lucchi
Azienda/Company__Elam
Cm__171/288x202x93h

Struttura in tubo metallico verniciato. Testata metallica schiumata in poliuretano. Pianetti di appoggio in poliuretano stampato.
Structure in painted metal tube. Metal headboard with polyurethane foam padding. Bedside tables in printed polyurethane.

5. Volatil__1995
Design__Oscar Tusquets
Azienda/Company__
Driade/Aleph
Cm__185x213x115h

Struttura in massello di faggio. Rete in listoni di faggio.
Structure in solid beech. Slatted bedspring in beech.

6. Tadao__1993
Design__Vico Magistretti
Azienda/Company__Flou
Cm__190x215x89h

Doghe portanti che salgono senza interruzione a formare la testata. In multistrato naturale o impiallacciato ciliegio. Supporto in acciaio verniciato. Ruote autobloccanti nel lato testata.
Slatted bedspring continues at front, forming the headboard in natural plywood or cherry veneer. Structure in painted steel. Self-blocking castors at the head side.

177

1. Sospir__1992
Design__Toni Cordero
Azienda/Company__
Sawaya & Moroni
Cm__174x235x78h

Struttura in metallo con parti in legno a vista. Sostegni di metallo verniciati e cerati. Rete a listelli in legno multistrato. Testiera con cuscini imbottiti. Anche con baldacchino.

Structure in metal with visible parts in wood. Supports in painted and waxed metal. Slatted bedspring in plywood. Headboard with upholstered cushions. Canopy available.

2. Kingdom__1993
Design__Rodolfo Dordoni
Azienda/Company__Imel
Cm__176x206x200h

Struttura in legno e metallo. Testata in metallo curvato laccato.

Structure in wood and metal. Headboard in curved, varnished metal.

3. Crimea__1988
Design__Vico Magistretti
Azienda/Company__Flou
Cm__178x208x84/221h

Letto a baldacchino. Struttura in ferro laccato. Piano ortopedico a doghe pieghevoli. Singolo e matrimoniale.

Canopy bed. Structure in varnished iron. Orthopaedic slatted bedspring with folding slats. Single and double version.

4. Monsieur Dame___1994
Design___Gruppo
di progettazione MDF
Azienda/Company___MDF
Cm___100/160/170
180/200x 200h

Struttura tubolare in ferro
verniciato. Rete a doghe in legno.
La testiera è costituita da bande di
tessuto multicolore intrecciate e
imbottite su struttura in ciliegio.
Anche con baldacchino.

Structure in painted iron
tube. Slatted bedspring in wood. The
headboard consists of woven strips
of fabric in many colours fixed to a
cherrywood structure. Also available
with canopy.

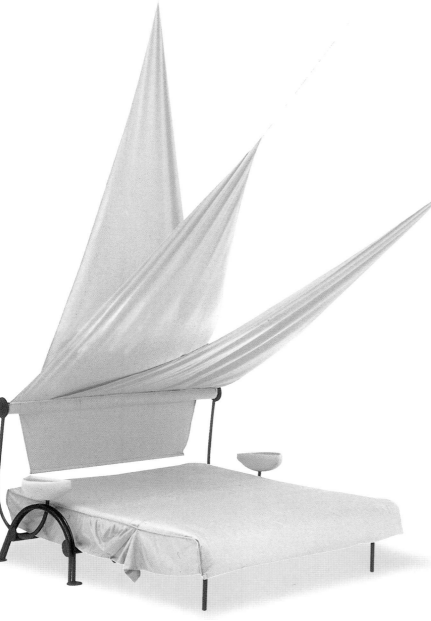

5. Alato___1991
Design___Riccardo Dalisi
Azienda/Company___Play Line
Cm___210x100/215x106h

Divano-letto con struttura in
metallo, imbottitura in espanso.
Braccioli ricoperti in tessuto, piani
d'appoggio in massello di ciliegio.
Con baldacchino o con tre teli da
fissare al soffitto.

Sofabed with metal structure
and padding in foam plastic.
Armrests with fabric upholstery,
bearing surfaces in solid cherry
wood. With canopy or three canvases
which are fixed to the ceiling.

1. Soeur Therese__1995
Design__Philippe Starck
Azienda/Company__Cassina
Cm__da 253 a 293x210x178h

Struttura portante smontabile in acciaio verniciato. Paravento in faggio o ciliegio naturale con pannelli laterali in vetro opalino. Schienale imbottito ricoperto con telo bianco.

Knock-down bearing structure in painted steel. Natural beech or cherry. Screen in wood with lateral panels in opaline glass. Padded backrest with white canvas upholstery.

2. T.D.L.V__1991
Design__Roberto Lazzeroni
Azienda/Company__Ceccotti
Cm__235x206x105h

Letto matrimoniale realizzato in massello di ciliegio. Piano in multistrato impiallacciato in ciliegio. Vassoio portaoggetti in ottone argentato satinato.

Double bed in solid cherry wood. Slatted bedspring in cherry plywood. Tray in silver-plated satinised brass.

3. Notturno indiano__1992
Design__Sottsass Associati
Azienda/Company
Mastrangelo Osvaldo
Cm__176x143h

Testiera da fissare a parete. Struttura in ottone con elementi in legno laccato a due colori. Sommier con molle d'acciaio. Fuori produzione.

Headboard which is fixed to the wall. Structure in brass with elements in varnished wood in two colours. Sommier with steel springs. Not in production.

180

4. Sogni d'oro__1995
Design__Enzo Catellani
Azienda/Company__
Dilmos Edizioni
Cm__255x190x135h

Letto in metallo con testata in lamiera rivestita in foglia d'oro.
Metal bed with headboard in sheet metal gilt with sheet gold.

5. Helioendimio__1986
Design__Luigi Ontani
Azienda/Company__Mirabili
Cm__191x224x234h

Legno scolpito dorato e argentato. Piano in legno a lamelle. Copriletto in tessuto blu ricamato oro. Edizione limitata, 99 esemplari.
Sculpted, gilt and silver-plated wood. Slatted bedspring in wood. Bedspread in blue fabric with gold embroidery. Limited edition of 99.

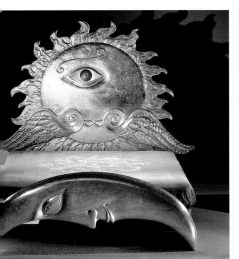

6. Alzabandiera__1991
Design__Paolo Deganello
Azienda/Company__Campeggi
Cm__180x200x160h

Struttura in acciaio, imbottitura in poliuretano, rivestimento in cotone. Lampada in policarbonato. Fuori produzione.
Structure in steel, padding in polyurethane, upholstery in cotton. Lamp in polycarbonate. Not in production.

1. The Mattress__1993
Design__Ron Arad
Azienda/Company__GFR/Ron
Arad Studio
Cm__90x200x45h

Divano-letto. Base in acciaio
patinato rivestito di acciaio
inossidabile lucidato a specchio.
Piano in acciaio inox intessuto.
Sofabed. Base in patinated
steel covered by mirror-polished
stainless steel. Bedspring in woven
stainless steel.

2. 3x3__1994
Design__(zed) Design Network
Azienda/Company__
Palluccoitalia
Cm__175/185/195x214x45h

Giroletto, piedi e testiera in
ciliegio americano, finitura naturale.
Sides, headboard and
footboard in American cherry,
natural finish.

3. Point-Break__1992
Design__Mario Cananzi
Azienda/Company__Vittorio
Bonacina
Cm__185x235x62h

Struttura in giunco. Tessitura
in midollino.
Structure in wicker with
woven rattan.

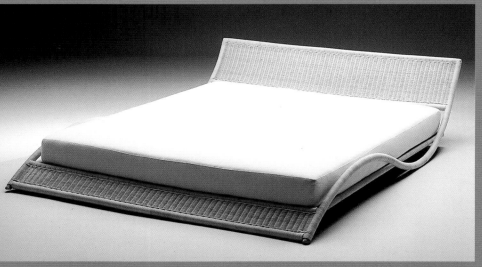

4. Bed__1991
Design__Jasper Morrison
Azienda/Company__Cappellini
Cm__91/153/173x215x83h

Struttura in metallo e legno.
Imbottitura con schiume
poliuretaniche. Piedi in alluminio
pressofuso. Rivestimento in cotone.
Con o senza testata.
Structure in metal and wood.
Padding in polyurethane foam. Legs
in die-cast aluminium. Cotton
upholstery. With or without
headboard.

5. Dormusa__1994
Design__Claudio Lazzarini
Carl Pickering
Azienda/Company__Acierno
Cm__231/172/69,5h

Letto in ciliegio o acero
naturale. È corredato di
tavoli/consolle scorrevoli (Servente)
in varie dimensioni. Disponibile
anche in versione divano-letto.
Bed in natural cherry or
maple. Equipped with Servente
sliding tables/consolles of various
sizes. Also available in sofabed version.

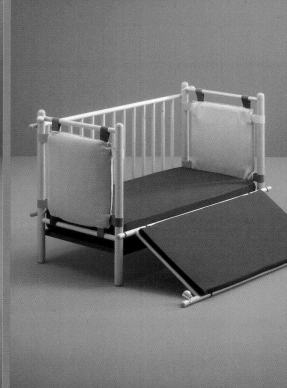

1. Gemello___1985
Design___Enzo Mari
Azienda/Company___Interflex
Cm___80x195x42/72h

Due piani letto uguali, sovrapponibili, utilizzabili separatamente. Struttura in acciaio verniciato in vari colori.
Two identical beds which can be superimposed or used separately. Structure in painted steel in different colours.

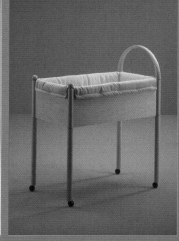

2. Scaletto___1991
Design___B. Lohmann, M. Mini
Azienda/Company___Interflex
Cm___71x140x91h

Lettino con due sponde per bambini. Telaio perimetrale estensibile in acciaio verniciato. Struttura in massello di acero americano lucidato a cera. Testiere e pediera imbottite.
Children's bed with two edges. Perimetral frame in painted steel is extensible. Structure in wax-polished solid American maple. Upholstered headboard and footboard.

3. Bobò___1992
Design___Teresa La Rocca
Azienda/Company___Acierno
Cm___95x66x155h

Culla in faggio naturale.
Crib in natural beech.

4. Canarina___1991
Design___B. Lohmann, M. Mini
Azienda/Company___Interflex
Cm___50x87x111h

Culla in massello di acero lucidato a cera d'api. Materassino in poliuretano espanso rivestito. Imbottitura interna rivestita in tessuto. Disponibile anche con zanzariera.
Crib in solid, beeswax-polished maple. Mattress in upholstered polyurethane foam. Internal padding with fabric lining. Also available with mosquito net.

5. Mixo__1994
Design__Terry Pecora
Nick Bewick
Azienda/Company__Interflex
Varie misure/Various dimensions

6. Kwad__1992
Design__Hans Zaugg
Azienda/Company__
Sapsa Bedding
Cm__da 100 a 190x210h

Programma modulare
componibile costituito da pannelli a
parete imbottiti attrezzabili.
Completano il sistema letti,
cassettiere e scrivania. Fuori
produzione.

Modular system consisting of
padded wall panels which can be
equipped with different accessories.
The system comprises beds, chests of
drawers and writing desk. No longer
in production.

Letto-divano. Struttura in
alluminio, piano in doghe di faggio,
materasso in schiuma di lattice.
Attrezzato con lampada alogena,
tavolino, cassetto, portariviste.
Piedini o ruote.

Sofabed. Structure in
aluminium, slatted bedspring in
beech, foam latex mattress.
Equipped with: halogen lamp,
bedside table, drawer, magazine
holder, castors.

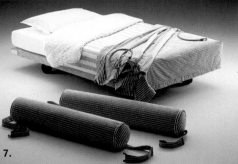

1. Bartolomeo__1976/96
Design__Gae Aulenti
Azienda/Company__Elam
Cm__171/182x203x87h
Struttura in tubo metallico
verniciato a sei colori. Testata e
girorete imbottiti e rivestiti in
tessuto.
Headboard in painted metal tube in
six colours. Headboard and
bedstead are padded and
upholstered in fabric.

2. D-Letto__1994
Design__Piero Esposito
Azienda/Company__Targa Italia
Cm__212x102/132/182x200h
Letto con baldacchino. Struttura in
ciliegio. Velario in voile bianco.
Canopy bed. Structure in cherry.
Curtain in white voile.

3. M780__1988
Design__Paola Navone
Azienda/Company
Cappellini/Mondo
Cm__180x209X103h
Letto in legno.
Bed in wood.

4. Savanna__1994
Design__Alberto Lievore
Azienda/Company__Lema
Cm__183x222x92h
Letto con testata in noce nazionale.
Rete a listelli di legno.
Complementi in noce nazionale.
Bed with headboard in national
walnut. Slatted bedspring in wood.
Accessories in national walnut.

5-6. Morgante 1__1993
Design__Paolo Piva
Azienda/Company__Poliform
Cm__1870x215x33h
Letto matrimoniale con base
imbottita o in legno. Testata
imbottita in tessuto o Alcantara.
Retroletto attrezzato. Finiture:
laccato opaco 24 colori, ciliegio
americano, noce nazionale.
Double bed with padded or wooden
base. Padded head in cloth or
Alcantara leather. Fitted out back.
Enamel finishing available in 24
dull colours: American cherry or
chestnut wood veneering.

7. Bart__1993
Design__Vico Magistretti
Azienda/Company__Flou
Cm__107/127x202
Sofà-dormeuse-divano,
trasformabile in letto. Base in
legno tamburato con bordo
imbottito. Ruote piroettanti in
nylon nero. Imbottitura in Pinso
con molle di acciaio.
Sofa-couch which turns into a b
Base in wood veneer with padde
border. Castors in black nylon.
Pinsonic padding with steel spri

8. Aletto__1991
Design__Paolo Piva
Azienda/Company__B&B Italia
Cm__180/190/200
220x226/236x100h
Testata in fusione di alluminio e
rete tessile in cotone. Fasce in
profilato d'acciaio. Imbottitura
schiuma di poliuretano a freddo.
Headboard in cast aluminium a
cotton net. Bands in steel profi
Upholstery in cold-expanded
polyurethane.

9. Casanova__1994
Design__Geert Koster
Azienda/Company__Lema
Cm__185x218x100h
Letto in ciliegio. Testata con
cuscini imbottiti. Rete a listelli
legno. Complementi in ciliegio.
Bed in cherry wood. Headboard
with padded cushions. Slatted
bedspring in wood. Accessories
cherry wood.

10. Balletto__1991
Design__Antonio Citterio
Azienda/Company__B&B Italia
Cm__180/190x226/236x95h
Struttura in profilato d'acciaio.
Imbottitura in schiuma di
poliuretano a freddo. Schienali
inclinabili autonomamente. Pie
rivestiti in tessuto o cuoio, o ru
Structure in steel profile.
Upholstery in cold-expanded
polyurethane.
The inclination of each backres
can be adjusted separately. Fee
covered by fabric or leather, or
castors.

11. Maragià__1993
Design__Marco Mencacci
Azienda/Company__Unitalia
Cm__184x202x155h
Struttura in massiccio di frass
laccato. Rete a doghe flessibili
faggio. Particolari in acciaio i
satinato.
Structure in solid varnished as

186

ed bedsprings in flexible
h. Details in satinised stainless

L0128/T__1986
gn___Luca Scacchetti
nda/Company___Sellaro
_180x166h
ta letto in ciliegio e radica di
ino. Particolari in metallo.
ead in cherry wood or ash
Metal decorations.

Les beaux jours__1984
gn___Luca Meda
nda/Company___Molteni & C.
_70x200x45h
costituita da listelli in acero
lati a un supporto elastico.
ttura in legno laccato.
lo può essere a listelli di legno
estito in cuoio naturale o
one.
in maple slats glued to an
ic support. Structure in
shed wood. The roll is
able in wooden slats or with
ral or brick-colour leather
lstery.

Zeppelin__1995
n___Gianfranco Pardi
nda/Company___Cassina
_da 174 a 214x240x92h
tura smontabile in acciaio
ciato. Testiera amovibile
ttita e rivestita.
k-down structure in painted
Removable, padded and
stered headboard.

Kayak__1992
n___Serena Omodeo Salè
da/Company
produzione
_210x150/180x66h
a doghe privo di elementi

metallici. Basi intercambiabili in
tre diverse altezze. In faggio o
ciliegio naturali, basi in multistrato
di pioppo o abete. Finiture vegetali
e atossiche.
Beds with slatted bedspring,
without metal parts.
Interchangeable bases of three
different heights. In natural beech
or cherry, bases in poplar or spruce
plywood. Vegetal, non-toxic
varnishes.

16. Ecletto__1991
Design___Studio Kairos
Azienda/Company___B&B Italia
Cm___190/200x220/230x110h
Testata in massello di legno e
trafilato d'alluminio rivestito in
essenza. Fasce in profilato
d'acciaio. Imbottitura in schiuma
di poliuretano a freddo.
Headboard in solid wood and
drawn aluminium with wood
veneer. Bands in steel profile.
Upholstery in cold-expanded
polyurethane.

17. Ribbon__1991
Design___Vico Magistretti
Azienda/Company___è DePadova
Cm___210x80h
Testata da fissare a parete
costituita da asta in massello di
ciliegio, pannello, imbottito e
rivestito in tessuto, sorretto da
cinghie in cotone.
Headbed which is fixed to the wall
consists of a pole in solid cherry
wood and a padded panel with
fabric upholstery held in place by
cotton belts.

18. Onda__1994
Design___Riccardo Dalisi
Azienda/Company___Play Line

Cm___150x98/200x85h
Divano-letto con struttura in
tubolare di acciaio ricoperto di
midollino intrecciato. Materasso in
espanso.
Sofabed with structure in steel tube
covered by woven rattan. Mattress
in foam plastic.

19. Zen__1990
Design___Ufficio Tecnico Tisettanta
Azienda/Company___Tisettanta
Varie misure/Various dimensions
Letto dotato di sistema di panche
scorrevoli su ruote su cui poggiano
contenitori e varie attrezzature.
Noce nazionale o ciliegio.
Bed equipped with a system of
sliding benches on wheels on which
containers and various equipment
can be placed. National walnut or
cherry.

12.

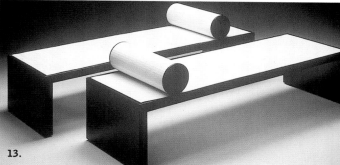

13.

14.

16.

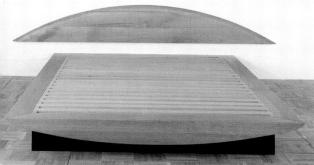

18.

19.

1.

2.

3.

4.

5.

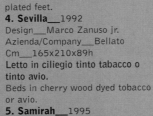

6.

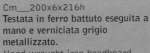

7.

8.

9.

10.

11.

12.

1. Adone___1992
Design___Flavio Albanese
Azienda/Company___Driade
Cm___177x208x104h
Struttura in legno. Rete a listelli.
Structure in wood. Slatted
bedspring in wood.

2. Soeur Jeanne___1995
Design___Philippe Starck
Azienda/Company___Cassina
Cm___da 240 a 280x236x80h
Letto e mobile/testiera in faggio o
ciliegio naturale. Schienale
ausiliario a scomparsa imbottito.
Bed and headboard furniture in
wood, natural beech or cherry.
Supplementary padded backrest
folds away.

3. Flash___1987
Design___Vittorio Prato
Azienda/Company___Interflex
Cm___214x94x79h
Letto con schienale ad angolo
rivestito in tessuto. Piano di riposo
in doghe di faggio. Piedini
verniciati e cromati.
Bed with corner backrest or
sofabed version with fabric
upholstery. Slatted bedspring in
beech. Painted and chromium-
plated feet.

4. Sevilla___1992
Design___Marco Zanuso jr.
Azienda/Company___Bellato
Cm___165x210x89h
Letto in ciliegio tinto tabacco o
tinto avio.
Beds in cherry wood dyed tobacco
or avio.

5. Samirah___1995
Design___Johanna Lyle
Azienda/Company
Arredaesse Produzioni

Cm___200x6x216h
Testata in ferro battuto eseguita a
mano e verniciata grigio
metallizzato.
Hand-wrought iron headboard
painted a metallic grey.

6. Juno___1995
Design___(zed) Design Network
Azienda/Company___Cassina
Cm___da 163 a 223x225x88h
Struttura in massello di faggio
naturale o faggio tinto ciliegio.
Può essere dotato di tavolini a
scomparsa o fissi e di cassetti a
scomparsa.
Structure in natural solid beech or
cherry coloured beech. Can be
equipped with folding or fixed
bedside tables and built-in drawer.

7. Coccolo___1995
Design___Denis Santachiara
Azienda/Company___Bernini
Cm___180x215x160h
Letto matrimoniale. Testata con
lettino abbattibile e vaso portafiori.
Rete a doghe.
Double bed. Headboard with
folding bed for a child and flower
vase. Slatted bedspring.

8. Palcoscenico___1992
Design___Toshiyuki Kita
Azienda/Company
Arredaesse Produzioni
Cm___220/250x260x100h
Struttura in faggio naturale o tinto
rosso. Gambe in massello.
Disponibile con o senza testata e
con lampada.
Structure in natural or red-dyed
beech. Legs in solid wood.
Available with or without
headboard and with lamp.

9. Antiquam___1986
Design___Adolfo Natalini
Azienda/Company___Mirabili
Cm___191x224x234h
Struttura in ciliegio. Sculture
dorate di Roberto Barni. Edizione
limitata, 99 esemplari.
Structure in cherry wood. Gilt
sculptures by Roberto Barni.
Limited edition of 99.

10. Diacono___1994
Design___Aldo Petillo/
Andrea Di Chiara
Azienda/Company___Malofancon
Cm___171x214x91h
Letto in massello di ciliegio con o

a testiera e pediera.
in solid cherry with or without
- and footboard.
Raggio di Luna__1991
n__Cini Boeri
nda/Company__Interflex
__110/150/180x218x95h
in molle d'acciaio rivestita in
to. L'elemento trapuntato che
e la testata si abbottona sul

in steel springs with fabric
lstery. The quilted headboard
is buttoned on the rear.
Matisse__1989
n__Giovanni Levanti
nda/Company__Campeggi
__135x190x40 (aperto)
o-letto. Struttura in metallo,
ttitura in poliuretano e ovatta
steri. Rivestimento in cotone.
ed. Structure in meal,
ng in polyurethane and
ster wadding. Cotton
stery.
Franz Joseph__1990
n__Antonia Astori
nda/Company__Driade/Aleph
__179x201x252h
tura in noce e akatio
zzato. Struttura metallica in
o inox satinato.
ture in walnut and ebonized
o. Metal structure in satinated
ess steel.
Nuvola__1993
n__D'Urbino
zzi/Shina - DDL Studio
da/Company__Bellato
__183/173/193x217x132h
ta in alluminio verniciato
ale. Giroletto in acero, noce,
o.
board in aluminium with
al varnish. Bed sides in
e, walnut, cherry.
A12__1992
n__Aldo Cibic
da/Company__Standard
__165x195x24h
in rovere scuro sabbiato.
n sand-blasted black oak

Mamma Li Turchi__1988
n__Francesco Maria
nelli
da/Company__Ceccotti
__184x209x238h

Letto a baldacchino decorato a
mano. Fasce in mogano, piano letto
in multistrati.
Hand-decorated canopy bed. Sides
in mahogany, slatted bedspring in
plywood.
17. Jimmy__1994
Design__Anna Gili/Bruno Gregori
Azienda/Company__Interflex
Cm___185x115x230h
Struttura in tubo di acciaio
annegato nel poliuretano
schiumato, rivestimento in tessuto.
Piano con doghe di legno. Piedini
in acciaio cromato.
Structure in steel tube covered by
polyurethane foam with fabric
upholstery. Slatted bedspring in
wood. Legs in chromium-plated
steel.
18. Tappeto volante__1989
Design__Enzo Mari
Azienda/Company__Interfllex
Cm___181x207x100h
Telaio metallico in profilato estruso
di alluminio. Piano in doghe di
legno o in grigliato elettrosaldato.
Testiera in profilato di acciaio con
la possibilità di rivestimento
imbottito.
Metal frame in aluminium
extrudate sections. Wood stave or
welded grid base. Bedhead in steel
sections, also available with padded
covering.
19. Cartesio__1988
Design__Enzo Mari
Azienda/Company__Interflex
Varie misure/Various dimensions
Struttura in tubolare di acciaio
verniciata. I giunti a sfera,
collegati con tubi di diverse
lunghezze danno le varie misure del
letto. Piano di riposo grigliato
elettrosaldato.
Structure in painted metal tube.
The ball-and-socket joints,
connected to tubes of different
lenghts, give the different measures
of the bed. Electrowelded grid
bedspring.
20. Notte di luna piena__1992
Design__Ettore Sottsass
Azienda/Company
Mastrangelo Osvaldo
Cm___160/170x200x197h
Testata in legno impiallacciato
Alpi. Sommier con molle d'acciaio.

Piedini anteriori in ottone. Decori
in ceramica smaltata. Fuori
produzione.
Headboard in Alpi veneered wood.
Sommier with steel springs. Front
legs in brass. Decorations in glazed
ceramic. Not in production.
21. Il riposo del re__1992
Design__Ettore Sottsass
Azienda/Company
Mastrangelo Osvaldo
Cm___170x183h
Testiera da fissare a parete
costituita da un parallelepipedo in
legno impiallacciato Alpi.
Decorazione in lastra d'ottone
dorato. Sommier con molle
d'acciaio. Fuori produzione.
Headboard, which is fixed to the
wall, consists of a parallelepiped in
Alpi veneered wood. Decoration in
gilt brass sheet. Sommier with
steel springs. Not in production.
22. Accadde una notte__1992
Design__Sottsass Associati
Azienda/Company
Mastrangelo Osvaldo
Cm___170x200x143h
Testiera da fissare a parete.
Struttura in ottone. Sommier con
molle d'acciaio. Piedini anteriori in
ottone e ruote posteriori. Fuori
produzione.
Headboard is fixed to the wall.
Structure in brass. Sommier with
steel springs. Front legs in brass,
castors at the rear. Not in
production.

13.

14.

15.

16.

17.

18.

19.

21.

22.

Si è persa la capacità di nominare. La lingua parlata si è arricchita di nuovi termini gergali, ma si è impoverita di nomi specialistici. E le cose senza nome non sono più riconoscibili. Questo sta accadendo nel mondo del mobile dove al posto delle tipologie subentrano le categorie indifferenziate. E così in questo repertorio è stata introdotta la sezione degli accessori che raggruppa i tipi più disparati di arredi e molti oggetti, difficili da classificare, in quanto disponibili a molteplici funzioni.

Nell'arredo si sta verificando un procedimento inverso a quello in atto in molte professioni: dalla specializzazione si sta passando alla genericità. Il processo ha origine da precise ragioni storiche e sociali. La semplificazione dell'organizzazione domestica, proposta già dal Bauhaus, ha condotto all'eliminazione di tutta una serie di tipologie specialistiche, favorendo la comparsa di arredi multifunzionali.

La recente collezione Atlantide di Driade (1995) ha radicalizzato questo indirizzo, definendo molti dei suoi prodotti, non mobili, ma attrezzi per abitare. Il carrello portavivande può funzionare indifferentemente da portatelevisore e da portacomputer; mentre la scaffalatura concepita per un ambiente di lavoro è adatta anche per la stanza da bagno e per la cucina. I pezzi sono formalmente ridotti all'osso per essere il più neutri possibili, in modo da consentire la maggior libertà d'uso. L'arredo dunque perde la varietà dei suoi tipi per ridursi a pochi componenti essenziali, corredati da una serie di attrezzi.

Accanto a questa linea radicale, che dal Bauhaus conduce direttamente al rigore neominimale di Atlantide, prospera comunque una produzione variata di accessori pensati per essere quasi dei compiacenti servitori, al posto di quelli che ormai non esistono più, disposti ad accogliere le chiavi, piuttosto che il contenuto delle tasche, i giornali e le riviste, a sorreggere il portacenere, a trasferire le vivande dalla cucina al salotto, ad accogliere i CD e le cassette, a sostenere le giacche.

Anche nell'universo degli accessori sono individuabili quelle tendenze stilistiche che percorrono il mondo dei mobili e degli imbottiti e che in questi oggetti corollario appaiono addirittura esasperate. Sovente la caratterizzazione formale di un ambiente è affidata a loro. La casa, equipaggiata con mobili al disopra delle mode, capaci di durare una vita, si vivacizza grazie al disegno di questi piccoli indispensabili complementi.

L'accessorio è il regno della fantasia, della metafora, del ludico. È il settore dove, anche in tempi di recessione, le aziende accettano il rischio di un design di rottura, di una linea fuori dalla norma. Dove i designer, giovani e meno giovani, danno via libera al loro estro. E nascono i porta riviste in vetro simili a bocci di fiori dal lungo pistillo, come quello di Riccardo Dalisi per Glas; i paraventi che paiono un ricamo al tombolo e quelli in cartone ondulato che si arrotolano come un foglio di carta; gli attaccapanni che assomigliano ai tentacoli di un polipo, come ''Octopus'' di DDL Studio (Donato D'Urbino e Paolo Lomazzi) per Zerodisegno, oppure a un esile tronco con morbide foglie in gomma, come quello per la collezione ''Ludica'' di Prospero Rasulo per BRF.

In questo affollato mondo tre sono i generi principali: i carrelli, gli appendiabiti e gli specchi. Nel carrello, quasi un robot domestico, si sperimentano tutti i materiali possibili e immaginabili con risultati formali che variano dal severo high tech al dinamico bolidismo. Gli appendiabiti tendono a diventare sculture domestiche, assumendo forme fitomorfe. Gli specchi con le loro sagome frastagliate, con le loro cornici decorate assumono il valore di vere e proprie opere d'arte e non è un caso che vi si esercitino designer-artisti come Nanda Vigo, Ettore Sottsass, Alessandro Mendini, Annibale Oste.

Un capitolo a parte riguarda i pezzi in marmo disegnati da Ettore Sottsass, Marco Zanini, Sergio Cappelli e Patrizia Ranzo, prodotti da Ultima Edizione, una sorta di nuova categoria di accessori architettonici, comprendente portali, balaustre, totem portafiori e cornici di caminetti, pensati per movimentare il sempre più banale disegno degli interni.

We have lost the ability to name things. Spoken language has been packed with jargon, but depleted of its technical terminology. And things without names are no longer recognizable. This is happening in the world of furniture, where in place of typologies we are confronted with indistinct categories. One of them is called "accessories", a catch-all for a wide variety of furnishings and objects which are hard to classify elsewhere, because they are ready to perform a variety of functions.

In the furnishings sector there is a trend that runs against the current of the professional world: we are moving away from specialization, toward the generic. This process has precise historical and social underpinnings. The simplification of domestic organization hypothesized long ago in the proposals of the Bauhaus has led to the elimination of a wide range of specialized typologies, favoring the development of multifunctional furnishings.

The recent "Atlantide" collection of Driade (1995) has radicalized this trend, defining many of its products not as furniture, but as equipment for living. The trolley for serving food can also be used as a stand for a television or a computer, while the shelving designed for a workspace is equally suitable for a bathroom or a kitchen. The pieces are reduced to a formal minimum in order to permit greater freedom of utilization. Thus furnishings are deprived of their typological variety, becoming essential components, associated with a series of accessories.

Alongside this radical approach, leading directly from the Bauhaus to the neo-minimalist rigor of "Atlantide", there is also a variegated production of accessories conceived almost as compliant servants, to take the place of the household help that no longer exists, ready to take care of keys, the contents of pockets, newspapers, magazines, to proffer an ashtray, carry food from the kitchen to the living room, hold CDs and cassettes, put jackets and coats in order.

In the universe of accessories it is possible to observe the same stylistic trends present in the world of furnishings and upholstered furniture, trends which are even taken to extremes in this peripheral sector. Often the formal characterization of a room is left up to the accessories. The home, furnished with objects above and beyond fashions, things that will last a lifetime, is enlivened by the presence of these small indispensable complements.

The accessory is the realm of fantasy, metaphor, amusement. It is the sector in which, even in times of recession, companies can run the risk of producing radical designs, products outside the norm. A sector in which young designers, not to mention their elder colleagues, can give free reign to their creativity. Magazine racks make their appearance in glass, similar to flower blossoms with long pistils, as in the work of Riccardo Dalisi for Glas; screens that look like lace embroidery, or roll-up models in corrugated cardboard; coatracks that look like the tentacles of a sea creature, as in "Octopus" by the DDL Studio (Donato D'Urbino and Paolo Lomazzi) for Zerodisegno; or a slender trunk of soft rubber leaves, like that of the "Ludica" collection by Prospero Rasulo for BRF.

In this crowded world there are three principal genres: trolleys, coatracks and mirrors. In the trolley, almost a domestic robot, there is experimentation with all possible and imaginable materials, with formal results that range from severe high-tech to dynamic "bolidismo". The coatracks tend to become domestic sculptures, taking on botanical forms. The mirrors, with their bevelled profiles and decorated frames take on the value of true artworks, and it is no coincidence that they are a favorite area of research from designer/artists like Nanda Vigo, Ettore Sottsass, Alessandro Mendini, Annibale Oste.

A separate chapter is that of the pieces in marble designed by Ettore Sottsass, Marco Zanini, Cappelli and Ranzo, produced by Ultima Edizione, a sort of new category of architectonic accessories, including portals, balustrades, flower-holder totems and frames for fireplaces, conceived to enliven the increasingly banal design of interiors.

1. Arturo__1993
Design__Enrico Franzolini
Azienda/Company__Halifax
Varie misure/Various dimensions

Carrello, tavolini, posacenere
e portaombrelli con struttura in
metallo e componenti in poliuretano
rigido verniciati.
Trolley, tables, ashtray, and
umbrella stand with metal structure
and components in painted rigid
polyurethane.

2. Fiorello__1993
Design__Riccardo Dalisi
Azienda/Company__Glas
Cm__35x35x70h

Portariviste con base in legno
tinto o laccato, cristalli temperati
trasparenti o satinati colorati.
Manico centrale in acciaio.
Magazine rack. Base in
stained or lacquered wood,
transparent or colored and glazed
sheets of toughened glass. Central
handle in steel.

3. Modì__1993
Design__Archstudio
Azienda/Company__Desalto
Varie misure/Various dimensions

Collezione composta di tavolini, tavolini portariviste, portaombrelli, servetto. Struttura e base in acciaio cromato. Parti in multistrato e massello di ciliegio. Piani in cristallo acidato o trasparente.

Collection made up of small tables, magazine racks, umbrella stands, and serving table. Structure and base in chrome-plated steel. Parts in plywood and cherry heartwood. Tops in etched or transparent plate glass.

4. Bali__1993/94
Design__Katherine Krizek
Azienda/Company__Zanotta
Cm__45x62x64h

Struttura in trafilato di acciaio. Borsa contenitore in giunco.
Multipurpose container. Structure in drawn steel. Rush basket.

5. Press__1993
Design__Raul Barbieri
Azienda/Company__Ycami
Cm__44x60x58h

Portariviste pieghevole in alluminio, piani in faggio naturale o laccato nero goffrato.
Folding magazine rack in aluminum, shelves in beech with a natural or embossed black lacquer finish.

1. Bios___1995
Design___Syn-Gurioli & Scansetti
Azienda/Company___
Acerbis/Morphos
Cm___20x41h

Appendiabiti a muro in poliuretano espanso rigido, verniciato goffrato.
Wall-mounted clothes rack in rigid expanded polyurethane, with embossed paint finish.

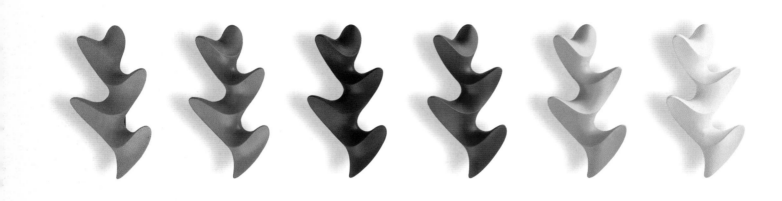

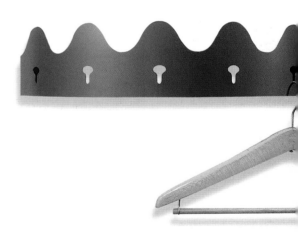

2. Elasto___1993
Design___Mario Mazzer
Azienda/Company___Ycami
Cm___65x38h

Appendiabiti a muro estensibile. Struttura in alluminio, pomoli in faggio naturale.
Extensible wall-mounted clothes rack. Structure in aluminum, pegs in natural beech.

3. Kron___1994
Design___Francesco Bettoni
Azienda/Company___Steel
Cm___52x12h

Partabiti a muro in lastra di acciaio verniciato a fuoco.
Wall-mounted clothes rack in steel finished with stove enamel.

4. O'Key__1994
Design__Marco Ferreri
Azienda/Company__Robots
Cm__27/51x7,5x17/32h

Portachiavi con sei o dodici ganci e piccola mensola appoggiacose. In acciaio verniciato.
Key rack with six or twelve hooks and small shelf for objects. In painted steel.

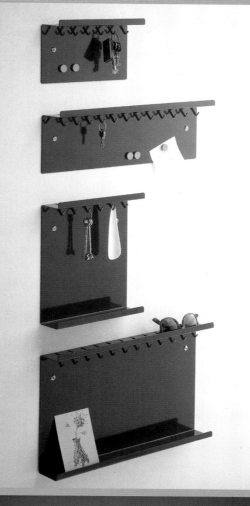

5. Teca__1994
Design__Enzo Mari
Azienda/Company__Robots
Cm__8/15,5x5,4/8h

Sistema modulare porta CD,video/audiocassette. Mensole in alluminio estruso, montanti in acciaio verniciato.
Modular CD and video/audio cassette rack. Shelves in extruded aluminum, uprights in painted steel.

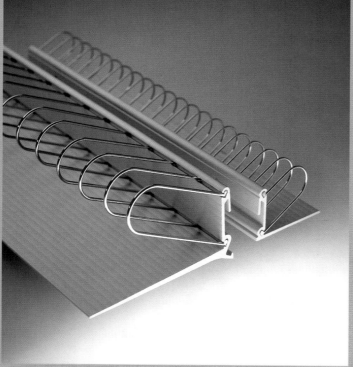

6. Arco__1992
Design__Elliott Littmann
Azienda/Company__Driade
Cm__31x39x100h

Mensola a muro. Supporti in ottone, piano in lamiera di rame satinato.
Wall-mounted shelf. Brass supports, shelf in glazed sheet copper.

195

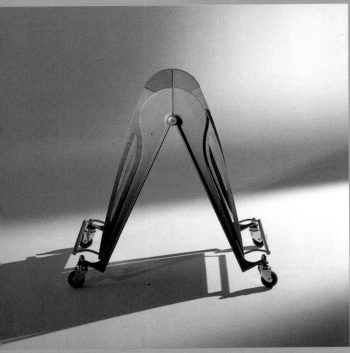

1. T Four 4__1994
Design__Ron Arad
Azienda/Company__Driade/Aleph
Cm__118x55x71h

    Carrello richiudibile.
Struttura su ruote in fusione di
alluminio microbigliato. Piani in
multistrati curvato.
    Foldaway trolley. Structure
on wheels in cast aluminum. Shelves
in curved plywood.

2. Trolley__1992
Design__Massimo Iosa Ghini
Azienda/Company__BRF
Cm__89x66x73h

    Carrello con struttura in
acciaio. Piani in legno verniciato,
ruote cromate.
    Trolley with steel structure.
Shelves and top in painted wood,
chrome-plated wheels.

3. Filippo__1991
Design__A. Citterio/G. O. Loew
Azienda/Company__Kartell
Cm__62x48x83h

    Carrello con struttura in
acciaio cromato, piede in alluminio
lucidato. Piano in tecnopolimero
termoplastico verniciato antigraffio.
    Trolley with structure in
chrome-plated steel, foot in polished
aluminum. Top in scratch-proof
painted thermoplastic polymer.

Carrello dotato di tre vassoi ad altezze diverse, ruotanti lateralmente.

Trolley fitted with three trays, of different heights, that rotate sideways.

Carrello. Struttura con ruote in trafilato di acciaio verniciato. Piano in cristallo trasparente. Vassoi in multistrato di faggio naturale, tinto noce o ciliegio.

Trolley. Structure with castors in drawn steel with epoxy finish. Top in transparent plate glass. Trays in beech ply with a natural finish or with walnut or cherry stain.

Carrello con struttura in acero montata su ruote. Piani in multistrato di acero naturale o tinto.

Trolley with maple wood structure mounted on wheels. Shelves in natural or stained maple plywood.

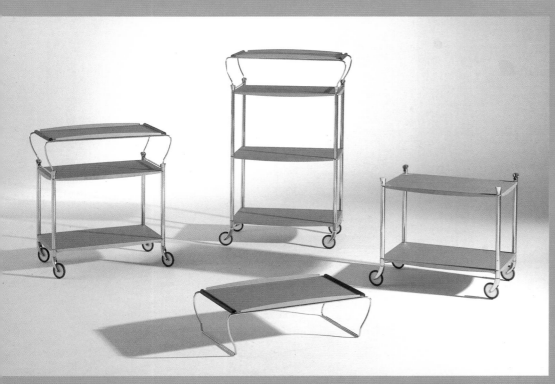

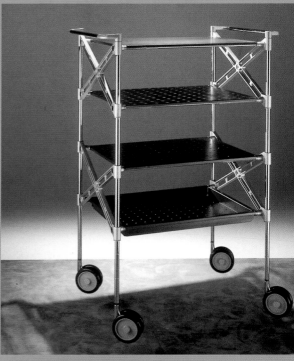

1. Sibilo___1995
Design___Josep Lluscà
Azienda/Company___Driade
Cm___71x39x73/111h

Carrelli con vassoio.
Struttura in acciaio cromato
montata su ruote. Piani e vassoio in
acciaio verniciato.
Trolleys with tray. Structure
in steel tubing mounted on wheels.
Shelves and tray in painted steel.

2. Oxo___1991
Design___A. Citterio/G. O. Loew
Azienda/Company___Kartell
Cm___69x45x65x103h

Carrello in alluminio
pressofuso sabbiato e acciaio
cromato. Piani in acciaio cromato.
Trolley in sandblasted die-cast
aluminum and chrome-plated steel.
Shelves in chrome-plated steel.

3. Canale ___1995
Design___Enzo Mari
Azienda/Company___Robots
Cm___57x42x50/60/81h

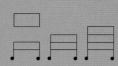

Carrelli portatelevisore e hi-
fi. Struttura portante in tondino di
ferro pieno. Ripiani in filo di ferro.
Ruote in acciaio e gomma.
Trolley for television and
stereo. Supporting structure in solid
iron rod. Shelves in iron wire.
Wheels in steel and rubber.

4. Refolo__1995
Design__Konstantin Grcic
Azienda/Company__Driade/Aleph
Cm__61x45x74h

Carrelli per televisore, hi-fi
e computer, attrezzabili con diversi
accessori. Struttura su ruote in
acciaio verniciato grigio alluminio.
Piano superiore rosso mattone,
pianetti di servizio verdi.

Trolleys, for TV, stereo, and
PC, to which different accessories
can be fitted. Structure on wheels
in steel painted aluminum gray. Top
painted brick red.

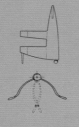

1. Pixel___1994
Design___Denis Santachiara
Azienda/Company___Zerodisegno
Cm___62x45x95h

Portatelevisore e videoregistratore pieghevole. Stampato in poliuretano strutturale verniciato in vari colori. Ruote frontali e piedini fissi posteriori.

Folding television and video recorder stand. Molded from structural polyurethane painted in various colors. Castors at front and fixed feet at back.

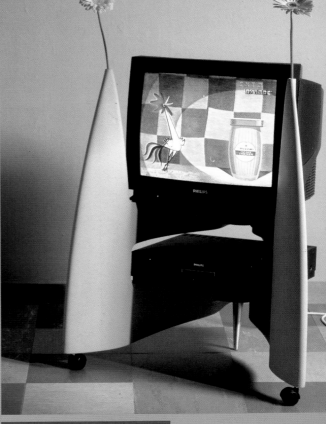

2. Spider___1994
Design___Gianfranco Coltella
Azienda/Company___Ravarini Castoldi & c.
Cm___85/60x40/63x50/70h

Carrelli porta televisore, hi-fi, computer. Struttura e piani in acciaio verniciato regolabili in altezza e larghezza.

Trolleys for television, stereo, and computer. Structure and shelves in painted steel, adjustable in height and width.

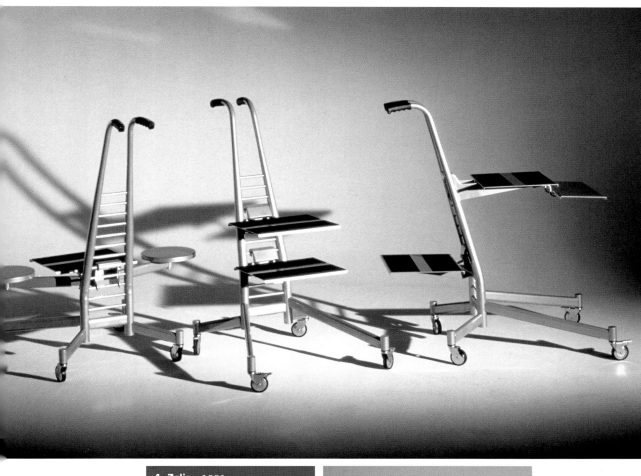

3. Columbre__1992
Design__Eduard Samsò
Azienda/Company__Driade
Cm__80/108x94x117h

Carrelli porta hi-fi, televisore o computer. Struttura in tubo di acciaio montata su ruote. Mensole in lamiera. Manopole in materiale plastico.

Trolleys for stereo, television set, or computer. Structure in steel tubing mounted on wheels. Shelves in sheet metal. Handles in plastic.

4. Zelig__1991
Design__Maurizio Peregalli
Azienda/Company__Zeus/Noto
Cm__46/56x61/51x70h

Portatelevisore/monitor. Struttura su ruote frenanti in tubo di acciaio curvato verniciato nero semiopaco.

Television/monitor stand. Structure on self-locking wheels in curved steel tubing painted semi-mat black.

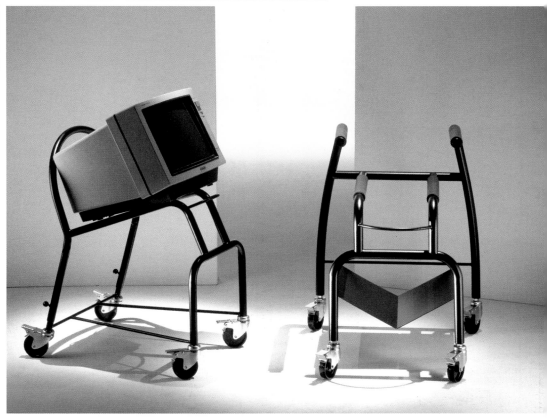

201

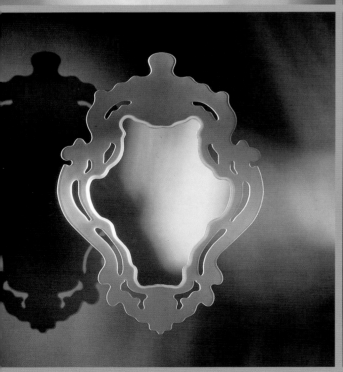

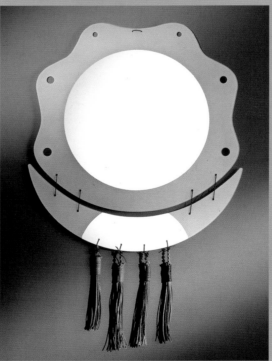

1. Mandala__1995
Design__Ettore Sottsass
Azienda/Company__Glas
Cm__80x76h

Specchiera incorniciata da una doppia profilatura specchiante. Cornice di radica di pioppo.
Large mirror surrounded by a double reflective molding. Poplar root frame.

2. Trofeo specchio__1985
Design__S. Cappelli & P. Ranzo
Azienda/Company__
Autoproduzione
Cm__70x80h

Specchio con scultura in ottone cromato. Edizione limitata.
Mirror with sculpture in chrome-plated brass. Limited production run.

3. Rokoko__1995
Design__Nanda Vigo
Azienda/Company__Glas
Cm__61/73x84/100h

Serie di specchi con contorno in cristallo satinato o trasparente sagomato a forma di cornice con tagli traforati.
Series of mirrors with surround in glazed or transparent plate glass in the shape of a frame with fretwork cuts.

4. Yasmine__1995
Design__Abdi Abdelkader
Azienda/Company__Glas
Cm__80x76h

Specchio realizzato in lastre di cristallo sagomate, in parte specchianti, in parte smerigliate e satinate. Lacci di unione e decori in cuoio naturale colorato.
Mirror made out of shaped sheets of plate glass. Part reflecting and part frosted and glazed. Linking laces and decorations in colored natural hide.

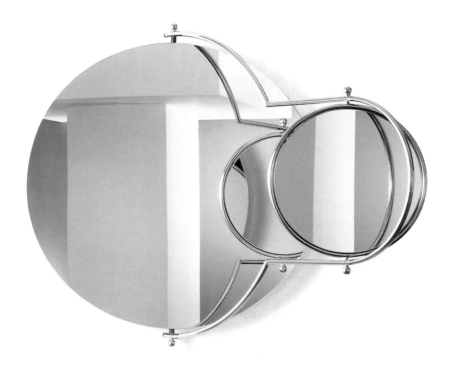

5. Specchio Due___1983
Design___Rodney Kinsmann
Azienda/Company___Bieffeplast
Cm___8x87x62h

Specchio da parete con specchio/lente rotante. Struttura in acciaio scatolare. Cornice in tondino di acciaio curvato e verniciato cromato.

Wall-mounted mirror with rotating mirror/lens. Structure in box steel. Frame in curved and painted or chrome-plated steel rod.

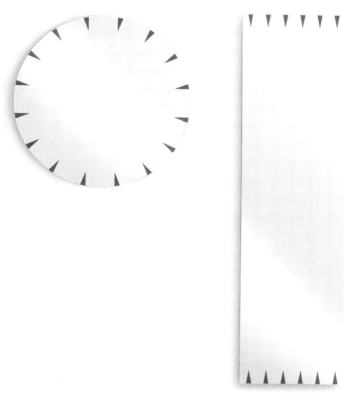

6. Stelline___1989
Design___Alessandro Mendini
Azienda/Company___Elam
Varie misure/Various dimensions

Serie di specchi serigrafati con vernici epossidiche bicomponenti. Decorazione firmata.

Series of silk-screened mirrors with dual-component epoxy paints. Signed decoration.

Paravento estensibile in alluminio, a tre o quattro pannelli ripiegabili. Puntali e piedini in polietilene. Componibile.

Extensible aluminum screen with three or four folding panels. Caps and feet in polyethylene. Sectional.

Paravento componibile in compensato nelle finiture betulla naturale, tinto noce o nero.

Sectional plywood screen with natural birch, walnut stain or black finishes.

Paravento con struttura costituita da tre pannelli in legno finitura pero. Gambe in fusione di alluminio. Riquadri portaritratti in vetro trasparente.

Screen with structure made up of three panels in wood with a pear finish. Legs in cast aluminum. Portrait-holder panels in transparent glass.

4. Cartoons___1992
Design___Luigi Baroli
Azienda/Company___Baleri Italia
Cm___da 40 a 400x170h

Parete divisoria. Struttura autoportante di carta ondulata riciclabile. Bordi in PVC. Elementi terminali in alluminio pressofuso satinato.

Partition. Self-supporting structure of recyclable corrugated paper. Borders in PVC. Terminal elements in glazed die-cast aluminum.

5. Voyeur___1987
Design___Cini Boeri
Azienda/Company___Fiam
Cm___200x22x170h

Paravento in cristallo curvato 10 mm sabbiato. Basi e cerniere in acciaio brunito.

Screen with curved and sandblasted 10 mm-thick plate glass. Bases and hinges in burnished steel.

6. Shinfù Kusè___1991
Design___Bruno Munari
Azienda/Company___Robots
Cm___50x180h

Paravento con struttura metallica in tre moduli snodabili.

Screen with metal structure in three jointed modules.

205

2. Camino/326___1989
Design___Adolfo Natalini
Azienda/Company___Up&Up
Cm___160x60x160h

Camino in marmo grigio olivo, Cardoso.
Fireplace in olive gray and Cardoso marble.

1. Pasitea___1991
Design___S. Cappelli & P. Ranzo
Azienda/Company___Ultima Edizione
Cm___110x20x125h

Camino. Marmo crema Tirreno, verde Issorie.
Fireplace. Cream Tyrrhenian and green Issorie marble.

3. Portale 1___1987
Design___Marco Zanini
Azienda/Company___Ultima Edizione
Cm___156x22x254h

Portale. Marmo bianco Carrara, rosso Francia.
Portal. White Carrara and red French marble.

206

Tavolino a diversi piani in marmo e ardesia.
Small table with shelves in marble and slate.

Portaoggetti. Ceramica policroma. Base in legno. Edizione limitata, 29 esemplari.
Object slide. Polychrome pottery. Wooden base. Limited production run of twenty-nine pieces.

1. Tau__1994
Design__Giancarlo Pozzi
Azienda/Company__Longoni
Bruno
Cm__100x27x98h

Portalibri e oggetti a stelo in compensato di faggio evaporato lucidato o tinto palissandro.
Book and object stand in artificially-seasoned beech plywood with a polished or rosewood-stain finish.

2. Tiramisù__1986
Design__Andries Van Onck
Azienda/Company__Kartell
Cm__43x7x101h

Scaletta richiudibile. Struttura in acciaio verniciato. Gradini e impugnatura in tecnopolimero termoplastico.
Folding stepladder. Painted steel structure. Rungs and grip in thermoplastic polymer.

3. Mate__1992
Design__Achille Castiglioni
Azienda/Company__è DePadova
Cm__59x49x42h

Vassoio pieghevole in massello di faggio naturale o tinto ciliegio. Cinghie della base in cotone blu.
Folding tray in solid beech with natural or cherry-stain finish. Straps of the base in blue cotton.

4. Domestici___1993
Design___Bortolani/Becchelli
Azienda/Company___LaPalma
Varie misure/Various dimensions

Servomuto. Base in alluminio pressofuso, asta in faggio, accessori in acciaio inox e alluminio anodizzato.
Dumb waiter. Base in die-cast aluminum, pole in beech, white accessories in stainless steel and anodized aluminum.

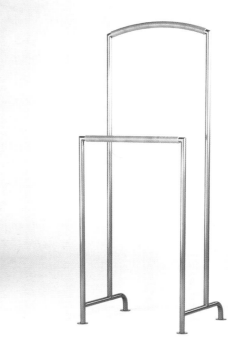

5. Totem '90___1993
Design___Andries & Hiroko Van Onck
Azienda/Company___Magis
Cm___42x31x114h

Servomuto in acciaio e plastica ABS.
Dumb waiter in steel and ABS plastic.

6. Prét à porter___1987
Design___Annette Lang
Azienda/Company___Zoltan
Cm___45x32x117h

Servetto in tubo di acciaio verniciato. Punti di appoggio rifiniti con cordino di cuoio naturale arrotolato.
Serving table in painted steel tubing. Supports wrapped with natural leather cord.

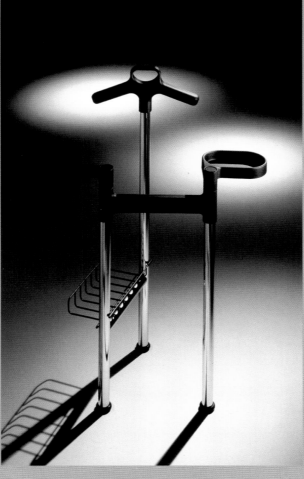

209

2. Cessato allarme__1991
Design___De Pas/D'Urbino/
Lomazzi
Azienda/Company___Poltronova
Cm___ø 42x155h

Appendiabiti con struttura in fusione di alluminio verniciata.
Clothes stand in painted cast aluminum.

1. Velasca__1987
Design___Alessandro Mendini
Azienda/Company___Elam
Cm___ø 50x212h

Appendiabiti con struttura in tubo metallico verniciato. Base zavorrata in lamiera verniciata alphatone.
Clothes stand with structure in painted metal tube. Weighted base in sheet metal with alphatone paint finish.

210

4. Pettine__1987
Design__Massimo Morozzi
Azienda/Company__Fiam
Cm__40x40x16h

Appendiabiti. Cristallo curvato 20 mm. Base in metallo rivestita in materiale plastico nero.
Clothes stand. Curved 20 mm-thick plate glass. Base in metal covered with black plastic.

3. Octopus__1992
Design__De Pas/D'Urbino/ Lomazzi
Azienda/Company__Zerodisegno
Cm__ø 63x156h

Appendiabiti. Acciaio zincato o black soft. Pomelli in legno di faggio verniciato naturale.
Clothes stand. Galvanized or black soft steel. Pegs in beech wood painted natural color.

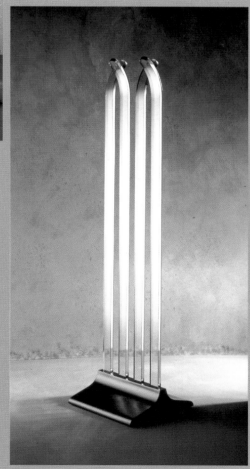

5. Anais__1995
Design__Robert Wettstein
Azienda/Company__Zeus/Noto
Cm__ø 60x180h

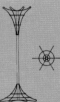

Portabiti con struttura in tondino di acciaio piegato, verniciato. Bastone in faggio massiccio naturale.
Clothes stand. Structure in bent steel rod. Staff in natural solid beech.

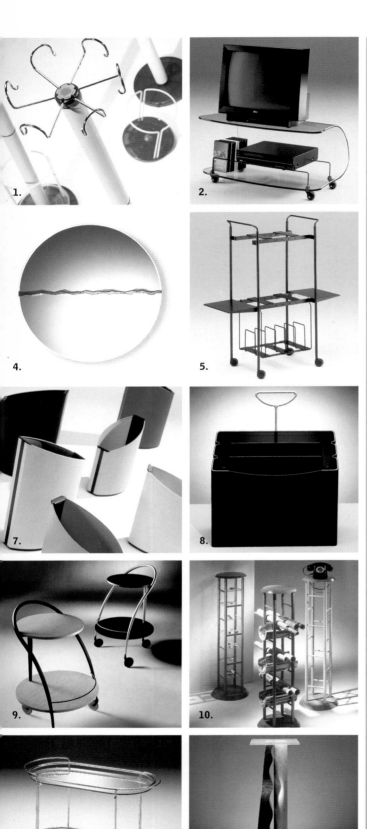

1.

2.

4.

5.

7.

8.

9.

10.

12.

13.

1. Stilo___1976/95
Design___Boccato/Gigante /Zambuso
Azienda/Company___Seccose
Cm___ø 40x162h
Attaccapanni in metallo verniciato con ganci cromati. Base zavorrata in plastica.
Coat stand in painted metal with chromium-plated hooks. Plastic base with ballast.

2. Kelos___1995
Design___Massimo Iosa Ghini
Azienda/Company___Fiam
Cm___90x60x45h
Carrello porta televisore con due piani di appoggio in cristallo curvato 12 mm.
TV trolley with two bearing surfaces in curved 12 mm-thick plate glass.

3. Viking___1993
Design___Toshiyuki Kita
Azienda/Company___Magis
Cm___ø 35x171h
Appendiabiti in alluminio pressofuso. Base in ghisa, telaio in tubo rastremato.
Clothes stand in die-cast aluminium. Base in cast iron, frame in tapered tubing.

4. Niagara___1994
Design___Studio GR
Azienda/Company___Gallotti & Radice
Cm___80/100x80/100h
ø 80/100/120
Specchio composto da cristalli sovrapposti molati. Fascia centrale irregolare molata a mano.
Mirror made up of overlapping cut crystal plates. Uneven hand-cut central sheet.

5. Suono___1989
Design___Oscar Tusquets/Lluis Clotet
Azienda/Company___Zanotta
Cm___65x43x113h
Carrello porta hi-fi. Struttura in accaio verniciato nero.
Trolley for stereo. Structure in black-painted steel.

6. Gardone___1994
Design___Ferruccio Laviani
Azienda/Company___Ravarini Castoldi & c.
Cm___ø 78x198h
Portaoggetti. Struttura in acciaio verniciato. Ripiani in cristallo trasparente.
Object slide. Structure in painted steel. Shelves in transparent crystal.

7. Petalo___1988/95
Design___Annalisa Bonsuan
Azienda/Company___Seccose
Cm___40/50h
Contenitore/gettacarta in lamiera di acciaio in vari colori e resina.
Container/wastepaper basket in sheet steel in various colors and resin.

8. Pocket '90___1991
Design___Andries & Hiroko Van Onck
Azienda/Company___Magis
Cm___38x15x42h

Portariviste in ABS o SAN trasparente o colorato. Maniglia in pressofusione di alluminio.
Magazine rack in transparent or colored ABS or SAN. Handle in die-cast aluminum.

9. Rodolfo___1995
Design___Menguzzati/Villis/Nascimben
Azienda/Company___Casamania by Frezza
Cm___48x50x75h
Carrello con struttura in metallo nero o cromato. Piano in faggio.
Trolley with structure in black or chrome-plated metal. Top in beech.

10. Daily Planet___1994
Design___Bortolani/Becchelli
Azienda/Company___Ravarini Castoldi & c.
Cm___ø 34x111h
Colonna portariviste in legno in diversi colori. Disponibile con ripiani in vetro.
Column for storing magazines in wood of different colors. Available with glass shelves.

11. Alta Tensione___1995
Design___Enzo Mari
Azienda/Company___Kartell
Cm___ø 40x170h
Appendiabiti. Base e montante in acciaio verniciato alluminio. Parte superiore in alluminio pressofuso e tecnopolimero termoplastico semitrasparente.
Clothes stand. Base and upright in steel painted aluminum color. Upper part in die-cast aluminum and semitransparent thermoplastic polymer.

12. Riki___1989
Design___Pierangelo Gallotti
Azienda/Company___Gallotti & Radice
Cm___82x38x63h
Carrello. Struttura in metallo cromato, laccato o in ottone. Piani in cristallo trasparente 8 mm.
Trolley. Structure in chrome-plated metal, lacquered with brass. Shelves in transparent 8 mm-thick plate glass.

13. Portafiori___1987
Design___Ettore Sottsass
Azienda/Company___Ultima Edizione
Cm___54x54x131
Marmo bianco Carrara, nero Marquinia, rosso Verona, vetro.
White Carrara, black Marquinia, and red Verona marble.

14-19. Domestici___1993
Design___Bortolani/Becchelli
Azienda/Company___LaPalma
Varie misure/Various dimensions
Specchio, porta salviette, portariviste, posacenere, porta ombrelli, attaccapanni. Base in alluminio pressofuso, asta in faggio, accessori in acciaio inox e alluminio anodizzato.
Mirror, towel holder, magazine

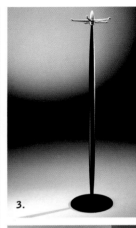

3.

6.

11.

14.

ashtray, umbrella stand,
es stand. Base in die-cast
inum, pole in beech, white
essories in stainless steel and
ized aluminum.

Epoca V__1992
gn__Nanda Vigo
nda/Company__Sica
_ø 100
chio con bordo a molatura
ata. Cornice in vetro curvato,
nato e sabbiato. Luce sul retro.
or with ground border. Frame
rved, shaped, and sandblasted
Back lit.

creen__1987
n__Massimo Morozzi
nda/Company__Mazzei
_54x22x180h (modulo)
vento modulare in frassino
to nero opaco a poro aperto.
e di collegamento dei moduli,
appendiabiti, portaborse.
produzione.
ular screen in open-pore ash
mat black lacquer finish.
g clamps for the modules,
s for clothes, bag holders. No
r in production.

ioggia/Flora/Carta__1994
n__Daniela Puppa
da/Company__Schopenhauer
ø 26/40/60x34/43/48/57h
ombrelli, fioriera, cestino
carta in multistrato di faggio
ciato in gomma liquida
arente.
ella stand, flower vase,
paper basket in beech
od coated with transparent
rubber.

Vind__1994
n__D. Puppa/F. Raggi
da/Company__Schopenhauer
_106x25x179h
vento modulare componibile.
in metallo verniciato, stelo in
e cromo. Pannello in legno o
to in fibra di vetro
onal modular screen. Base in
ed metal, support in chrome-
d brass. Panel in wood or
glass fiber.

arrello__1989/95
n__Boccato/Gigante/Zambuso
da/Company__Seccose
misure/Various dimensions
llo. Struttura in metallo in
olori con elementi cromati.
ni nei colori della struttura o
gio naturale. Variamente
zabile.
y. Metal structure in various
s with chrome-plated
nts. Shelves in the colors of
ructure or in natural beech. It
fitted in various ways.

amino/328__1989
n__Matteo Thun
da/Company__Up&Up
_117x17x120h
no in marmo Bordiglio
iale, biancospino, nero

Marquinia, rosso Verona.
Fireplace in imperial Bordiglio,
hawthorn, black Marquinia, and
red Verona marble.
26. Fermo vai__1994
Design__W. Becchelli/F. Bortolani
Azienda/Company__La Palma
Cm__65x42x50h
Elementi sovrapponibili a incastro
in faggio naturale o faggio tinto
ciliegio.
Structure with wheels in painted
steel drawn rods. Transparent glass
top. Natural beech plywood trays
with chestnut or cherry wood
finishing.
27. Paravento__1989
Design__Roberto Collovà
Azienda/Company__Acierno
Cm__72/202x180h
Paravento formato da due telai e
uno sportello in mogano Honduras
e fiandra di lino.
Screen made up of two frames and
a shutter in Honduras mahogany
and linen.
28. Royalton__1992
Design__Philippe Starck
Azienda/Company__Driade/Aleph
Cm__52x35x167h
Colonna specchio. Struttura in
tubolare di acciaio e bracci rotanti
in fusione di alluminio lucidati.
Mirror column. Structure in steel
tubing and rotating arms in
polished cast aluminum.
29. Zoom__1995
Design__Bortolani/Becchelli
Azienda/Company__Ravarini
Castoldi & c.
Cm__ø 12x7
Specchio/appendiabiti telescopico
in resina verniciata.
Telescopic mirror/clothes stand in
painted resin.

15.

16.

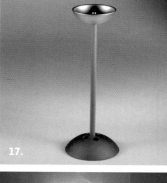

17.

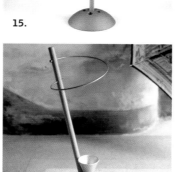

18.

19.

20.

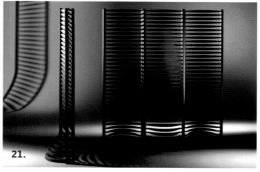

21.

22.

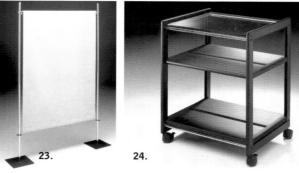

23.

24.

25.

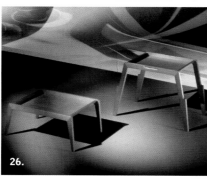

26.

27.

28.

29.

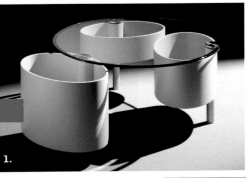

1.

2.

3.

4.

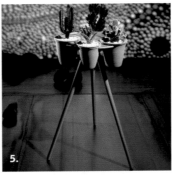

5.

6.

7.

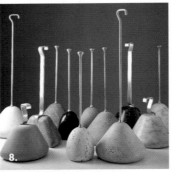

8.

9.

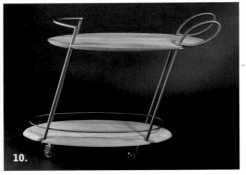

10.

11.

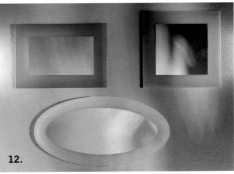

12.

1. Bitte table__1995
Design__Decoma Design
Azienda/Company__Tagliabue
Cm__ø 90x42
Tavolino formato da tre contenitori.
Esterno laccato o in essenza
naturale, fondo interno laminato.
Table with three containers. Outside
lacquered or in natural wood,
inside bottom laminated.

2. Incontro__1991
Design__Massimo Iosa Ghini
Azienda/Company__Fiam
Cm__15x45x82h
Carrello in cristallo curvato 10
mm. Pedini con ruote in alluminio
anodizzato.
Trolley in curved 10 mm-thick
plate glass. Feet with wheels in
anodized aluminum.

3. Manhattan__1986
Design__Ettore Sottsass
Azienda/Company__Memphis
Cm__80x43x80h
Carrello in metallo e cristallo
colorato.
Trolley in metal and colored plate
glass.

4. Aurora__1993
Design__David Palterer
Azienda/Company__Acerbis
Cm__39x39x64h
Tavolino di servizio in essenza di
noce biondo o di ciliegio 2. Tiretto
in massello. Piano in cristallo.
Multipurpose natural wood table,
with a small drawer. Heavy thick
crystal top. In light walnut or
cherry wood 2.

5. Hortus__1994
Design__David Palterer
Azienda/Company__Zanotta
Cm__ø 52x82h
Portavasi in lega di alluminio,
verniciatura goffrata. Gambe in
faggio verniciato colore naturale.
Vasi e sottovasi in argilla rossa.
Vase holders in aluminum alloy,
embossed paint finish. Legs in
beech painted natural color. Vases
and dishes in red clay.

6. Draped__1993
Design__Nanda Vigo
Azienda/Company__Glas
Cm__ø 80h
Specchi realizzati con lastre di
cristallo con profilo sagomato, in
parte specchianti e in parte
smerigliate e satinate. Disponibile
con iluminazione diffusa sul retro.
Mirrors made out of sheets of plate
glass with shaped outlines, part
reflective and part frosted and
glazed. Available with diffuse
lighting from back.

7. Esedra__1991
Design__Luigi Serafini
Azienda/Company__Edra
Cm__168x38x178h
Paravento. Struttura in metallo
verniciato flessibile curvato con
effetto molla. Telo in tessuto
semitrasparente.
Screen. Flexible painted metal
with spring effect. Semi-traspa[
canvas.

8. Buffalmacco__1989
Design__Luigi Caccia Dominio
Azienda/Company__Bigelli/
Roveresca
Varie misure/Various dimension[
Oggetti/fermaporta in pietra o
marmo torniti. Stelo di ottone [
impugnatura.
Doorstops/objects in turned sto[
or marble, brass stand with gri[

9. Camino/327__1989
Design__ A. Castiglioni/G.C. P[
Azienda/Company__Up&Up
Cm__162x52x86h
Camino in marmo persichino r[
Fireplace in pink persichino
marble.

10. Scooter__1992
Design__Serena Omodeo Salé
Azienda/Company__Autoprodu[
Cm__110x45x89h
Carrello su ruote a due ripiani.[
faggio o ciliegio naturali e ferr[
colore naturale. Finiture vegeta[
atossiche.
Trolley on wheels with top and [
shelf. In natural beech or cherr[
and natural-colored iron. Finis[
with non-toxic vegetable dyes.

11. Blue-Moon__1993
Design__Monica Moro
Azienda/Company__Ravarini
Castoldi & c.
Cm__61x37x37h
Vassoio pieghevole in mutistra[
legno disponibile in vari colori.
Folding tray in plywood, availa[
in various colors.

12. Colours__1995
Design__Nanda Vigo
Azienda/Company__Glas
Varie misure/Various dimensio[
Serie di specchi con bordi satin[
e sfumati in varie tonalità di
colore.
Series of mirrors with glazed e[
in various shades of color.

13. Ecology__1988
Design__Anna Anselmi
Azienda/Company__Bieffeplas[
Cm__ø 40x174h
Struttura in tubo di acciaio
curvato e verniciato con anelli
contenere vasi.
Structure in curved and painte[
steel tubing with rings to hold
vases.

14. Teo__1994
Design__P. Scarzella/P. Rasul[
Azienda/Company__Zanotta
Cm__71x38x50h
Portariviste con struttura in
acciaio cromato. Contenitore i
midollino.
Magazine rack. Structure in
chrome-plated steel. Container
pith.

15. Cactus__1995
Design__Raul Barbieri
Azienda/Company__Rexite

214

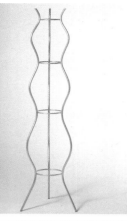

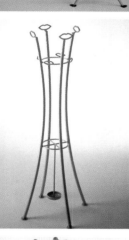

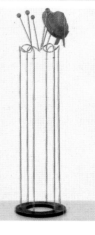

Cm___ø 40x167h
Appendiabiti e portaombrelli.
Supporti e base in polimeri tecnici.
Asta in acciaio verniciato.
Clothes and umbrella stand.
Supports and bases in polymers.
Pole in painted steel.

16. Amiko e Simpatiko___1985
Design___Alessandro Mendini
Azienda/Company___Baleri Italia
Varie misure/Various dimensions
Appendiabiti con portaombrelli e
specchio da parete. Struttura in
tubo e tondino di acciaio, lamiera
forata e verniciata.
Wall-mounted clothes rack with
umbrella stand and mirror.
Structure in steel tubing and rod,
perforated and painted sheet metal.

17. Narciso___1988
Design___Romeo Sozzi
Azienda/Company___Promemoria
Cm___43x147h (modulo)
Paravento con struttura in legno,
finitura in foglia d'oro.
Screen with wooden structure and
gilding.

18. Camino/325___1989
Design___Luca Scacchetti
Azienda/Company___Up&Up
Cm___148x22x120h
Camino in marmo rosso Verona,
verde Alpi, bianco Carrara, giallo
Siena.
Fireplace in red Verona, green
Alpine, white Carrara, and yellow
Siena marble.

19. Tatzebao___1994
Design___Ritva Koivumaki
Azienda/Company___Robots
Cm___79,5h
Reggigiornali in alluminio e legno.
Appendibile.
Newspaper back, in aluminum and
wood. May be hung on wall.

20. Molly___1994
Design___
Menguzzati/Villis/Nascimben
Azienda/Company___Casamania by
Frezza
Cm___ø 31x44h
Gettacarte in rete in vari colori.
Wire-mesh wastepaper baskets in
various colors.

21. Portabiti___1992
Design___Colombrino/Mollica
Azienda/Company___GFR/Metals
Cm___42x42x174h
Appendiabiti con struttura in
acciaio verniciato.
Clothes stand with structure in
painted steel.

22. Trofeo mensole___1985
Design___Sergio Cappelli &
Patrizia Ranzo
Azienda/Company___Autoproduzione
Cm___110x33x40h
Mensole in legno e acciaio con
contenitori per piccole piante.
Edizione limitata.
Shelves in wood and steel with
containers for small plants. Limited
production run.

23. Whi___1995
Design___D'Urbino/ Lomazzi
DDL Studio
Azienda/Company___Zerodisegno
Cm___ø 44x176
Appendiabiti. Stelo in tubetto di
acciaio cromato. Base in fusione
verniciata. Pomelli in polipropilene.
Clothes stand. Support in chrome-
plated steel tube. Base in painted
cast metal. Pegs in polypropylene.

24. Step '90___1994
Design___Andries & Hiroko Van
Onck
Azienda/Company___Magis
Cm___40x53x86
Scaletta pieghevole. Struttura in
tubolare d'acciaio, gradini in
plastica ABS, scorrevole in
alluminio pressofuso.
Folding stepladder. Structure in
steel tubing, rungs in ABS plastic,
slide in die-cast aluminum.

25. Portaombrelli___1992
Design___Gatti/Teodoro
Azienda/Company___GFR/Metals
Cm___25/50x17x50h
Portaombrelli con base in ferro.
Coni rimovibili in alluminio.
Tondini di alloggio in acciaio finito.
Umbrella stand with iron base.
Removable cones in aluminum.
Housing rods in steel.

26. Teodoro___1994
Design___Paolo Ravarini
Azienda/Company___Ravarini
Castoldi & c.
Cm___32/54x64/178h
Portabiti, portaombrelli,
posacenere. Struttura in multistrato,
vaschette e appendiabiti in metallo.
Clothes stand, umbrella stand,
ashtray. Plywood structure, metal
basin and clothes pegs.

14.

15.

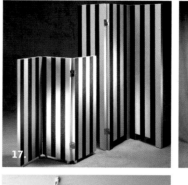

17.

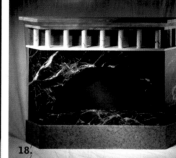

18.

19.

20.

22.

24.

25.

26.

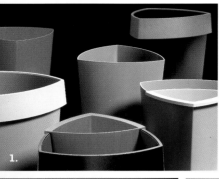

1.

2.

3.

5.

6.

8.

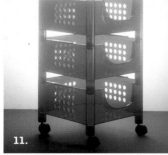

9.

10.

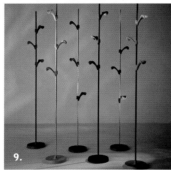

11.

13.

14.

1. Eco___1995
Design___Raul Barbieri
Azienda/Company___Rexite
Cm___28x32h
Cestino gettacarte, vaschetta
ecologica, anello coprisacchetto in
polimero tecnico in vari colori.
Wastepaper basket, ecological
basin, and bag-cover ring in
polymer in various colors.

2. Flor___1992
Design___Dorina Camusso
Azienda/Company___Steel
Cm___ø 34x67h
Portaombrelli in acciaio verniciato
con maniglia in faggio naturale.
Vaschetta in alluminio e
basamento in ghisa.
Umbrella stand in painted steel
with natural beech handle. Basin in
aluminum and base in cast iron.

3. Minnie___1992
Design___Paolo Ravarini
Azienda/Company___Ravarini
Castoldi & c.
Cm___53x29x39h
Portariviste in ciliegio massiccio
lucidato naturale.
magazines-holder of naturally
polished solid cherry wood.

4. Obliquo___1986
Design___Massimo Morozzi
Azienda/Company___Fiam
Cm___54x48x162h
Specchio 8 mm, fasce curve in
cristallo 15 mm.
8 mm-thick mirror, curved bands in
15 mm-thick plate glass.

5. Go-On___1994
Design___Nanda Vigo
Azienda/Company___Glas
Cm___91x45x70h
Carrello con struttura in alluminio
impiallacciato noce o ciliegio con
inserti in cristallo satinato. Piani in
cristallo 8 mm satinato naturale o
satinato colorato.
Trolley with structure in aluminum
veneered with walnut or in cherry
with inserts in glazed plate glass.
Shelves in 8 mm-thick glazed plate
glass, natural or colored.

6. Del Diavolo___1986
Design___Ettore Sottsass
Azienda/Company___Ultima
Edizione
Cm___110x18x213h
Specchio. Marmo bianco Carrara,

rosa Portogallo, nero Belgio, rosso
Francia, legno dorato, specchio.
Edizione firmata, 30 esemplari.
Mirror. White Carrara, pink
Portuguese, black Belgian, and red
French marble, gilded wood,
mirror. Production run of thirty
signed pieces.

7. Tucano___1987
Design___L. Pagani/A. Perversi
Azienda/Company___Bieffeplast
Cm___ø 35/140/200h
Appendiabiti da terra con base in
conglomerato di marmo nero.
Colonna e lunette in trafila di
alluminio verniciato.
Clothes stand with base in black
marble conglomerate. Column and
half-moons in painted drawn
aluminum.

8. Alice___1994
Design___Nanda Vigo
Azienda/Company___Sica
Cm___60x22x69
Etagére sagomata a sospensione in
vetro curvato 8 mm. Due ripiani.
Pomello di sostegno in metallo
argentato.
Shaped and suspended étagère in
curved 8 mm-thick glass. Two
shelves. Supporting knob in silver-
plated metal.

9. Albera___1993
Design___Prospero Rasulo
Azienda/Company___BRF
Cm___ø 20x185h
Appendiabiti con struttura in
acciaio cromato o verniciato. Base
in fusione di alluminio, attacchi
cromati.
Clothes stand with structure in
chrome-plated or painted steel.
Base in cast aluminum, chrome-
plated pegs.

10. Theo___1994
Design___Piero Gaeta
Azienda/Company___Steel
Cm___41x20x45h
Portariviste in lastra di acciaio
verniciato in vari colori.
Magazine rack in steel plate
painted various colors.

11. Dove___1990
Design___Andries & Hiroko Van Onck
Azienda/Company___Magis
Cm___36x36x22h
Cestino sovrapponibile in plastica
ABS o SAN trasparente o colorato.
Stackable basket in transparent or
colored ABS or SAN plastic.

12. Perlione___1986
Design___Ettore Sottsass
Azienda/Company___Ultima
Edizione
Cm___84x66x157h
Portaoggetti. Marmo bianco
statuario, nero Marquinia.
Object slide. White statuary and
black Marquinia marble.

13. Eolo___1993
Design___Annibale Oste
Azienda/Company___Gallotti &
Radice

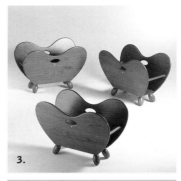

4.

7.

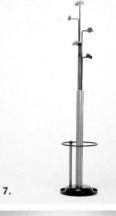

12.

15.

Cm__120x120h

Specchio molato a mano con base in cristallo 12 mm. Scultura in fusione di bronzo patinato in argento.

Hand-ground mirror with base in 12 mm-thick plate glass. Sculpture in cast bronze coated with silver.

14. Musico__1995
Design__Ugo La Pietra
Azienda/Company__Sica
Cm__90x45x125h

Carrello porta televisore/hi-fi in vetro curvato 12 mm. Tre ripiani e contenitori in alluminio anodizzato.

Trolley for television/stereo in curved 12 mm-thick glass. Top, two shelves, and containers in anodized aluminum.

15. Jali__1994
Design__Paolo Giordano
Azienda/Company__Zoltan
Cm__82x51x82h

Paravento con intelaiatura in legno. Formelle quadrate in sesamo massiccio intagliate a mano. Piedi in ferro battuto.

Screen with wooden frame. Square panels in hand-carved solid sesame wood. Feet in wrought iron.

16. Kalamo__1993
Design__Anna Deplano
Azienda/Company__Desalto
Cm__ø 60x179h

Appendiabiti con aste in acciaio. Terminali in massello di quattro legni diversi. Base in ghisa.

Clothes stand with steel poles. End pieces in four different kinds of solid wood. Base in cast iron.

17. Farla__1994
Design__Ugo La Pietra
Azienda/Company__Sica
Cm__100x40x126h

Consolle sagomata con piano e alzata in vetro curvato 10 mm. Gambe e pomello di sostegno in ciliegio.

Shaped console with top and shelf in 10 mm thick bent glass. Cherry-wood legs and support knob.

18. Ali__1992
Design__I. Hosoe/E. Olivares
Azienda/Company__Tonelli
Cm__ø 50x180h

Appendiabiti su base ruotante. Montanti in vetro float 20 mm saldati tra loro.

Coat hooks on revolving base. The hooks are assembled on 20 mm thick float glass and welded to each other.

19. Vera__1994
Design__Ugo La Pietra
Azienda/Company__Sica
Cm__60x38x135h

Angoliera sagomata in vetro curvato 10 mm. Tre ripiani e cassetto in ciliegio. Piedini in metallo argentato.

Shaped corner unit in curved 10 mm-thick glass. Top, two shelves and drawer in cherry wood.

Feet in silver-plated metal.

20. Dino__1992
Design__Andreas Salas
Azienda/Company__Steel
Cm__75x34x73h

Carrello pieghevole con struttura in acciaio e piano in MDF laccato.

Folding trolley with structure in steel and top in lacquered MDF.

21. Collana 5__1993
Design__Toni Cordero
Azienda/Company__Bigelli
Cm__80x40x235h

Consolle a muro con specchio, ripiani in cristallo. Struttura in ferro zincato.

Wall console with mirror and glass shelves. Galvanized iron structure.

22. Box in 4 movements__1994
Design__Ron Arad
Azienda/Company__GFR/Ron Arad Studio
Cm__40x40x70h

Cubo in quattro sezioni connesse da perni d'arresto che può assumere forma di sedia o di tavolino. Disponibile in vari tipi di legno, in acciaio nero o inossidabile, in bronzo patinato o lucido.

Cubic box with four sections connected by means of stop joints. It can be disassembled to form either a chair or a small table. Available in different woods, black-painted or stainless steel, plated or polished bronze.

23. Principe__1994
Design__D. Puppa/F. Raggi
Azienda/Company__Schopenhauer
Cm__25x25x105/144h

Specchio da terra in metallo verniciato. Stelo telescopico in ottone. Elemento specchiante orientabile.

Freestanding mirror in painted metal. Telescopic support in brass. Adjustable reflecting element.

24. Felix__1995
Design__Maurizio Peregalli
Azienda/Company__Zeus/Noto
cm__70/100x70/100x43h-80x50x69h

Carrello-tavolo su ruote. Struttura in acciaio, piano inferiore in rete di metallo stirata, verniciatura alle polveri epossidiche nero semiopaco o grafite. Piano in MDF verniciato trasparente o sabbiato.

Trolley-table on castors. Steel framework, low shelf in expanded metal, epoxy painted semiopaque black or graphite. Top in varnished MDF, black linoleum, plate or sandblasted glass.

25. Trolley__1988
Design__Marco Zanuso jr.
Azienda/Company__è DePadova
Cm__62x58x52h

Carrello portatelevisore e videoregistratore a uno o due piani. Struttura e maniglione in acciaio cromato. Piani in lamiera d'acciaio verniciati. Ruote in gomma e acciaio cromato.

Trolley for television and video recorder with one or two shelves. Structure and handle in chrome-plated steel. Shelves in painted sheet steel. Wheels in rubber and chrome-plated steel.

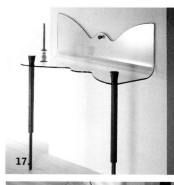

17.

19.

20.

22.

24.

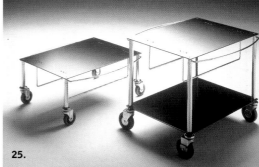

25.

Jesse Marsh	Elasta	1988	Sedie/Chairs	88.**6**
Burkhard Vogtherr	Armilla	1990	Imbottiti/Upholstered	41.**20**
Burkhard Vogtherr	Minitonda	1988	Imbottiti/Upholstered	44.**8**

Arredaesse Produzioni

Remo Buti	Maggio	1992	Tavoli/Tables	133.**19**
Pierangelo Caramia	Oblò	1992	Tavoli/Tables	126.**12**
Pierangelo Caramia	Screen	1991	Sistemi/Systems	173.**21/24**
Nigel Coates	Delfino	1991	Sistemi/Systems	162.**2**
Dan Friedman	Morpheus	1992	Tavoli/Tables	114.**1**
Dan Friedman	Amor	1992	Contenitori/Containers	152.**9**
Johanna Lyle	Samirah	1995	Letti/Beds	188.**5**
Massimo Mariani	Flowers	1992	Contenitori/Containers	141.**7**
Roberto Semprini	Chiocciola	1992	Imbottiti/Upholstered	45.**22**
Toshiyuki Kita	Palcoscenico	1992	Letti/Beds	188.**8**

Atelier

Ignazio Gardella	Timothy	1995	Tavoli/Tables	122.**3**
Wolfgang Laubersheimer	Tensolibreria	1985	Sistemi/Systems	171.**11**

Autoproduzione

S. Cappelli & P. Ranzo	Agave	1985	Tavoli/Tables	130.**9**
S. Cappelli & P. Ranzo	Trofeo specchio	1985	Accessori/Accessories	202.**2**
S. Cappelli & P. Ranzo	Trofeo mensole	1985	Accessori/Accessories	215.**22**
Roberto Malacrida	P.O. Box	1994	Sistemi/Systems	172.**2**
Serena Omodeo Salé	Kayak	1992	Letti/Beds	187.**15**
Serena Omodeo Salé	Scooter	1992	Accessori/Accessories	214.**10**
Prospero Rasulo	Contenitore	1993	Contenitori/Containers	140.**2**

Baleri Italia

Enrico Baleri	Mimì	1991	Sedie/Chairs	74.**1**
Enrico Baleri	Camillo	1991	Tavoli/Tables	112.**1**
Enrico Baleri	Miss Maggie	1989	Contenitori/Containers	154.**14**
Luigi Baroli	Cartoons	1992	Accessori/Accessories	205.**4**
Riccardo Dalisi	Idea	1989	Tavoli/Tables	104.**2**
Christian Leprette	Bonaventura	1990	Tavoli/Tables	115.**6**
Alessandro Mendini	Karina	1985	Sedie/Chairs	94.**8**
Alessandro Mendini	Amiko e Simpatiko	1985	Accessori/Accessories	215.**16**
Philippe Starck	Richard III	1985	Imbottiti/Upholstered	25.**4**
Philippe Starck	Café chair	1984	Sedie/Chairs	60.**3**
Philippe Starck	Francesca Spanish	1984	Sedie/Chairs	87.**21**
Philippe Starck	President M.	1985	Tavoli/Tables	113.**5**
Hannes Wettstein	Caprichair	1990	Imbottiti/Upholstered	32.**2**
Hannes Wettstein	Caprimid	1991	Imbottiti/Upholstered	47.**17**
Hannes Wettstein	Juliette	1987	Sedie/Chairs	61.**4**

B&B Italia

Antonio Citterio	Sity	1986	Imbottiti/Upholstered	19.**5**
Antonio Citterio	Florence	1995	Imbottiti/Upholstered	25.**6**
Antonio Citterio	Cina	1993	Imbottiti/Upholstered	36.**1**
Antonio Citterio	Baisity	1989	Imbottiti/Upholstered	41.**19**
Antonio Citterio	Harry	1995	Imbottiti/Upholstered	46.**9**
Antonio Citterio	Domus	1989	Sistemi/Systems	161.**4**
Antonio Citterio	Balletto	1991	Letti/Beds	186.**10**
A. Citterio/P. Nava	Diesis	1979	Imbottiti/Upholstered	43.**18**
Mario Marenco	TV	1995	Imbottiti/Upholstered	42.**2**
Paolo Piva	Aletto	1991	Letti/Beds	186.**8**
Studio Kairos	Velante	1992	Sistemi/Systems	169.**14**
Studio Kairos	Ecletto	1991	Letti/Beds	187.**16**

Bellato

Luciano Bertoncini	Ugonotti	1992	Contenitori/Containers	153.**20**
Luciano Bertoncini	California	1994	Sistemi/Systems	170.**9**
D'Urbino/Lomazzi/Shina DDL Studio	Nuvola	1993	Letti/Beds	189.**14**
Marco Zanuso jr.	Sevilla	1992	Letti/Beds	188.**4**

Bernini

Luciano Bertoncini	Ballerina	1989	Sedie/Chairs	91.**18**
Guido Canali	Canali	1990	Tavoli/Tables	134.**2**
Ugo La Pietra	Gambadilegno	1995	Tavoli/Tables	131.**14**

Ugo La Pietra	Gamba di legno	1995	Contenitori/Containers	154.**10**
Giovanni Levanti	Miles	1995	Tavoli/Tables	131.**21**
Mario Marenco	Navona	1987	Tavoli/Tables	131.**18**
Gaetano Pesce	Broadway	1993	Sedie/Chairs	75.**3**
Franco Poli	Boogie Woogie	1995	Sistemi/Systems	164.**3**
Denis Santachiara	Coccolo	1995	Letti/Beds	188.**7**
Lella e Massimo Vignelli	Incontro	1992	Imbottiti/Upholstered	42.**11**
Lella e Massimo Vignelli	Forte	1991	Tavoli/Tables	126.**13**

Bianchi & Bruni

Elio Di Franco	Gei	1991	Imbottiti/Upholstered	46.**12**
Riccardo Misesti	Joker	1995	Imbottiti/Upholstered	44.**3**
Guido Venturini	Valentino	1991	Imbottiti/Upholstered	28.**1**
Guido Venturini	Ghost	1992	Sedie/Chairs	62.**1**

Bieffeplast

Anna Anselmi	Ecology	1988	Accessori/Accessories	215.**13**
Francesca Anselmi	Pompadour	1992	Sedie/Chairs	84.**8**
Fabio Di Bartolomei	Chiara	1992	Sedie/Chairs	85.**21**
Fabio Di Bartolomei	Party	1992	Tavoli/Tables	128.**1**
Joe D'Urso	Cono	1984	Tavoli/Tables	132.**6**
Rodney Kinsmann	Ivy	1994	Sedie/Chairs	93.**24**
Rodney Kinsmann	Specchio Due	1983	Accessori/Accessories	203.**5**
L. Pagani/A. Perversi	Tucano	1987	Accessori/Accessories	216.**7**
Terry Pecora	Angel	1985	Sedie/Chairs	64.**2**
Matteo Thun	Container System	1985	Contenitori/Containers	149.**4**
Marco Zanini	Souk	1989	Tavoli/Tables	130.**12**

Biesse

R. Lucci/P. Orlandini	Tira e molla	1994	Imbottiti/Upholstered	20.**3**

Bigelli

Nigel Coates	Europa	1989	Tavoli/Tables	103.**4**
Toni Cordero	Tessera	1993	Tavoli/Tables	107.**5**
Toni Cordero	Collana	1993	Tavoli/Tables	125.**24**
Toni Cordero	Collana 5	1993	Accessori/Accessories	217.**21**
Alessandro Guerriero	Tic Tac Toe	1993	Tavoli/Tables	116.**1**
Guglielmo Renzi	Evaso	1989	Tavoli/Tables	130.**5**

Bigelli/Roveresca

Luigi Caccia Dominioni	Buffalmacco	1989	Accessori/Accessories	214.**8**
Toni Cordero	Guarino	1989	Tavoli/Tables	135.**22**
Boris Podrecca	Poppea	1989	Tavoli/Tables	118.**1**
Francesco Venezia	Glifo	1989	Contenitori/Containers	149.**5**

Boffi F.lli

Ugo La Pietra	Messinscena	1986	Contenitori/Containers	155.**22**

Bontempi

Giuseppe Raimondi	Delfina	1986	Sedie/Chairs	93.**15**

B.P.A.

Marco Ferreri	Less	1995	Sedie/Chairs	77.**4**

BRF

B. Cisotti/S. Laube	Blob	1995	Contenitori/Containers	147.**2**
B. Cisotti/S. Laube	Blob	1995	Contenitori/Containers	152.**11**
Massimo Iosa Ghini	Pon-Pon	1992	Imbottiti/Upholstered	48.**5**
Massimo Iosa Ghini	Ye-Ye	1992	Sedie/Chairs	88.**12**
Massimo Iosa Ghini	Jo-Jo	1992	Tavoli/Tables	114.**3**
Massimo Iosa Ghini	Trolley	1992	Accessori/Accessories	196.**2**
Prospero Rasulo	Lunaria	1993	Contenitori/Containers	153.**23**
Prospero Rasulo	Albera	1993	Accessori/Accessories	216.**9**

Bros's

Peter Maly	Schach	1991	Tavoli/Tables	133.**23**
Marco Mencacci	Mercedes	1992	Sedie/Chairs	89.**22**
Paolo Piva	Quadro	1988	Tavoli/Tables	133.**15**
Giorgio Ragazzini	Sacher	1993	Sedie/Chairs	84.**4**
Giorgio Ragazzini	Demel	1991	Tavoli/Tables	125.**19**
Pierangelo Sciuto	Lady-zip	1995	Sedie/Chairs	85.**15**

Designer	Product	Year	Category	Ref.
Studio Marianelli	Granducato	1995	Tavoli/Tables	132.1
Studio tecnico Bros's	Bonjour	1993	Sedie/Chairs	95.20

Brunati

Designer	Product	Year	Category	Ref.
T. Ammannati/G. Vitelli	Kilkis	1985	Imbottiti/Upholstered	40.1
Michele De Lucchi	Bel Dì	1992	Imbottiti/Upholstered	43.20
Peter Maly	Sharky	1992	Imbottiti/Upholstered	45.12
Pino Pedano	Millefogli	1990	Tavoli/Tables	131.20
Daniela Puppa	Mokambo	1989	Imbottiti/Upholstered	45.10

Busnelli Gruppo Industriale

Designer	Product	Year	Category	Ref.
Ugo La Pietra	Autorevole	1985	Imbottiti/Upholstered	41.11
Ugo La Pietra	Incrocio	1986	Tavoli/Tables	129.24
Ugo La Pietra	Oggetto naturale	1985	Tavoli/Tables	130.8
Ferruccio Laviani	Time	1994	Imbottiti/Upholstered	42.9
A. Mandelli/W. Selva	Monterosso	1994	Imbottiti/Upholstered	40.9
Antonello Mosca	La Scala	1992	Imbottiti/Upholstered	46.10

Cabas

Designer	Product	Year	Category	Ref.
Werther Toffoloni	Uni 5	1982	Sedie/Chairs	83.22
Werther Toffoloni	Uni 3	1982	Sedie/Chairs	90.6

Calligaris

Designer	Product	Year	Category	Ref.
Edi Ciani	Natura	1990	Sedie/Chairs	94.5
Enrico Franzolini	Calibra	1992	Sedie/Chairs	90.12
R. Lucci/P. Orlandini	Viva	1995	Sedie/Chairs	85.17
R. Lucci/P. Orlandini	Isola	1995	Sedie/Chairs	94.9
Giotto Stoppino	Piuma	1995	Sedie/Chairs	82.5
Giotto Stoppino	Margherita	1992	Sedie/Chairs	84.9

Campeggi

Designer	Product	Year	Category	Ref.
Paolo Deganello	Alzabandiera	1991	Letti/Beds	181.6
Giovanni Levanti	Matisse	1989	Letti/Beds	188.12
Vico Magistretti	Kenia	1995	Sedie/Chairs	87.16
Vico Magistretti	Ostenda	1994	Sedie/Chairs	87.18
Vico Magistretti	Baobab	1995	Sedie/Chairs	93.14
Denis Santachiara	Astro	1992	Imbottiti/Upholstered	48.12
Denis Santachiara	Frac	1988	Imbottiti/Upholstered	49.19

Cappellini

Designer	Product	Year	Category	Ref.
Michele Barro	Chiavari	1988	Sedie/Chairs	77.5
Michele Barro	Datong	1988	Tavoli/Tables	105.5
Andreas Brandolini	Rosa	1994	Imbottiti/Upholstered	25.5
Diana Cabeza	Sensual Pampa	1993	Imbottiti/Upholstered	22.2
Tom Dixon	Pylon chair	1992	Sedie/Chairs	61.6
Enrico Franzolini	Vienna	1989	Imbottiti/Upholstered	43.19
Enrico Franzolini	Light boxes	1994	Contenitori/Containers	147.3
Anna Gili	Tonda	1991	Imbottiti/Upholstered	41.13
Anna Gili	Ton ton-Tambù	1993	Tavoli/Tables	132.4
Konstantin Grcic	Start	1994	Sedie/Chairs	55.5
James Irvine	Zzofà	1993	Imbottiti/Upholstered	21.4
James Irvine	Spider	1994	Imbottiti/Upholstered	33.4
Katherine Krizek	Shaker screen	1991	Accessori/Accessories	204.2
Shiro Kuramata	Side One	1986	Contenitori/Containers	145.3
Ross Lovegrove	Eight chair	1994	Sedie/Chairs	75.4
Jasper Morrison	Three sofa de luxe	1992	Imbottiti/Upholstered	23.4
Jasper Morrison	Day bed	1989	Imbottiti/Upholstered	26.2
Jasper Morrison	Jodhpur	1995	Imbottiti/Upholstered	40.2
Jasper Morrison	Thinkingman's chair	1988	Sedie/Chairs	56.2
Jasper Morrison	Flower pot table	1989	Tavoli/Tables	109.4
Jasper Morrison	Big wood table	1993	Tavoli/Tables	135.20
Jasper Morrison	Universal system	1991	Contenitori/Containers	150.1
Jasper Morrison	B. B. bookcase	1994	Sistemi/Systems	167.5
Jasper Morrison	Bed	1991	Letti/Beds	183.4
Marc Newson	Felt chair	1993	Imbottiti/Upholstered	31.4
Marc Newson	Wooden chair	1992	Sedie/Chairs	52.3
Marc Newson	Sine chair	1992	Sedie/Chairs	63.5
Marc Newson	Sine table	1992	Tavoli/Tables	100.3

Cappellini/Mondo

Designer	Product	Year	Category	Ref.
Paola Navone	M3012/C - M3010	1991	Imbottiti/Upholstered	40.4
Paola Navone	M106	1988	Imbottiti/Upholstered	49.21
Paola Navone	M601	1988	Sedie/Chairs	85.14
Paola Navone	M780	1988	Letti/Beds	186.3

Casamania by Frezza

Designer	Product	Year	Category	Ref.
Menguzzati/ Villis/Nascimben	Primo	1993	Sedie/Chairs	93.16
Menguzzati/ Villis/Nascimben	Minima	1993	Sedie/Chairs	94.3
Menguzzati/ Villis/Nascimben	Rodolfo	1995	Accessori/Accessories	212.9
Menguzzati/ Villis/Nascimben	Molly	1994	Accessori/Accessories	215.20

Cassina

Designer	Product	Year	Category	Ref.
Andrea Branzi	Revers	1993	Sedie/Chairs	79.5
Andrea Branzi	Berione	1988	Sistemi/Systems	162.1
Achille Castiglioni	Hilly	1988	Imbottiti/Upholstered	27.5
Paolo Deganello	Artifici	1985	Tavoli/Tables	107.6
Carlo Forcolini	Ghiretto	1995	Letti/Beds	176.1
Massimo Iosa Ghini	Leggero	1994	Imbottiti/Upholstered	36.2
Giovanni Levanti	Nido	1991	Tavoli/Tables	114.4
Josep Lluscà	Cos	1994	Sedie/Chairs	64.3
Josep Lluscà	Nus	1994	Tavoli/Tables	127.17
Vico Magistretti	Palmaria	1995	Imbottiti/Upholstered	37.5
Gianfranco Pardi	Zeppelin	1995	Letti/Beds	187.14
Gaetano Pesce	Feltri	1987	Imbottiti/Upholstered	29.3
Gaetano Pesce	Cannaregio	1987	Imbottiti/Upholstered	39.5
Paolo Rizzatto	Dakota	1994	Sedie/Chairs	81.5
Sottsass Associati	Selim	1992	Imbottiti/Upholstered	29.4
Philippe Starck	Soeur Therese	1995	Letti/Beds	180.1
Philippe Starck	Soeur Jeanne	1995	Letti/Beds	188.2
(zed) Design Network	Juno	1995	Letti/Beds	188.6

Cattelan Italia

Designer	Product	Year	Category	Ref.
Giorgio Cattelan	Bella	1994	Sedie/Chairs	87.12
Giorgio Cattelan	Flexa	1992	Sistemi/Systems	168.5
Ca'Nova Design	Spiral	1995	Tavoli/Tables	128.9
Aldo Greco	Bingo	1994	Tavoli/Tables	131.16

Ceccotti

Designer	Product	Year	Category	Ref.
Francesco M. Andrenelli	Mamma Li Turchi	1988	Letti/Beds	189.16
Roberto Lazzeroni	Large Flower	1992	Imbottiti/Upholstered	45.14
Roberto Lazzeroni	D.R.D.P.	1989	Sedie/Chairs	66.3
Roberto Lazzeroni	Chumbera Primera	1988	Sedie/Chairs	87.11
Roberto Lazzeroni	Hypnos	1989	Sedie/Chairs	90.2
Roberto Lazzeroni	Tadao	1989	Contenitori/Containers	142.2
Roberto Lazzeroni	Bandeja	1988	Contenitori/Containers	154.3
Roberto Lazzeroni	T.D.L.V	1991	Letti/Beds	180.2

Ciatti

Designer	Product	Year	Category	Ref.
Josep Lluscà	Telenda	1991	Sedie/Chairs	83.13
Gianni Pareschi/G14	Rolling	1985	Tavoli/Tables	124.11
Gianni Pareschi/G14	Grillo	1992	Tavoli/Tables	125.20
Giuseppe Pasquali	Malibù	1987	Sedie/Chairs	84.1
Jorge Pensi	Babelia	1993	Sistemi/Systems	170.10

Cidue

Designer	Product	Year	Category	Ref.
Raul Barbieri	Living world	1994	Accessori/Accessories	197.5
Mauro Canfori	Ubishop	1989	Contenitori/Containers	152.8
Rodolfo Dordoni	Bloody Mary	1991	Sedie/Chairs	91.21
Panizon/Martinelli/Dorligo	Pollicino	1993	Tavoli/Tables	122.9
Toshiyuki Kita	Treusa	1986	Accessori/Accessories	197.4

Cinova

Designer	Product	Year	Category	Ref.
Giugiaro Design	Elika	1993	Imbottiti/Upholstered	36.3

Desalto

Designer	Product	Year	Category	Ref.
Archstudio	Modì	1990	Accessori/Accessories	193.3
Cozza/Mascheroni	Verve	1994	Sistemi/Systems	159.4
Anna Deplano	Kalamo	1993	Accessori/Accessories	217.16

Design Gallery Milano

Andrea Branzi	Grande piatto	1991	Contenitori/Containers	153.**15**
Andrea Branzi	Grande gabbia	1991	Contenitori/Containers	153.**27**
Andrea Branzi	Piccola gabbia	1991	Contenitori/Containers	155.**25**
Andrea Branzi	Piccolo albero	1991	Sistemi/Systems	171.**14**
Johanna Grawunder	Black Rubber...	1995	Contenitori/Containers	144.**2**
Johanna Grawunder	Small Cabinet	1995	Contenitori/Containers	152.**5**
Johanna Grawunder	Mirrored Medicin...	1995	Contenitori/Containers	152.**10**
Massimo Iosa Ghini	Boomerang	1989	Imbottiti/Upholstered	22.**1**
Massimo Iosa Ghini	Orbita	1989	Imbottiti/Upholstered	46.**2**
Massimo Iosa Ghini	Satellite	1989	Imbottiti/Upholstered	46.**6**
Massimo Iosa Ghini	Mantide	1989	Tavoli/Tables	111.**4**
Alessandro Mendini	Pavonia	1993	Imbottiti/Upholstered	46.**5**
Alessandro Mendini	Vinca Major	1993	Tavoli/Tables	125.**21**
Alessandro Mendini	Ranunculus Glacialis	1993	Tavoli/Tables	130.**11**
Alessandro Mendini	Cleome Spinosa	1993	Contenitori/Containers	140.**1**
Alessandro Mendini	Narcissus	1993	Contenitori/Containers	154.**15**
Ettore Sottsass	Gopuram 4	1988	Tavoli/Tables	129.**15**
Ettore Sottsass	Mobilegiallo	1988	Contenitori/Containers	141.**4**

Dilmos Edizioni

Enzo Catellani	Sogni d'oro	1995	Letti/Beds	181.**4**
Maurizio Cattelan	Cerberino	1990	Tavoli/Tables	116.**3**
Gianfranco Pezzi	Boide	1995	Sistemi/Systems	168.**12**

Doing

Massimo Iosa Ghini	Do it	1995	Sedie/Chairs	86.**5**
Studio Iosa Ghini	Take Away	1995	Imbottiti/Upholstered	34.**1**

Driade

Flavio Albanese	Adone	1992	Letti/Beds	188.**1**
Antonia Astori	Eloise	1990	Contenitori/Containers	143.**3**
Antonia Astori	Alma Ditha	1990	Contenitori/Containers	155.**18**
Antonia Astori	Gustav	1990	Contenitori/Containers	155.**19**
Antonia Astori	Kaos	1985	Sistemi/Systems	158.**1**
Antonia Astori	Pantos	1994	Sistemi/Systems	160.**1**
Antonia Astori	Oikos	1973	Sistemi/Systems	173.**19**
Rodolfo Dordoni	Arianna	1992	Sedie/Chairs	85.**13**
Elliott Littmann	Lybra	1992	Tavoli/Tables	104.**1**
Elliott Littmann	Arco	1992	Accessori/Accessories	195.**6**
Josep Lluscà	Silla	1992	Sedie/Chairs	80.**1**
Josep Lluscà	Sibilo	1995	Accessori/Accessories	198.**1**
Adolfo Natalini	Sgranatoio	1993	Tavoli/Tables	127.**15**
Eduard Samsò	Columbre	1992	Accessori/Accessories	201.**3**
Borek Sipek	Prosim Sni	1987	Imbottiti/Upholstered	35.**4**
Borek Sipek	Prorok	1988	Sedie/Chairs	67.**4**
Borek Sipek	Prosim Sedni	1987	Sedie/Chairs	79.**4**
Borek Sipek	Anebo Tak	1989	Sedie/Chairs	85.**24**

Driade/Aleph

Ron Arad	Fly Ply	1994	Tavoli/Tables	123.**4**
Ron Arad	T Four 4	1994	Accessori/Accessories	196.**1**
Antonia Astori	Kolo, Karine, Karl	1990	Tavoli/Tables	128.**6**
Antonia Astori	Dione	1985	Contenitori/Containers	149.**6**
Antonia Astori	Franz Joseph	1990	Letti/Beds	189.**13**
Miki Astori	Alchemilla	1985	Sedie/Chairs	91.**24**
Miki Astori	Mirto	1995	Tavoli/Tables	133.**16**
Bortolani/Becchelli/ Maffei/Venturi	Ombra	1995	Sistemi/Systems	166.**1**
Calvi/Merlini/Moya	Solingo	1995	Sistemi/Systems	171.**18**
Luis Clotet	Parco	1995	Tavoli/Tables	126.**4**
Konstantin Grcic	Refolo	1995	Accessori/Accessories	199.**4**
M. Laudani/M. Romanelli	Francescano	1995	Sistemi/Systems	160.**2**
Josep Lluscà	Schierata	1995	Sedie/Chairs	55.**4**
Jorge Pensi	Irta	1995	Sedie/Chairs	87.**22**
Paolo Rizzatto	Celata	1995	Sistemi/Systems	169.**21**
Philippe Starck	J (Serie Lang)	1987	Imbottiti/Upholstered	32.**1**
Philippe Starck	Royalton	1991	Imbottiti/Upholstered	45.**18**
Philippe Starck	Ed Archer	1987	Sedie/Chairs	64.**4**
Philippe Starck	Costes	1988	Sedie/Chairs	68.**1**
Philippe Starck	Von Vogelsang	1985	Sedie/Chairs	72.**3**

Philippe Starck	Lord Yo	1994	Sedie/Chairs	81.**6**
Philippe Starck	Lola Mundo	1988	Sedie/Chairs	82.**1**
Philippe Starck	Colucci	1987	Sedie/Chairs	82.**6**
Philippe Starck	Sarapis	1986	Sedie/Chairs	87.**20**
Philippe Starck	Paramount	1991	Sedie/Chairs	90.**3**
Philippe Starck	Boom Rang	1992	Sedie/Chairs	95.**16**
Philippe Starck	Olly Tango	1994	Sedie/Chairs	95.**22**
Philippe Starck	Tippy Jackson	1985	Tavoli/Tables	101.**4**
Philippe Starck	Vicieuse	1992	Tavoli/Tables	120.**2**
Philippe Starck	Titos Apostos	1985	Tavoli/Tables	124.**1**
Philippe Starck	M. (Serie Lang)	1987	Tavoli/Tables	128.**4**
Philippe Starck	Le paravent...	1992	Accessori/Accessories	204.**3**
Philippe Starck	Royalton	1992	Accessori/Accessories	213.**28**
Oscar Tusquets	Fina Filipina	1994	Sedie/Chairs	53.**4**
Oscar Tusquets	Astrolabio	1988	Tavoli/Tables	102.**1**
Oscar Tusquets	Volatil	1995	Tavoli/Tables	125.**18**
Oscar Tusquets	Columnata	1994	Sistemi/Systems	172.**1**
Oscar Tusquets	Volatil	1995	Letti/Beds	177.**5**
Paolo Ulian	Vincastro	1995	Sistemi/Systems	171.**12**

è DePadova

Achille Castiglioni	Mate	1992	Accessori/Accessories	208.**3**
Vico Magistretti	Maine	1994	Sedie/Chairs	52.**1**
Vico Magistretti	Marocca	1987	Sedie/Chairs	76.**1**
Vico Magistretti	Uragano	1994	Sedie/Chairs	78.**3**
Vico Magistretti	Serbelloni	1994	Sedie/Chairs	80.**2**
Vico Magistretti	Betulla	1994	Sedie/Chairs	86.**1**
Vico Magistretti	Vidun	1987	Tavoli/Tables	98.**1**
Vico Magistretti	Babe III	1988	Tavoli/Tables	122.**2**
Vico Magistretti	Shigeto	1989	Contenitori/Containers	153.**14**
Vico Magistretti	Tani Moto	1991	Sistemi/Systems	166.**4**
Vico Magistretti	Sato	1991	Sistemi/Systems	169.**18**
Vico Magistretti	Shigeto box	1989	Sistemi/Systems	171.**22**
Vico Magistretti	Ribbon	1991	Letti/Beds	187.**17**
Ufficio tecnico DePadova	Quadrato	1988	Tavoli/Tables	129.**14**
Marco Zanuso jr.	Trolley	1988	Accessori/Accessories	217.**25**

Edizioni Galleria Colombari

Riccardo Dalisi	Tontola	1994	Sedie/Chairs	85.**20**
Ugo La Pietra	Trifoglio	1995	Tavoli/Tables	132.**3**
David Palterer	Sécretaire Archipel	1994	Contenitori/Containers	152.**12**

Edra

Stefano Becucci	Andy	1992	Imbottiti/Upholstered	49.**16**
Francesco Binfaré	L'homme et la...	1993	Imbottiti/Upholstered	19.**4**
Francesco Binfaré	Tangeri	1994	Imbottiti/Upholstered	40.**3**
Clare Brass	No step	1987	Imbottiti/Upholstered	48.**3**
M. Cananzi/R. Semprini	Tatlin	1989	Imbottiti/Upholstered	27.**4**
Maarten Kusters	No stop	1987	Imbottiti/Upholstered	26.**3**
Alessandro Mendini	Island	1994	Imbottiti/Upholstered	38.**4**
Massimo Morozzi	Topolone	1991	Imbottiti/Upholstered	44.**9**
Massimo Morozzi	Hi Square	1995	Imbottiti/Upholstered	49.**22**
Terry Pecora	Chamaleon	1991	Tavoli/Tables	129.**23**
Luigi Serafini	Esedra	1991	Accessori/Accessories	214.**7**
Masanori Umeda	Getsuen	1990	Imbottiti/Upholstered	30.**1**
Masanori Umeda	Rose chair	1990	Imbottiti/Upholstered	46.**1**
Masanori Umeda	Anthurium	1990	Tavoli/Tables	131.**19**
Leonardo Volpi	Crownette	1992	Imbottiti/Upholstered	41.**21**

Edra-Mazzei

Massimo Morozzi	Paesaggi italiani	1994	Sistemi/Systems	161.**3**

Elam

Gae Aulenti	Sagittario	1976	Tavoli/Tables	100.**2**
Gae Aulenti	Bartolomeo	1976	Letti/Beds	186.**1**
Michele De Lucchi	Milano	1985	Tavoli/Tables	113.**6**
Michele De Lucchi	Pianetta	1987	Letti/Beds	177.**4**
R. Lucci/P. Orlandini	Margherita	1989	Sedie/Chairs	88.**1**
R. Lucci/P. Orlandini	Sanbabila	1991	Sistemi/Systems	168.**11**
Giusi Mastro	Alex	1993	Tavoli/Tables	135.**13**
Alessandro Mendini	Tronetto	1991	Imbottiti/Upholstered	48.**4**

Alessandro Mendini	Stellina	1989	Sedie/Chairs	58.3
Alessandro Mendini	Velasca	1987	Tavoli/Tables	99.5
Alessandro Mendini	Stelline	1989	Accessori/Accessories	203.6
Alessandro Mendini	Velasca	1987	Accessori/Accessories	210.1

Essevetro

Simone Micheli	Granchio	1993	Tavoli/Tables	128.2

Fasem International

Simone Micheli	Pluto	1995	Sedie/Chairs	95.17

Ferlea

Aldo Cibic	Alì	1993	Imbottiti/Upholstered	45.21
Rodolfo Dordoni	Collezione Home...	1992	Imbottiti/Upholstered	42.3

Fiam

Cini Boeri	Voyeur	1987	Accessori/Accessories	205.5
C. Boeri/T. Katayanagi	Ghost	1987	Sedie/Chairs	87.19
Giugiaro Design	Liberia	1992	Sistemi/Systems	172.11
Makio Hasuike	Dama	1991	Tavoli/Tables	129.16
Massimo Iosa Ghini	Kelos	1995	Accessori/Accessories	212.2
Massimo Iosa Ghini	Incontro	1991	Accessori/Accessories	214.2
Danny Lane	Atlas	1988	Tavoli/Tables	117.6
Danny Lane	Shell	1991	Tavoli/Tables	133.18
Vittorio Livi	Infinito	1989	Tavoli/Tables	131.13
Vittorio Livi	Pigreco	1987	Contenitori/Containers	154.13
Vittorio Livi	Palladio	1995	Sistemi/Systems	172.5
Enzo Mari	Lapo	1994	Tavoli/Tables	116.2
Enzo Mari	Montefeltro	1992	Tavoli/Tables	131.22
Massimo Morozzi	Babele	1987	Sistemi/Systems	168.10
Massimo Morozzi	Pettine	1987	Accessori/Accessories	211.4
Massimo Morozzi	Obliquo	1986	Accessori/Accessories	216.4
Roberto Semprini	Manta	1994	Tavoli/Tables	129.22
Philippe Starck	Illusion	1992	Tavoli/Tables	117.7
Hans Von Klier	Eco	1990	Tavoli/Tables	129.19

Flexform

Antonio Citterio	Zanzibar	1994	Imbottiti/Upholstered	37.4
Antonio Citterio	Junior	1987	Imbottiti/Upholstered	38.2
Antonio Citterio	Press	1991	Imbottiti/Upholstered	41.22
Antonio Citterio	Poggiolungo	1991	Imbottiti/Upholstered	47.21
Antonio Citterio	Body	1991	Sedie/Chairs	82.8
Antonio Citterio	Mixer	1985	Sedie/Chairs	92.11
Carlo Colombo	Lucetta	1994	Sedie/Chairs	87.17

Flou

Vico Magistretti	Tadao	1993	Letti/Beds	177.6
Vico Magistretti	Crimea	1988	Letti/Beds	178.3
Vico Magistretti	Bart	1993	Letti/Beds	186.7

Fornasetti Immaginazione

Piero Fornasetti	Sole	1990	Sedie/Chairs	95.15
Piero Fornasetti	Sole splendente	1990	Tavoli/Tables	103.5
Piero Fornasetti	Architettura	1990	Tavoli/Tables	103.6
Piero Fornasetti	Pompeiana	1990	Contenitori/Containers	138.1
Piero Fornasetti	Architettura	1990	Contenitori/Containers	155.21

Galli

Gianvittorio Plazzogna	Afro	1993	Sistemi/Systems	168.4

Gallotti & Radice

Maurizio Duranti	Milonga	1993	Sistemi/Systems	169.15
Pierangelo Gallotti	Riki	1989	Accessori/Accessories	212.12
Luigi Massoni	Scalata	1985	Tavoli/Tables	135.12
Annibale Oste	Eolo	1993	Accessori/Accessories	216.13
Studio GR	Niagara	1994	Accessori/Accessories	212.4
Nanda Vigo	Nianda	1993	Tavoli/Tables	117.5

GFR/Metals

Mario Cananzi	Libreria	1992	Tavoli/Tables	124.8
Colombrino/Mollica	Portabiti	1992	Accessori/Accessories	215.21

Gatti/Teodoro	Portaombrelli	1992	Accessori/Accessories	215.25
James Irvine	Tavolo Bar	1992	Tavoli/Tables	115.5
Franco Raggi	Tavolo	1992	Tavoli/Tables	126.9
George Sowden	Tavolo Bar	1992	Tavoli/Tables	124.7

GFR/Nomade

Renata Calzi/Studio Oltre	Apriti Sesamo	1987	Accessori/Accessories	204.1
James D'Auria	Steel	1985	Tavoli/Tables	104.3
Panizon/Martinelli Dorligo	I-Ching	1995	Sistemi/Systems	164.1

GFR/Ron Arad Studio

Ron Arad	After Spring	1992	Sedie/Chairs	56.1
Ron Arad	After Spring	1992	Sedie/Chairs	72.1
Ron Arad	Doubletake...	1992	Sedie/Chairs	86.7
Ron Arad	Light Table	1988	Tavoli/Tables	105.6
Ron Arad	One Way or Another	1993	Sistemi/Systems	168.1
Ron Arad	Bookworm	1993	Sistemi/Systems	173.14
Ron Arad	The Mattress	1993	Letti/Beds	182.1
Ron Arad	Box in 4 movements	1994	Accessori/Accessories	217.22

Giorgetti

Anna Castelli Ferrieri	Narciso	1989	Contenitori/Containers	154.9
Chi Wing Lo	Epi	1995	Tavoli/Tables	134.7
Chi Wing Lo	Lia	1995	Contenitori/Containers	139.4
Chi Wing Lo	Nyn	1995	Contenitori/Containers	154.13
Léon Krier	Aries	1994	Imbottiti/Upholstered	42.4
Massimo Morozzi	Recliner	1988	Imbottiti/Upholstered	49.17
Massimo Morozzi	Dry	1988	Sedie/Chairs	77.6
Massimo Morozzi	Dry	1988	Tavoli/Tables	98.2
Massimo Scolari	Aladino	1992	Imbottiti/Upholstered	41.10
Massimo Scolari	Olimpia	1990	Sedie/Chairs	59.4
Massimo Scolari	Spring	1992	Sedie/Chairs	94.7
Massimo Scolari	Zeno	1994	Tavoli/Tables	134.4
Massimo Scolari	Talo	1989	Tavoli/Tables	135.17
Massimo Scolari	Delfi	1990	Contenitori/Containers	138.2
Massimo Scolari	Claudiano	1995	Letti/Beds	176.3

Giovannetti

Mauro Lovi	Amata	1992	Imbottiti/Upholstered	24.2
Mirco Pallecchi	Momma	1995	Imbottiti/Upholstered	44.6
Franco Poli	Colorado	1985	Imbottiti/Upholstered	29.6
Franco Poli	Sereno variabile	1995	Imbottiti/Upholstered	40.8

Glas

Abdi Abdelkader	Yasmine	1995	Accessori/Accessories	202.4
Riccardo Dalisi	Fiorello	1993	Accessori/Accessories	192.2
Michele De Lucchi	Celeo	1989	Tavoli/Tables	134.5
Alessandro Mendini	Dopo l'Impero	1989	Sedie/Chairs	89.17
Alessandro Mendini	Dopo l'Impero	1989	Tavoli/Tables	102.2
Ettore Sottsass	Mandala	1995	Accessori/Accessories	202.1
Nanda Vigo	Go-On	1994	Tavoli/Tables	131.23
Nanda Vigo	Rokoko	1995	Accessori/Accessories	202.3
Nanda Vigo	Draped	1993	Accessori/Accessories	214.6
Nanda Vigo	Colours	1995	Accessori/Accessories	214.12
Nanda Vigo	Go-On	1994	Accessori/Accessories	216.5

Gufram

De Ferrari/Jacomussi Germak/Laurini	Fila Armonica	1993	Imbottiti/Upholstered	43.14

Halifax

Antonio Citterio	Minni	1995	Sedie/Chairs	54.2
Antonio Citterio	Carlotta	1993	Sedie/Chairs	91.20
Antonio Citterio	Locarno	1994	Tavoli/Tables	130.6
Antonio Citterio	Ercole	1994	Tavoli/Tables	134.1
Marianne Day Lewis	Winston	1990	Tavoli/Tables	130.4
Enrico Franzolini	Ginevra	1993	Sedie/Chairs	89.19
Enrico Franzolini	Arturo	1993	Accessori/Accessories	192.1
Vittorio Prato	Achille	1990	Sistemi/Systems	172.9
Francesco Soro	Suez	1989	Sedie/Chairs	83.15

Horm

Carlo Cumini	Cut	1991	Contenitori/Containers	155.23
Carlo Cumini	Solaio	1993	Sistemi/Systems	168.7/8

Imel

Rodolfo Dordoni	Kingdom	1993	Letti/Beds	178.2
Ferruccio Laviani	Paola	1992	Sedie/Chairs	90.1
Ferruccio Laviani	Samir	1993	Tavoli/Tables	127.23

Interflex

Cini Boeri	Raggio di Luna	1991	Letti/Beds	188.11
Achille Castiglioni	Polet	1991	Imbottiti/Upholstered	21.5
Anna Gili/Bruno Gregori	Jimmy	1994	Letti/Beds	189.17
B. Lohmann/M. Mini	Scaletto	1991	Letti/Beds	184.2
B. Lohmann/M. Mini	Canarina	1991	Letti/Beds	184.4
Enzo Mari	Gemello	1985	Letti/Beds	184.1
Enzo Mari	Cartesio	1988	Letti/Beds	189.19
Enzo Mari	Tappeto volante	1989	Letti/Beds	189.18
Terry Pecora	Tatì	1993	Letti/Beds	176.2
Terry Pecora/Nick Bewick	Mixo	1994	Letti/Beds	185.5
Vittorio Prato	Flash	1987	Letti/Beds	188.3

Joint

L. Pagani/A. Perversi	Hook system	1995	Sistemi/Systems	158.2

Kartell

Ron Arad	Book Worm	1994	Sistemi/Systems	165.4
A. Citterio/G. O. Loew	Leopoldo	1991	Tavoli/Tables	121.5
A. Citterio/G. O. Loew	Mobil	1993	Contenitori/Containers	146.1
A. Citterio/G. O. Loew	Filippo	1991	Accessori/Accessories	196.3
A. Citterio/G. O. Loew	Oxo	1991	Accessori/Accessories	198.2
Vico Magistretti	Mauna-Kea	1992	Sedie/Chairs	54.3
Enzo Mari	Alta Tensione	1995	Accessori/Accessories	212.11
Philippe Starck	Dr. Glob	1988	Sedie/Chairs	55.6
Philippe Starck	Miss Global	1989	Sedie/Chairs	75.2
Philippe Starck	Miss Balù	1990	Tavoli/Tables	99.4
Philippe Starck	Booox	1992	Sistemi/Systems	167.6
Andries Van Onck	Tiramisù	1986	Accessori/Accessories	208.2

King Size

Maurizio Favetta	Tondina	1995	Sedie/Chairs	95.19
Maurizio Favetta	Count down	1994	Tavoli/Tables	124.2
Maurizio Favetta	Blow up	1994	Tavoli/Tables	132.10
Maurizio Favetta	Pick up	1995	Contenitori/Containers	153.17

LaPalma

Enzo Berti	Tosca - Turandot	1995	Sedie/Chairs	85.23
Enzo Berti	Fenice e Ducale	1995	Contenitori/Containers	153.22
Bortolani/Becchelli	Colonica	1992	Sedie/Chairs	95.13
Bortolani/Becchelli	Spider	1994	Tavoli/Tables	132.11
Bortolani/Becchelli	Domestici	1993	Accessori/Accessories	209.4
Bortolani/Becchelli	Domestici	1993	Accessori/Accessories	213.14/19
Bortolani/Becchelli	Fermo vai	1994	Accessori/Accessories	213.26
Brunati/Zerbaro/Carollo	Avana	1992	Sedie/Chairs	83.17

Lema

Geert Koster	Casanova	1994	Letti/Beds	186.9
Alberto Lievore	Savanna	1994	Letti/Beds	186.4

Light Line

Serena Omodeo Salé	Botanica	1992	Sistemi/Systems	172.3

Living

Piero Lissoni	Bench system	1994	Imbottiti/Upholstered	18.3
Piero Lissoni	Giano	1993	Imbottiti/Upholstered	49.18

Longoni Bruno

Achille Castiglioni	Penta	1994	Contenitori/Containers	154.6
Giancarlo Pozzi	Veranda	1994	Sedie/Chairs	89.18
Giancarlo Pozzi	Tau	1994	Accessori/Accessories	208.1
Aldo Rossi	Cassapanca/Madia	1992	Contenitori/Containers	153.19

Aldo Rossi	Armadio Fiorentino	1992	Sistemi/Systems	172.7

Lupi

Prospero Rasulo	Libido	1994	Contenitori/Containers	153.26

Magis

Marc Berthier	Wooden Magis...	1986	Sedie/Chairs	95.24
Marc Berthier	Jolly	1993	Tavoli/Tables	126.3
Marc Berthier	Tucano	1992	Tavoli/Tables	127.16
Marc Berthier	Berthier	1990	Sistemi/Systems	170.4
Marc Berthier	Rack/Ciak	1988	Sistemi/Systems	172.6
Jean Marie Massaud	Schizzo	1995	Sedie/Chairs	91.16
Toshiyuki Kita	Rondine	1992	Sedie/Chairs	84.12
Toshiyuki Kita	Rondine	1993	Tavoli/Tables	121.4
Toshiyuki Kita	Viking	1993	Accesori/Accessories	212.3
A. & H. Van Onck	Lem '90	1985	Tavoli/Tables	132.8
A. & H. Van Onck	Totem '90	1993	Accessori/Accessories	209.5
A. & H. Van Onck	Pocket '90	1991	Accessori/Accessories	212.8
A. & H. Van Onck	Step '90	1994	Accessori/Accessories	215.24
A. & H. Van Onck	Dove	1990	Accessori/Accessories	216.11

Maisa

Studio tecnico Maisa	Byron	1994	Sistemi/Systems	173.17

Malofancon

Brunati/Zerbaro/Carollo	Iseppo e Nicolò	1990	Contenitori/Containers	154.1
N. Gerosa/N. Malobbia	Argus	1993	Contenitori/Containers	154.11
A. Petillo/A. Di Chiara	Novizio	1994	Tavoli/Tables	125.12
A. Petillo/A. Di Chiara	Diacono	1994	Letti/Beds	188.10

Masterly

Prospero Rasulo	Dolcemare	1988	Contenitori/Containers	154.4
Gianni Veneziano	Fiorita	1989	Tavoli/Tables	125.15
Gianni Veneziano	My self	1989	Contenitori/Containers	155.24

Mastrangelo Osvaldo

Sottsass Associati	Notturno indiano	1992	Letti/Beds	180.3
Sottsass Associati	Accadde una notte	1992	Letti/Beds	189.22
Ettore Sottsass	Notte di luna piena	1992	Letti/Beds	189.20
Ettore Sottsass	Il riposo del re	1992	Letti/Beds	189.21

MatteoGrassi

Anna Castelli Ferrieri	Piggy	1991	Imbottiti/Upholstered	41.18
Karsten K. Krebs	Bittersuss	1992	Sedie/Chairs	88.2
Piero Lissoni	Berlin	1993	Imbottiti/Upholstered	43.15
Piero Lissoni	Melodia	1992	Sedie/Chairs	89.16
Piero Lissoni	Melodia	1991	Sedie/Chairs	91.19
Herbert Ohl/Juta Ohl	Ballerina	1991	Sedie/Chairs	88.11
Pelikan Design	Tressa	1994	Sedie/Chairs	89.20
Tanzi Design	Piroetta	1994	Sedie/Chairs	90.10

Maxalto

Antonio Citterio	Modus	1994	Tavoli/Tables	110.1

Mazzei

Emme Studio	Filina	1994	Sedie/Chairs	94.10
Massimo Morozzi	Coleottero MC10	1986	Tavoli/Tables	123.5
Massimo Morozzi	Artusi	1991	Tavoli/Tables	126.11
Massimo Morozzi	Orchidea	1986	Tavoli/Tables	127.20
Massimo Morozzi	Nabucco	1988	Tavoli/Tables	133.21/22
Massimo Morozzi	Kasimir	1995	Contenitori/Containers	145.4
Massimo Morozzi	Panarea	1995	Contenitori/Containers	147.5
Massimo Morozzi	Autoritratti	1986	Contenitori/Containers	152.4
Massimo Morozzi	Screen	1987	Accessori/Accessories	213.21
Giorgio Ragazzini	Aida	1988	Sedie/Chairs	59.5

MDF

Gruppo di prog. MDF	Ellisse	1992	Tavoli/Tables	133.17
Gruppo di prog. MDF	Bookcase	1992	Sistemi/Systems	171.17
Gruppo di prog. MDF	Monsieur Dame	1994	Letti/Beds	179.4
Ufficio tecnico MDF	Nissan	1992	Sistemi/Systems	171.20

Meccani

Ugo La Pietra	Promemoria 3	1988	Contenitori/Containers	154.**16**

Memphis

Andrea Anastasio	Jikan	1992	Contenitori/Containers	152.**6**
Do Brandi	Rock me baby	1992	Imbottiti/Upholstered	48.**2**
Andrea Branzi	Andrea	1987	Sedie/Chairs	95.**26**
Andrea Branzi	Magnolia	1985	Sistemi/Systems	171.**19**
Aldo Cibic	Sophia	1985	Tavoli/Tables	106.**3**
Michele De Lucchi	Kim	1987	Sedie/Chairs	71.**4**
Nathalie Du Pasquier	Nathalie	1987	Sedie/Chairs	94.**2**
Nathalie Du Pasquier	Madras	1986	Tavoli/Tables	106.**2**
Nathalie Du Pasquier	Bombay	1986	Tavoli/Tables	128.**8**
Massimo Iosa Ghini	Juliette	1987	Sedie/Chairs	78.**1**
Massimo Iosa Ghini	Bertrand	1987	Contenitori/Containers	155.**27**
Shiro Kuramata	Sally	1987	Tavoli/Tables	108.**3**
Ferruccio Laviani	Romeo	1987	Accessori/Accessories	207.**4**
Alessandro Mendini	Belep	1995	Sedie/Chairs	83.**25**
Alessandro Mendini	Vanicoro	1995	Contenitori/Containers	154.**8**
Alessandro Mendini	Timoè	1995	Sistemi/Systems	172.**12**
Ettore Sottsass	Tartar	1985	Tavoli/Tables	106.**1**
Ettore Sottsass	Max	1987	Sistemi/Systems	164.**2**
Ettore Sottsass	Manhattan	1986	Accessori/Accessories	214.**3**
George Sowden	Liverpool	1986	Sedie/Chairs	87.**13**
George Sowden	Mamounia	1985	Sedie/Chairs	94.**4**
George Sowden	George	1987	Contenitori/Containers	154.**2**
Marco Zanini	Roma	1986	Sedie/Chairs	88.**9**
Marco Zanuso jr.	Cleopatra	1987	Tavoli/Tables	108.**2**

Meritalia

Vittorio Prato	Petronilla	1988	Imbottiti/Upholstered	48.**7**
Afra e Tobia Scarpa	Scipione	1988	Imbottiti/Upholstered	40.**7**
Afra e Tobia Scarpa	Lola	1991	Imbottiti/Upholstered	41.**16**
Afra e Tobia Scarpa	Cornelia	1987	Imbottiti/Upholstered	43.**13**
Afra e Tobia Scarpa	Gitana	1993	Imbottiti/Upholstered	45.**15**
Afra e Tobia Scarpa	Libertà	1989	Sedie/Chairs	72.**2**
Afra e Tobia Scarpa	Libertino	1990	Tavoli/Tables	131.**15**

Mirabili

Luciano Bartolini	Urqalya	1986	Tavoli/Tables	102.**3**
Arduino Cantafora	Infanzia Berlinese	1986	Contenitori/Containers	143.**4**
Fabrizio Corneli	Foglia	1986	Sedie/Chairs	66.**2**
Alessandro Mendini	Mobile Metafisico	1986	Contenitori/Containers	144.**1**
Adolfo Natalini	Amanuense	1986	Tavoli/Tables	154.**7**
Adolfo Natalini	Antiquam	1986	Letti/Beds	188.**9**
Luigi Ontani	Helioendimio	1986	Letti/Beds	181.**5**
Paolo Portoghesi	Chigiano	1986	Tavoli/Tables	109.**5**
Ettore Sottsass	Clair de lune	1989	Accessori/Accessories	207.**5**

MisuraEmme

Adalberto Dal Lago	Continuità	1972	Sistemi/Systems	170.**7**

Modular

Denis Santachiara	Dream Space	1995	Sistemi/Systems	173.**18**

Modular/Domodinamica

Denis Santachiara	Girino	1993	Tavoli/Tables	134.**6**

Molteni & C.

Piero De Martini	Copernico	1990	Imbottiti/Upholstered	44.**2**
Luca Meda	Oracolo	1994	Imbottiti/Upholstered	18.**1**
Luca Meda	Primafila	1990	Imbottiti/Upholstered	44.**1**
Luca Meda	Harmonica	1992	Imbottiti/Upholstered	48.**10**
Luca Meda	Risiedo	1989	Sedie/Chairs	82.**2**
Luca Meda	Poggio	1987	Tavoli/Tables	133.**20**
Luca Meda	505	1970	Sistemi/Systems	170.**1**
Luca Meda	7 volte 7	1988	Sistemi/Systems	170.**2**
Luca Meda	Piroscafo	1991	Sistemi/Systems	171.**13**
Luca Meda	Les beaux jours	1984	Letti/Beds	187.**13**
Jean Nouvel	Less	1994	Tavoli/Tables	128.**5**
B. Reichlin/G. Geronzi	Acca	1995	Sedie/Chairs	82.**4**

Aldo Rossi	Milano	1990	Sedie/Chairs	76.**3**
Aldo Rossi	Papiro	1989	Contenitori/Containers	143.**5**
Aldo Rossi	Normandie	1991	Contenitori/Containers	153.**18**

Montina

Enzo Berti	Maggiolino	1992	Sedie/Chairs	85.**16**
Enzo Berti	Passpartout	1991	Sedie/Chairs	87.**14**
Enzo Berti	Nest	1991	Sedie/Chairs	89.**15**
Enzo Berti	464	1988	Sedie/Chairs	90.**14**
Enzo Berti	Bibelot	1989	Tavoli/Tables	127.**18**
Enzo Berti	Nest	1993	Tavoli/Tables	129.**11**
Enzo Mari	Quadronda	1991	Sedie/Chairs	76.**2**
Jasper Morrison	Quattrogambe	1994	Sedie/Chairs	95.**21**
Jasper Morrison	Quattrogambe	1994	Tavoli/Tables	125.**16**
Jasper Morrison	Quattrogambe	1994	Accessori/Accessories	197.**6**
Franco Poli	Egizia 565	1989	Sedie/Chairs	91.**23**
Werther Toffoloni	Nato 301	1990	Sedie/Chairs	90.**5**

Moroso

Ron Arad	Off Spring	1991	Imbottiti/Upholstered	24.**3**
Ron Arad	Soft Big Heavy	1991	Imbottiti/Upholstered	31.**5**
Ron Arad	Sof Sof	1995	Imbottiti/Upholstered	41.**15**
Ron Arad	Chair On A Pedestal	1991	Imbottiti/Upholstered	43.**16**
Ron Arad	No Spring Chicken	1991	Imbottiti/Upholstered	46.**8**
Ron Arad	High Tilt	1991	Imbottiti/Upholstered	48.**1**
Rodolfo Dordoni	Waiting	1989	Imbottiti/Upholstered	41.**12**
Massimo Iosa Ghini	New Tone	1989	Imbottiti/Upholstered	26.**1**
Massimo Iosa Ghini	Bom-Bay	1994	Imbottiti/Upholstered	42.**7**
Massimo Iosa Ghini	Ellittico	1987	Imbottiti/Upholstered	43.**21**
Massimo Iosa Ghini	Big Mama	1992	Imbottiti/Upholstered	47.**18**
Massimo Iosa Ghini	Velox	1987	Sedie/Chairs	93.**20**
Ross Lovegrove	M Sofa System	1994	Imbottiti/Upholstered	47.**15**
Javier Mariscal	Alessandra	1995	Imbottiti/Upholstered	30.**2**
Javier Mariscal	Eulalia	1995	Imbottiti/Upholstered	41.**14**
Toshiyuki Kita	Fido	1989	Sedie/Chairs	63.**4**
Oscar Tusquets	Doble X	1994	Sedie/Chairs	94.**1**

Nemo

Claudio Cicchetti	Aries	1993	Sedie/Chairs	90.**13**
Hiroaki Horio	Horio Chair	1993	Sedie/Chairs	88.**4**
Paolo Rizzatto	Up&Down	1993	Tavoli/Tables	124.**6**

Nespoli

G. Malighetti/ B. Valsecchi	Basic Program	1995	Sistemi/Systems	169.**16**

New Sofart

Roberto Maci	Belly, Pod, Podette	1994	Imbottiti/Upholstered	49.**14**

Origlia

Luigi Origlia	Incoro	1992	Sedie/Chairs	87.**15**

Ortolan

Gianni Veneziano	Bella di giorno	1988	Sedie/Chairs	82.**10**
Gianni Veneziano	Indiscreta	1990	Sedie/Chairs	89.**23**

Palluccoitalia

P. Pallucco/M. Rivier	Angelo necessario...	1989	Sistemi/Systems	163.**5**
P. Pallucco/M. Rivier	Orrido canyon	1987	Tavoli/Tables	113.**4**
(zed) Design Network	Speedster mono	1993	Imbottiti/Upholstered	40.**5**
(zed) Design Network	Piananotte	1994	Tavoli/Tables	120.**1**
(zed) Design Network	Speedster club	1994	Tavoli/Tables	125.**14**
(zed) Design Network	Basic	1994	Contenitori/Containers	151.**3**
(zed) Design Network	Continua	1993	Sistemi/Systems	162.**3**
(zed) Design Network	3x3	1994	Letti/Beds	182.**2**

Pedano

Pino Pedano	Serrandina	1994	Tavoli/Tables	111.**5**

Pierantonio Bonacina

Tito Agnoli	C.S.1	1988	Sedie/Chairs	84.**2**

Designer	Product	Year	Category	Page
Diana Cabeza	Cinta	1991	Sedie/Chairs	57.5
Joey Mancini	Woogie Chair	1989	Sedie/Chairs	93.21
Giuseppe Viganò	Queen	1995	Imbottiti/Upholstered	46.4
Giuseppe Viganò	Cosy-Ton	1993	Imbottiti/Upholstered	49.23

Play Line

Designer	Product	Year	Category	Page
Riccardo Dalisi	Slalom	1991	Imbottiti/Upholstered	20.1
Riccardo Dalisi	Funiculì	1995	Imbottiti/Upholstered	22.3
Riccardo Dalisi	Capote	1994	Imbottiti/Upholstered	45.13
Riccardo Dalisi	Babà	1995	Imbottiti/Upholstered	45.17
Riccardo Dalisi	Alato	1991	Letti/Beds	179.5
Riccardo Dalisi	Onda	1994	Letti/Beds	187.18
Michele De Lucchi	Saltimbanco	1992	Sedie/Chairs	87.24
Anna Gili	Ananta	1994	Imbottiti/Upholstered	43.17
Giorgio Gregori	Giravolta	1995	Imbottiti/Upholstered	47.14
Giovanni Lauda	Sibilla	1992	Imbottiti/Upholstered	48.13
Alessandro Mendini	Occhiolino	1995	Imbottiti/Upholstered	45.19

Poliform

Designer	Product	Year	Category	Page
Centro Ricerche Poliform	Senzafine	1989	Sistemi/Systems	169.20
Centro Ricerche Poliform	Wall to Wall	1981	Sistemi/Systems	169.24
Paolo Piva	Morgante 1	1993	Letti/Beds	186.5/6

Poltrona Frau

Designer	Product	Year	Category	Page
Tito Agnoli	Rapsody	1994	Imbottiti/Upholstered	42.5
Pierluigi Cerri	Pausa	1986	Imbottiti/Upholstered	48.6
Ferdinand A. Porsche	Antropovarius	1985	Imbottiti/Upholstered	48.11
Luca Scacchetti	Hydra	1992	Imbottiti/Upholstered	34.2
Lella e Massimo Vignelli	Pitagora	1994	Imbottiti/Upholstered	42.6
Lella e Massimo Vignelli	Intervista	1989	Imbottiti/Upholstered	42.8

Poltronova

Designer	Product	Year	Category	Page
Ron Arad	Split	1991	Tavoli/Tables	108.1
Nigel Coates	Galla	1990	Imbottiti/Upholstered	44.4
De Pas/D'Urbino/Lomazzi DDL Studio	Cessato allarme	1991	Accessori/Accessories	210.2
Prospero Rasulo	She	1992	Imbottiti/Upholstered	24.1
Prospero Rasulo	Pop	1994	Imbottiti/Upholstered	41.17
Prospero Rasulo	Sweet	1995	Sedie/Chairs	82.7

Porro Industria Mobili

Designer	Product	Year	Category	Page
Piero Lissoni	Pavillon	1994	Tavoli/Tables	129.18

Produzione Privata

Designer	Product	Year	Category	Page
Michele De Lucchi	Tavolo	1990	Tavoli/Tables	124.10
Michele De Lucchi	Libreria	1990	Sistemi/Systems	168.9

Promemoria

Designer	Product	Year	Category	Page
Riccardo Dalisi	Poltrona del Leone	1993	Sedie/Chairs	92.4
Romeo Sozzi	Tabù	1994	Sedie/Chairs	89.21
Romeo Sozzi	Battista	1988	Tavoli/Tables	124.5
Romeo Sozzi	Narciso	1988	Accessori/Accessories	215.17

Ravarini Castoldi & C.

Designer	Product	Year	Category	Page
Baldassarre Longo & Ventura	Octopus	1991	Tavoli/Tables	125.17
Bortolani/Becchelli	Daily Planet	1994	Accessori/Accessories	212.10
Bortolani/Becchelli	Zoom	1995	Accessori/Accessories	213.29
Gianfranco Coltella	Spider	1994	Accessori/Accessories	200.2
Eric Gottein	Lipea Maxi	1994	Sistemi/Systems	171.21
E. Gottein/G. Coltella	Sissi	1989	Sedie/Chairs	93.19
Ferruccio Laviani	Gardone	1994	Accessori/Accessories	212.6
Monica Moro	Gustuviana	1994	Sedie/Chairs	83.23
Monica Moro	Sibea	1994	Contenitori/Containers	153.21
Monica Moro	Blue-Moon	1993	Accessori/Accessories	214.11
Paolo Ravarini	Teodoro	1994	Accessori/Accessories	215.26
Paolo Ravarini	Minnie	1992	Accessori/Accessories	216.3

Rexite

Designer	Product	Year	Category	Page
Raul Barbieri	Cactus	1995	Accessori/Accessories	215.15
Raul Barbieri	Eco	1995	Accessori/Accessories	216.1

Robots

Designer	Product	Year	Category	Page
Marco Ferreri	O'Key	1994	Accessori/Accessories	195.4
Ritva Koivumaki	Tatzebao	1994	Accessori/Accessories	215.19
Enzo Mari	Teca	1994	Accessori/Accessories	195.5
Enzo Mari	Canale	1995	Accessori/Accessories	198.3
Bruno Munari	Mutevole	1991	Tavoli/Tables	112.3
Bruno Munari	Shinfù Kusè	1991	Accessori/Accessories	205.6

Ron Arad Studio

Designer	Product	Year	Category	Page
Ron Arad	Fly on the wall	1994	Sistemi/Systems	169.23

Rossi di Albizzate

Designer	Product	Year	Category	Page
Anna e Carlo Bartoli	Shelly	1995	Imbottiti/Upholstered	18.2
Anna e Carlo Bartoli	Tube	1995	Imbottiti/Upholstered	29.5
Carlo Bartoli	Volo	1992	Imbottiti/Upholstered	49.20
Marcello Cuneo	Mehari	1995	Sedie/Chairs	83.14
Alessandro Fiorentino	Masterlook	1987	Imbottiti/Upholstered	49.15
Roberto Lazzeroni	Butterfly	1990	Imbottiti/Upholstered	48.8
Claudio Salocchi	Malibù	1995	Imbottiti/Upholstered	47.20

Saporiti Italia

Designer	Product	Year	Category	Page
M. Giordano/R. Grossi	Libra	1995	Sistemi/Systems	163.4
IDEA Institute	Flex	1995	Sedie/Chairs	64.1
Salvati e Tresoldi	Omaggi	1992	Sedie/Chairs	63.3
P. Sartogo/N. Grenon	Tuscana	1986	Sedie/Chairs	89.14

Sapsa Bedding

Designer	Product	Year	Category	Page
Hans Zaugg	Kwad	1992	Letti/Beds	185.6

Savio Firmino

Designer	Product	Year	Category	Page
Simone Micheli	Billo	1992	Tavoli/Tables	133.14

Sawaya & Moroni

Designer	Product	Year	Category	Page
Ron Arad	Crust	1988	Imbottiti/Upholstered	33.5
Jeannot Cerutti	Sitting on the moon	1991	Imbottiti/Upholstered	35.5
Jeannot Cerutti	Balthazar	1994	Imbottiti/Upholstered	42.12
Jeannot Cerutti	Libabel	1989	Sistemi/Systems	168.3
Toni Cordero	Antiopa	1992	Imbottiti/Upholstered	35.3
Toni Cordero	Faia	1993	Imbottiti/Upholstered	40.6
Toni Cordero	Sospir	1992	Letti/Beds	178.1
Joey Mancini Gaby Dorell	Karina/Karin-Tu	1988	Sedie/Chairs	81.4
Marco Mencacci	Tatlim	1988	Sedie/Chairs	58.1
Marcello Morandini	Bine	1991	Sedie/Chairs	69.3
Jean Nouvel	Milana-FTL	1993	Sedie/Chairs	52.2
Jean Nouvel	TBL inox	1994	Tavoli/Tables	101.5
L. Prando/R. Rosso	Drake	1985	Tavoli/Tables	124.4
William Sawaya	Diva	1987	Sedie/Chairs	65.6
William Sawaya	Wienerin	1992	Sedie/Chairs	67.5
William Sawaya	La Belle	1992	Sedie/Chairs	78.2
William Sawaya	Tanita	1993	Sedie/Chairs	85.19
William Sawaya	Patty Diffusa	1993	Sedie/Chairs	91.25
William Sawaya	Illuminata	1993	Sistemi/Systems	166.2
William Sawaya	Gilles	1994	Sistemi/Systems	169.22
William Sawaya	Gentry	1993	Sistemi/Systems	173.15
Luigi Serafini	Santa	1990	Sedie/Chairs	58.2
Luigi Serafini	Suspiral	1996	Sedie/Chairs	70.2
Kazuo Shinohara	High noon	1987	Sedie/Chairs	69.2
Oswald Mathias Ungers	Cubo e Sfera	1988	Imbottiti/Upholstered	33.3

Schopenhauer

Designer	Product	Year	Category	Page
Anne Monique Bonadei	Gili	1994	Sedie/Chairs	95.18
Daniela Puppa	Midì	1994	Sedie/Chairs	83.21
Daniela Puppa	Kaflisch	1993	Tavoli/Tables	126.1
Daniela Puppa	Pioggia/Flora/Carta	1994	Accessori/Accessories	213.22
D. Puppa/F. Raggi	Wind	1994	Accessori/Accessories	213.23
D. Puppa/F. Raggi	Principe	1994	Accessori/Accessories	217.23
Franco Raggi	Minima	1992	Contenitori/Containers	153.24
Umberto Riva	Adanna	1987	Tavoli/Tables	129.20
Umberto Riva	Victor	1994	Contenitori/Containers	148.1
Ettore Sottsass	Aspic	1992	Tavoli/Tables	99.6

Seccose

Boccato/Gigante/Zambuso	Vertica	1983	Sistemi/Systems	173.13
Boccato/Gigante/Zambuso	Stilo	1976	Accessori/Accessories	212.1
Boccato/Gigante/Zambuso	Carrello	1989	Accessori/Accessories	213.24
Annalisa Bonsuan	Petalo	1988	Accessori/Accessories	212.7
Yaacov Kaufman	Attiva	1995	Sedie/Chairs	92.3

Sedie & Company

Gruppo Possibile	Acrux	1988	Sedie/Chairs	90.8
Elizabeth Kellen	Greta	1989	Sedie/Chairs	90.11
Maarten Kusters	Rigel	1988	Sedie/Chairs	90.9
Giovanni Lauda	Hydra	1988	Sedie/Chairs	92.12
Pedro Mirralles	Archernar	1988	Sedie/Chairs	83.20
Massimo Morozzi	Clic	1988	Sedie/Chairs	83.19
Massimo Morozzi	Canopus	1988	Sedie/Chairs	92.8
Terry Pecora	Grace	1989	Sedie/Chairs	71.6
Ernesto Spicciolato	Hadar	1988	Sedie/Chairs	84.6

Sellaro

Luca Scacchetti	L666	1986	Sistemi/Systems	169.17
Luca Scacchetti	L0128/T	1986	Letti/Beds	187.12

Sica

Ugo La Pietra	Musico	1995	Accessori/Accessories	216.14
Ugo La Pietra	Farla	1994	Accessori/Accessories	217.17
Ugo La Pietra	Vera	1994	Accessori/Accessories	217.19
Enrico Tonucci	Virgola	1988	Tavoli/Tables	128.10
Enrico Tonucci	Lente	1988	Contenitori/Containers	153.16
Nanda Vigo	Epoca V	1992	Accessori/Accessories	213.20
Nanda Vigo	Alice	1994	Accessori/Accessories	216.8

Standard

Aldo Cibic	SA07	1992	Imbottiti/Upholstered	45.20
Aldo Cibic	SA08	1992	Imbottiti/Upholstered	46.3
Aldo Cibic	SA04	1992	Imbottiti/Upholstered	47.19
Aldo Cibic	SA09	1992	Sedie/Chairs	85.25
Aldo Cibic	SA10	1992	Sedie/Chairs	95.23
Aldo Cibic	SB03	1992	Tavoli/Tables	129.21
Aldo Cibic	SB08	1992	Tavoli/Tables	132.2
Aldo Cibic	SB09	1992	Tavoli/Tables	135.19
Aldo Cibic	Sistema X	1992	Sistemi/Systems	173.16
Aldo Cibic	SA12	1992	Letti/Beds	189.15
Richard Snyder	SB01	1992	Tavoli/Tables	125.22

Steel

Felipe Alarcao	Sol	1990	Sedie/Chairs	95.25
Claudia Baetzing	Nut	1990	Sedie/Chairs	90.4
Francesco Bettoni	Kron	1994	Accessori/Accessories	194.3
Dorina Camusso	Flor	1992	Accessori/Accessories	216.2
G. Fontana/M. Kusters	Can	1990	Sedie/Chairs	73.4
Piero Gaeta	Theo	1994	Accessori/Accessories	216.10
Paolo Golinelli	Pof	1994	Sedie/Chairs	92.5
Defne Koz	Ilk	1990	Sedie/Chairs	70.1
Maarten Kusters	Utu	1990	Sedie/Chairs	73.6
Maarten Kusters	Lov	1994	Sedie/Chairs	83.16
Maarten Kusters	Candy	1991	Tavoli/Tables	115.7
Monica Moro	Numen	1991	Tavoli/Tables	132.7
Deyana Popovic	Lim	1990	Sedie/Chairs	86.4
Andreas Salas	Dino	1992	Accessori/Accessories	217.20

Stildomus

Aldo Bartolomeo	Campanino	1991	Sedie/Chairs	86.2
Aldo Bartolomeo	Convito	1991	Tavoli/Tables	98.3
Aldo Bartolomeo	Bibliora	1981	Sistemi/Systems	173.20

Tagliabue

Cozza/Mascheroni	Locis Colonna	1995	Contenitori/Containers	155.17
Decoma Design	Bitte table	1995	Accessori/Accessories	214.1

Targa Italia

Anonimo portoghese	Cadeira	1990	Sedie/Chairs	85.18
Anonimo portoghese	Mesinha	1990	Tavoli/Tables	132.5
Piero Esposito	Officina	1988	Tavoli/Tables	135.16
Piero Esposito	Et Cetera 070	1992	Sistemi/Systems	158.3
Piero Esposito	Multipla	1988	Sistemi/Systems	171.16
Piero Esposito	D-Letto	1994	Letti/Beds	186.2
Telli Muraglia	Seipersei	1994	Tavoli/Tables	130.7

Tenda Dorica

Furio Minuti	Hi-Fi Large	1993	Contenitori/Containers	153.13

Tesi

Massimo Morozzi	Bomb	1991	Imbottiti/Upholstered	38.3

Tisettanta

Antonio Citterio	Metropolis	1985	Sistemi/Systems	169.13
Antonio Citterio	Quadratus	1993	Sistemi/Systems	170.3
Ufficio tecnico Tisettanta	Center	1988	Sistemi/Systems	169.19
Ufficio tecnico Tisettanta	Zen	1990	Letti/Beds	187.19

Tonelli

De Pas/D'Urbino/Lomazzi DDL Studio	Scala del cielo	1988	Sistemi/Systems	172.10
Marco Gaudenzi	Camicino	1995	Contenitori/Containers	153.25
Isao Hosoe	Lobacesvkij	1992	Tavoli/Tables	132.12
Isao Hosoe	Albero	1988	Sistemi/Systems	168.6
I. Hosoe/E. Olivares	Ali	1992	Accessori/Accessories	217.18
Paolo Nava	Vitrum	1994	Tavoli/Tables	117.4

Tonon

Mathias Hoffmann	Syndi	1995	Sedie/Chairs	85.22
Peter Maly	Cena	1995	Sedie/Chairs	90.7
Paolo Nava	Leonia	1983	Sedie/Chairs	83.12
Paolo Nava	Samuel	1989	Sedie/Chairs	88.7

Triangolo

Enrico Tonucci	Sedia 1992	1992	Sedie/Chairs	88.10
Enrico Tonucci	Nido	1993	Sedie/Chairs	93.18
Enrico Tonucci	Noce	1995	Sedie/Chairs	93.23
Enrico Tonucci	Domi	1991	Tavoli/Tables	110.3
Enrico Tonucci	Metamorfosi	1987	Tavoli/Tables	124.3
Enrico Tonucci	Cantonale 1989	1989	Contenitori/Containers	155.20

Ultima Edizione

S. Cappelli & P. Ranzo	Pasitea	1991	Accessori/Accessories	206.1
Aldo Cibic	Gastone	1989	Tavoli/Tables	118.3
Stefano Giovannoni	Gekone	1991	Tavoli/Tables	126.8
Massimo Iosa Ghini	Berlino	1989	Tavoli/Tables	130.10
Ettore Sottsass	Montenegro	1986	Tavoli/Tables	118.2
Ettore Sottsass	Portafiori	1987	Accessori/Accessories	212.13
Ettore Sottsass	Del Diavolo	1986	Accessori/Accessories	216.6
Ettore Sottsass	Perlione	1986	Accessori/Accessories	216.12
Guido Venturini	Flower of life	1991	Tavoli/Tables	135.15
Marco Zanini	Alfonso	1991	Tavoli/Tables	130.1
Marco Zanini	Portale 1	1987	Accessori/Accessories	206.3

Unitalia

Elio Di Franco	Scacco	1989	Tavoli/Tables	134.8
Ilio Di Lupo	Thea	1989	Sedie/Chairs	92.10
Trix e Robert Hausmann	Bibbona	1991	Contenitori/Containers	139.5
Ugo La Pietra	Pali	1990	Sedie/Chairs	93.17
Marco Mencacci	Tribù	1992	Sedie/Chairs	83.24
Marco Mencacci	Querida	1992	Sedie/Chairs	84.7
Marco Mencacci	Maragià	1993	Letti/Beds	186.11
F. Sangiovanni/ M. Mencacci	Dalmata	1994	Tavoli/Tables	106.4

Up&Up

Mario Bellini	Doppiasvolta	1994	Tavoli/Tables	135.14
Achille Castiglioni	Dueti	1985	Tavoli/Tables	119.4
A. Castiglioni/G. Pozzi	Camino/327	1989	Accessori/Accessories	214.9
Adolfo Natalini	Sole e Luna	1985	Tavoli/Tables	119.5

Adolfo Natalini	Apparata	1988	Tavoli/Tables	126.**10**
Adolfo Natalini	Curvangolo	1991	Tavoli/Tables	134.**9**
Adolfo Natalini	Camino/326	1989	Accessori/Accessories	206.**2**
Luca Scacchetti	Camino/325	1989	Accessori/Accessories	215.**18**
Danilo Silvestrin	Amanta	1987	Tavoli/Tables	130.**2**
Matteo Thun	Camino/328	1989	Accessori/Accessories	213.**25**
Marco Zanini	Mesaverde	1984	Tavoli/Tables	131.**17**

Vibieffe

Italo Meroni	Container	1988	Imbottiti/Upholstered	45.**11**
Italo Meroni	Lyra	1986	Imbottiti/Upholstered	45.**16**

Vittorio Bonacina

Mario Cananzi	Quadronda	1991	Sedie/Chairs	53.**6**
Mario Cananzi	Point-Break	1992	Letti/Beds	182.**3**
Mauro Fadel	Drecxy	1993	Sedie/Chairs	84.**11**
Giorgio Ragazzini	Rebecca	1991	Sedie/Chairs	86.**6**
Paolo Zani	Flavia, Fulvia	1989	Imbottiti/Upholstered	48.**9**

Ycami

Marco Agnoli	Zac	1992	Sedie/Chairs	88.**13**
Raul Barbieri	Press	1993	Accessori/Accessories	193.**5**
Carlo Bartoli	Galì	1992	Sedie/Chairs	82.**3**
Carlo Bartoli	Bali	1993	Sedie/Chairs	83.**11**
Carlo Bartoli	Malì	1993	Sedie/Chairs	92.**7**
Anna Castelli Ferrieri	Contralto	1994	Tavoli/Tables	127.**22**
Carlo Colombo	Harley	1995	Imbottiti/Upholstered	46.**7**
Mario Mazzer	Gendarme	1994	Tavoli/Tables	128.**7**
Mario Mazzer	Elasto	1993	Accessori/Accessories	194.**2**
Opera Work in Progress	Garage	1994	Contenitori/Containers	151.**2**
Verner Panton	Dondolo	1994	Sedie/Chairs	87.**25**
Ferdinand A. Porsche	Boulevard 2	1995	Sedie/Chairs	54.**1**
Daniel Rode	Duna	1995	Sedie/Chairs	57.**3**
Marco Seveso/Gigi Trezzi	Calmapiatta	1995	Tavoli/Tables	132.**9**
Toshiyuki Kita	Plano	1995	Sistemi/Systems	170.**8**

Zabro

Andrea Branzi	Animali domestici	1985	Sedie/Chairs	95.**11/12**

Zanotta

Piero Arosio	Mirandolina	1993	Sedie/Chairs	73.**5**
Andrea Branzi	Niccola	1993	Sedie/Chairs	84.**5**
Achille Castiglioni	Joy	1989	Sistemi/Systems	165.**5**
P. Cerri - Gregotti Ass.	Undula	1989	Sedie/Chairs	95.**14**
Paolo Deganello	Regina	1992	Sedie/Chairs	65.**5**
Elio Di Franco	Donna	1988	Sedie/Chairs	86.**3**
D'Urbino/Lomazzi DDL Studio	Kioko	1994	Tavoli/Tables	135.**21**
Gualtierotti/ Mazzoni/Delle Stelle	Europa	1988	Imbottiti/Upholstered	39.**6**
Katherine Krizek	Bali	1993	Accessori/Accessories	193.**4**
Enzo Mari	Tonietta	1985	Sedie/Chairs	65.**7**
Enzo Mari	Marina	1992	Sedie/Chairs	83.**18**
Enzo Mari	Dongiovanni	1992	Tavoli/Tables	99.**7**
Enzo Mari	Aquisgrana	1994	Tavoli/Tables	127.**21**
Enzo Mari	Treviri	1994	Sistemi/Systems	170.**5**
Enzo Mari	Componenti a parete	1994	Sistemi/Systems	170.**6**
Enzo Mari	Aquisgrana	1994	Accessori/Accessories	212.**3**
Mario Mazzer	Rita	1991	Sedie/Chairs	93.**13**
L. Pagani/A. Perversi	Laima	1994	Sistemi/Systems	168.**2**
David Palterer	Opera	1990	Imbottiti/Upholstered	47.**13**
David Palterer	Hortus	1994	Accessori/Accessories	214.**5**
P. Scarzella/P. Rasulo	Teo	1994	Accessori/Accessories	215.**14**
Sottsass Associati	Devi	1994	Imbottiti/Upholstered	37.**6**
Sottsass Associati	Sita	1994	Imbottiti/Upholstered	42.**10**
Sottsass Associati	Radha	1994	Imbottiti/Upholstered	44.**7**
Sottsass Associati	Filicudi	1993	Tavoli/Tables	127.**19**
Sottsass Associati	Stromboli	1994	Tavoli/Tables	128.**3**
Sottsass Associati	Vulcano	1993	Tavoli/Tables	129.**13**
O. Tusquets/L. Clotet	Suono	1989	Accessori/Accessories	212.**5**
Hans Von Klier	Scrittoio	1993	Tavoli/Tables	130.**3**

Zanotta Edizioni

Alik Cavaliere	Alicante	1990	Sistemi/Systems	172.**4**
Riccardo Dalisi	Mariposa	1989	Sedie/Chairs	86.**10**
Riccardo Dalisi	Pavone	1986	Sedie/Chairs	88.**3**
Alessandro Mendini	Zabro	1984	Sedie/Chairs	69.**4**
Alessandro Mendini	Sirfo	1986	Tavoli/Tables	125.**23**
Alessandro Mendini	Calamobio	1985	Contenitori/Containers	141.**6**
Prospero Rasulo	Texo	1995	Tavoli/Tables	127.**14**
Ettore Sottsass	Nairobi	1989	Contenitori/Containers	141.**5**

Zeritalia

F. Barbero/M. Navone	Tempra	1992	Sedie/Chairs	92.**6**
Clare Brass	Souvenir	1995	Contenitori/Containers	152.**7**
P. Palma/C. Vannicola	Arlecchina	1991	Contenitori/Containers	140.**3**
P. Palma/C. Vannicola	Aquilone 1	1994	Sistemi/Systems	171.**15**
Tim Power	Chip	1993	Sedie/Chairs	87.**23**

Zerodisegno

De Pas/D'Urbino/Lomazzi DDL Studio	Spring	1992	Sedie/Chairs	88.**5**
De Pas/D'Urbino/Lomazzi DDL Studio	Abracadabra	1991	Sistemi/Systems	163.**6**
De Pas/D'Urbino/Lomazzi DDL Studio	Octopus	1992	Accessori/Accessories	211.**3**
D'Urbino/Lomazzi DDL Studio	Jessica	1994	Sedie/Chairs	70.**3**
D'Urbino/Lomazzi DDL Studio	Tabù	1992	Tavoli/Tables	114.**2**
D'Urbino/Lomazzi DDL Studio	Clap	1993	Tavoli/Tables	121.**6**
D'Urbino/Lomazzi DDL Studio	Barbaro	1991	Tavoli/Tables	129.**17**
D'Urbino/Lomazzi DDL Studio	Spider	1994	Sistemi/Systems	172.**8**
D'Urbino/Lomazzi DDL Studio	Whi	1995	Accessori/Accessories	215.**23**
D'Urbino/Lomazzi/ Mittermair - DDL Studio	Volare	1993	Sedie/Chairs	61.**5**
Gaetano Pesce	Umbrella Chair	1995	Sedie/Chairs	88.**8**
Denis Santachiara	Duplex	1993	Sedie/Chairs	92.**1**
Denis Santachiara	Pixel	1994	Accessori/Accessories	200.**1**

Zeus/Noto

Ron Arad	Anonimus	1995	Sedie/Chairs	91.**22**
Andreas Brandolini	Beatrice Annabella	1994	Imbottiti/Upholstered	28.**2**
Andreas Brandolini	Artù	1995	Tavoli/Tables	124.**9**
Jasper Morrison	Orb	1994	Sedie/Chairs	86.**8**
Claudio Nardi	Alice	1990	Sedie/Chairs	84.**10**
Maurizio Peregalli	Bistrò	1995	Sedie/Chairs	89.**24**
Maurizio Peregalli	Golia	1993	Sedie/Chairs	91.**15**
Maurizio Peregalli	XX Light	1994	Sedie/Chairs	91.**17**
Maurizio Peregalli	Crabb	1994	Sedie/Chairs	92.**9**
Maurizio Peregalli	Slim tavolo	1985	Tavoli/Tables	134.**11**
Maurizio Peregalli	Zelig	1991	Accessori/Accessories	201.**4**
Maurizio Peregalli	Felix	1995	Accessori/Accessories	217.**24**
Robert Wettstein	Elephant	1994	Sedie/Chairs	92.**2**
Robert Wettstein	Anais	1995	Accessori/Accessories	211.**5**

Zoltan

Paolo Giordano	Jali	1994	Accessori/Accessories	216.**15**
Annette Lang	Prêt à porter	1987	Accessori/Accessories	209.**6**
Vico Magistretti	Righello	1995	Imbottiti/Upholstered	44.**5**
I. Maurer/J. Armgardt	Tattomi	1985	Imbottiti/Upholstered	20.**2**

Driade   Alma Ditha   1990   Contenitori/Containers   155.**18**
Driade   Gustav   1990   Contenitori/Containers   155.**19**
Driade   Kaos   1985   Sistemi/Systems   158.**1**
Driade   Pantos   1994   Sistemi/Systems   160.**1**
Driade   Oikos   1973   Sistemi/Systems   173.**19**
Driade/Aleph   Kolo, Karine, Karl   1990   Tavoli/Tables   128.**6**
Driade/Aleph   Dione   1985   Contenitori/Containers   149.**6**
Driade/Aleph   Franz Joseph   1990   Letti/Beds   189.**13**

Miki Astori
Driade/Aleph   Alchemilla   1985   Sedie/Chairs   91.**24**
Driade/Aleph   Mirto   1995   Tavoli/Tables   133.**16**

Gae Aulenti
Elam   Sagittario   1976   Tavoli/Tables   100.**2**
Elam   Bartolomeo   1976   Letti/Beds   186.**1**

Claudia Baetzing
Steel   Nut   1990   Sedie/Chairs   90.**4**

Baldassarre Longo & Ventura
Ravarini Castoldi & C.   Octopus   1991   Tavoli/Tables   125.**17**

Enrico Baleri
Baleri Italia   Mimì   1991   Sedie/Chairs   74.**1**
Baleri Italia   Camillo   1991   Tavoli/Tables   112.**1**
Baleri Italia   Miss Maggie   1989   Contenitori/Containers   154.**14**

Fabrizio Ballardini/Fulvio Forbicini
Arflex   Ribalta   1988   Imbottiti/Upholstered   38.**1**

Fabrizio Barbero/Maurizio Navone
Zeritalia   Tempra   1992   Sedie/Chairs   92.**6**

Raul Barbieri
Cidue   Living world   1994   Accessori/Accessories   197.**5**
Rexite   Cactus   1995   Accessori/Accessories   215.**15**
Rexite   Eco   1995   Accessori/Accessories   216.**1**
Ycami   Press   1993   Accessori/Accessories   193.**5**

Luigi Baroli
Baleri Italia   Cartoons   1992   Accessori/Accessories   205.**4**

Michele Barro
Cappellini   Chiavari   1988   Sedie/Chairs   77.**5**
Cappellini   Datong   1988   Tavoli/Tables   105.**5**

Anna e Carlo Bartoli
Rossi di Albizzate   Shelly   1995   Imbottiti/Upholstered   18.**2**
Rossi di Albizzate   Tube   1995   Imbottiti/Upholstered   29.**5**

Carlo Bartoli
Rossi di Albizzate   Volo   1992   Imbottiti/Upholstered   49.**20**
Ycami   Galì   1992   Sedie/Chairs   82.**3**
Ycami   Bali   1993   Sedie/Chairs   83.**11**
Ycami   Malì   1993   Sedie/Chairs   92.**7**

Luciano Bartolini
Mirabili   Urqalya   1986   Tavoli/Tables   102.**3**

Aldo Bartolomeo
Stildomus   Campanino   1991   Sedie/Chairs   86.**2**
Stildomus   Convito   1991   Tavoli/Tables   98.**3**
Stildomus   Bibliora   1981   Sistemi/Systems   173.**20**

Becchelli   → **Bortolani/Becchelli**
Becchelli   → **Bortolani/Becchelli/Maffei/Venturi**

Stefano Becucci
Edra   Andy   1992   Imbottiti/Upholstered   49.**16**

Mario Bellini
Acerbis   Onda Quadra   1988   Contenitori/Containers   142.**1**
Up&Up   Doppiasvolta   1994   Tavoli/Tables   135.**14**

Marc Berthier
Magis   Wooden Magis...   1986   Sedie/Chairs   95.**24**
Magis   Jolly   1993   Tavoli/Tables   126.**3**
Magis   Tucano   1992   Tavoli/Tables   127.**16**
Magis   Berthier   1990   Sistemi/Systems   170.**4**
Magis   Rack/Ciak   1988   Sistemi/Systems   172.**6**

Enzo Berti
LaPalma   Tosca - Turandot   1995   Sedie/Chairs   85.**23**
LaPalma   Fenice e Ducale   1995   Contenitori/Containers   153.**22**
Montina   Maggiolino   1992   Sedie/Chairs   85.**16**
Montina   Passpartout   1991   Sedie/Chairs   87.**14**
Montina   Nest   1991   Sedie/Chairs   89.**15**
Montina   464   1988   Sedie/Chairs   90.**14**
Montina   Bibelot   1989   Tavoli/Tables   127.**18**
Montina   Nest   1993   Tavoli/Tables   129.**11**

Luciano Bertoncini
Bellato   Ugonotti   1992   Contenitori/Containers   153.**20**
Bellato   California   1994   Sistemi/Systems   170.**9**
Bernini   Ballerina   1989   Sedie/Chairs   91.**18**

Francesco Bettoni
Steel   Kron   1994   Accessori/Accessories   194.**3**

N. Bewick   → **Terry Pecora/Nick Bewick**

Francesco Binfaré
Adele C.   Girotonda   1994   Imbottiti/Upholstered   31.**6**
Adele C.   Buenos Aires   1995   Imbottiti/Upholstered   47.**16**
Edra   L'homme et la...   1993   Imbottiti/Upholstered   19.**4**
Edra   Tangeri   1994   Imbottiti/Upholstered   40.**3**

Boccato/Gigante/Zambuso
Seccose   Vertica   1983   Sistemi/Systems   173.**13**
Seccose   Stilo   1976   Accessori/Accessories   212.**1**
Seccose   Carrello   1989   Accessori/Accessories   213.**24**

Cini Boeri
Fiam   Voyeur   1987   Accessori/Accessories   205.**5**
Interflex   Raggio di Luna   1991   Letti/Beds   188.**11**

Cini Boeri/Tomu Katayanagi
Fiam   Ghost   1987   Sedie/Chairs   87.**19**

Anne Monique Bonadei
Schopenhauer   Gili   1994   Sedie/Chairs   95.**18**

Annalisa Bonsuan
Seccose   Petalo   1988   Accessori/Accessories   212.**7**

Bortolani/Becchelli
LaPalma   Colonica   1992   Sedie/Chairs   95.**13**
LaPalma   Spider   1994   Tavoli/Tables   132.**11**
LaPalma   Domestici   1993   Accessori/Accessories   209.**4**
LaPalma   Domestici   1993   Accessori/Accessories   213.**14/19**
LaPalma   Fermo vai   1994   Accessori/Accessories   213.**26**
Ravarini Castoldi & C.   Daily Planet   1994   Accessori/Accessories   212.**10**
Ravarini Castoldi & C.   Zoom   1995   Accessori/Accessories   213.**29**

Bortolani/Becchelli/Maffei/Venturi
Driade/Aleph   Ombra   1995   Sistemi/Systems   166.**1**

Mario Botta
Alias   Quinta   1992   Sedie/Chairs   60.**2**
Alias   Latonda   1991   Sedie/Chairs   81.**3**

Alias	Tesi	1986	Tavoli/Tables	105.4

Do Brandi

Memphis	Rock me baby	1992	Imbottiti/Upholstered	48.2

Andreas Brandolini

Cappellini	Rosa	1994	Imbottiti/Upholstered	25.5
Zeus/Noto	Beatrice Annabella	1994	Imbottiti/Upholstered	28.2
Zeus/Noto	Artù	1995	Tavoli/Tables	124.9

Andrea Branzi

Cassina	Revers	1993	Sedie/Chairs	79.5
Cassina	Berione	1988	Sistemi/Systems	162.1
Design Gallery Milano	Grande piatto	1991	Contenitori/Containers	153.15
Design Gallery Milano	Grande gabbia	1991	Contenitori/Containers	153.27
Design Gallery Milano	Piccola gabbia	1991	Contenitori/Containers	155.25
Design Gallery Milano	Piccolo albero	1991	Sistemi/Systems	171.14
Memphis	Andrea	1987	Sedie/Chairs	95.26
Memphis	Magnolia	1985	Sistemi/Systems	171.19
Zabro	Animali domestici	1985	Sedie/Chairs	95.11/12
Zanotta	Niccola	1993	Sedie/Chairs	84.5

Clare Brass

Edra	No step	1987	Imbottiti/Upholstered	48.3
Zeritalia	Souvenir	1995	Contenitori/Containers	152.7

Brunati/Zerbaro/Carollo

LaPalma	Avana	1992	Sedie/Chairs	83.17
Malofancon	Iseppo e Nicolò	1990	Contenitori/Containers	154.1

Remo Buti

Arredaesse Produzioni	Maggio	1992	Tavoli/Tables	133.19

Diana Cabeza

Cappellini	Sensual Pampa	1993	Imbottiti/Upholstered	22.2
Pierantonio Bonacina	Cinta	1991	Sedie/Chairs	57.5

Luigi Caccia Dominioni

Bigelli/Roveresca	Buffalmacco	1989	Accessori/Accessories	214.8

Calvi/Merlini/Moya

Driade/Aleph	Solingo	1995	Sistemi/Systems	171.18

Renata Calzi/Studio Oltre

GFR/Nomade	Apriti Sesamo	1987	Accessori/Accessories	204.1

Dorina Camusso

Steel	Flor	1992	Accessori/Accessories	216.2

Guido Canali

Bernini	Canali	1990	Tavoli/Tables	134.2

Mario Cananzi

GFR/Metals	Libreria	1992	Tavoli/Tables	124.8
Vittorio Bonacina	Quadronda	1991	Sedie/Chairs	53.6
Vittorio Bonacina	Point-Break	1992	Letti/Beds	182.3

Mario Cananzi/Roberto Semprini

Edra	Tatlin	1989	Imbottiti/Upholstered	27.4

Mauro Canfori

Cidue	Ubishop	1989	Contenitori/Containers	152.8

Arduino Cantafora

Mirabili	Infanzia Berlinese	1986	Contenitori/Containers	143.4

Sergio Cappelli & Patrizia Ranzo

Autoproduzione	Agave	1985	Tavoli/Tables	130.9
Autoproduzione	Trofeo specchio	1985	Accessori/Accessories	202.2
Autoproduzione	Trofeo mensole	1985	Accessori/Accessories	215.22
Ultima Edizione	Pasitea	1991	Accessori/Accessories	206.1

Pierangelo Caramia

Arredaesse Produzioni	Oblò	1992	Tavoli/Tables	126.12
Arredaesse Produzioni	Screen	1991	Sistemi/Systems	173.21/24

Carollo → **Brunati/Zerbaro/Carollo**

Anna Castelli Ferrieri

Giorgetti	Narciso	1989	Contenitori/Containers	154.9
MatteoGrassi	Piggy	1991	Imbottiti/Upholstered	41.18
Ycami	Contralto	1994	Tavoli/Tables	127.22

Achille Castiglioni

Cassina	Hilly	1988	Imbottiti/Upholstered	27.5
Interflex	Polet	1991	Imbottiti/Upholstered	21.5
Longoni Bruno	Penta	1994	Contenitori/Containers	154.6
Up&Up	Dueti	1985	Tavoli/Tables	119.4
Zanotta	Joy	1989	Sistemi/Systems	165.5
è DePadova	Mate	1992	Accessori/Accessories	208.3

Achille Castiglioni/Gian Carlo Pozzi

Up&Up	Camino/327	1989	Accessori/Accessories	214.9

Enzo Catellani

Dilmos Edizioni	Sogni d'oro	1995	Letti/Beds	181.4

Giorgio Cattelan

Cattelan Italia	Bella	1994	Sedie/Chairs	87.12
Cattelan Italia	Flexa	1992	Sistemi/Systems	168.5

Maurizio Cattelan

Dilmos Edizioni	Cerberino	1990	Tavoli/Tables	116.3

Alik Cavaliere

Zanotta Edizioni	Alicante	1990	Sistemi/Systems	172.4

Ca'Nova Design

Cattelan Italia	Spiral	1995	Tavoli/Tables	128.9

Centro Ricerche Poliform

Poliform	Senzafine	1989	Sistemi/Systems	169.20
Poliform	Wall to Wall	1981	Sistemi/Systems	169.24

Pierluigi Cerri

Poltrona Frau	Pausa	1986	Imbottiti/Upholstered	48.6

Pierluigi Cerri - Gregotti Associati Int.

Zanotta	Undula	1989	Sedie/Chairs	95.14

Jeannot Cerutti

Sawaya & Moroni	Sitting on the moon	1991	Imbottiti/Upholstered	35.5
Sawaya & Moroni	Balthazar	1994	Imbottiti/Upholstered	42.12
Sawaya & Moroni	Libabel	1989	Sistemi/Systems	168.3

Chi Wing Lo

Giorgetti	Epi	1995	Tavoli/Tables	134.7
Giorgetti	Lia	1995	Contenitori/Containers	139.4
Giorgetti	Nyn	1995	Contenitori/Containers	154.12

Edi Ciani

Calligaris	Natura	1990	Sedie/Chairs	94.5

Aldo Cibic

Antologia by Boffi	Petunia	1991	Imbottiti/Upholstered	46.11
Antologia by Boffi	Genziana	1991	Sedie/Chairs	82.9
Antologia by Boffi	Pervinca	1991	Sedie/Chairs	93.22
Antologia by Boffi	Papavero	1991	Tavoli/Tables	126.5
Antologia by Boffi	Nasturzio	1991	Tavoli/Tables	126.6
Antologia by Boffi	Hibiscus	1993	Tavoli/Tables	129.12
Antologia by Boffi	Geranio	1991	Contenitori/Containers	138.3
Antologia by Boffi	Giglio	1991	Contenitori/Containers	152.3

Antologia by Boffi	Iris	1991	Contenitori/Containers	155.**26**
Ferlea	Alì	1993	Imbottiti/Upholstered	45.**21**
Memphis	Sophia	1985	Tavoli/Tables	106.**3**
Standard	SA07	1992	Imbottiti/Upholstered	45.**20**
Standard	SA08	1992	Imbottiti/Upholstered	46.**3**
Standard	SA04	1992	Imbottiti/Upholstered	47.**19**
Standard	SA09	1992	Sedie/Chairs	85.**25**
Standard	SA10	1992	Sedie/Chairs	95.**23**
Standard	SB03	1992	Tavoli/Tables	129.**21**
Standard	SB08	1992	Tavoli/Tables	132.**2**
Standard	SB09	1992	Tavoli/Tables	135.**19**
Standard	Sistema X SC01 SC03 e SC04	1992	Sistemi/Systems	173.**16**
Standard	SA12	1992	Letti/Beds	189.**15**
Ultima Edizione	Gastone	1989	Tavoli/Tables	118.**3**

Claudio Cicchetti

Nemo	Aries	1993	Sedie/Chairs	90.**13**

Biagio Cisotti/Sandra Laube

BRF	Blob	1995	Contenitori/Containers	147.**2**
BRF	Blob	1995	Contenitori/Containers	152.**11**

Antonio Citterio

B&B Italia	Sity	1986	Imbottiti/Upholstered	19.**5**
B&B Italia	Florence	1995	Imbottiti/Upholstered	25.**6**
B&B Italia	Cina	1993	Imbottiti/Upholstered	36.**1**
B&B Italia	Baisity	1989	Imbottiti/Upholstered	41.**19**
B&B Italia	Harry	1995	Imbottiti/Upholstered	46.**9**
B&B Italia	Domus	1989	Sistemi/Systems	161.**4**
B&B Italia	Balletto	1991	Letti/Beds	186.**10**
Flexform	Zanzibar	1994	Imbottiti/Upholstered	37.**4**
Flexform	Junior	1987	Imbottiti/Upholstered	38.**2**
Flexform	Press	1991	Imbottiti/Upholstered	41.**22**
Flexform	Poggiolungo	1991	Imbottiti/Upholstered	47.**21**
Flexform	Body	1991	Sedie/Chairs	82.**8**
Flexform	Mixer	1985	Sedie/Chairs	92.**11**
Halifax	Minni	1995	Sedie/Chairs	54.**2**
Halifax	Carlotta	1993	Sedie/Chairs	91.**20**
Halifax	Locarno	1994	Tavoli/Tables	130.**6**
Halifax	Ercole	1994	Tavoli/Tables	134.**1**
Maxalto	Modus	1994	Tavoli/Tables	110.**1**
Tisettanta	Metropolis	1985	Sistemi/Systems	169.**13**
Tisettanta	Quadratus	1993	Sistemi/Systems	170.**3**

Antonio Citterio/Glen Oliver Loew

Kartell	Leopoldo	1991	Tavoli/Tables	121.**5**
Kartell	Mobil	1993	Contenitori/Containers	146.**1**
Kartell	Filippo	1991	Accessori/Accessories	196.**3**
Kartell	Oxo	1991	Accessori/Accessories	198.**2**

Antonio Citterio/Paolo Nava

B&B Italia	Diesis	1979	Imbottiti/Upholstered	43.**18**

Lluis Clotet

Driade/Aleph	Parco	1995	Tavoli/Tables	126.**4**

L. Clotet   → **Oscar Tusquets/Lluis Clotet**

Nigel Coates

Arredaesse Produzioni	Delfino	1991	Sistemi/Systems	162.**2**
Bigelli	Europa	1989	Tavoli/Tables	103.**4**
Poltronova	Galla	1990	Imbottiti/Upholstered	44.**4**

Roberto Collovà

Acierno	Firma	1989	Tavoli/Tables	110.**2**
Acierno	D'aria	1987	Tavoli/Tables	126.**7**
Acierno	Perelisa	1987	Tavoli/Tables	134.**10**
Acierno	Banchetto	1988	Tavoli/Tables	135.**18**
Acierno	Paravento	1989	Accessori/Accessories	213.**27**

Carlo Colombo

Flexform	Lucetta	1994	Sedie/Chairs	87.**17**
Ycami	Harley	1995	Imbottiti/Upholstered	46.**7**

Stefano Colombo

Acam	Gipsy	1995	Imbottiti/Upholstered	42.**1**

Colombrino/Mollica

GFR/Metals	Portabiti	1992	Accessori/Accessories	215.**21**

Gianfranco Coltella

Ravarini Castoldi & C.	Spider	1994	Accessori/Accessories	200.**2**

G. Coltella   → **Eric Gottein/Gianfranco Coltella**

Toni Cordero

Acerbis/Morphos	Reggenza	1991	Sedie/Chairs	66.**1**
Bigelli	Tessera	1993	Tavoli/Tables	107.**5**
Bigelli	Collana	1993	Tavoli/Tables	125.**24**
Bigelli	Collana 5	1993	Accessori/Accessories	217.**21**
Bigelli/Roveresca	Guarino	1989	Tavoli/Tables	135.**22**
Sawaya & Moroni	Antiopa	1992	Imbottiti/Upholstered	35.**3**
Sawaya & Moroni	Faia	1993	Imbottiti/Upholstered	40.**6**
Sawaya & Moroni	Sospir	1992	Letti/Beds	178.**1**

Fabrizio Corneli

Mirabili	Foglia	1986	Sedie/Chairs	66.**2**

Nicoletta Cosentino

Acierno	Aracne	1992	Tavoli/Tables	125.**13**

Cozza/Mascheroni

Desalto	Verve	1994	Sistemi/Systems	159.**4**
Tagliabue	Locis Colonna	1995	Contenitori/Containers	155.**17**

Carlo Cumini

Horm	Cut	1991	Contenitori/Containers	155.**23**
Horm	Solaio	1993	Sistemi/Systems	168.**7/8**

Marcello Cuneo

Rossi di Albizzate	Mehari	1995	Sedie/Chairs	83.**14**

Adalberto Dal Lago

MisuraEmme	Continuità	1972	Sistemi/Systems	170.**7**

Riccardo Dalisi

Acerbis/Morphos	Fiordalisi	1991	Sedie/Chairs	71.**5**
Baleri Italia	Idea	1989	Tavoli/Tables	104.**2**
Edizioni Galleria Colombari	Tontola	1994	Sedie/Chairs	85.**20**
Glas	Fiorello	1993	Accessori/Accessories	192.**2**
Play Line	Slalom	1991	Imbottiti/Upholstered	20.**1**
Play Line	Funiculì	1995	Imbottiti/Upholstered	22.**3**
Play Line	Capote	1994	Imbottiti/Upholstered	45.**13**
Play Line	Babà	1995	Imbottiti/Upholstered	45.**17**
Play Line	Alato	1991	Letti/Beds	179.**5**
Play Line	Onda	1994	Letti/Beds	187.**18**
Promemoria	Poltrona del Leone	1993	Sedie/Chairs	92.**4**
Zanotta Edizioni	Mariposa	1989	Sedie/Chairs	86.**10**
Zanotta Edizioni	Pavone	1986	Sedie/Chairs	88.**3**

Marianne Day Lewis

Halifax	Winston	1990	Tavoli/Tables	130.**4**

DDL Studio   → **D'Urbino/Lomazzi/Mittermair**
DDL Studio
DDL Studio   → **De Pas/D'Urbino/Lomazzi**
DDL Studio
DDL Studio   → **D'Urbino/Lomazzi - DDL Studio**
DDL Studio   → **D'Urbino/Lomazzi/Shina**
DDL Studio

	De Ferrari/Jacomussi/Germak/Laurini			
Gufram	Fila Armonica	1993	Imbottiti/Upholstered	43.**14**
	Michele De Lucchi			
Brunati	Bel Dì	1992	Imbottiti/Upholstered	43.**20**
Elam	Milano	1985	Tavoli/Tables	113.**6**
Elam	Pianetta	1987	Letti/Beds	177.**4**
Glas	Celeo	1989	Tavoli/Tables	134.**5**
Memphis	Kim	1987	Sedie/Chairs	71.**4**
Play Line	Saltimbanco	1992	Sedie/Chairs	87.**24**
Produzione Privata	Tavolo	1990	Tavoli/Tables	124.**10**
Produzione Privata	Libreria	1990	Sistemi/Systems	168.**9**
	Piero De Martini			
Molteni & C.	Copernico	1990	Imbottiti/Upholstered	44.**2**
	De Pas/D'Urbino/Lomazzi - DDL Studio			
Poltronova	Cessato allarme	1991	Accessori/Accessories	210.**2**
Tonelli	Scala del cielo	1988	Sistemi/Systems	172.**10**
Zerodisegno	Spring	1992	Sedie/Chairs	88.**5**
Zerodisegno	Abracadabra	1991	Sistemi/Systems	163.**6**
Zerodisegno	Octopus	1992	Accessori/Accessories	211.**3**
	Decoma Design			
Tagliabue	Bitte table	1995	Accessori/Accessories	214.**1**
	Paolo Deganello			
Campeggi	Alzabandiera	1991	Letti/Beds	181.**6**
Cassina	Artifici	1985	Tavoli/Tables	107.**6**
Zanotta	Regina	1992	Sedie/Chairs	65.**5**
	Delle Stelle	→ **Gualtierotti/Mazzoni/Delle Stelle**		
	Anna Deplano			
Desalto	Kalamo	1993	Accessori/Accessories	217.**16**
	Fabio Di Bartolomei			
Bieffeplast	Chiara	1992	Sedie/Chairs	85.**21**
Bieffeplast	Party	1992	Tavoli/Tables	128.**1**
	A. Di Chiara	→ **Aldo Petillo/Andrea Di Chiara**		
	Elio Di Franco			
Bianchi & Bruni	Gei	1991	Imbottiti/Upholstered	46.**12**
Unitalia	Scacco	1989	Tavoli/Tables	134.**8**
Zanotta	Donna	1988	Sedie/Chairs	86.**3**
	Ilio Di Lupo			
Unitalia	Thea	1989	Sedie/Chairs	92.**10**
	Tom Dixon			
Cappellini	Pylon chair	1992	Sedie/Chairs	61.**6**
	Rodolfo Dordoni			
Acerbis	Solferino	1994	Contenitori/Containers	152.**2**
Cidue	Bloody Mary	1991	Sedie/Chairs	91.**21**
Driade	Arianna	1992	Sedie/Chairs	85.**13**
Ferlea	Collezione Home…	1992	Imbottiti/Upholstered	42.**3**
Imel	Kingdom	1993	Letti/Beds	178.**2**
Moroso	Waiting	1989	Imbottiti/Upholstered	41.**12**
	G. Dorell	→ **Joey Mancini/Gaby Dorell**		
	Dorligo	→ **Panizon/Martinelli/Dorligo**		
	Nathalie Du Pasquier			
Memphis	Nathalie	1987	Sedie/Chairs	94.**2**
Memphis	Madras	1986	Tavoli/Tables	106.**2**
Memphis	Bombay	1986	Tavoli/Tables	128.**8**
	Maurizio Duranti			
Acerbis	Camelot	1994	Contenitori/Containers	152.**1**
Gallotti & Radice	Milonga	1993	Sistemi/Systems	169.**15**

	James D'Auria			
GFR/Nomade	Steel	1985	Tavoli/Tables	104.**3**
	D'Urbino	→ **De Pas/D'Urbino/Lomazzi DDL Studio**		
	D'Urbino/Lomazzi - DDL Studio			
Zanotta	Kioko	1994	Tavoli/Tables	135.**21**
Zerodisegno	Jessica	1994	Sedie/Chairs	70.**3**
Zerodisegno	Tabù	1992	Tavoli/Tables	114.**2**
Zerodisegno	Clap	1993	Tavoli/Tables	121.**6**
Zerodisegno	Barbaro	1991	Tavoli/Tables	129.**17**
Zerodisegno	Spider	1994	Sistemi/Systems	172.**8**
Zerodisegno	Whi	1995	Accessori/Accessories	215.**23**
	D'Urbino/Lomazzi/Mittermair - DDL Studio			
Zerodisegno	Volare	1993	Sedie/Chairs	61.**5**
	D'Urbino/Lomazzi/Shina - DDL Studio			
Bellato	Nuvola	1993	Letti/Beds	189.**14**
	Joe D'Urso			
Bieffeplast	Cono	1984	Tavoli/Tables	132.**6**
	Emme Studio			
Mazzei	Filina	1994	Sedie/Chairs	94.**10**
	Piero Esposito			
Targa Italia	Officina	1988	Tavoli/Tables	135.**16**
Targa Italia	Et Cetera 070	1992	Sistemi/Systems	158.**3**
Targa Italia	Multipla	1988	Sistemi/Systems	171.**16**
Targa Italia	D-Letto	1994	Letti/Beds	186.**2**
	Mauro Fadel			
Vittorio Bonacina	Drecxy	1993	Sedie/Chairs	84.**11**
	Maurizio Favetta			
King Size	Tondina	1995	Sedie/Chairs	95.**19**
King Size	Count down	1994	Tavoli/Tables	124.**2**
King Size	Blow up	1994	Tavoli/Tables	132.**10**
King Size	Pick up	1995	Contenitori/Containers	153.**17**
	Marco Ferreri			
Adele C.	Incanto	1994	Contenitori/Containers	139.**6**
B.P.A.	Less	1995	Sedie/Chairs	77.**4**
Robots	O'Key	1994	Accessori/Accessories	195.**4**
	Alessandro Fiorentino			
Rossi di Albizzate	Masterlook	1987	Imbottiti/Upholstered	49.**15**
	George Fontana/Maarten Kusters			
Steel	Can	1990	Sedie/Chairs	73.**4**
	F. Forbicini	→ **Fabrizio Ballardini/Fulvio Forbicini**		
	Carlo Forcolini			
Alias	Apocalypse Now	1985	Tavoli/Tables	112.**2**
Cassina	Ghiretto	1995	Letti/Beds	176.**1**
	Piero Fornasetti			
Fornasetti Imm.	Sole	1990	Sedie/Chairs	95.**15**
Fornasetti Imm.	Sole splendente	1990	Tavoli/Tables	103.**5**
Fornasetti Imm.	Architettura	1990	Tavoli/Tables	103.**6**
Fornasetti Imm.	Pompeiana	1990	Contenitori/Containers	138.**1**
Fornasetti Imm.	Architettura	1990	Contenitori/Containers	155.**21**
	Enrico Franzolini			
Accademia	M.Guia	1994	Sedie/Chairs	84.**3**
Accademia	Carloforte	1995	Tavoli/Tables	126.**2**
Calligaris	Calibra	1992	Sedie/Chairs	90.**12**
Cappellini	Vienna	1989	Imbottiti/Upholstered	43.**19**

Cappellini	Light boxes	1994	Contenitori/Containers	147.3
Halifax	Ginevra	1993	Sedie/Chairs	89.19
Halifax	Arturo	1993	Accessori/Accessories	192.1

Dan Friedman

Arredaesse Produzioni	Morpheus	1992	Tavoli/Tables	114.1
Arredaesse Produzioni	Amor	1992	Contenitori/Containers	152.9

Piero Gaeta

Steel	Theo	1994	Accessori/Accessories	216.10

Pierangelo Gallotti

Gallotti & Radice	Riki	1989	Accessori/Accessories	212.12

Ignazio Gardella

Atelier	Timothy	1995	Tavoli/Tables	122.3

Gatti/Teodoro

GFR/Metals	Portaombrelli	1992	Accessori/Accessories	215.25

Marco Gaudenzi

Tonelli	Camicino	1995	Contenitori/Containers	153.25

Germak → **De Ferrari/Jacomussi/Germak/Laurini**

G. Geronzi → **Bruno Reichlin/Gabriele Geronzi**

Natale Gerosa/Nicoletta Malobbia

Malofancon	Argus	1993	Contenitori/Containers	154.11

Gigante → **Boccato/Gigante/Zambuso**

Anna Gili

Cappellini	Tonda	1991	Imbottiti/Upholstered	41.13
Cappellini	Ton ton-Tambù	1993	Tavoli/Tables	132.4
Play Line	Ananta	1994	Imbottiti/Upholstered	43.17

Anna Gili/Bruno Gregori

Interflex	Jimmy	1994	Letti/Beds	189.17

Maurizio Giordano/Roberto Grossi

Saporiti Italia	Libra	1995	Sistemi/Systems	163.4

Paolo Giordano

Zoltan	Jali	1994	Accessori/Accessories	216.15

Stefano Giovannoni

Ultima Edizione	Gekone	1991	Tavoli/Tables	126.8

Giugiaro Design

Cinova	Elika	1993	Imbottiti/Upholstered	36.3
Fiam	Liberia	1992	Sistemi/Systems	172.11

Paolo Golinelli

Steel	Pof	1994	Sedie/Chairs	92.5

Eric Gottein

Ravarini Castoldi & C.	Lipea Maxi	1994	Sistemi/Systems	171.21

Eric Gottein/Gianfranco Coltella

Ravarini Castoldi & C.	Sissi	1989	Sedie/Chairs	93.19

Johanna Grawunder

Design Gallery Milano	Black Rubber...	1995	Contenitori/Containers	144.2
Design Gallery Milano	Small Cabinet...	1995	Contenitori/Containers	152.5
Design Gallery Milano	Mirrored Medicin...	1995	Contenitori/Containers	152.10

Konstantin Grcic

Cappellini	Start	1994	Sedie/Chairs	55.5
Driade/Aleph	Refolo	1995	Accessori/Accessories	199.4

Aldo Greco

Cattelan Italia	Bingo	1994	Tavoli/Tables	131.16

B. Gregori → **Anna Gili/Bruno Gregori/Giorgio Gregori**

Play Line	Giravolta	1995	Imbottiti/Upholstered	47.14

Gregotti Associati Int. → **P. Cerri - Gregotti Associati Int.**
N. Grenon → **Piero Sartogo/Nathalie Grenon**
R. Grossi → **Maurizio Giordano/Roberto Grossi**

Gruppo di progettazione MDF

MDF	Ellisse	1992	Tavoli/Tables	133.17
MDF	Bookcase	1992	Sistemi/Systems	171.17
MDF	Monsieur Dame	1994	Letti/Beds	179.4

Gruppo Possibile

Sedie & Company	Acrux	1988	Sedie/Chairs	90.8

Gualtierotti/Mazzoni/Delle Stelle

Zanotta	Europa	1988	Imbottiti/Upholstered	39.6

Alessandro Guerriero

Bigelli	Tic Tac Toe	1993	Tavoli/Tables	116.1

G. Gurioli → **Syn-Gurioli & Scansetti**
G14 → **Gianni Pareschi/G14**

Makio Hasuike

Fiam	Dama	1991	Tavoli/Tables	129.16

Trix e Robert Hausmann

Unitalia	Bibbona	1991	Contenitori/Containers	139.5

Mathias Hoffmann

Tonon	Syndi	1995	Sedie/Chairs	85.22

Hiroaki Horio

Nemo	Horio Chair	1993	Sedie/Chairs	88.4

Isao Hosoe

Tonelli	Lobacesvkij	1992	Tavoli/Tables	132.12
Tonelli	Albero	1988	Sistemi/Systems	168.6

Isao Hosoe/Edoardo Olivares

Tonelli	Ali	1992	Accessori/Accessories	217.18

IDEA Institute

Saporiti Italia	Flex	1995	Sedie/Chairs	64.1

Massimo Iosa Ghini

BRF	Pon-Pon	1992	Imbottiti/Upholstered	48.5
BRF	Ye-Ye	1992	Sedie/Chairs	88.12
BRF	Jo-Jo	1992	Tavoli/Tables	114.3
BRF	Trolley	1992	Accessori/Accessories	196.2
Cassina	Leggero	1994	Imbottiti/Upholstered	36.2
Design Gallery Milano	Boomerang	1989	Imbottiti/Upholstered	22.1
Design Gallery Milano	Orbita	1989	Imbottiti/Upholstered	46.2
Design Gallery Milano	Satellite	1989	Imbottiti/Upholstered	46.6
Design Gallery Milano	Mantide	1989	Tavoli/Tables	111.4
Doing	Do it	1995	Sedie/Chairs	86.5
Fiam	Kelos	1995	Accessori/Accessories	212.2
Fiam	Incontro	1991	Accessori/Accessories	214.2
Memphis	Juliette	1987	Sedie/Chairs	78.1
Memphis	Bertrand	1987	Contenitori/Containers	155.27
Moroso	New Tone	1989	Imbottiti/Upholstered	26.1
Moroso	Bom-Bay	1994	Imbottiti/Upholstered	42.7
Moroso	Ellittico	1987	Imbottiti/Upholstered	43.21
Moroso	Big Mama	1992	Imbottiti/Upholstered	47.18
Moroso	Velox	1987	Sedie/Chairs	93.20
Ultima Edizione	Berlino	1989	Tavoli/Tables	130.10

James Irvine

Cappellini	Zzofà	1993	Imbottiti/Upholstered	21.4
Cappellini	Spider	1994	Imbottiti/Upholstered	33.4
GFR/Metals	Tavolo Bar	1992	Tavoli/Tables	115.5

Jacomussi → De Ferrari/Jacomussi/ Germak/Laurini

T. Katayanagi → Cini Boeri/Tomu Katayanagi

Yaacov Kaufman

Arflex	Virgola	1991	Imbottiti/Upholstered	30.3
Seccose	Attiva	1995	Sedie/Chairs	92.3

Elizabeth Kellen

Sedie & Company	Greta	1989	Sedie/Chairs	90.11

Rodney Kinsmann

Bieffeplast	Ivy	1994	Sedie/Chairs	93.24
Bieffeplast	Specchio Due	1983	Accessori/Accessories	203.5

Toshiyuki Kita

Accademia	Two	1995	Sedie/Chairs	94.6
Arredaesse Produzioni	Palcoscenico	1992	Letti/Beds	188.8
Cidue	Treusa	1986	Accessori/Accessories	197.4
Magis	Rondine	1992	Sedie/Chairs	84.12
Magis	Rondine	1993	Tavoli/Tables	121.4
Magis	Viking	1993	Accesori/Accessories	212.3
Moroso	Fido	1989	Sedie/Chairs	63.4
Ycami	Plano	1995	Sistemi/Systems	170.8

Ritva Koivumaki

Robots	Tatzebao	1994	Accessori/Accessories	215.19

Geert Koster

Lema	Casanova	1994	Letti/Beds	186.9

Defne Koz

Steel	Ilk	1990	Sedie/Chairs	70.1

Karsten K. Krebs

MatteoGrassi	Bittersuss	1992	Sedie/Chairs	88.2

Léon Krier

Giorgetti	Aries	1994	Imbottiti/Upholstered	42.4

Katherine Krizek

Acerbis	Nastro	1995	Contenitori/Containers	151.4
Cappellini	Shaker screen	1991	Accessori/Accessories	204.2
Zanotta	Bali	1993	Accessori/Accessories	193.4

Shiro Kuramata

Cappellini	Side One	1986	Contenitori/Containers	145.3
Memphis	Sally	1987	Tavoli/Tables	108.3

Maarten Kusters

Edra	No stop	1987	Imbottiti/Upholstered	26.3
Sedie & Company	Rigel	1988	Sedie/Chairs	90.9
Steel	Utu	1990	Sedie/Chairs	73.6
Steel	Lov	1994	Sedie/Chairs	83.16
Steel	Candy	1991	Tavoli/Tables	115.7

M. Kusters → George Fontana/Maarten Kusters

Ugo La Pietra

Bernini	Gambadilegno	1995	Tavoli/Tables	131.14
Bernini	Gamba di legno	1995	Contenitori/Containers	154.10
Boffi F.lli	Messinscena	1986	Contenitori/Containers	155.22
Busnelli Gruppo Ind.	Autorevole	1985	Imbottiti/Upholstered	41.11
Busnelli Gruppo Ind.	Incrocio	1986	Tavoli/Tables	129.24
Busnelli Gruppo Ind.	Oggetto naturale	1985	Tavoli/Tables	130.8
Ed. Galleria Colombari	Trifoglio	1995	Tavoli/Tables	132.3

Meccani	Promemoria 3	1988	Contenitori/Containers	154.16
Sica	Musico	1995	Accessori/Accessories	216.14
Sica	Farla	1994	Accessori/Accessories	217.17
Sica	Vera	1994	Accessori/Accessories	217.19
Unitalia	Pali	1990	Sedie/Chairs	93.17

Teresa La Rocca

Acierno	Bobò	1992	Letti/Beds	184.3

Danny Lane

Fiam	Atlas	1988	Tavoli/Tables	117.6
Fiam	Shell	1991	Tavoli/Tables	133.18

Annette Lang

Zoltan	Prêt à porter	1987	Accessori/Accessories	209.6

S. Laube → Biagio Cisotti/Sandra Laube

Wolfgang Laubersheimer

Atelier	Tensolibreria	1985	Sistemi/Systems	171.11

Giovanni Lauda

Play Line	Sibilla	1992	Imbottiti/Upholstered	48.13
Sedie & Company	Hydra	1988	Sedie/Chairs	92.12

Marta Laudani/Marco Romanelli

Driade/Aleph	Francescano	1995	Sistemi/Systems	160.2

Laurini → De Ferrari/Jacomussi/ Germak/Laurini

Ferruccio Laviani

Busnelli Gruppo Ind.	Time	1994	Imbottiti/Upholstered	42.9
Imel	Paola	1992	Sedie/Chairs	90.1
Imel	Samir	1993	Tavoli/Tables	127.23
Memphis	Romeo	1987	Accessori/Accessories	207.4
Ravarini Castoldi & C.	Gardone	1994	Accessori/Accessories	212.6

Claudio Lazzarini/Carl Pickering

Acierno	Tric-Trac	1995	Contenitori/Containers	148.3
Acierno	Dormusa	1994	Letti/Beds	183.5

Roberto Lazzeroni

Ceccotti	Large Flower	1992	Imbottiti/Upholstered	45.14
Ceccotti	D.R.D.P.	1989	Sedie/Chairs	66.3
Ceccotti	Chumbera Primera	1988	Sedie/Chairs	87.11
Ceccotti	Hypnos	1989	Sedie/Chairs	90.2
Ceccotti	Tadao	1989	Contenitori/Containers	142.6
Ceccotti	Bandeja	1988	Contenitori/Containers	154.3
Ceccotti	T.D.L.V	1991	Letti/Beds	180.2
Rossi di Albizzate	Butterfly	1990	Imbottiti/Upholstered	48.8

Christian Leprette

Baleri Italia	Bonaventura	1990	Tavoli/Tables	115.6

Giovanni Levanti

Bernini	Miles	1995	Tavoli/Tables	131.21
Campeggi	Matisse	1989	Letti/Beds	188.12
Cassina	Nido	1991	Tavoli/Tables	114.4

Alberto Lievore

Lema	Savanna	1994	Letti/Beds	186.4

Piero Lissoni

Living	Bench system	1994	Imbottiti/Upholstered	18.3
Living	Giano	1993	Imbottiti/Upholstered	49.18
MatteoGrassi	Berlin	1993	Imbottiti/Upholstered	43.15
MatteoGrassi	Melodia	1992	Sedie/Chairs	89.16
MatteoGrassi	Melodia	1991	Sedie/Chairs	91.19
Porro Industria Mobili	Pavillon	1994	Tavoli/Tables	129.18

Elliott Littmann				
Driade	Lybra	1992	Tavoli/Tables	104.**1**
Driade	Arco	1992	Accessori/Accessories	195.**6**
Vittorio Livi				
Fiam	Infinito	1989	Tavoli/Tables	131.**13**
Fiam	Pigreco	1987	Contenitori/Containers	154.**13**
Fiam	Palladio	1995	Sistemi/Systems	172.**5**
Josep Lluscà				
Cassina	Cos	1994	Sedie/Chairs	64.**3**
Cassina	Nus	1994	Tavoli/Tables	127.**17**
Ciatti	Telenda	1991	Sedie/Chairs	83.**13**
Driade	Silla	1992	Sedie/Chairs	80.**1**
Driade	Sibilo	1995	Accessori/Accessories	198.**1**
Driade/Aleph	Schierata	1995	Sedie/Chairs	55.**4**

G. O. Loew → **Antonio Citterio/Glen Oliver Loew**

Birgit Lohmann/Massimo Mini				
Interflex	Scaletto	1991	Letti/Beds	184.**2**
Interflex	Canarina	1991	Letti/Beds	184.**4**

Lomazzi → **De Pas/D'Urbino/Lomazzi DDL Studio**
Lomazzi → **D'Urbino/Lomazzi - DDL Studio**
Lomazzi → **D'Urbino/Lomazzi/Shina DDL Studio**
Lomazzi → **D'Urbino/Lomazzi/Mittermair DDL Studio**
Longo → **Baldassarre Longo & Ventura**

Ross Lovegrove				
Cappellini	Eight chair	1994	Sedie/Chairs	75.**4**
Moroso	M Sofa System	1994	Imbottiti/Upholstered	47.**15**
Mauro Lovi				
Giovannetti	Amata	1992	Imbottiti/Upholstered	24.**2**
Roberto Lucci/Paolo Orlandini				
Biesse	Tira e molla	1994	Imbottiti/Upholstered	20.**3**
Calligaris	Viva	1995	Sedie/Chairs	85.**17**
Calligaris	Isola	1995	Sedie/Chairs	94.**9**
Elam	Margherita	1989	Sedie/Chairs	88.**1**
Elam	Sanbabila	1991	Sistemi/Systems	168.**11**
Johanna Lyle				
Arredaesse Produzioni	Samirah	1995	Letti/Beds	188.**5**
Roberto Maci				
New Sofart	Belly, Pod, Podette	1994	Imbottiti/Upholstered	49.**14**

S. Maffei → **Bortolani/Becchelli/Maffei/Venturi**

Vico Magistretti				
Campeggi	Kenia	1995	Sedie/Chairs	87.**16**
Campeggi	Ostenda	1994	Sedie/Chairs	87.**18**
Campeggi	Baobab	1995	Sedie/Chairs	93.**14**
Cassina	Palmaria	1995	Imbottiti/Upholstered	37.**5**
Flou	Tadao	1993	Letti/Beds	177.**6**
Flou	Crimea	1988	Letti/Beds	178.**3**
Flou	Bart	1993	Letti/Beds	186.**7**
Kartell	Mauna-Kea	1992	Sedie/Chairs	54.**3**
Zoltan	Righello	1995	Imbottiti/Upholstered	44.**5**
è DePadova	Maine	1994	Sedie/Chairs	52.**1**
è DePadova	Marocca	1987	Sedie/Chairs	76.**1**
è DePadova	Uragano	1994	Sedie/Chairs	78.**3**
è DePadova	Serbelloni	1994	Sedie/Chairs	80.**2**
è DePadova	Betulla	1994	Sedie/Chairs	86.**1**
è DePadova	Vidun	1987	Tavoli/Tables	98.**1**
è DePadova	Babe III	1988	Tavoli/Tables	122.**2**

è DePadova	Shigeto	1989	Contenitori/Containers	153.**14**
è DePadova	Tani Moto	1991	Sistemi/Systems	166.**4**
è DePadova	Sato	1991	Sistemi/Systems	169.**18**
è DePadova	Shigeto box	1989	Sistemi/Systems	171.**22**
è DePadova	Ribbon	1991	Letti/Beds	187.**17**
Roberto Malacrida				
Autoproduzione	P.O. Box	1994	Sistemi/Systems	172.**2**
Giovanni Malighetti/Beppe Valsecchi				
Nespoli	Basic Program	1995	Sistemi/Systems	169.**16**

N. Malobbia → **Natale Gerosa/Nicoletta Malobbia**

Peter Maly				
Bros's	Schach	1991	Tavoli/Tables	133.**23**
Brunati	Sharky	1992	Imbottiti/Upholstered	45.**12**
Tonon	Cena	1995	Sedie/Chairs	90.**7**
Joey Mancini				
Pierantonio Bonacina	Woogie Chair	1989	Sedie/Chairs	93.**21**
Joey Mancini/Gaby Dorell				
Sawaya & Moroni	Karina/Karin-Tu	1988	Sedie/Chairs	81.**4**
Augusto Mandelli/Walter Selva				
Busnelli Gruppo Industriale	Monterosso	1994	Imbottiti/Upholstered	40.**9**
Mario Marenco				
Bernini	Navona	1987	Tavoli/Tables	131.**18**
B&B Italia.	TV	1995	Imbottiti/Upholstered	42.**2**
Enzo Mari				
Fiam	Lapo	1994	Tavoli/Tables	116.**2**
Fiam	Montefeltro	1992	Tavoli/Tables	131.**22**
Interflex	Gemello	1985	Letti/Beds	184.**1**
Interflex	Cartesio	1988	Letti/Beds	189.**19**
Interflex	Tappeto volante	1989	Letti/Beds	189.**18**
Kartell	Alta Tensione	1995	Accessori/Accessories	212.**11**
Montina	Quadronda	1991	Sedie/Chairs	76.**2**
Robots	Teca	1994	Accessori/Accessories	195.**5**
Robots	Canale	1995	Accessori/Accessories	198.**3**
Zanotta	Tonietta	1985	Sedie/Chairs	65.**7**
Zanotta	Marina	1992	Sedie/Chairs	83.**18**
Zanotta	Dongiovanni	1992	Tavoli/Tables	99.**7**
Zanotta	Aquisgrana	1994	Tavoli/Tables	127.**21**
Zanotta	Treviri	1994	Sistemi/Systems	170.**5**
Zanotta	Componenti a parete	1994	Sistemi/Systems	170.**6**
Zanotta	Aquisgrana	1994	Accessori/Accessories	212.**3**
Massimo Mariani				
Arredaesse Produzioni	Flowers	1992	Contenitori/Containers	141.**7**
Javier Mariscal				
Moroso	Alessandra	1995	Imbottiti/Upholstered	30.**2**
Moroso	Eulalia	1995	Imbottiti/Upholstered	41.**14**
Oreste Marrone				
Acierno	Cornice	1995	Contenitori/Containers	148.**2**
Jesse Marsh				
Arflex	Elasta	1988	Sedie/Chairs	88.**6**

Martinelli → **Panizon/Martinelli/Dorligo**
Mascheroni → **Cozza/Mascheroni**

Jean Marie Massaud				
Magis	Schizzo	1995	Sedie/Chairs	91.**16**
Luigi Massoni				
Gallotti & Radice	Scalata	1985	Tavoli/Tables	135.**12**

Giusi Mastro

Elam	Alex	1993	Tavoli/Tables	135.13

Ingo Maurer/Jan Armgardt

Zoltan	Tattomi	1985	Imbottiti/Upholstered	20.2

Mario Mazzer

Ycami	Gendarme	1994	Tavoli/Tables	128.7
Ycami	Elasto	1993	Accessori/Accessories	194.2
Zanotta	Rita	1991	Sedie/Chairs	93.13

M. Mazzer → Lodovico Acerbis/
Giotto Stoppino/Mario Mazzer

Mazzoni → Gualtierotti/Mazzoni/Delle Stelle

Alberto Meda

Alias	Long Frame	1994	Sedie/Chairs	57.4
Alias	Frame	1991	Sedie/Chairs	60.1
Alias	X	1990	Tavoli/Tables	101.6

Luca Meda

Molteni & C.	Oracolo	1994	Imbottiti/Upholstered	18.1
Molteni & C.	Primafila	1990	Imbottiti/Upholstered	44.1
Molteni & C.	Harmonica	1992	Imbottiti/Upholstered	48.10
Molteni & C.	Risiedo	1989	Sedie/Chairs	82.2
Molteni & C.	Poggio	1987	Tavoli/Tables	133.20
Molteni & C.	505	1970	Sistemi/Systems	170.1
Molteni & C.	7 volte 7	1988	Sistemi/Systems	170.2
Molteni & C.	Piroscafo	1991	Sistemi/Systems	171.13
Molteni & C.	Les beaux jours	1984	Letti/Beds	187.13

Marco Mencacci

Bros's	Mercedes	1992	Sedie/Chairs	89.22
Sawaya & Moroni	Tatlim	1988	Sedie/Chairs	58.1
Unitalia	Tribù	1992	Sedie/Chairs	83.24
Unitalia	Querida	1992	Sedie/Chairs	84.7
Unitalia	Maragià	1993	Letti/Beds	186.11

M. Mencacci → F. Sangiovanni/M. Mencacci

Alessandro Mendini

Baleri Italia	Karina	1985	Sedie/Chairs	94.8
Baleri Italia	Amiko e Simpatiko	1985	Accessori/Accessories	215.16
Design Gallery Milano	Pavonia	1993	Imbottiti/Upholstered	46.5
Design Gallery Milano	Vinca Major	1993	Tavoli/Tables	125.21
Design Gallery Milano	Ranunculus Glacialis	1993	Tavoli/Tables	130.11
Design Gallery Milano	Cleome Spinosa	1993	Contenitori/Containers	140.1
Design Gallery Milano	Narcissus	1993	Contenitori/Containers	154.15
Edra	Island	1994	Imbottiti/Upholstered	38.4
Elam	Tronetto	1991	Imbottiti/Upholstered	48.4
Elam	Stellina	1989	Sedie/Chairs	58.3
Elam	Velasca	1987	Tavoli/Tables	99.5
Elam	Stelline	1989	Accessori/Accessories	203.6
Elam	Velasca	1987	Accessori/Accessories	210.1
Glas	Dopo l'Impero	1989	Sedie/Chairs	89.17
Glas	Dopo l'Impero	1989	Tavoli/Tables	102.2
Memphis	Belep	1995	Sedie/Chairs	83.25
Memphis	Vanicoro	1995	Contenitori/Containers	154.8
Memphis	Timoè	1995	Sistemi/Systems	172.12
Mirabili	Mobile Metafisico	1986	Contenitori/Containers	144.1
Play Line	Occhiolino	1995	Imbottiti/Upholstered	45.19
Zanotta Edizioni	Zabro	1984	Sedie/Chairs	69.4
Zanotta Edizioni	Sirfo	1986	Tavoli/Tables	125.23
Zanotta Edizioni	Calamobio	1985	Contenitori/Containers	141.6

Menguzzati/Villis/Nascimben

Casamania by Frezza	Primo	1993	Sedie/Chairs	93.16
Casamania by Frezza	Minima	1993	Sedie/Chairs	94.3
Casamania by Frezza	Rodolfo	1995	Accessori/Accessories	212.9
Casamania by Frezza	Molly	1994	Accessori/Accessories	215.20

M. Merlini → Calvi/Merlini/Moya

Italo Meroni

Vibieffe	Container	1988	Imbottiti/Upholstered	45.11
Vibieffe	Lyra	1986	Imbottiti/Upholstered	45.16

Simone Micheli

Essevetro	Granchio	1993	Tavoli/Tables	128.2
Fasem International	Pluto	1995	Sedie/Chairs	95.17
Savio Firmino	Billo	1992	Tavoli/Tables	133.14

M. Mini → Birgit Lohmann/Massimo Mini

Furio Minuti

Tenda Dorica	Hi-Fi Large	1993	Contenitori/Containers	153.13

Pedro Mirralles

Sedie & Company	Archernar	1988	Sedie/Chairs	83.20

Riccardo Misesti

Bianchi & Bruni	Joker	1995	Imbottiti/Upholstered	44.3

T. Mittermair → D'Urbino/Lomazzi/Mittermair
DDL Studio

C. Moya → Calvi/Merlini/Moya

Mollica → Colombrino/Mollica

Marcello Morandini

Sawaya & Moroni	Bine	1991	Sedie/Chairs	69.3

Monica Moro

Ravarini Castoldi & C.	Gustuviana	1994	Sedie/Chairs	83.23
Ravarini Castoldi & C.	Sibea	1994	Contenitori/Containers	153.21
Ravarini Castoldi & C.	Blue-Moon	1993	Accessori/Accessories	214.11
Steel	Numen	1991	Tavoli/Tables	132.7

Massimo Morozzi

Edra	Topolone	1991	Imbottiti/Upholstered	44.9
Edra	Hi Square	1995	Imbottiti/Upholstered	49.22
Edra-Mazzei	Paesaggi italiani	1994	Sistemi/Systems	161.3
Fiam	Babele	1987	Sistemi/Systems	168.10
Fiam	Pettine	1987	Accessori/Accessories	211.4
Fiam	Obliquo	1986	Accessori/Accessories	216.4
Giorgetti	Recliner	1988	Imbottiti/Upholstered	49.17
Giorgetti	Dry	1988	Sedie/Chairs	77.6
Giorgetti	Dry	1988	Tavoli/Tables	98.2
Mazzei	Coleottero MC10	1986	Tavoli/Tables	123.5
Mazzei	Artusi	1991	Tavoli/Tables	126.11
Mazzei	Orchidea	1986	Tavoli/Tables	127.20
Mazzei	Nabucco	1988	Tavoli/Tables	133.21/22
Mazzei	Kasimir	1995	Contenitori/Containers	145.4
Mazzei	Panarea	1995	Contenitori/Containers	147.5
Mazzei	Autoritratti	1986	Contenitori/Containers	152.4
Mazzei	Screen	1987	Accessori/Accessories	213.21
Sedie & Company	Clic	1988	Sedie/Chairs	83.19
Sedie & Company	Canopus	1988	Sedie/Chairs	92.8
Tesi	Bomb	1991	Imbottiti/Upholstered	38.3

Jasper Morrison

Alias	Atlas System	1993	Sedie/Chairs	62.2
Alias	Alpha	1995	Sistemi/Systems	166.3
Cappellini	Three sofa de luxe	1992	Imbottiti/Upholstered	23.4
Cappellini	Day bed	1989	Imbottiti/Upholstered	26.2
Cappellini	Jodhpur	1995	Imbottiti/Upholstered	40.2
Cappellini	Thinkingman's chair	1988	Sedie/Chairs	56.2
Cappellini	Flower pot table	1989	Tavoli/Tables	109.4
Cappellini	Big wood table	1993	Tavoli/Tables	135.20
Cappellini	Universal system	1991	Contenitori/Containers	150.1
Cappellini	B. B. bookcase	1994	Sistemi/Systems	167.5
Cappellini	Bed	1991	Letti/Beds	183.4
Montina	Quattrogambe	1994	Sedie/Chairs	95.21

Zeus/Noto	Slim tavolo	1985	Tavoli/Tables	134.11
Zeus/Noto	Zelig	1991	Accessori/Accessories	201.4
Zeus/Noto	Felix	1995	Accessori/Accessories	217.24

A. Perversi → Luciano Pagani/Angelo Perversi

Gaetano Pesce

Bernini	Broadway	1993	Sedie/Chairs	75.3
Cassina	Feltri	1987	Imbottiti/Upholstered	29.3
Cassina	Cannaregio	1987	Imbottiti/Upholstered	39.5
Zerodisegno	Umbrella Chair	1995	Sedie/Chairs	88.8

Aldo Petillo/Andrea Di Chiara

Malofancon	Novizio	1994	Tavoli/Tables	125.12
Malofancon	Diacono	1994	Letti/Beds	188.10

Gianfranco Pezzi

Dilmos Edizioni	Boide	1995	Sistemi/Systems	168.12

C. Pickering → Claudio Lazzarini/Carl Pickering

Paolo Piva

Bros's	Quadro	1988	Tavoli/Tables	133.15
B&B Italia	Aletto	1991	Letti/Beds	186.8
Poliform	Morgante 1	1993	Letti/Beds	186.5/6

Gianvittorio Plazzogna

Galli	Afro	1993	Sistemi/Systems	168.4

Boris Podrecca

Bigelli/Roveresca	Poppea	1989	Tavoli/Tables	118.1

Franco Poli

Bernini	Boogie Woogie	1995	Sistemi/Systems	164.3
Giovannetti	Colorado	1985	Imbottiti/Upholstered	29.6
Giovannetti	Sereno variabile	1995	Imbottiti/Upholstered	40.8
Montina	Egizia 565	1989	Sedie/Chairs	91.23

Deyana Popovic

Steel	Lim	1990	Sedie/Chairs	86.4

Ferdinand A. Porsche

Poltrona Frau	Antropovarius	1985	Imbottiti/Upholstered	48.11
Ycami	Boulevard 2	1995	Sedie/Chairs	54.1

Paolo Portoghesi

Mirabili	Chigiano	1986	Tavoli/Tables	109.5

Tim Power

Zeritalia	Chip	1993	Sedie/Chairs	87.23

Giancarlo Pozzi

Longoni Bruno	Veranda	1994	Sedie/Chairs	89.18
Longoni Bruno	Tau	1994	Accessori/Accessories	208.1

G. Pozzi → Achille Castiglioni/Giancarlo Pozzi

Lorenzo Prando/Riccardo Rosso

Sawaya & Moroni	Drake	1985	Tavoli/Tables	124.4

Vittorio Prato

Halifax	Achille	1990	Sistemi/Systems	172.9
Interflex	Flash	1987	Letti/Beds	188.3
Meritalia	Petronilla	1988	Imbottiti/Upholstered	48.7

Daniela Puppa

Brunati	Mokambo	1989	Imbottiti/Upholstered	45.10
Schopenhauer	Midì	1994	Sedie/Chairs	83.21
Schopenhauer	Kaflisch	1993	Tavoli/Tables	126.1
Schopenhauer	Pioggia/Flora/Carta	1994	Accessori/Accessories	213.22

Daniela Puppa/Franco Raggi

Schopenhauer	Wind	1994	Accessori/Accessories	213.23
Schopenhauer	Principe	1994	Accessori/Accessories	217.23

Giorgio Ragazzini

Bros's	Sacher	1993	Sedie/Chairs	84.4
Bros's	Demel	1991	Tavoli/Tables	125.19
Mazzei	Aida	1988	Sedie/Chairs	59.5
Vittorio Bonacina	Rebecca	1991	Sedie/Chairs	86.6

Franco Raggi

GFR/Metals	Tavolo	1992	Tavoli/Tables	126.9
Schopenhauer	Minima	1992	Contenitori/Containers	153.24

F. Raggi → Daniela Puppa/Franco Raggi

Giuseppe Raimondi

Bontempi	Delfina	1986	Sedie/Chairs	93.15

P. Ranzo → Sergio Cappelli & Patrizia Ranzo

Prospero Rasulo

Autoproduzione	Contenitore	1993	Contenitori/Containers	140.2
BRF	Lunaria	1993	Contenitori/Containers	153.23
BRF	Albera	1993	Accessori/Accessories	216.9
Lupi	Libido	1994	Contenitori/Containers	153.26
Masterly	Dolcemare	1988	Contenitori/Containers	154.4
Poltronova	She	1992	Imbottiti/Upholstered	24.1
Poltronova	Pop	1994	Imbottiti/Upholstered	41.17
Poltronova	Sweet	1995	Sedie/Chairs	82.7
Zanotta Edizioni	Texo	1995	Tavoli/Tables	127.14

P. Rasulo → Patrizia Scarzella/Prospero Rasulo

Paolo Ravarini

Ravarini Castoldi & C.	Minnie	1992	Accessori/Accessories	216.3
Ravarini Castoldi & C.	Teodoro	1994	Accessori/Accessories	215.26

Bruno Reichlin/Gabriele Geronzi

Molteni & C.	Acca	1995	Sedie/Chairs	82.4

Guglielmo Renzi

Bigelli	Evaso	1989	Tavoli/Tables	130.5

Umberto Riva

Acierno	Side	1988	Tavoli/Tables	133.13
Schopenhauer	Adanna	1987	Tavoli/Tables	129.20
Schopenhauer	Victor	1994	Contenitori/Containers	148.1

M. Rivier → Paolo Pallucco/Mirelle Rivier

Paolo Rizzatto

Alias	Young Lady	1991	Sedie/Chairs	53.5
Alias	Tree	1991	Tavoli/Tables	120.3
Cassina	Dakota	1994	Sedie/Chairs	81.5
Driade/Aleph	Celata	1995	Sistemi/Systems	169.21
Nemo	Up&Down	1993	Tavoli/Tables	124.6

Daniel Rode

Ycami	Duna	1995	Sedie/Chairs	57.3

M. Romanelli → Marta Laudani/Marco Romanelli

Aldo Rossi

Longoni Bruno	Cassapanca/Madia	1992	Contenitori/Containers	153.19
Longoni Bruno	Armadio Fiorentino	1992	Sistemi/Systems	172.7
Molteni & C.	Milano	1990	Sedie/Chairs	76.3
Molteni & C.	Normandie	1991	Contenitori/Containers	153.18
Molteni & C.	Papiro	1989	Contenitori/Containers	143.5

R. Rosso → Lorenzo Prando/Riccardo Rosso

Andreas Salas

Steel	Dino	1992	Accessori/Accessories	217.20

Claudio Salocchi

Rossi di Albizzate	Malibù	1995	Imbottiti/Upholstered	47.20

Salvati e Tresoldi

Saporiti Italia	Omaggi	1992	Sedie/Chairs	63.3

Eduard Samsò

Driade	Columbre	1992	Accessori/Accessories	201.3

Franca Sangiovanni/Marco Mencacci

Unitalia	Dalmata	1994	Tavoli/Tables	106.4

Denis Santachiara

Bernini	Coccolo	1995	Letti/Beds	188.7
Campeggi	Astro	1992	Imbottiti/Upholstered	48.12
Campeggi	Frac	1988	Imbottiti/Upholstered	49.19
Modular	Dream Space	1995	Sistemi/Systems	173.18
Modular/Domodinamica	Girino	1993	Tavoli/Tables	134.6
Zerodisegno	Duplex	1993	Sedie/Chairs	92.1
Zerodisegno	Pixel	1994	Accessori/Accessories	200.1

Piero Sartogo/Nathalie Grenon

Saporiti Italia	Tuscana	1986	Sedie/Chairs	89.14

William Sawaya

Sawaya & Moroni	Diva	1987	Sedie/Chairs	65.6
Sawaya & Moroni	Wienerin	1992	Sedie/Chairs	67.5
Sawaya & Moroni	La Belle	1992	Sedie/Chairs	78.2
Sawaya & Moroni	Tanita	1993	Sedie/Chairs	85.19
Sawaya & Moroni	Patty Diffusa	1993	Sedie/Chairs	91.25
Sawaya & Moroni	Illuminata	1993	Sistemi/Systems	166.2
Sawaya & Moroni	Gilles	1994	Sistemi/Systems	169.22
Sawaya & Moroni	Gentry	1993	Sistemi/Systems	173.15

Luca Scacchetti

Poltrona Frau	Hydra	1992	Imbottiti/Upholstered	34.2
Sellaro	L666	1986	Sistemi/Systems	169.17
Sellaro	L0128/T	1986	Letti/Beds	187.12
Up&Up	Camino/325	1989	Accessori/Accessories	215.18

Scansetti → Syn-Gurioli & Scansetti

Afra e Tobia Scarpa

Meritalia	Scipione	1988	Imbottiti/Upholstered	40.7
Meritalia	Lola	1991	Imbottiti/Upholstered	41.16
Meritalia	Cornelia	1987	Imbottiti/Upholstered	43.13
Meritalia	Gitana	1993	Imbottiti/Upholstered	45.15
Meritalia	Libertà	1989	Sedie/Chairs	72.2
Meritalia	Libertino	1990	Tavoli/Tables	131.15

Patrizia Scarzella/Prospero Rasulo

Zanotta	Teo	1994	Accessori/Accessories	215.14

Pierangelo Sciuto

Bros's	Lady-zip	1995	Sedie/Chairs	85.15

Massimo Scolari

Giorgetti	Aladino	1992	Imbottiti/Upholstered	41.10
Giorgetti	Olimpia	1990	Sedie/Chairs	59.4
Giorgetti	Spring	1992	Sedie/Chairs	94.7
Giorgetti	Zeno	1994	Tavoli/Tables	134.4
Giorgetti	Talo	1989	Tavoli/Tables	135.17
Giorgetti	Delfi	1990	Contenitori/Containers	138.2
Giorgetti	Claudiano	1995	Letti/Beds	176.3

W. Selva → **Augusto Mandelli/Walter Selva**
R. Semprini → **Mario Cananzi/Roberto Semprini**

Roberto Semprini

Arredaesse Produzioni	Chiocciola	1992	Imbottiti/Upholstered	45.22
Fiam	Manta	1994	Tavoli/Tables	129.22

Luigi Serafini

Edra	Esedra	1991	Accessori/Accessories	214.7
Sawaya & Moroni	Santa	1990	Sedie/Chairs	58.2
Sawaya & Moroni	Suspiral	1996	Sedie/Chairs	70.2

Marco Seveso/Gigi Trezzi

Ycami	Calmapiatta	1995	Tavoli/Tables	132.9

K. Shina → D'Urbino/Lomazzi/Shina - DDL Studio

Kazuo Shinohara

Sawaya & Moroni	High noon	1987	Sedie/Chairs	69.2

Danilo Silvestrin

Up&Up	Amanta	1987	Tavoli/Tables	130.2

Borek Sipek

Driade	Prosim Sni	1987	Imbottiti/Upholstered	35.4
Driade	Prorok	1988	Sedie/Chairs	67.4
Driade	Prosim Sedni	1987	Sedie/Chairs	79.4
Driade	Anebo Tak	1989	Sedie/Chairs	85.24

Alvaro Siza Vieira

Acierno	Cadeira	1989	Sedie/Chairs	86.9

Richard Snyder

Standard	SB01	1992	Tavoli/Tables	125.22

Francesco Soro

Halifax	Suez	1989	Sedie/Chairs	83.15

Sottsass Associati

Cassina	Selim	1992	Imbottiti/Upholstered	29.4
Mastrangelo Osvaldo	Notturno indiano	1992	Letti/Beds	180.3
Mastrangelo Osvaldo	Accadde una notte	1992	Letti/Beds	189.22
Zanotta	Devi	1994	Imbottiti/Upholstered	37.6
Zanotta	Sita	1994	Imbottiti/Upholstered	42.10
Zanotta	Radha	1994	Imbottiti/Upholstered	44.7
Zanotta	Filicudi	1993	Tavoli/Tables	127.19
Zanotta	Stromboli	1994	Tavoli/Tables	128.3
Zanotta	Vulcano	1993	Tavoli/Tables	129.13

Ettore Sottsass

Design Gallery Milano	Gopuram 4	1988	Tavoli/Tables	129.15
Design Gallery Milano	Mobilegiallo	1988	Contenitori/Containers	141.4
Glas	Mandala	1995	Accessori/Accessories	202.1
Mastrangelo Osvaldo	Notte di luna piena	1992	Letti/Beds	189.20
Mastrangelo Osvaldo	Il riposo del re	1992	Letti/Beds	189.21
Memphis	Tartar	1985	Tavoli/Tables	106.1
Memphis	Max	1987	Sistemi/Systems	164.2
Memphis	Manhattan	1986	Accessori/Accessories	214.3
Mirabili	Clair de lune	1989	Accessori/Accessories	207.5
Schopenhauer	Aspic	1992	Tavoli/Tables	99.6
Ultima Edizione	Montenegro	1986	Tavoli/Tables	118.2
Ultima Edizione	Portafiori	1987	Accessori/Accessories	212.13
Ultima Edizione	Del Diavolo	1986	Accessori/Accessories	216.6
Ultima Edizione	Perlione	1986	Accessori/Accessories	216.12
Zanotta Edizioni	Nairobi	1989	Contenitori/Containers	141.5

Eduardo Souto De Moura

Acierno	Meseta	1989	Tavoli/Tables	100.1

George Sowden

GFR/Metals	Tavolo Bar	1992	Tavoli/Tables	124.7
Memphis	Liverpool	1986	Sedie/Chairs	87.13
Memphis	Mamounia	1985	Sedie/Chairs	94.4
Memphis	George	1987	Contenitori/Containers	154.2

	Romeo Sozzi			
Promemoria	Tabù	1994	Sedie/Chairs	89.**21**
Promemoria	Battista	1988	Tavoli/Tables	124.**5**
Promemoria	Narciso	1988	Accessori/Accessories	215.**17**
	Ernesto Spicciolato			
Sedie & Company	Hadar	1988	Sedie/Chairs	84.**6**
	Philippe Starck			
Baleri Italia	Richard III	1985	Imbottiti/Upholstered	25.**4**
Baleri Italia	Café chair	1984	Sedie/Chairs	60.**3**
Baleri Italia	Francesca Spanish	1984	Sedie/Chairs	87.**21**
Baleri Italia	President M.	1985	Tavoli/Tables	113.**5**
Cassina	Soeur Therese	1995	Letti/Beds	180.**1**
Cassina	Soeur Jeanne	1995	Letti/Beds	188.**2**
Driade/Aleph	J (Serie Lang)	1987	Imbottiti/Upholstered	32.**1**
Driade/Aleph	Royalton	1991	Imbottiti/Upholstered	45.**18**
Driade/Aleph	Ed Archer	1987	Sedie/Chairs	64.**4**
Driade/Aleph	Costes	1988	Sedie/Chairs	68.**1**
Driade/Aleph	Von Vogelsang	1985	Sedie/Chairs	72.**3**
Driade/Aleph	Lord Yo	1994	Sedie/Chairs	81.**6**
Driade/Aleph	Lola Mundo	1988	Sedie/Chairs	82.**1**
Driade/Aleph	Colucci	1987	Sedie/Chairs	82.**6**
Driade/Aleph	Sarapis	1986	Sedie/Chairs	87.**20**
Driade/Aleph	Paramount	1991	Sedie/Chairs	90.**3**
Driade/Aleph	Boom Rang	1992	Sedie/Chairs	95.**16**
Driade/Aleph	Olly Tango	1994	Sedie/Chairs	95.**22**
Driade/Aleph	Tippy Jackson	1985	Tavoli/Tables	101.**4**
Driade/Aleph	Vicieuse	1992	Tavoli/Tables	120.**2**
Driade/Aleph	Titos Apostos	1985	Tavoli/Tables	124.**1**
Driade/Aleph	M. (Serie Lang)	1987	Tavoli/Tables	128.**4**
Driade/Aleph	Le paravent de...	1992	Accessori/Accessories	204.**3**
Driade/Aleph	Royalton	1992	Accessori/Accessories	213.**28**
Fiam	Illusion	1992	Tavoli/Tables	117.**7**
Kartell	Dr. Glob	1988	Sedie/Chairs	55.**6**
Kartell	Miss Global	1989	Sedie/Chairs	75.**2**
Kartell	Miss Balù	1990	Tavoli/Tables	99.**4**
Kartell	Booox	1992	Sistemi/Systems	167.**6**
	Giotto Stoppino			
Calligaris	Piuma	1995	Sedie/Chairs	82.**5**
Calligaris	Margherita	1992	Sedie/Chairs	84.**9**
	G. Stoppino	→ Lodovico Acerbis/ Giotto Stoppino/Mario Mazzer		
	Studio GR			
Gallotti & Radice	Niagara	1994	Accessori/Accessories	212.**4**
	Studio Iosa Ghini			
Doing	Take Away	1995	Imbottiti/Upholstered	34.**1**
	Studio Kairos			
B&B Italia	Velante	1992	Sistemi/Systems	169.**14**
B&B Italia	Ecletto	1991	Letti/Beds	187.**16**
	Studio Marianelli			
Bros's	Granducato	1995	Tavoli/Tables	132.**1**
	Studio Oltre	→ Renata Calzi/Studio Oltre		
	Studio tecnico Bros's			
Bros's	Bonjour	1993	Sedie/Chairs	95.**20**
	Studio tecnico Maisa			
Maisa	Byron	1994	Sistemi/Systems	173.**17**
	Syn-Gurioli & Scansetti			
Acerbis/Morphos	Bios	1995	Accessori/Accessories	194.**1**
	Tanzi Design			
MatteoGrassi	Piroetta	1994	Sedie/Chairs	90.**10**

	Teodoro	→ Gatti/Teodoro		
	Matteo Thun			
Bieffeplast	Container System	1985	Contenitori/Containers	149.**4**
Up&Up	Camino/328	1989	Accessori/Accessories	213.**25**
	Werther Toffoloni			
Cabas	Uni 5	1982	Sedie/Chairs	83.**22**
Cabas	Uni 3	1982	Sedie/Chairs	90.**6**
Montina	Nato 301	1990	Sedie/Chairs	90.**5**
	Enrico Tonucci			
Sica	Virgola	1988	Tavoli/Tables	128.**10**
Sica	Lente	1988	Contenitori/Containers	153.**16**
Triangolo	Sedia 1992	1992	Sedie/Chairs	88.**10**
Triangolo	Nido	1993	Sedie/Chairs	93.**18**
Triangolo	Noce	1995	Sedie/Chairs	93.**23**
Triangolo	Domi	1991	Tavoli/Tables	110.**3**
Triangolo	Metamorfosi	1987	Tavoli/Tables	124.**3**
Triangolo	Cantonale 1989	1989	Contenitori/Containers	155.**20**
	Tresoldi	→ Salvati e Tresoldi		
	G. Trezzi	→ Marco Seveso/Gigi Trezzi		
	Oscar Tusquets			
Driade/Aleph	Fina Filipina	1994	Sedie/Chairs	53.**4**
Driade/Aleph	Astrolabio	1988	Tavoli/Tables	102.**1**
Driade/Aleph	Volatil	1995	Tavoli/Tables	125.**18**
Driade/Aleph	Columnata	1994	Sistemi/Systems	172.**1**
Driade/Aleph	Volatil	1995	Letti/Beds	177.**5**
Moroso	Doble X	1994	Sedie/Chairs	94.**1**
	Oscar Tusquets/Lluis Clotet			
Zanotta	Suono	1989	Accessori/Accessories	212.**5**
	Ufficio tecnico DePadova			
è DePadova	Quadrato	1988	Tavoli/Tables	129.**14**
	Ufficio tecnico MDF			
MDF	Nissan	1992	Sistemi/Systems	171.**20**
	Ufficio tecnico Tisettanta			
Tisettanta	Center	1988	Sistemi/Systems	169.**19**
Tisettanta	Zen	1990	Letti/Beds	187.**19**
	Paolo Ulian			
Driade/Aleph	Vincastro	1995	Sistemi/Systems	171.**12**
	Masanori Umeda			
Edra	Getsuen	1990	Imbottiti/Upholstered	30.**1**
Edra	Rose chair	1990	Imbottiti/Upholstered	46.**1**
Edra	Anthurium	1990	Tavoli/Tables	131.**19**
	Oswald Mathias Ungers			
Sawaya & Moroni	Cubo e Sfera	1988	Imbottiti/Upholstered	33.**3**
	B. Valsecchi	→ G. Malighetti/B. Valsecchi		
	C. Vannicola	→ Paola Palma/Carlo Vannicola		
	Andries Van Onck			
Kartell	Tiramisù	1986	Accessori/Accessories	208.**2**
	Andries & Hiroko Van Onck			
Magis	Lem '90	1985	Tavoli/Tables	132.**8**
Magis	Totem '90	1993	Accessori/Accessories	209.**5**
Magis	Pocket '90	1991	Accessori/Accessories	212.**8**
Magis	Step '90	1994	Accessori/Accessories	215.**24**
Magis	Dove	1990	Accessori/Accessories	216.**11**
	Francesco Venezia			
Bigelli/Roveresca	Glifo	1989	Contenitori/Containers	149.**5**

	Gianni Veneziano			
Masterly	Fiorita	1989	Tavoli/Tables	125.**15**
Masterly	My self	1989	Contenitori/Containers	155.**24**
Ortolan	Bella di giorno	1988	Sedie/Chairs	82.**10**
Ortolan	Indiscreta	1990	Sedie/Chairs	89.**23**
	Ventura	➜ **Baldassarre Longo & Ventura**		
	R. Venturi	➜ **Bortolani/Becchelli/Maffei/Venturi**		
	Guido Venturini			
Bianchi & Bruni	Valentino	1991	Imbottiti/Upholstered	28.**1**
Bianchi & Bruni	Ghost	1992	Sedie/Chairs	62.**1**
Ultima Edizione	Flower of life	1991	Tavoli/Tables	135.**15**
	Giuseppe Viganò			
Pierantonio Bonacina	Queen	1995	Imbottiti/Upholstered	46.**4**
Pierantonio Bonacina	Cosy-Ton	1993	Imbottiti/Upholstered	49.**23**
	Lella e Massimo Vignelli			
Bernini	Incontro	1992	Imbottiti/Upholstered	42.**11**
Bernini	Forte	1991	Tavoli/Tables	126.**13**
Poltrona Frau	Pitagora	1994	Imbottiti/Upholstered	42.**6**
Poltrona Frau	Intervista	1989	Imbottiti/Upholstered	42.**8**
	Nanda Vigo			
Acerbis	Storet	1994	Contenitori/Containers	147.**4**
Gallotti & Radice	Nianda	1993	Tavoli/Tables	117.**5**
Glas	Go-On	1994	Tavoli/Tables	131.**23**
Glas	Rokoko	1995	Accessori/Accessories	202.**3**
Glas	Draped	1993	Accessori/Accessories	214.**6**
Glas	Colours	1995	Accessori/Accessories	214.**12**
Glas	Go-On	1994	Accessori/Accessories	216.**5**
Sica	Epoca V	1992	Accessori/Accessories	213.**20**
Sica	Alice	1994	Accessori/Accessories	216.**8**
	Villis	➜ **Menguzzati/Villis/Nascimben**		
	G. Vitelli	➜ **T. Ammannati/G. Vitelli**		
	Burkhard Vogtherr			
Arflex	Armilla	1990	Imbottiti/Upholstered	41.**20**
Arflex	Minitonda	1988	Imbottiti/Upholstered	44.**8**
	Leonardo Volpi			
Edra	Crownette	1992	Imbottiti/Upholstered	41.**21**
	Hans Von Klier			
Fiam	Eco	1990	Tavoli/Tables	129.**19**
Zanotta	Scrittoio	1993	Tavoli/Tables	130.**3**
	Hannes Wettstein			
Baleri Italia	Caprichair	1990	Imbottiti/Upholstered	32.**2**
Baleri Italia	Caprimid	1991	Imbottiti/Upholstered	47.**17**
Baleri Italia	Juliette	1987	Sedie/Chairs	61.**4**
	Robert Wettstein			
Zeus/Noto	Elephant	1994	Sedie/Chairs	92.**2**
Zeus/Noto	Anais	1995	Accessori/Accessories	211.**5**
	Zambuso	➜ **Boccato/Gigante/Zambuso**		
	Paolo Zani			
Vittorio Bonacina	Flavia, Fulvia	1989	Imbottiti/Upholstered	48.**9**
	Marco Zanini			
Bieffeplast	Souk	1989	Tavoli/Tables	130.**12**
Memphis	Roma	1986	Sedie/Chairs	88.**9**
Ultima Edizione	Alfonso	1991	Tavoli/Tables	130.**1**
Ultima Edizione	Portale 1	1987	Accessori/Accessories	206.**3**
Up&Up	Mesaverde	1984	Tavoli/Tables	131.**17**
	Marco Zanuso jr.			
Bellato	Sevilla	1992	Letti/Beds	188.**4**

Memphis	Cleopatra	1987	Tavoli/Tables	108.**2**
è DePadova	Trolley	1988	Accessori/Accessories	217.**25**
	Hans Zaugg			
Sapsa Bedding	Kwad	1992	Letti/Beds	185.**6**
	(zed) Design Network			
Cassina	Juno	1995	Letti/Beds	188.**6**
Paluccoitalia	Speedster mono	1993	Imbottiti/Upholstered	40.**5**
Paluccoitalia	Piananotte	1994	Tavoli/Tables	120.**1**
Paluccoitalia	Speedster club	1994	Tavoli/Tables	125.**14**
Paluccoitalia	Basic	1994	Contenitori/Containers	151.**3**
Paluccoitalia	Continua	1993	Sistemi/Systems	162.**3**
Paluccoitalia	3x3	1994	Letti/Beds	182.**2**
	Zerbaro	➜ **Brunati/Zerbaro/Carollo**		

Acam
Viale Regina Margherita 148
20050 Macherio (MI)
Tel. 039.2017830 - Fax 039.2017843

Accademia
Via Indipendenza 4
33040 Manzano (UD)
Tel. 0432.754133 - Fax 0432.755066

Acerbis
Via Brusaporto 31 - 24068 Seriate (BG)
Tel. 035.294222 - Fax 035.291454

Acerbis/Morphos
→ **Acerbis**

Acierno
Via G. A. Viperano 50 - 90146 Palermo
Tel. 091.513947/521168
Fax 091.518287

Adele C.
Piazza Vittorio Veneto 4
20036 Meda (MI)
Tel. 0362.343369 - Fax 0362.341537

Alias
Via Videtti 2
20064 Grumello del Monte (BG)
Tel. 035.4420240 - Fax 035.4420996

Antologia by Boffi
→ **Boffi F.lli**

Arflex
Via Prealpi 13 - 20034 Giussano (MI)
Tel. 0362.853043 - Fax 0362.853080

Arredaesse Produzioni
Via S. M. Maddalena 37
22066 Arosio (CO)
Tel. 031.761267 - Fax 031.763482

Atelier
Via dei Vivai
22066 Mariano Comense (CO)
Tel. 031.743323 - Fax 031.746233

Baleri Italia
Via S. Bernardino 39 - 24040 Lallio (BG)
Tel. 035.692690 - Fax 035.691454

B&B Italia
Strada Provinciale 32
22060 Novedrate (CO)
Tel. 031.795111 - Fax 031.791592

Bellato
Via Azzi 36
31040 Castagnole di Paese (TV)
Tel. 0422.4388 - Fax 0422.438555

Bernini
Via Fiume 17
20048 Carate Brianza (MI)
Tel. 0362.992022 - Fax 0362.990429

Bianchi & Bruni
Via Borgioli - 51100 Pistoia
Tel. 0573. 532396 - Fax 0573.532514

Bieffeplast
Via Pelosa 78
35030 Caselle di Selvazzano (PD)
Tel. 049.8976311 - Fax 049.635323

Biesse
Via Nobel 43 - 20035 Lissone (MI)
Tel. 039.484322 - Fax 039.481812

Bigelli
Via Arceviese 26
60019 Senigallia (AN)
Tel. 071.7926026 - Fax 071.7926046

Bigelli/Roveresca
→ **Bigelli**

Boffi F.lli
Viale Industria 5
20030 Lentate sul Seveso (MI)
Tel. 0362.564304 - Fax 0362.562287

Bontempi
Via Direttissima del Conero 71
60021 Camerano (AN)
Tel. 071.731443 - Fax 071.731743

B.P.A.
Via Meucci 1 - 22060 Cabiate (CO)
Tel. 031.756645
Fax 031.756650

BRF
Via Cassia Nord, 45 loc. Cipressino
50021 Barberino Val D'Elsa (FI)
Tel. 0577.929418 - Fax 0577.929648

Bros's
Via Nazionale 61
33048 San Giovanni al Natisone (UD)
Tel. 0432.757651 - Fax 0432.757562

Brunati
Via Catalani 5 - 20035 Lissone (MI)
Tel. 039.2456331 - Fax 039.2456267

Busnelli Gruppo Industriale
Via Kennedy 34 - 20020 Misinto (MI)
Tel. 02.96320221 - Fax 02.96329384

Cabas
Via Comunale del Rovere 13
33048 San Giovanni al Natisone (UD)
Tel. 0432.756885/490
Fax 0432.756934

Calligaris
Viale Trieste 12 - 33044 Manzano (UD)
Tel. 0432.748211 - Fax 0432.750104

Campeggi
Via del Cavolto 8
22040 Anzano Parco (CO)
Tel. 031.630495 - Fax 031.632205

Cappellini
Via Marconi 35 - 22060 Arosio (CO)
Tel. 031.759111 - Fax 031.763333/22

Cappellini/Mondo
→ **Cappellini**

Casamania by Frezza
Via Ferret 11/9 - 31020 Vidor (TV)
Tel. 0423.987601 - Fax 0423.987800

Cassina
Via Busnelli 1 - 20036 Meda (MI)
Tel. 0362.3721 - Fax 0362.342246

Cattelan Italia
Via Pilastri 15, ZI Ovest
36010 Carrè (VI)
Tel. 0445.314076 - Fax 0445.314289

Ceccotti
Viale Sicilia 4 - 56021 Cascina (PI)
Tel. 050.701485 - Fax 050.703462

Ciatti
Via del Botteghino
50010 Badia a Settimo (FI)
Tel. 055.7310817 - Fax 055.7310827

Cidue
Via Lago di Costanza - 36015 Schio (VI)
Tel. 0445.595200 - Fax 0445.679002

Cinova
Via Missori 2 - 20035 Lissone (MI)
Tel.039.461031 - Fax 039.480889

Desalto
Via per Montesolaro - 22063 Cantù (CO)
Tel. 031.700481 - Fax 031.700112

Design Gallery Milano
Via Manzoni 46 - 20121 Milano
Tel. 02.798955 - Fax 02.784082

Dilmos Edizioni
Piazza S. Marco 1 - 20121 Milano
Tel. 02.29002437 - Fax 02.29002350

Doing
Via Gentilino 6 - 20136 Milano
Tel. 02.8356644 - Fax 02.8372244

Driade
Via Padana Inferiore 12/A - 29012
Fossadello di Caorso (PC)
Tel. 0523.818650 - Fax 0523.822628

Driade/Aleph
→ **Driade**

è DePadova
Corso Venezia 14 - 20121 Milano
Tel. 02.76008413
Fax 02.783201/76008675

Edizioni Galleria Colombari
Via Solferino 37 - 20121 Milano
Tel. 02.29001551 - Fax 02.29001375

Edra
Via Toscana 11 - 56030 Perignano (PI)
Tel. 0587.616660 - Fax 0587.617500

Elam
Via Molino 27 - 20036 Meda (MI)
Tel. 0362.73781
Fax 0362.340522

Essevetro
Via Treviso 83 - 30037 Scorzè (VE)
Tel. 041.445111/600 - Fax 041.445600

Fasem International
Via Francesca Nord 44/46/48
56010 Vicopisano (PI)
Tel. 050.799576/63 - Fax 050.798898

Ferlea
Z.I. San Marziale
53034 Colle Val D'Elsa (SI)
Tel. 0577.929400 - Fax 0577.928092

Fiam
Via Ancona 1 B - 61010 Tavullia (PS)
Tel. 0721.201346/7/8 - Fax 0721.202432

Flexform
Via Einaudi 23/25 - 20036 Meda (MI)
Tel. 0362.74426/7/8 - Fax 0362.730555

Flou
Via Cadorna 12 - 20036 Meda (MI)
Tel. 0362.3731 - Fax 0362.74801

Fornasetti Immaginazione
Via Bazzini 14 - 20131 Milano
Tel. 02.2666341/70601734
Fax 02.70601130

Galli
Via Volta loc. Pilastrello - 22060 Carugo (CO)
Tel. 031.761368 - Fax 031.762258

Gallotti & Radice
Via Matteotti 17 - 22072 Cermenate (CO)
Tel. 031.722855 - Fax 031.722822

**GFR/Metals/Nomade/
Ron Arad St.**
Via Spazzi 16 - 22036 Cantù (CO)
Tel. 031.7141147 - Fax 031.705060

Giorgetti
Via Manzoni 20 - 20036 Meda (MI)
Tel. 0362.75275 - Fax 0362.75575

Giovannetti
Via Pierucciani 2 - 51034 Casalguidi (PT)
Tel. 0573.946222 - Fax 0573.946224

Glas
Via Rivolta 6 - 20050 Macherio (MI)
Tel. 039.2010251 - Fax 039.2010595

Gufram
Via Fraschetti 27 - 10070 Balangero (TO)
Tel. 0123.346910 - Fax 0123.346718

Halifax
Via Stradivari 23 - 20034 Giussano (MI)
Tel. 0362.3561 - Fax 0362.356400

Horm
Via delle Crede - 33170 Pordenone
Tel. 0434.640733 - Fax 0434.640735

Imel
Via A. Volta 13 - 22060 Arosio (CO)
Tel. 031.761333 - Fax 031.762021

Interflex
Via Sant'Andrea 3 - 20020 Misinto (MI)
Tel. 02.963081 - Fax 02.96320202

Joint
Piazza Borromeo 12 - 20123 Milano
Tel. 02.72000383 - Fax 02.72000756

Kartell
Via delle Industrie 1 - 20082 Noviglio (MI)
Tel. 02.900121 - Fax 02.9053316

King Size
Via Tortona 26 - 20144 Milano
Tel. 02.89404681 - Fax 02.89404802

LaPalma
Via Belladoro 25 - 35010 Cadoneghe (PD)
Tel. 049.702070 - Fax 049.700889

Lema
S.S. Briantea 342
22040 Alzate Brianza (CO)
Tel. 031.630990 - Fax 031.632492

Light Line
Via General Cantore 10
20034 Giussano (MI)
Tel. 0362.853139 - Fax 0362.853129

Living
Via del Cavolto
22040 Anzano Parco (CO)
Tel. 031.630954 - Fax 031.632590

Longoni Bruno
Via Giovanni da Cermenate 73
22063 Cantù (CO)
Tel. 031.715616 - Fax 031.710117

Lupi
Via Mazzini 70
50050 Stabbia Cerreto Guidi (FI)
Tel. 0571.586881 - Fax 0571.586885

Magis
Via Magnadola 15
31045 Motta di Livenza (TV)
Tel. 0422.768742/3 - 0422.766395

Maisa
Corso Garibaldi 80 - 20030 Seveso (MI)
Tel. 0362.500971 - Fax 0362.500974

Malofancon
Via Cardinal De Lai 10 - 36034 Malo (VI)
Tel. 0445.602466 - Fax 0445.580032

Masterly
Via Brianza 54
20030 Lentate sul Seveso (MI)
Tel. 0362.563004 - Fax 0362.562811

Mastrangelo Osvaldo
Via Edison 18 - 20036 Meda (MI)
Tel. 0362.340499 - Fax 0362.431247

MatteoGrassi
Via S. Caterina da Siena 26
22066 Mariano Com. (CO)
Tel. 031.745040 - Fax 031.748388

Maxalto
Strada Provinciale
22060 Novedrate (CO)
Tel. 031.790003 - Fax 031.790599

Mazzei
Via Livornese Est 108
56030 Perignano (PI)
Tel. 0587.616090 - Fax 0587.617147

MDF
Via F. Wittgens 5 - 20123 Milano
Tel. 02.58311300 - Fax 02.58311277

Meccani
Via della Repubblica 146
56021 Cascina (PI)
Tel. 050.700292 - Fax 050.703716

Memphis
Via Olivetti 9
20010 Pregnana Mil. (MI)
Tel. 02.93290663 - Fax 02.93591202

Meritalia
Via Como 76/78
22066 Mariano Com. (CO)
Tel. 031.743100 - Fax 031.744460

Mirabili
Via O. Vannucchi 45 - 50047 Prato (FI)
Tel. 0574.591269 - Fax 0574.583182

MisuraEmme
Via IV Novembre 72
22066 Mariano Com. (CO)
Tel. 031.754111 - Fax 031.744271

Modular
Via Molise 23
40060 Osteria Grande (BO)
Tel. 051.945896 - Fax 051.945853

**Modular/Domodinamica
➔ Modular**

Molteni & C.
Via Rossini 50 - 20034 Giussano (MI)
Tel. 0362.3591 - Fax 0362.354448

Montina
Via Palmarina 4
33048 San Giovanni al Natisone (UD)
Tel. 0432.756081 - Fax 0432.756036

Moroso
Via Nazionale 60
33010 Cavalicco di Tavagnacco (UD)
Tel. 0432.577111 - Fax 0432.570761

Nemo
Cessata attività.

Nespoli
Via Luigi Cadorna 11 - 22060 Carugo (CO)
Tel. 031.762070 - Fax 031.763413

New Sofart
Via Don Gaffuri 12
20034 Robbiano di Giussano (MI)
Tel. 0362.851096/7 - Fax 0362.852582

Origlia
Via Liguria 38 - 12038 Savigliano (CN)
Tel. 0172.21565 - Fax 0172.21568

Ortolan
Via Piave 37 - 31016 Cordignano (TV)
Tel. 0438.995246 - Fax 0438.995440

Palluccoitalia
Via Azzi 36
31040 Castagnole di Paese (TV)
Tel. 0422.4388 - Fax 0422.438555

Pedano
Viale Umbria 126 - 20125 Milano
Tel. 02.7383735 - Fax 02.70100061

Pierantonio Bonacina
Via Sant'Andrea 20 A
22040 Lurago d'Erba (CO)
Tel. 031.699225 - Fax 031.696151

Play Line
Via Melitiello - 80017 Melito (NA)
Tel. 081.7101100 - Fax 081.7111429

Poliform
Via Monte Santo 28
22044 Inverigo (CO)
Tel. 031.6951 - Fax 031.699444

Poltrona Frau
S.S. 77 Km 74.5 - 62029 Tolentino (MC)
Tel. 0733.9091 - Fax 0733.971600

Poltronova
Via Provinciale Pratese 23
51037 Montale (PT)
Tel. 0574.718351 - Fax 0574.711251

Porro Industria Mobili
Via per Cantù 35
22060 Montesolaro (CO)
Tel. 031.780237 - Fax 031.781529

Produzione Privata
Via Pallavicino 31 - 20145 Milano
Tel. 02.430081 - Fax 02.43008222

Promemoria
Via Manzoni 94 - 22049 Valmadrera (CO)
Tel. 031.581021 - Fax 031.582406

Ravarini Castoldi & C.
Via Gardone 20 - 20139 Milano
Tel. 02.55210608 - Fax 02.5694503

Rexite
Via Edison 7 - 20090 Cusago (MI)
Tel. 02.90390013 - Fax 02.90390018

Robots
Via Galvani 7 - 20082 Binasco (MI)
Tel. 02.9054661 - Fax 02.9054664

**Ron Arad Studio
➔ GFR/Metals/Nomade**

Rossi di Albizzate
Via Mazzini 1 - 21041 Albizzate (VA)
Tel. 0331.993200 - Fax 0331.991583

Saporiti Italia
Via Gallarate 23 - 21010 Besnate (VA)
Tel. 0331.2733333 - Fax 0331.273320

Sapsa Bedding
Via Rimembranze 62
20099 Sesto S. Giovanni (MI)
Tel. 02.262841 - Fax 02.26284678

Savio Firmino
Via delle Fonti
50010 Badia a Settimo Scandicci (FI)
Tel. 055.720466 - Fax 055.730124

Sawaya & Moroni
Via Andegari 18 - 20121 Milano
Tel. 02.86463066 - Fax 02.86464831

Schopenhauer
Alzaia Trieste 49 - 20094 Corsico (MI)
Tel. 02.451961 - Fax 02.4402361

Seccose
Via Terraglio 195 - 31022 Preganziol (TV)
Tel. 0422.490316 - Fax 0422.490713

Sedie & Company
Cessata attività

Sellaro
Via De Gasperi 33 - 36060 Pianezze (VI)
Tel. 0424.471001 - Fax 0424.471002

Sica
Via Flaminia
61030 Calcinelli di Saltara (PS)
Tel. 0721.894308 - Fax 0721.894007

Standard/Kartell
➔ **Kartell**

Steel
Via Matteotti 23/25
20034 Giussano (MI)
Tel. 0362.354472 - Fax 0362.853452

Stildomus
Via Laurentina Km 27
00040 Pomezia (ROMA)
Tel. 06.9145144 - Fax 06.91945144

Tagliabue
Via Leopardi 1 - 22060 Figino Serenza (CO)
Tel. 031.780604 - Fax 031.781587

Targa Italia
Via Orti 14 - 20122 Milano
Tel. 02.59900112 - Fax 02.59900151

Tenda Dorica
Via Brecce Bianche 95
Z.I. Baraccola - 60131 Ancona
Tel. 071.804525 - Fax 071.8046471

Tesi
Via A. Volta 7 - 35010 Limena (PD)
Tel. 049.768644 - Fax 049.769303

Tisettanta
Via Furlanelli 96 - 20034 Giussano (MI)
Tel. 0362.3191 - Fax 0362.860619

Tonelli
Via della Produzione 61
61025 Montellabate (PS)
Tel. 0721.481172 - Fax 0721.481291

Tonon
Via Diaz 22 - 33044 Manzano (UD)
Tel. 0432.740740 - fax 0432.740770

Triangolo
Via Corpo Italiano di Liberazione 8/10
61027 Villa Fastiggi (PS)
Tel. 0721.282750/282692
Fax 0721.282911

Ultima Edizione
Via Oliveti 74 - 54100 Massa
Tel. 0585.832718 - Fax 0585.832312

Unitalia
Via Livornese Est 39
56030 Perignano di Lari (PI)
Tel. 0587.617588 - Fax 0587.617590

Up & Up
Via Acquale 3 - 54100 Massa
Tel. 0585.832310 - Fax 0585.832038

Vibieffe
Via F.lli Bandiera 31/33
20035 Lissone (MI)
Tel. 039.2455449 - Fax 039.2455430

Vittorio Bonacina
Via Madoninna 12
22040 Lurago D'Erba (CO)
Tel. 031.699800 - Fax 031.699215

Ycami
Via Provinciale 31
22060 Novedrate (CO)
Tel. 031.790293 - fax 031.791596

Zabro
Cessata attività

Zanotta
Via Vittorio Veneto 57
20054 Nova Milanese (MI)
Tel. 0362.368330 - Fax 0362.451038

Zanotta Edizioni
➔ **Zanotta**

Zeritalia
Via Macerata 2 - 61020 Montecchio di
Sant'Angelo in Lizzola (PS)
Tel. 0721.498176/497408
Fax 0721.497247

Zerodisegno
Via Isonzo 51 - 15100 Alessandria
Tel. 0131.445361 - Fax 0131.68745

Zeus/Noto
Corso San Gottardo 21/9 - 20136 Milano
Tel. 02.89401198 - Fax 02.89401142

Zoltan
Via Alessandria 5 - 20144 Milano
Tel. 02.58102320 - Fax 02.58102330

Abdi Abdelkader
Avenue de Paris 44
92320 Chatillon - Parigi (Francia)
Tel. 33.1.46571975 - Fax 33.1.46570403

Lodovico Acerbis
Via Brusaporto 31 - 24068 Seriate (BG)
Tel. 035.294222

Marco e Tito Agnoli
Via Manzoni 25 - 22040 Lurago D'Erba (CO)
Tel. 031.698524/698396
Fax 031.698528

Felipe Alarcao
Travessa das Necessidades 9-2
1300 Lisbona (Portogallo)
Tel. e Fax 35.1.13951437

Flavio Albanese
Via San Marco 39 - 36100 Vicenza
Tel. 0444.542924/542625

Tittina Ammannati
Giampiero Vitelli
Via Leopardi 24 - 20123 Milano
Tel. 02.4981848

Andrea Anastasio
505 11th A Cross 8th Main
J.P. Nagar Phase - Bangalore (India)
Tel. c/o Memphis 02.93290663
Fax 02.93591202

Francesco Maria Andrenelli
Via Jacopo Nardi 1 - 50100 Firenze
Tel. 055.8307501

Anna Anselmi
Via Montecchia 3
35030 - Caselle di Selvazzano (PD)
Tel. 049.637235

Francesca Anselmi
Via Pelosa 78
35030 Caselle di Selvazzano (PD)
Tel. 049.8976311 - Fax 049. 635323

Ron Arad
62 Chalk Farm Road
NW 1 8AN Londra (Inghilterra)
Tel. 44.171.2844963/5
Fax 44.171.3790499

Archstudio
Via Stefano da Seregno 84
20038 Seregno (MI)
Tel. e Fax 0362.224143

Jan Armgardt
Kaiserstrasse 47
80801 Monaco (Germania)
Tel. 49.89.3816060 - Fax 49.89.38160620

Piero Arosio
Via G. Giardino 2A - 20053 Muggiò (MI)
Tel. 039.793237 - Fax 039.2781088

Antonia e Miki Astori
Via Rossini 3 - 20122 Milano
Tel. 02.795005 - Fax 02.76021763

Gae Aulenti
Piazza San Marco 4 - 20121 Milano
Tel. 02.8692762/8692613
Fax 02.874125

Claudia Baetzing
Via Capranica 14 - 20100 Milano
Tel. e Fax 02.2847699

Baldassarre Longo & Ventura
Via Bernardini 29 - 73100 Lecce
Tel. 0832.248823

Enrico Baleri
Via San Bernardino 39 - 24040 Lallio (BG)
Tel. 035.692690

Fabrizio Ballardini
Via Castel Latino 3 - 47100 Forlì
Tel. 0543.83230

Fabrizio Barbero
Via Darwin 9 - 20100 Milano
Tel. 02.58105545 - Fax 02.89403633

Raul Barbieri
Via P. Custodi 14 - 20136 Milano
Tel. 02.89401181

Luigi Baroli
Via Villoresi 2 - 20010 Arluno (MI)
Tel. 02.9017367

Michele Barro
Via Carsia 12 - 34016 Trieste
Tel. e Fax 040.211009

Anna e Carlo Bartoli
Via Grigna 2 - 20052 Monza (MI)
Tel. 039.387225 - Fax 039.386698

Luciano Bartolini
Deceduto nel 1994

Aldo Bartolomeo
c/o Stildomus
Via Laurentina Km 27
00040 Pomezia (Roma)
Tel. 06.9145144 - Fax 06. 91455144

Becchelli
➔ **Bortolani/Becchelli**

Stefano Becucci
Via Michelangelo 69
56021 Cascina (PI)
Tel. 0587.616660 - Fax 0587.617500

Mario Bellini
Piazza Arcole 4 - 20143 Milano
Tel. 02.58103877 - Fax 02.58113466

Marc Berthier
Boulevard Saint Michel 141
Parigi (Francia)
Tel. 33.1.43264997 - Fax 33.1.46331616

Enzo Berti
Via Guolo 15 int. 18 A
30031 Dolo (VE)
Tel. 041.415200 - Fax 041.5100878

Luciano Bertoncini
Via Carlo Alberto 55 - 31100 Treviso
Tel. 0422.579464

Francesco Bettoni
Via Numa Pompilio 6 - 20123 Milano
Tel. e Fax 02.48019612

Nick Bewick
Via Pallavicino 31 - 20145 Milano
Tel. 02.430081 - Fax 02.43008222

Francesco Binfarè
Via Besana 1 - 20122 Milano
Tel. e Fax 02.55192265

Boccato/Gigante/Zambuso
Via Giacomelli 16 - 31100 Treviso
Tel. e Fax 0422.566333

Cini Boeri
Via Giovannino De Grassi 4
20123 Milano
Tel. 02.876301 - Fax 02.875531

Anne Monique Bonadei
Loustalot Gradignan - 3170 (Francia)
Tel. c/o Schopenhauer 02.451961
Fax 02.4402361

Annalisa Bonsuan
Cannaregio 1096 - 30100 Venezia
Tel. e Fax 041.5242766

Bortolani/Becchelli
Via Piave 2 - 41057 Spilanberto (MO)
Tel. 059.785700

Mario Botta
Via Ciani 16 - 6904 Lugano (Svizzera)
Tel. 41.91.434167

Do Brandi
Via Previati 33 - 20100 Milano
Tel.02.466337

Andreas Brandolini
Rue Sainte Croix 11
57410 Petit Rederching (Francia)
Tel. 33.87097613 - Fax 33.87098350

Andrea Branzi
Via Solferino 22/A - 20121 Milano
Tel. 02.6592227 - Fax 02.6571676

Clare Brass
Via Tantardini 8/4 - 20136 Milano
Tel. 02.8361338 - Fax 02.89402044

Brunati/Zerbaro/Carollo
Via Monte Corno 3
36060 Sarcedo (VI)
Tel. e Fax 0444.344169/70

Remo Buti
Via Metastasio 46 - 50124 Firenze
Tel. 055.229215 - Fax 055.289126

Diana Cabeza
Serrano 1249 - Buenos Aires (Argentina)
Tel. 54.1.7726183

Luigi Caccia Dominioni
Piazza S. Ambrogio 16 - 20123 Milano
Tel. 02.8053053 - Fax 02.8052338

Calvi/Merlini/Moya
Via San Michele del Carso 24
20100 Milano
Tel. e Fax 02.58106257

Renata Calzi
Via Balilla 4 - 20100 Milano
Tel. 02.58102013

Dorina Camusso
Via Emilio Gola 31 - 20143 Milano
Tel. 02.89404657 - Fax 02.58112047

Guido Canali
Via Petrarca 9 - 43100 Parma
Tel. 0521.208917 - Fax 0521.283912

Mario Cananzi
Corso San Gottardo 18 - 20136 Milano
Tel. e Fax 02.8361204

Mauro Canfori
c/o Cidue
Via Lago di Costanza - 36015 Schio (VI)
Tel. 0445.595200 - Fax 0445.679002

Arduino Cantafora
Via Donizetti 38 - 20121 Milano
Tel. 02.76007588

**Sergio Cappelli &
Patrizia Ranzo**
Corso Vittorio Emanuele 656
80122 Napoli
Tel. 081.7612106 - Fax 081.7611835

Pierangelo Caramia
Rue Saints Peres 62
75100 Parigi (Francia)
Tel. 33.1.42279425
Fax 33.1.49270366

Carollo
➔ **Brunati/Zerbaro/Carollo**

Anna Castelli Ferrieri
Corso di Porta Romana 87/B
20122 Milano
Tel. 02.5510451 - Fax 02.55195715

Achille Castiglioni
Piazza Castello 27 - 20121 Milano
Tel. 02.8053606 - Fax 02.8053623

Enzo Catellani
Via Antonio Locatelli 47
24020 Villa Di Serio (BG)
Tel. 035.656088 - Fax 035.655605

Giorgio Cattelan
Via Pilastri 15, ZI Ovest
36010 Carrè (VI)
Tel. 0445.314076 - Fax 0445.314289

Maurizio Cattelan
Viale Bligny 42 - 20100 Milano
Tel. 02. 58315041

Alik Cavaliere
Via De Amicis 17 - 20123 Milano
Tel. 02.8323220

Ca' Nova Design
Via Pilastri 15, ZI Ovest - 36010 Carrè (VI)
Tel. 0445.314076 - Fax 0445.314289

Centro Ricerche Poliform
Via Monte Santo 28 - 22044 Inverigo (CO)
Tel. 031.6951 - Fax 031.699444

**Pierluigi Cerri
Gregotti Associati Int.**
Via Matteo Bandello 20 - 20123 Milano
Tel. 02.4814141 - Fax 02.4814143

Jeannot Cerutti
Corso Re Umberto 17 - 10100 Torino
Tel. 011.540536

Chi Wing Lo
G. Sisini 7 - 115 28 Atene (Grecia)
Tel. 30.1.7240627 - Fax 30.1.7253935

Edi Ciani
Via dell'Artigianato 18
33048 S. Giovanni al Natisone (UD)
Tel. e Fax 0432.757587

Aldo Cibic
Via Carducci 38 - 20123 Milano
Tel. 02.48013801 - Fax 02.48013288

Claudio Cicchetti
Via Procaccini 36 - 20154 Milano
Tel. 02.3452131

Biagio Cisotti
Viale Petrarca 54 - 50124 Firenze
Tel. e Fax 055.223331

Antonio Citterio
Via Lovanio 8 - 20121 Milano
Tel. 02.6555902/6570269
Fax 02.6551303

Lluis Clotet
Pujades 63 - 08005 Barcellona (Spagna)
Tel. 34.3.4853625

Nigel Coates
Old Street 23 - EC1 Londra (Inghilterra)
Tel. 44.171.4900343 - Fax 44.171.4900320

Roberto Collovà
Via Lincoln 61 - 90133 Palermo
Tel. e Fax 091.6165837

Carlo Colombo
Via Piave 8 - 22060 Carimate (CO)
Tel. 031.781635 - Fax 031.705180

Stefano Colombo
Corso Garibaldi 127 - 20121 Milano
Tel. 02.29001776

Colombrino/Mollica
c/o Arco Arredo - Via Medaglie d'Oro 26
80038 Pomigliano D'Arco (NA)
Tel. 081.8035779

Gianfranco Coltella
Via Santa Chiara 17 - 12037 Saluzzo (CN)
Tel. e Fax 0175.249236

Toni Cordero
Via Febo 15/bis - 10133 Torino
Tel. 011.6602997 - Fax 011.6604397

Fabrizio Corneli
Via Por Santa Maria 1 - 50122 Firenze
Tel. c/o Mirabili 0574.591269
Fax 0574.583182

Nicoletta Cosentino
Via degli Scipioni 237/B - 00192 Roma
Tel. 06.3222134 - Fax 06.3212403

Cozza/Mascheroni
Via Roma 30
22060 - Figino Serenza (CO)
Tel. 031.781467 - Fax 031.726154

Carlo Cumini
Via Tiepolo 1 - 33010 Casacco (UD)
Tel. 0432.852540

Marcello Cuneo
Via Abruzzi 2/G
20068 Peschiera Borromeo (MI)
Tel. 02.7533244

Adalberto Dal Lago
Via Passione 8 - 20122 Milano
Tel. 02.796746 - Fax 02.796716

Riccardo Dalisi
Calata San Francesco 59 - 80127 Napoli
Tel. e Fax 081.681405

Marianne Day Lewis
c/o Halifax
Via Stradivari 23 - 20034 Giussano (MI)
Tel. 0362.3561 - Fax 0362.356400

**De Ferrari/Jacomussi
Germak/Laurini**
Via Andorno 22 - 10153 Torino
Tel. 011.885875 - Fax 011.8395117

Michele De Lucchi
Via Pallavicino 31 - 20145 Milano
Tel. 02.430081 - Fax 02.43008222

Piero De Martini
Via Malpighi 3 - 20100 Milano
Tel. 02.29512108

**De Pas/D'Urbino/Lomazzi
DDL Studio**
Corso XXII Marzo 39 - 20129 Milano
Tel. 02.76110543/70101729
Fax 02.70100513

Decoma Design
Via Roma 30
22060 Figino Serenza (CO)
Tel. 031.781467 - Fax 031.726154

Paolo Deganello
Via Schiaparelli 17 - 20100 Milano
Tel. 02.67074168

Delle Stelle
➔ **Gualtierotti/Mazzoni**
Delle Stelle

Anna Deplano
Via Gaffurio 1 - 20124 Milano
Tel. 02.6695795 - Fax 02.66987325

Fabio Di Bartolomei
Via Latina 3/27 - 33100 Udine
Tel. e Fax 0432.541674

Andrea Di Chiara
Corso di Porta Ticinese 24 - 20123 Milano
Tel. 02.58112071 - Fax 02.58112047

Elio Di Franco
Via Sant'Egidio 16 - 50122 Firenze
Tel. e Fax 055.2346292

Ilio Di Lupo
Via Machiavelli 25/B - 56038 Ponsacco (PI)
Tel. e Fax 0587.731267

Tom Dixon
Dolland Street 12
SE11 5LN Londra (Inghilterra)
Tel. 44.171.4865420

Rodolfo Dordoni
Via Solferino 11 - 20121 Milano
Tel. e Fax 02.878581/866574

Dorligo
➔ **Panizon/Martinelli/Dorligo**

Gaby Dorell
Viale Piceno 7 - 20129 Milano
Tel. 02.730862 - Fax 02.70004389

Nathalie Du Pasquier
Viale Montello 7 - 20154 Milano
Tel. e Fax 02.6572981

Maurizio Duranti
Via Trieste 10 - 20146 Milano
Tel. e Fax 02.462584

James D'Auria
c/o GFR/Nomade
Via Spazzi 16 - 22063 Cantù (CO)
Tel. 031.714147 - Fax 031.705060

D'Urbino
➔ **De Pas/D'Urbino/Lomazzi**
DDL Studio

Joe D'Urso
c/o Bieffeplast
Via Pelosa 78
35030 Caselle di Selvazzano (PD)
Tel. 049.8976311 - Fax 049.635323

EmmeStudio
Via Livornese Est 108
56035 Perignano (PI)
Tel. 0587.616090 - Fax 0587.617147

Piero Esposito
Via Orti 14 - 20122 Milano
Tel. 02.59900112 - Fax 02.59900151

Mauro Fadel
Via Postumia 102 - 31046 Oderzo (TV)
Tel. 0422.814798 - Fax 0422.814676

Maurizio Favetta
Via Tortona 26 - 20144 Milano
Tel. 02 89404681 - Fax 02.89404802

Marco Ferreri
Corso di Porta Ticinese 10 - 20123 Milano
Tel. e Fax 02.8372146

Alessandro Fiorentino
Via Marina Grande 12
80067 Sorrento (NA)
Tel. e Fax 081.8782177

George Fontana
Via Ricasoli 2 - 20121 Milano
Tel. 02.8690350

Fulvio Forbicini
Viale II Giugno 21 - 47100 Forlì
Tel. c/o Arflex Int. 0362.853043
Fax 0362.853080

Carlo Forcolini
Via Canova 7/A - 20145 Milano
Tel. e Fax 02.315261

Piero Fornasetti
Deceduto nel 1988

Enrico Franzolini
Via Gemona 58 - 33100 Udine
Tel. e Fax 0432.299272

Dan Friedman
Deceduto nel 1995

Piero Gaeta
Via Cadore 6 - 20135 Milano
Tel. 02.59901428 - Fax 02.59901598

Pierangelo Gallotti
Via Matteotti 17- 22072 Cermenate (CO)
Tel. 031.722855 - Fax 031.722822

Ignazio Gardella
Via Marchiondi 7 - 20122 Milano
Tel. 02.58314208

Gatti/Teodoro
Via della Rocca 19 - 10100 Torino
Tel. 011.835160

Marco Gaudenzi
Via Esposizione 22 - 61100 Pesaro
Tel. 0721.402105

Germak
→ De Ferrari/Jacomussi
Germak/Laurini

Gabriele Geronzi
Via Molinazzo 20 - 08030 Lugano (Svizzera)
Tel. 41.91.7865516

Natale Gerosa
Lungolario Trento 15 - 22100 Como
Tel. 031.270774 - Fax 031.262109

Gigante
→ Boccato/Gigante/Zambuso

Anna Gili
Via Sannio 18 - 20137 Milano
Tel. 02.55185255 - Fax 02.59900974

Maurizio Giordano
Via Brembo 9 - 20139 Milano
Tel. 02.57402659 - Fax 02.69005672

Paolo Giordano
Via Cagnola 7 - 20100 Milano
Tel. 02.3450466

Stefano Giovannoni
Via Gulli 4 - 20147 Milano
Tel. e Fax 02.48703495

Giugiaro Design
Via Duino 128 - 10127 Torino
Tel. 011.6192225/6192452
Fax 011.610898

Paolo Golinelli
Via Ponte Vetero 13 - 20121 Milano
Tel. e Fax 02.875146

Eric Gottein
Via Tortona 20 - 20144 Milano
Tel. e Fax 02.89400431

Johanna Grawunder
Via Melone 2 - 20121 Milano
Tel. 02.72599201 - Fax 02.809596

Konstantin Grcic
Erhardtstrasse 10
80496 Monaco (Germania)
Tel. 49.89.2011926

Aldo Greco
Via Trento-Trieste 2 - 41032 Cavezzo (MO)
Tel. 0535.59392

Bruno Gregori
Via Signorelli 14 - 20154 Milano
Tel. 02.59901508 - Fax 02.59900974

Giorgio Gregori
Deceduto nel 1995

Gregotti Associati Int.
Via Matteo Bandello 20
20123 Milano
Tel. 02.4814141 - Fax 02.4814143

Nathalie Grenon
Via Sardegna 14 - 00187 Roma
Tel. 06.4457144/4949144

Roberto Grossi
Via Reinach 15 - 20159 Milano
Tel. 02.66804648

Gruppo di Progettazione MDF
Via Wittgens 5 - 20123 Milano
Tel. 02.58311300 - Fax 02.58311277

Gruppo Possibile
Disciolto nel 1993

→ **Fabrizio Barbero e Maurizio Navone**

Gualtierotti/Mazzoni/Delle Stelle
Via Morelli Gualtierotti 17
51100 Pistoia - Tel. 0573.402374

Alessandro Guerriero
Via Burigozzo 8 - 20122 Milano
Tel. 02.58308394 - Fax 02.58315412

Giorgio Gurioli
Via Carnelli 104 - 47015 Modigliana (Forlì)
Tel. 0546.940231 - Fax 0546.90131

G14
Via Paullo 9/A - 20135 Milano
Tel. 02.55016248 - Fax 02.55016258

Makio Hasuike
Viale Sabotino 24 - 20135 Milano
Tel. 02.58318259 - Fax 02.58318218

Trix e Robert Hausmann
Hoschgasse 53 - 08034 Zurigo (Svizzera)
Tel. c/o Unitalia 0587.617588
Fax 0587.617590

Mathias Hoffmann
Victor Rennerstrasse 16
72074 Tubinga (Germania)
Tel. 49.707.198880
Fax 49.707.1988870/60

Hiroaki Horio
c/o Nemo
Viale Piave 69 - 22069 Rovellasca (CO)
Tel. 02.96740610 - Fax 02.96740701

Isao Hosoe
Via Voghera 11 - 20144 Milano
Tel. 02.8323698/58105900
Fax 02.58104927

IDEA Institute
Strada Ferrero di Cambiano 32
10024 Moncalieri (TO)
Tel. 011.6828298 - Fax 011.3100417

Massimo Iosa Ghini
Via Gentilino 6 - 20136 Milano
Tel. 02.58106183 - Fax 02.58106700
Via Caprarie 7 - 40124 Bologna
Tel. 051.236563 - Fax 051.237712

James Irvine
Viale Piceno 35 - 20129 Milano
Tel. 02.70000730 - Fax 02.70100888

Jacomussi
→ De Ferrari/Jacomussi
Germak/Laurini

Tomu Katayanagi
c/o Studio Arka
Via Faravelli 10 - 20149 Milano
Tel. e Fax 02.3315394

Yaacov Kaufman
Alexande Yanal 17 - Tel Aviv (Israele)
Tel. 972.3.5443893

Elisabeth Kellen
→ Sedie & Company

Rodney Kinsmann
Stephen Street
W1P 1PN Londra (Inghilterra)
Tel. 44.171.6311335
Fax 44.171.6313227

Toshiyuki Kita
Corso Garibaldi 12 - 20121 Milano
Tel. e Fax 02.72023466

Ritva Koivumaki
(Deceduta nel 1994)

Geert Koster
Viale Piceno 35 - 20129 Milano
Tel. 02.3315340

Defne Koz
Via Milazzo 10 - 20121 Milano
Tel. 02.744067 - Fax 02.70000864

Karsten K. Krebs
Lueerstrasse 28
W3000 - 30175 Hannover (Germania)
Tel. 49.51.1283051

Léon Krier
Rue des Chapeliers
83830 Claviers Var (Francia)
Tel. 33.94478595 - Fax 33.94478594

Katherine Krizek
Via Fratelli Bandiera 9 - 37126 Verona
Tel. 045.8347926 - Fax 045.8347846

Shiro Kuramata
Deceduto nel 1991

Maarten Kusters
Corso Magenta 85 - 20123 Milano
Tel. e Fax 02.48015902

Ugo La Pietra
Via Guercino 7 - 20154 Milano
Tel. 02.33608400 - Fax 02.33608389

Teresa La Rocca
Salita Partanna 4 - 90100 Palermo
Tel. 091.6169296

Danny Lane
Hyte Road 19 - Londra (Inghilterra)
Tel. 44.181.9683399
Fax 44.181.9686289

Annette Lang
Alwinen Strasse 12
65189 Wiesbaden (Germania)
Tel. 49.611.376345 - Fax 49.611.371991

Sandra Laube
Viale Petrarca 54 - 50124 Firenze
Tel. e Fax 055.223331

Wolfgang Laubersheimer
Dreieichstrasse 39
6000 Francoforte (Germania)
Tel. 49.69.624148 - Fax 49.69.6031101

Giovanni Lauda
Via Monte Bianco 8 - 20149 Milano
Tel. 02.437645

Marta Laudani
Piazza Gentile da Fabriano 3 - 00196 Roma
Tel. 06.3202342

Laurini
➔ **De Ferrari/Jacomussi**
Germak/Laurini

Ferruccio Laviani
Via Solferino 11 - 20121 Milano
Tel. e Fax 02.878781-4

Claudio Lazzarini
Via Cola di Rienzo 26 - 00192 Roma
Tel. 06.3210305 - Fax 06.3216755

Roberto Lazzeroni
Via Giuseppe Cei 125
56021 Cascina (PI)
Tel. 050.701457 - Fax 050.710079

Christian Leprette
Rue Gazan 3137 - 75014 Parigi (Francia)
Tel. e Fax 33.1.45651504

Giovanni Levanti
Via Rosmini 6 - 20154 Milano
Tel. 02.33601138

Alberto Lievore
Plaza Berenguer el Gran 1
Barcellona (Spagna)
Tel. 34.3.3103292

Piero Lissoni
Corso di Porta Nuova 18 - 20121 Milano
Tel. 02.6571946 - Fax 02.6571918

Elliott Littmann
Oberdorfstrasse 42
4950 Huttwil - Berna (Svizzera)
Tel. (c/o Centro Promozionale Driade)
02.72023203

Vittorio Livi
Via Ancona 1/B - 61010 Tavullia (PS)
Tel. 0721.201346 - Fax 0721.202432

Josep Lluscà
Marmellà 4 - 08023 Barcellona (Spagna)
Tel. 34.3.2120218

Glen Oliver Loew
c/o Studio Antonio Citterio e Terry Dwan
Via Lovanio 8 - 20121 Milano
Tel. 02.6555902 - Fax 02.6551303

Birgit Lohmann
Corso di Porta Ticinese 82 - 20123 Milano
Tel. 02.5811727 - Fax 02.58111696

Lomazzi
➔ **De Pas/D'Urbino/Lomazzi**
DDL Studio

Longo
➔ **Baldassarre Longo & Ventura**

Ross Lovegrove
Studio X - Powis News 21
W11 1JN Londra 3 (Inghilterra)
Tel. 44.171.3797442

Mauro Lovi
Via di Poggio 34 - 55100 Lucca
Tel. e Fax 0583.418121

Roberto Lucci
Via Monte Bianco 26 - 20149 Milano
Tel. e Fax 02.4982011

Johanna Lyle
Via Carlo De Cristoforis 13 - 20124 Milano
Tel. e Fax 02.6555156

Roberto Maci
Via Santo Stefano 35 - 40125 Bologna
Tel. 051.229336 - Fax 051.232303

Stefano Maffei
Via Fonte d'Abisso 15 - 41100 Modena
Tel. 059.237202

Vico Magistretti
Via Conservatorio 20 - 20122 Milano
Tel. 02.76002964 - Fax 02.772940

Roberto Malacrida
Via Negrini 1 - 22072 Cermenate (CO)
Tel. 031.771160

Giovanni Malighetti
Beppe Valsecchi
Corso Dante 5 - 24032 Calolzio Corte (BG)
Tel. 0341.642024 - Fax 0341.642109

Nicoletta Malobbia
Via Giovanni Gasparoni 21 - 36100 Vicenza
Tel. 0444.301453

Peter Maly
Oberstrasse 46
20144 Amburgo (Germania)
Tel. 49.40.440484 - Fax 49.40.418387

Joey Mancini
Wooster Street 111
10012 New York (USA)
Tel. c/o Bonacina P. 031.699225
Fax 031.696151

Augusto Mandelli
Walter Selva
Via Stefano da Seregno 84
20038 Seregno (MI)
Tel. e Fax 0362.224143

Mario Marenco
Via Nomentana 263 - 00161 Roma
Tel. 06.4402428

Enzo Mari
Piazzale Baracca 10 - 20123 Milano
Tel. e Fax 02.4693651

Massimo Mariani
Via Don Minzoni 27
51016 Montecatini Terme (PT)
Tel. e Fax 0572.766324

Javier Mariscal
Pellaires 30-38
08019 Barcellona (Spagna)
Tel. 34.3.3033420 - Fax 34.3.2662244

Oreste Marrone
Lungomare Cristoforo Colombo 3814
90100 Palermo
Tel. 091.454678

Jesse Marsh
Viale Romagna 58 - 20133 Milano
Tel. 02.2666974 - Fax 02.70631508

Martinelli
➔ **Panizon/Martinelli/Dorligo**

Mascheroni
➔ **Cozza/Mascheroni**

Jean Marie Massaud
Passage Rouch 3 - 75011 Parigi (Francia)
Tel. 33.1.43735945
Fax 33.1.43735916

Luigi Massoni
Via Giovanni da Cermenate 37
22072 Cermenate (CO)
Tel. 031.722211 - Fax 031.722311

Giusi Mastro
Via Fabroni 33 - 50134 Firenze
Tel. 055.476361

Ingo Maurer
Kaiserstrasse 47
80801 Monaco (Germania)
Tel. 49.89.3816060
Fax 49.89.38160620

Mario Mazzer
Via XX Settembre 154
31015 Conegliano (TV)
Tel. 0438.21690 - Fax 0438.410830

Mazzoni
➔ **Gualtierotti/Mazzoni**
Delle Stelle

Alberto Meda
Via Guido d'Arezzo 7 - 20145 Milano
Tel. 02.4818549 - Fax 02.48003338

Luca Meda
Via Montenapoleone 23 - 20121 Milano
Tel. 02.76004408 - Fax 02.76023686

Marco Mencacci
Via Empolese 134 - 50026 Talente (FI)
Tel. e Fax 055.825016

Alessandro Mendini
Via Sannio 24 - 20127 Milano
Tel. 02.59901508 - Fax 02.59900974

Menguzzati/Villis/Nascimben
Via dei Frassini 10 - 36100 Vicenza
Tel. 0444.349593 - Fax 0444.349717

Merlini
➔ **Calvi/Merlini/Moya**

Italo Meroni
Corso Cairoli 4 - 10100 Torino
Tel. 011.887268

Simone Micheli
Via Toselli 184 - 50144 Firenze
Tel. 055.350471 - Fax 055.6190340

Massimo Mini
Corso di Porta Ticinese 82 - 20123 Milano
Tel. 02.58111727 - Fax 02.58111696

Furio Minuti
Via dei Velini 44/46 A - 62100 Macerata
Tel. 0733.34939 - Fax 0733.35526

Pedro Mirralles
Deceduto nel 1992

Riccardo Misesti
Via Guido Monaco 65 - 52100 Arezzo
Tel. 0575.27788

Thomas Mittermair
Via Diaz 1 - 39055 Laises (BZ)
Tel. 0471.954666 - Fax 0471.955101

Moya
➔ **Calvi/Merlini/Moja**

Mollica
➔ **Colombrino/Mollica**

Marcello Morandini
Via del Bacino 29 - 21100 Varese
Tel. 0332.261024

Monica Moro
Piazza Donegani 6 - 20133 Milano
Tel. 02.2663268

Massimo Morozzi
Corso Garibaldi 85/1 - 20121 Milano
Tel. 02.654148 - Fax 02.6592968

Jasper Morrison
Charterhouse Square 43
EC1M 6EA Londra (Inghilterra)
Tel. 44.171.4865066

Antonello Mosca
Via Plinio 41 - 20133 Milano
Tel. 02.2049867

Bruno Munari
Via Colonna 39 - 20149 Milano
Tel. 02.462775

Telli Muraglia
Via Orti 14 - 20122 Milano
Tel. 02.59900112 - Fax 02.59900151

Claudio Nardi
Via Pindemonte 63 - 50124 Firenze
Tel. 055.223715

Nascimben
➔ **Menguzzati/Villis/Nascimben**

Adolfo Natalini
Via del Salviatino 10 - 50137 Firenze

Tel. 055.600400 Fax 055.600926

Paolo Nava
Via Reginaldo Giuliani 45/47
20035 Lissone (MI)
Tel. 039.484976 - Fax 039.481511

Maurizio Navone
Corso San Gottardo 34 - 20136 Milano
Tel. 02.58102279

Paola Navone
Corso San Gottardo 22 - 20136 Milano
Tel. 02.58104926 - Fax 02.8358331

Marc Newson
Passage Piver 5 - 75011 Parigi (Francia)
Tel. c/o Cappellini 031.759111
Fax 031.763322

Jean Nouvel
Cité d'Angouleme 10 - 75011 Parigi (Francia)
Tel. 33.1.49238383

Herbert e Juta Ohl
Via Porto 62 - 16032 Camogli (GE)
Tel. 0185.770789 - Fax 0185.773863

Edoardo Olivares
Paseo de la Herradora
53920 Fracc. Lattarradora Huixquilucan
Città del Messico (Mexico)
Tel. e Fax 52.5.3591066

Serena Omodeo Salè
Via Stradella 16 - 20129 Milano
Tel. 02.29523777

Luigi Ontani
Via Margutta 33 int. 38 - 00100 Roma
Tel. 06.3221092 - Fax 06.3219277

Opera Work in Progress
Vicolo Pozzo ang. via De Nova
20083 Seregno (MI)
Tel. 02.328874/69 - Fax 02.223442

Luigi Origlia
Via Liguria 38 - 12038 Savigliano (CN)
Tel. 0172.21565 - Fax 0172.21568

Paolo Orlandini
Via Fagnani 43 - 20018 Sedriano (MI)
Tel.e Fax 02.90111038

Annibale Oste
Via Cristallini 138 - 80137 Napoli
Tel. 081.441677 - Fax 081.444785

Luciano Pagani/Angelo Perversi
Via D. Crespi 15 - 20123 Milano
Tel. 02.58104287 - Fax 02.89402036

Mirco Pallecchi
Vicolo dell'Aria 2 - 25100 Brescia
Tel. e Fax 030.47108

Paolo Pallucco/Mirelle Rivier
Via Azzi 36
31040 Castagnole di Paese (TV)
Tel. 0422.4388 - Fax 0422.438555

Paola Palma/Carlo Vannicola
Via di Tazzoli 12/8 - 50125 Firenze
Tel. 055.209285

David Palterer
Borgo Allegri 40 - 50122 Firenze
Tel. 055.241184

Panizon/Martinelli/Dorligo
Via Martiri della Libertà 3 - 34100 Trieste
Tel. 040.364175

Verner Panton
Kohlengerrengasse 21
4051 Basilea (Svizzera)
Tel. e Fax 41.61.2818091

Gianfranco Pardi
Via Michele Coppino 69
55049 Viareggio (LU)
Tel. e Fax 0584.941286

Gianni Pareschi
Via Paullo 9/A - 20135 Milano
Tel. 02.55016248 - Fax 02.55016258

Giuseppe Pasquali
Piazza della Rovere 107 - 00165 Roma
Tel. 06.6832915 - Fax 06.6880188

Terry Pecora
Viale Bligny 27 - 20136 Milano
Tel. 02.58314543 - Fax 02.58319980

Pino Pedano
Viale Umbria 126 - 20125 Milano
Tel. 02.7383735 - Fax 02.70100061

Pelikan Design
Vestergade 10
1456 Copenaghen (Danimarca)
Tel. 45.1.33339950 - Fax 45.1.33339952

Jorge Pensi
Plaza de Berenguer el Gran 1, 4°
08023 Barcellona (Spagna)
Tel. 34.3.3103279

Maurizio Peregalli
Corso S. Gottardo 21/9 - 20144 Milano
Tel. 02.89401198 - Fax 02.89401142

Angelo Perversi
➔ **Luciano Pagani/Angelo
Perversi**

Gaetano Pesce
158 Crosby Street 2B New York - 10012
Tel. 1.212.9410280 - Fax 1.212.9410106

Aldo Petillo
Corso di Porta Ticinese 24 - 20123 Milano
Tel. 02.58112071 - Fax 02.58112047

Gianfranco Pezzi
Via Mazzini 36 - 48012 Bagnacavallo (RA)
Tel. 0545.63602

Carl Pickering
Via Cola di Rienzo 26 - 00192 Roma
Tel. 06.3210305 - Fax 06.3216755

Paolo Piva
Via Compagnoni 30 - 20129 Milano
Tel. e Fax 02.70001170

Gianvittorio Plazzogna
Via Augurello 7 - 31100 Treviso
Tel. 0422.320763 - Fax 0422.548258

Boris Podrecca
Edelaofgasse 10 - Vienna (Austria)
Tel. 43.1.4795438

Franco Poli
Via Giambattista Vico - 35124 Padova
Tel. 049.692705 - Fax 049.8804007

Deyana Popovic
Gonzagagasse 517 - 1010 Vienna (Austria)
Tel. 43.1.5357911

Ferdinand A. Porsche
Flugplatzstrasse 29
A 5700 Zell am See (Austria)
Tel. 43.6542.572270
Fax 43.6542.572272

Paolo Portoghesi
Via San A. Magno 9 - 00153 Roma
Tel. 06.6791715

Tim Power
Piazza Baiamonti 5 - 20154 Milano
Tel. e Fax 02.3492248

Giancarlo Pozzi
Via Monte Cervino 7 - 20149 Milano
Tel. 02.463575

**Lorenzo Prando
Riccardo Rosso**
Via De-Sonnaz 11 - 10100 Torino
Tel. 011.549921

Vittorio Prato
Via Vittorio Veneto 33 - 20030 Seveso (MI)
Tel. 0362.342525

Daniela Puppa
Vicolo Calusca 10 - 20123 Milano
Tel. 02.89406490 - Fax 02.58101094

Giorgio Ragazzini
Via San Pier Grisologo 44
40026 Imola (BO)
Tel. e Fax 0542.29994

Franco Raggi
Vicolo Calusca 10 - 20123 Milano
Tel. 02.89406490 - Fax 02.58101094

Giuseppe Raimondi
Via Varallo 30 - 10153 Torino
Tel. 011.8126657 - Fax 011.8126033

Patrizia Ranzo
➔ **Sergio Cappelli & Patrizia
Ranzo**

Prospero Rasulo
Via della Commenda 33 - 20122 Milano
Tel. 02.55010101 - Fax 02.55016577

Paolo Ravarini
Via Gardone 20 - 20139 Milano
Tel. 02.55210608 - Fax 02.5694503

Bruno Reichlin
Rue 31 Decembre 7 - 1207 Ginevra (Svizzera)
Tel. 41.22.7865516

Guglielmo Renzi
Via Vinegia 3 - 50100 Firenze
Tel. 055.213945

Umberto Riva
Via Vigevano 10 - 20144 Milano
Tel. 02.89406844

Mirelle Rivier
➔ **Paolo Pallucco/Mirelle Rivier**

Paolo Rizzatto
Via Bramante 7 - 20154 Milano
Tel. e Fax 02.3452580

Daniel Rode
Rue de Hainaut - 75100 Parigi (Francia)
Tel. c/o Ycami 031.790293
Fax 031.791596

Marco Romanelli
Via Loira 34 - 20100 Milano
Tel. 02.48951072

Aldo Rossi
Via Santa Maria alla Porta 9 - 20123 Milano
Tel. 02.72010046 - Fax 02.89010633

Riccardo Rosso
➔ **Lorenzo Prando/Riccardo
Rosso**

Andreas Salas
Dunque 212 - Universidades Gardens
Rio Piedras (Porto Rico)
Tel. c/o Steel 0362.354472
Fax 0362.853452

Claudio Salocchi
Viale Filippetti 3 - 20122 Milano
Tel. 02.58320971 - Fax 02.58321930

Salvati e Tresoldi
Viale Umbria 36 - 20135 Milano
Tel. 02.5454323 - Fax 02.5517163

Eduard Samsò
Tallers 77 - 08001 Barcellona (Spagna)
Tel. 34.3.4121243

Franca Sangiovanni
c/o Studio Marco Mencacci
Via Empolese 134 - 50026 Talente (FI)
Tel. e Fax 055.825016

Denis Santachiara
Alzaia Naviglio Grande 156
20144 Milano
Tel. 02.4221727 - Fax 02.48300640

Piero Sartogo
Via Sardegna 14 - 00100 Roma
Tel. 06.4457144 - Fax 06.484413

William Sawaya
Via Andegari 18 - 20121 Milano
Tel. 02.86463066 - Fax 02.86464831

Luca Scacchetti
Corso San Gottardo 12 - 20136 Milano
Tel. 02.8322718 - Fax 02.58106695

Scansetti
➜ **Syn-Gurioli & Scansetti**

Afra e Tobia Scarpa
Via Fabio Filzi - 31040 Trevignano (TV)
Tel. 0423.670092 - Fax 0423.670105

Patrizia Scarzella
Corso Sempione 52 - 20154 Milano
Tel. 02.33104999

Pierangelo Sciuto
Via Ferrata 18 - 25100 Brescia
Tel. 030.2091767 - Fax 030.2091777

Massimo Scolari
Via Brauning 164 - 31011 Asolo (TV)
Tel. e Fax 0423.950152

Walter Selva
➜ **Augusto Mandelli/Walter Selva**

Roberto Semprini
Via del Fante 36 - 47037 Rimini
Tel. 0541.28192

Luigi Serafini
Via Ponchielli 3 - 20129 Milano
Tel. e Fax 02.29406204

Marco Seveso
Via Oberdan 9 - 20036 Meda (MI)
Tel. 0362.70142 - Fax 0362.341115

Kaori Shina
Corso XXII Marzo 39 - 20129 Milano
Tel. 02.76110543/70101729
Fax 02.70100513

Kazuo Shinohara
Okusawa Setagaya Ku 5-3-10-501
Tokyo (Giappone) - Tel. 81.3.37210588

Danilo Silvestrin
Klenzestrasse 38
80469 Monaco (Germania)
Tel. 49.89.2608488 - Fax 49.89.2608483

Borek Sipek
Oude Looiersstraat 28
1016 VJ Amsterdam (Olanda)
Tel. 31.20.6247669 - Fax 31.20.6233832

Alvaro Siza Vieira
Rua da Alegria 399A
Primo A - Porto (Portogallo)
Tel. 351.2.570850

Richard Snyder
Elmwood Road Box 206
South Sale 10590 New York (USA)
Tel. e Fax 1.914.5336202

Francesco Soro
Via della Spiga 1 - 20121 Milano
Tel. 02.783108

Sottsass Associati
Via Melone 2 - 20121 Milano
Tel. 02.72599.1 - Fax 02.809596

Ettore Sottsass
➜ **Sottsass Associati**

Eduardo Souto De Moura
Rua Gandarém 650
2° Centro Porto (Portogallo)
Tel. 351.2.9381154 - Fax 351.2.9387216

George Sowden
Corso di Porta Nuova 46 B
20121 Milano
Tel. 02.653089 - Fax 02.6570228

Romeo Sozzi
Via Manzoni 94 - 22049 Valmadrera (CO)
Tel. 031.581021 - Fax 031.582406

Ernesto Spicciolato
Via Aosta 2 - 20153 Milano
Tel. e Fax 02.3494127

Philippe Starck
Rue Pierre Poli 27
92130 Issy Les Moulineaux (Francia)
Tel. 33.1.41088282 - Fax 33.1.41089665

Giotto Stoppino
Via Argelati 30A - 20143 Milano
Tel. 02.58111225

Studio GR
Via Matteotti 17 - 22072 Cermenate (CO)
Tel. 031.722855 - Fax 02.722822

Studio Iosa Ghini
➜ **Massimo Iosa Ghini**

Studio Kairos
Via Dolo 105 - 30030 Paluello di Strà (VE)
Tel. 041.4196939 - Fax 041.5100500

Studio Marianelli
Viale Famagosta 75 - 20142 Milano
Tel. 02.89501798 - FaX 02.8467784

Studio Oltre
Via Balilla 4 - 20136 Milano
Tel. 02.8356988/58102013

Syn-Gurioli & Scansetti
Via Ozanan 3 - 20129 Milano
Tel. 02.29406469 - Fax 02.2046400

Tanzi Design
Via Leoncavallo 7 - 20052 Monza (MI)
Tel. 039.2302323 - Fax 039.2302433

Teodoro
➜ **Gatti/Teodoro**

Matteo Thun
Via Appiani 9 - 20121 Milano
Tel. 02.29000270 - Fax 02.6570646

Werther Toffoloni
Centro Commerciale 98
33040 Corno di Rosazzo (UD)
Tel. e Fax 0432.759729

Enrico Tonucci
Via Passeri 85 - 61100 Pesaro
Tel. 0721.31000 - Fax 0721.67026

Tresoldi
➜ **Salvati e Tresoldi**

Gigi Trezzi
Via Oberdan 9 - 20036 Meda (MI)
Tel. 0362.70142 - Fax 0362.341115

Oscar Tusquets
Calle Cavallers 50
08034 Barcellona (Spagna)
Tel. 34.3.2805599 - Fax 34.3.2804071

Paolo Ulian
Via Silvio Pellico 4 - 54100 Massa
Tel. e Fax 0585.253573

Masanori Umeda
U-Meta Design Inc. - c/o Sughishita Bldg.
1-8-6 Nishiazabu Minato-Ku
Tokyo 106 (Giappone)
Tel. 81.3.34010328 - Fax 81.3.3490783

Oswald Mathias Ungers
Belvederstrasse 41
5000 Colonia (Germania)
Tel. 49.30.2839690

Beppe Valsecchi
➜ **Giovanni Malighetti/Beppe Valsecchi**

Carlo Vannicola
➜ **Paola Palma/Carlo Vannicola**

Andries & Hiroko Van Onck
Via Ferrari 5 - 21036 Gavirate (VA)
Tel. e Fax 0332.744389

Francesco Venezia
Corso Vittorio Emanuele 187
80121 Napoli
Tel. 081.422528 - Fax 081.404040

Gianni Veneziano
Via Voghera 15 - 20144 Milano
Tel. 02.89405925

Ventura
➜ **Baldassarre Longo & Ventura**

Raffaele Venturi
Via Resistenza 19/C
41014 Ca' di Sola Castelletto (MO)
Tel. 059.702281

Guido Venturini
Via Valparaiso 9 - 20144 Milano
Tel. 02.48002008

Giuseppe Viganò
Via Statuto 30 - 20058 Lissone (MI)
Tel. 039.465100 - Fax 039.465101

Lella e Massimo Vignelli
47530 Avenue - 10018 New York (USA)
Tel. 1.212.2441919
Fax 1.212.9674961

Nanda Vigo
Via Curtatone 16 - 20122 Milano
Tel. 02.5465905

Villis
➜ **Menguzzati/Villis/Nascimben**

Giampiero Vitelli
➜ **Tittima Ammannati Giampiero Vitelli**

Burkhard Vogtherr
Rue du Nalkenrain 4
68100 Mulhouse (Francia)
Tel. 33.89.653155 - Fax 33.89.542136

Leonardo Volpi
Via Gramsci 168 - 56030 Perignano (PI)
Tel. e Fax 0587.618009

Hans Von Klier
Piazza Arcole 4 - 20143 Milano
Tel. 02.89401510 - Fax 02.89402578

Hannes e Robert Wettstein
Zonnegg Strasse 76
08006 Zurigo (Svizzera)
Tel. 41.1.3642970 - Fax 41.1.3642973

Zambuso
➜ **Boccato/Gigante/Zambuso**

Paolo Zani
Alzaia Naviglio Pavese 6 - 20136 Milano
Tel. 02.58112775 - Fax 02.58104925

Marco Zanini
➜ **Sottsass Associati**

Marco Zanuso jr.
Via Soncino 1 - 20123 Milano
Tel. 02.8900847 - Fax 02.8693955

Hans Zaugg
Meisenweg 3
4552 Derendingen (Germania)
Tel. 49.65.424966 - Fax 49.65.421870

(zed) Design Network
Volkmarch Strasse 4
08006 Zurigo (Svizzera)
Tel. 41.1.3462970 - Fax 41.1.3462973

Zerbaro
➜ **Brunati/Zerbaro/Carollo**

Crediti fotografici
Photographic credits
Marco Angeretti
Ballo & Ballo
Gabriele Basilico
Elio Basso
Michele Bella
Fabrizio Bergamo
Paolo Bolzoni
Luca Bossaglia
Bitetto/Chimenti
Beppe Buccafusca
Roberto Casasola
Santi Caleca
Mario Carrieri
Luca Castelli
Davide Cerati
Mario Ciampi
Fabio Cirifino
Enrico Conti
Maria Vittoria Corradi Backhaus
Paolo Cusenza
De Lonti
Alberto Ferrero
Roberto Gennari
Cesare Genuzio
Walter Gumiero
Maurizio Marcato
Molteni e Motta
Occhiomagico
Alessando Paderni
Matteo Piazza
Ezio Prandini
Punto Zero
Marino Ramazzotti
Ramazzotti & Stucchi
Giovanni Ricci
Romano Fotografia
Ornella Sancassani
Roberto Sellitto
Luciano Soave
Studio Acqua
Studio Adna
Studio Azzurro
Studio Diametro
Studio Masera
Studio Uno
Leo Torri
Emilio Tremolada
Paolo Utimpergher
Tom Vack
Gionata Xerra
We Shoot
Zaccaria & Cortinovis
Miro Zagnoli
Andrea Zani

Fotocomposizione
Erregi, Milano

Fotolito
Lorenteggio, Milano

Stampa
Euroteam, Ciliverghe di Mazzano (Bs)

Legatura
Pedrelli, Parma